Karl Häusler

Vom Alimentensünder zum MASSENMÖRDER und

18 weitere spektakuläre Mordfälle, die Kriminalgeschichte geschrieben haben

Tatorte:

***Augsburg, Mauthausen, Lübeck, München, Wien/Budapest, Marseille/Frankreich, Ansbach, Surrey/England, San Franzisco/USA, Weiden/Oberpfalz, Ingolstadt, Aschaffenburg, Neuburg/Ingolstadt, Berlin, Jena, Ohligs, Plauen, Coburg** Neuburg/Ingolstadt, Berlin, Jena, Ohligs, Plauen, Coburg*

Verlagshaus Schlosser

Textredaktion: Karl Häusler
Covergestaltung: Verlagshaus Schlosser
Satz: Verlagshaus Schlosser
ISBN 978-3-96200-211-4
Druck: Verlagsgruppe Verlagshaus Schlosser
D-85551 Kirchheim • www.schlosser-verlagshaus.de
Printed in Germany

Karl Häusler

Vom Alimentensünder zum MASSENMÖRDER und

18 weitere spektakuläre Mordfälle, die Kriminalgeschichte geschrieben haben

Tatorte:

Augsburg, Mauthausen, Lübeck, München, Wien/Budapest, Marseille/Frankreich, Ansbach, Surrey/England, San Franzisco/USA, Weiden/Oberpfalz, Ingolstadt, Aschaffenburg, Neuburg/Ingolstadt, Berlin, Jena, Ohligs, Plauen, Coburg

Verlagshaus Schlosser

Bibliographische Information der Deutschen Bibliothek: Die Deutsche Bibliothek verzeichnet diese Publikation in der Deutschen Nationalbibliographie; detaillierte bibliographische Daten sind im Internet über ... abrufbar.

Hinweis: Die Namen der in den Kriminalfällen agierenden Personen wurden aus datenschutzrechtlichen Gründen pseudonymisiert.

INHALT:

DER MODE-ZAR
UND DER
EINGEHANDELTE TOD
Das Ende eines „Paradiesvogels“ in München

DER "VERGESSENE" EHERING
und
ein Mordopfer im tiefen See in Surrey/England

„TWINKE-DEFENCE“
UND
EIN „SAUBERMANN“ ALS ATTENTÄTER
Die „Gays“ von San Francisco

EINMALIG:
EIN LEBENDES TIER ALS MORD“WERKZEUG“

„PECH“ MIT DEN EHEFRAUEN
Falsch geparkt - wegen Mordes verurteilt in Weiden/Oberpfalz

DIE LEICHE IM ZINKBAD
Stolpersteine eines Verbrechens

MORD AM OFFENEN KAMIN
Ein Ehedrama in Aschaffenburg

MONSTER IN MENSCHENGESTALT
Betäubt und bei lebendem Leib mit der Axt enthauptet

„WIR HABEN GEWONNEN UND DOCH VERLOREN“

Nicht nur ein Familien-Drama
Der Kriminal-Fall „Rabe“

DIE „DISCO-MAFIA“ VON AUGSBURG

Erschossen und einbetoniert, erdrosselt und vergraben

ZUM TODE VERURTEILT UND HINGERICHTET

Die Gladow-Bande in Berlin

Geschichte: ZWEI „SCHRÄNKER“ UND MÖRDER

in der Weimarer Republik

Vorwort

Täglich ereignen sich Tausende Kriminalfälle, verabscheuungswürdige, grausige, brutale, komplizierte Verbrechen. Und selten einmal schreibt jemand diese Geschehen auf, hält die Momentaufnahmen der Zeitgeschichte für die Nachwelt fest.

Kriminalerzählungen und Kriminalromane, in denen Schriftsteller ihre Phantasien zu Papier gebracht haben, gibt es viele. Wahre Verbrechensgeschichten aber sind selten in Buchform zu bekommen.

Wie die Geschichte selbst, ist auch die Kriminalgeschichte immer nur eine Geschichte der „Sieger". Und die Sieger, das sind die Täter. Ihre Namen werden überliefert (zum Beispiel Der Wilderer Jennewein, der Schinderhannes, der bayerische Hieasl u.v.a.m.). Die Opfer aber bleiben namenlos. Gefoltert, geschändet, ermordet, verbrannt verschwinden sie aus ihrer Welt, aus unserer Erinnerung.

Der Franzose Francois de Pitaval hat in Paris schon ab 1734 bis 1743 seine „causa celebres et interessantes" veröffentlicht und damals ungeahntes, anhaltendes Interesse geweckt.

Einer der bedeutendste Nachahmer Pitavals war der in Ansbach als Staatsbeamter tätige Anselm von Feuerbach. Seine „Aktenmäßige Darstellung merkwürdiger Verbrechen", in denen er die psychologischen Wurzeln des verbrecherischen Tuns bloßzulegen versuchte, wurde in zwei Bänden 1828 und 1829 publiziert. In seiner Vorrede zu der 1792 in Jena herausgebrachten deutschen Ausgabe einer Auswahl Pitavals interessanten Kriminalfällen schrieb Friedrich von Schiller:

„In der ganzen Geschichte der Menschheit ist kein Kapitel unterrichtender für Herz und Geist, als die Analen seiner Verirrungen".

Und der Kriminologe Professor Armand Mergen meinte in einer Besprechung über die Literaturkarriere der Kriminalfälle Pitaval: „De Pitaval hat Karriere gemacht, die andauert, weil die ‚finsteren Ausnahmen' die Menschen faszinieren. In sie können eigene Regungen, Triebbedürfnisse und Schuldgefühle projiziert werden und mit heuchlerischer Genugtuung kann man, sich an den Grausamkeiten und Ungeheuerlichkeiten anderer ergötzend, von sich sagen:
‚Wie gut und wie schön, dass ich nicht so bin wie jene finsteren Ausnahmen'."

Aber sind es wirklich „finstere Ausnahmen", die zu Mord und Totschlag führen? Die Täter selbst sind solche Ausnahmen nicht. In den von mir recherchierten Begebenheiten begegnen uns als Mörder und Totschläger eine Krankenschwester und Mutter, ein Kaufmann und Playboy, ein Umschüler, ein Zivillehrer, ein Strichjunge, ein Landwirt, ein Schaustellergehilfe, ein verurteilter Mörder, ein Lehrling, ein Buchhalter, ein Metzger, ein Bäcker, eine Kellnerin, ein Metallarbeiter, ein KZ-Insasse, eine Verkäuferin, eine Bürogehilfin, eine Hauswirtschafterin, eine Wäscherin, eine Hausfrau, eine Toilettenfrau, eine Rentnerin, eine Näherin, eine Schauspielerin, eine Sekretärin, ein Hotelkaufmann, eine Gastwirtin, ein Bauschlosser, ein Gymnasiast, ein Koch, ein Schankkellner, ein Asylbewerber, ein Alkoholiker, ein Autohändler, ein Konstrukteur, eine Unternehmersgattin, ein Raumausstatter, ein Gastarbeiter, ein Verwaltungsangestellter, ein Juwelier, ein Lagerist, ein Richter, ein Steuerberater, ein Polier, ein Student, ein Elektroniker, ein Bausanierer, ein Gelegenheitsarbeiter, ein Dozent, ein TV-Regisseur, ein Polizist, ein Personalberater, ein Schlosser, ein Maurer, ein Hilfsarbeiter, ein Elektromechaniker, ein Sozialhilfeempfänger, ein Schrotthändler, ein Rentner,

ein Postangestellter, ein Regierungsrat, ein Hausmeister, ein Flugkapitän, ein leitender Angestellter, eine Hausfrau mit ihren Töchtern, ein Krankenpfleger, eine Stiefmutter.
Sie alle waren „Menschen wie du und ich“, bis sie in eine Situation kamen, in der sie in bestimmte, unwiderrufliche und endgültige Ereignisse verstrickt und verhängnisvoll verflochten wurden. Diese Situation war schließlich ausschlaggebend dafür, dass sie nicht mehr zu den ‚guten' Menschen zählten, sondern eben zu einer von Prof. Mergens ‚finsteren Ausnahmen' wurden.
Oder gibt es ihn doch den ‚geborenen Verbrecher'?
Ich will in diesem Buch weder Pitaval nachahmen noch Feuerbach kopieren. Ich will In Fallstudien aus der Retrospektive ohne wortreiche Vortäuschung von Literatur und ohne Gags aufzeigen, was hinter Mord und Totschlag tatsächlich und eigentlich stehen kann, was Menschen dazu bringt, zu töten und wie Opfer in jene unwiderruflichen, endgültigen, tödlichen Ereignisse verstrickt sind. Und ich will darüber berichten, mit welchen Mühen, Unwägbarkeiten, Widerwärtigkeiten, Behinderungen, akribischer Kleinarbeit heutzutage Kriminalisten bemüht sind, solche Verbrechen aufzuklären.

Karl Häusler

VOM ALIMENTENSÜNDER ZUM MASSENMÖRDER

Der „Todenjäger“ von Mauthhausen

‘Das Verbrechen ist das Produkt aus der Eigenart des Täters im Augenblick der Tat und aus den in diesem Augenblick ihn umgebenden äußeren Verhältnissen’, das konstatierte der große Gelehrte Franz von List in seinen ‘Strafrechtlichen Aufsätzen und Vorträgen’ schon 1905 in Berlin.
Wie und dass dies so zutrifft, soll nachfolgender Beitrag aus der jüngsten Geschichte Deutschlands beweisen.

Ein Mann gerät auf die schiefe Bahn

In der Folge der Weltwirtschaftskrise 1929/30 verließ der 18 Jahre alte Johann Kagerer seine Oberpfälzer Heimat und begab sich, wie zur damaligen Zeit üblich, auf die Wanderschaft. Sein Vater war gestorben. Seine Mutter fristete -arm wie eine Kirchenmaus - mit noch vier unmündigen Kindern ein recht kümmerliches Dasein in einem entlegenen Dorf in der ärmsten Gegend Bayerns.
Im Sommer 1930 kam der junge Mann nach Augsburg.
In einem spärlich möblierten Zimmer zur Untermiete versuchte der berufslose Mann den Start in der Großstadt. Aber nur einen Monat lang konnte er sich als Streckenarbeiter bei der Bahn über Wasser halten. Dann musste er sich in das Millionenheer der Arbeitslosen einreihen.
Johann Kagerer fiel der Allgemeinheit zur Last und musste vom Wohlfahrtsamt unterstützt werden. Diese Hilfe aber war zum Leben zu wenig und zum Sterben gerade noch zu viel.
Mit kleinen Diebereien wollte der junge Oberpfälzer seine Not lindern. Ein Karton mit Schuhleisten und Bürsten von einem abgestellten Fahrrad herunter, ein abgetragener Mantel, ein Koffer mit Haushaltsgegenständen, Fahrradlampen, zwei Steigen Obst, das war die Beute des kleinen Diebes. Mit dem Geld, das er von Hehlern für das Diebesgut erhielt, kaufte sich der hungernde

Mann Brot und Wurst zum sofortigen Verzehr.
Seine Zimmerwirtin hatte eine Engelsgeduld mit ihm. Monatelang stundete sie ihm die Miete und gab ihm ohne Bezahlung Essen und Trinken.
Die Diebereien aber blieben nicht lange verborgen. Am 18. April 1932 stand der gerade 21 Jahre alt gewordene Johann Kagerer erstmals vor Gericht. Seine Beteuerungen, dass er nur aus Not gestohlen habe, fruchteten nichts. Der Amtsrichter ging mit ihm hart um. Er verurteilte den Ersttäter wegen fortgesetzten Diebstahls zu zwei Monaten und einer Woche Gefängnis und verwehrte ihm Strafaussetzung zur Bewährung. Der Staatsanwalt erließ zwei Monate später einen Haftbefehl zur Strafverbüßung, und die Polizei lieferte den jungen Mann am 20. Juni 1932 in das Gefängnis ein. Von dort aus schrieb Johann Kagerer in ungelenker Schrift und mit unzähligen orthographischen Fehlern einen Brief an seine Mutter in der Oberpfalz: „Liebe Muter, schick mir ein Bet und ein wengerl zum essen. Auch ein Gelt prauche ich unbedingt.“
Das Bett wollte er haben, um seine Logikosten zu senken, wenn er wieder auf freien Fuß ist, und mit dem Geld wollte er einen Rechtsanwalt wegen des harten Urteils einschalten.
Aber die Mutter konnte ihrem Sohn im Gefängnis in der Großstadt nicht helfen. Sie vegetierte ja selbst nur so dahin.
Als die Strafe verbüßt war, stand Johann Kagerer wieder mittellos auf der Straße. Wieder musste das Wohlfahrtsamt helfen. Und wieder vergriff sich der armselige Tropf aus Not an fremdem Eigentum. Zwei Fahrräder stahl er und verscherbelte sie zu Geld. Das Schöffengericht Augsburg bedachte ihn dafür zwei Wochen vor Weihnachten 1932 mit sechs Monaten Gefängnis ohne Bewährung. Die Strafe musste der Verurteilte gleich antreten. Für Johann Kagerer war der Gefängnisaufenthalt eine Wohltat. Er

brauchte sich ein halbes Jahr wenigstens nicht um Unterkunft, Essen und Bekleidung sorgen.
Um die kleine und große Politik kümmerte sich Johann Kagerer überhaupt nicht. Die Übernahme der Macht im Lande durch Adolf Hitler und die Nationalsozialisten am 30. Januar 1933 erlebte der kleine Dieb ohne besondere Zeichen im Gefängnis.
Als der junge Mann im Sommer 1933 aus dem Gefängnis entlassen wurde, herrschte immer noch Arbeitslosigkeit.

Bald lernte Johann Kagerer eine 22jährige Arbeiterin kennen, die einen kargen Lohn als Packerin in einer Fabrik verdiente. Im Januar 1934 heirateten die jungen Leute und ließen sich vom Wohlfahrtsamt unterstützen. Ein Jahr nach der Hochzeit kam das erste Kind zur Welt und kurz darauf war die junge Frau abermals schwanger. Johann Kagerer fand schließlich im Mai 1935 als Hilfsarbeiter in einer Maschinenfabrik in Augsburg Arbeit. Die junge Familie lebte bei der Mutter der Frau, und es hatte den Anschein, als wenn die ärgste Zeit der Not vorbei sei.

Aber nach relativ kurzer Zeit trieb es den Ehemann aus dem Eheloch. Sein Weib hielt es mit der häuslichen Ordnung und mit der körperlichen Sauberkeit nicht so genau. Sie war schlicht gesagt dreckig und schmuddelig. Und mit der Schwiegermutter gab es dauernd Streit. Johann Kagerer war bald in den Gastwirtschaften „zu Hause“.
Es blieb nicht aus, dass er mit anderen Frauen anbandelte. Im Spätherbst 1935 eröffnete ihm eine 24jährige Arbeiterin, dass sie von ihm schwanger sei. Schnell kam die werdende Mutter ihrem Freund auch dahinter, dass er verheiratet und Vater war. Nach einem Streit mit der Geliebten machte sich Johann Kagerer aus dem Staub und tauchte in der Landeshauptstadt München unter.

Die betrogene Geliebte gebar in der Nacht zum 3. Mai 1936 heimlich in ihrer Schlafkammer einen Knaben. Sie tötete das Kind gleich nach der Geburt. Die Sache kam auf und die Rabenmutter musste in Untersuchungshaft.
Zwei Monate später kam es zum Prozess.
Das Gericht verurteilte die Angeklagte 'mit Rücksicht auf die Umstände bei diesem Fall und dass ihre Tat einer verzweifelten Stimmung entsprang' wegen eines Verbrechens der Kindstötung zur gesetzlichen Mindeststrafe von zwei Jahren Gefängnis.
Die örtliche Presse schlachtete den Fall weidlich aus. Dabei wurde der Öffentlichkeit die Kindestöterin als bemitleidenswertes Opfer und der Schwängerer als der Bösewicht präsentiert.
Derjenige, über den die Zeitungsschreiber und offensichtlich auch das Gericht so entrüstet waren, der berufs- und arbeitslose Johann Kagerer war zur Gerichtsverhandlung gar nicht geladen.

Der Weg ins Konzentrationslager

Der nun 26jährige Familienvater Johann Kagerer kümmerte sich mehr als ein Jahr lang überhaupt nicht um den Unterhalt seiner Familie. Der als Unterhaltspfleger für die Kinder bestellte Katholische Jugendfürsorgeverein versuchte, mit Lohnpfändungen etwas zu erreichen. Aber Johann Kagerer entzog sich durch wiederholten Wechsel seines Arbeitsplatzes und des Aufenthaltsortes den Nachforschungen. Mehrmalige Aufforderungen der um Amtshilfe gebetenen örtlichen Fürsorgeverbände, der Wohlfahrtsämter und der Polizei ließ der Mann unbeachtet.
Da platze dem Wohlfahrtsamt in Augsburg der Kragen. Als Bezirksfürsorgeverband Augsburg beantragte es am 26. Oktober 1937 in einem Schriftsatz bei der Polizeidirektion Augsburg, gemäß § 20 der Reichsverordnung über die Fürsorgepflicht vom 14.

März **1930** und der Art. 32 bis 39 des Bayer. Fürsorgegesetzes vom 14. Mai **1930** in der Fassung der Angleichungsverordnung der Deutschen Gemeindeordnung vom 1. April 1935 (GVBl. **1935** S. 180) in Verbindung mit der Entschließung des Staatsministeriums des Innern vom 16. Oktober 1**934** und vom 22. November **1934**, den getrennt lebenden Hilfsarbeiter Johann Kagerer „auf die Dauer eines Jahres in das **Konzentrationslager Dachau** einzuweisen".
Der Katholische Jugendfürsorgeverein der Diözese Augsburg wurde von dem Antrag und dem späteren Vollzug jeweils unterrichtet.
Als Grunde für den Einweisungsantrag wurden im Wesentlichen die zwei Vorstrafen wegen Diebstahls, die dauernde Unterstützung durch das Wohlfahrtsamt und die beharrliche Weigerung der Unterhaltsleistung für Ehefrau und Kinder angeführt. Am Schluss des Antrags hieß es wörtlich:
„Das verantwortungslose, asoziale Verhalten des Kagerer rechtfertigt seine Einschaffung in das Arbeitslager, damit er sich an eine geregelte Arbeit und ein geordnetes Leben gewöhnt und sich der Pflichten gegenüber seiner Familie bewusst wird. Wenn eine solche Maßnahme eine nachhaltige erzieherische Wirkung haben soll, muss die Verwahrung sich auf die Dauer eines Jahres erstrecken."

Auf Grund dieses Antrages begann nun die Hatz auf Johann Kagerer.
Kein Gericht war befasst, kein Richter hatte etwa einen Haftbefehl erlassen.
Die Fahndung nach dem zwischenzeitlich schuldig geschiedenen Kagerer stützte sich allein auf den Antrag zur Einweisung in das Konzentrationslager.

Am 29. November 1937 wurde Johann Kagerer in München an seiner Arbeitsstelle in einer Spenglerei festgenommen und eine Woche später mit Sammelschub zu Lasten des Bezirksfürsorgeverbandes Augsburg in das Gerichtsgefängnis Augsburg verbracht. Der Landgerichtsarzt wurde ersucht, „den in Polizeihaft befindlichen Johann Kagerer amtsärztlich zu untersuchen und sich über dessen Gesundheitszustand, insbesondere ob er zur Einschaffung in das **Arbeitszwangslager Dachau** gem. § 20 RFV körperlich geeignet ist, äußern zu wollen“.
Kurz und lakonisch schrieb der Landgerichtsarzt zurück:
„Kagerer ist körperlich zur Einschaffung geeignet.“

Am 7. Dezember 1937 verfügte der **stellvertretende Leiter der Polizeidirektion Augsburg** folgenden Beschluss:
Die Polizeidirektion Augsburg beschließt als zuständige Bezirkspolizeibehörde im ersten Rechtszug:
1. Der geschiedene Hilfsarbeiter Johann Kagerer wird auf die Dauer eines Jahres, vom Tage des Eintreffens im Lager an gerechnet, im Arbeitslager Dachau verwahrt.
2. Eine Beschwerde gegen diesen Beschluss hat keine aufschiebende Wirkung.
3. Die Kosten der Unterbringung werden vom Bezirksfürsorgeverband Augsburg-Stadt getragen.
4. Die Kosten des Verfahrens fallen dem Eingewiesenen zur Last.
5. Gebühren bleiben außer Ansatz.

In der Begründung wurden im Wesentlichen die Vorwürfe des Einschaffungsantrags des Wohlfahrtsamtes übernommen. Gesonderte Ermittlungen waren nicht angestellt worden. Bemerkenswert ist die Würdigung der Person des Kagerer. Sie soll auszugs-

weise wiedergegeben werden:
„Nach Vorstehendem liegt bei Kagerer ohne Zweifel beharrliche Unterhaltsverweigerung vor. Sein bisheriges Verhalten rechtfertigt den Antrag des Wohlfahrtsamtes auf Verhängung von Zwangsarbeit in vollem Umfang. Bei Kagerer handelt es sich um einen völlig asozial eingestellten Menschen, der seine unterhaltsberechtigte Familie in der unverantwortlichsten Weise der Fürsorge der öffentlichen Wohlfahrtspflege anheimfallen lässt. Er ist infolge seines asozialen und auch staatsabträglichen Verhaltes im gegenwärtigen Zeitpunkt auch nicht würdig, in Arbeit und Brot zu stehen. Sein Arbeitsplatz wird von einem verantwortungsbewussteren Volksgenossen eingenommen werden.
Die Unterbringung des Kagerer im Arbeitslager Dachau ist unbedingt erforderlich, um ihn endlich zu Bewusstsein zu bringen, welche Pflichten er gegenüber seiner Familie und damit der Volksgemeinschaft zu erfüllen hat...
Die Unterbringungszeit wird auf ein Jahr festgesetzt, weil bei der nachgewiesenen beharrlichen Unterhaltsverweigerung des Kagerer bei einer kürzeren Verwahrungsdauer mit einem durchgreifenden Erfolg nicht gerechnet werden kann.... Eine besondere Härte ist mit der Unterbringung des Kagerer in dem Arbeitslager Dachau nicht verbunden, da seine Kinder während der Unterbringungszeit vom Bezirksfürsorgeverband Augsburg unterstützt werden.“

Dem Johann Kagerer wurde der Beschluss der Polizeidirektion im Gerichtsgefängnis eröffnet. Das Wohlfahrtsamt als veranlassende Stelle erhielt eine Beschlussabschrift mit dem Bemerken, dass die Verschubung des Johann Kagerer am 10. Dezember 1937 in das Arbeitszwangslager Dachau erfolgen wird.
Auf einem Siegelbogen erhielt die **‘Kommandantur des Kon-**

zentrationslagers Dachau' zwei beglaubigte Abschriften des Beschlusses, den Strafregisterauszug und das ärztliche 'Gutachten'.

Am 10. Dezember 1937 fand sich also der säumige Alimentesünder im Konzentrationslager Dachau als sogenannter 'Asozialer' wieder. Kein ordentliches Gericht, überhaupt kein Organ der Rechtspflege, wirkte bei dieser Freiheitsentziehungsmaßname von zunächst einem Jahr mit.

Zwei Bemerkungen müssen hier bereits erlaubt sein:
Nach dem Ende des zweiten Weltkrieges wurde alles, was mit Konzentrationslagern zusammenhing, den Naziherrschern, der Gestapo und der SS angelastet. **Ein 'Ermächtigungsgesetz' und daraus resultierend die Möglichkeit, Personen durch die Verwaltungsbehörden in Arbeitszwangslager einzuweisen, gab es aber schon 1923.**
Niemand außer den unmittelbar Handelnden wollte nach 1945 etwas von Konzentrationslagern gewusst haben. Tatsache ist, und das wird durch diese authentische Schilderung bewiesen, dass bereits 1937 Bedienstete der Wohlfahrtsämter, des Katholischen Jugendfürsorgevereins, der Bezirksfürsorgeverbände, der Polizeidirektionen (die damals freilich eine wesentlich ausgeweitete Rechtsposition innehatten), der Gerichtsgefängnisse und die Landgerichtsärzte involviert waren und von den Konzentrationslagern Kenntnis hatten.

Der 'asoziale' Arbeitszwangsgefangene wird 'politischer Schutzhäftling'

Eineinhalb Monate vor Ablauf der einjährigen Unterbringungszeit schrieb der SS-Oberführer Loritz als Lagerkommandant des Konzentrationslagers Dachau über den Arbeitszwangsgefangenen Johann Kagerer folgenden Führungsbericht:

Führung: schlecht

Politisches Verhalten: unzuverlässig Arbeitsleistung: mangelhaft

Lagerstrafen: drei

Der Arbeitszwangsgefangene Johann Kagerer hat sich seit seiner Einlieferung ins Lager schlecht geführt. Er fügte sich in keiner Weise der Lagerordnung, weshalb er mit schwersten Lagerstrafen belegt werden musste. Einmal hat er sich auch eines Diebstahls in der Küche schuldig gemacht. Kagerer hat einmal im Lager schwerste Gräuelmärchen verbreitet, weshalb an seiner politischen Zuverlässigkeit gezweifelt werden muss In Anbetracht der politischen Unzuverlässigkeit des Kagerer beantrage ich eine Überführung in Schutzhaft. Eine Entlassung muss ich ganz entschieden ablehnen. "

Dieser Führungsbericht reichte aus, um die zuständigen Stellen in Augsburg aktiv werden zu lassen.

Im Einvernehmen mit dem Reichskriminalpolizeiamt Berlin wurde Johann Kagerer von der Kriminalpolizeistelle Augsburg mit Wirkung vom 11. Dezember 1938 (das war das Ende der von der Polizeidirektion Augsburg verfügten Unterbringungszeit) in polizeiliche Vorbeugehaft genommen und im Konzentrationslager Dachau belassen.

Am 3. Februar 1939 beantragte die Geheime Staatspolizei Augsburg **(erst zu diesem Zeitpunkt kam also die Gestapo ins Spiel)** beim Geheimen Staatspolizeiamt in Berlin unter Bezugnahme auf den Führungsbericht des Lagerkommandanten des Konzentrationslagers Dachau, über Johann Kagerer auf unbestimmte Zeit Schutzhaft zu verhängen. Dabei enthielt dieser Antrag einen eklatanten Widerspruch in sich. Die Geheime Staatspo-

lizei verwies zunächst auf den Führungsbericht des Konzentrationslagers, in dem auf die politische Unzuverlässigkeit des Vorbeugehäftlings hingewiesen wurde, und stellte abschließend fest: 'Obwohl Kagerer bisher politisch nicht in Erscheinung getreten ist, bitte ich unter den gegebenen Umständen über ihn auf unbestimmte Zeit Schutzhaft zu verhängen'.
Erst am 11. Mai 1939 -fünf Monate war Johann Kagerer schon Vorbeugehäftling -ordnete SS-Gruppenführer und Chef der Sicherheitspolizei Heydrich von Berlin aus die Schutzhaft gegen Johann Kagerer an. Kurz und bündig hieß es in dem Schutzhaftbefehl:
„Er gefährdet nach dem Ergebnis der staatspolizeilichen Feststellungen durch sein Verhalten den Bestand und die Sicherheit des Volkes und Staates, indem er im Lager Dachau unter den Mithäftlingen Gräuelmärchen über schwere Misshandlungen verbreitet. Sein Verhalten ist nicht nur geeignet, Unruhe unter den Häftlingen im Lager hervorzurufen, sondern auch bei Bekannt werden in der Öffentlichkeit Unruhe in diese zu tragen und den Staat und seine Einrichtungen in Misskredit zu bringen."

Und noch einmal trat der Katholische Jugendfürsorgeverein der Diözese Augsburg auf den Plan. Der Verein schrieb an das Konzentrationslager Dachau und wollte den Entlassungstermin des **Vorbeugehäftlings** Johann Kagerer erfahren, um ihn als Kostenschuldner in der Pflegschaftssache seiner ehelichen Kinder heranziehen zu können. Aber der Vorbeugehäftling war zwischenzeitlich zum Schutzhäftling umgewandelt und am 8. Mai 1939 vom Konzentrationslager Dachau in das Konzentrationslager Mauthausen/Oberdonau überführt worden. Auch diese Tatsache wurde dem Katholischen Jugendfürsorgeverein der Diözese Augsburg offiziell mitgeteilt.

Entlassen wurde Johann Kagerer nicht mehr. Erst nach dem Zweiten Weltkrieg tauchte er wieder in Augsburg auf.

Die 'Gräuelmärchen' werden wahr -Der 'Todenjäger' von Mauthausen

Es mag dahingestellt bleiben, ob Johann Kagerer im Konzentrationslager Dachau über Misshandlungen anderen Gefangenen gegenüber etwas erzählt hat. Er musste jedenfalls zur Überzeugung gekommen sein, dass diese Misshandlungen rechtens waren, weil ihm das Weitererzählen als Gräuelmärchenverbreiten angelastet wurde und damit seine Schutzhaft ausgelöst hatte.
Johann Kagerer stellte sich schnell um. Er wurde Putzer des brüchtigten SS-Oberscharführers Streitwieser und übersiedelte mit seinem Chef anfangs Mai 1939 in das Konzentrationslager Mauthausen.
Dort machte Kagerer innerhalb der elektrisch geladenen Zäune Karriere und wurde eine KZ-Größe von einmalig schrecklichem Ausmaß.
Er avancierte zunächst zum Küchen-Kapo (Kapo = Anführer einer Arbeitsgruppe von Häftlingen im Konzentrationslager), stieg dann zum Blockkältesten und schließlich zum Lagerkältesten eines Nebenlagers auf.

Nach Augenzeugenberichten wütete Johann Kagerer als Kapo und Lagerältester in Konzentrationslager grauenvoll. Er knüppelte die Häftlinge zusammen, übergoss sie im Winter mit kaltem Wasser, legte sie völlig nackt auf den eisigen Betonboden des Waschraums und ließ die Leute dort langsam sterben.
Andere Gequälte schlug er mit der schweren Teekanne nieder, packte sie bei den Köpfen und tauchte sie so lange in die voll mit

Wasser gefüllten Regentonnen, bis sie ertrunken waren.
Wieder andere Häftlinge ließ er in Kloakengruben springen, trommelte ihnen mit einem Knüppel auf die Köpfe, bis sie untertauchten, und drückte sie mit einer Stange in den Morast, bis sie darin erstickten.
Gefangene Polen, die im Steinbruch Steine mit einem Gewicht von einem halben Zentner im Laufschritt herumschleppen mussten, prügelte er zusammen, schleifte die Bewusstlosen an einen Tümpel, legte sie mit dem Gesicht nach unten in die seichten Pfützen und schaute dann zu, wie sie elend ertranken oder erstickten.
Einen Tschechen hängte er eigenhändig auf.
Einen anderen Häftling stieß er in den mit 500 Volt geladenen Drahtzaun.
Weil ein Mann sich Brot organisiert hatte, nahm er ihn mit noch einem anderen Kapo bei den Füßen und schleifte ihn durch das Lager, bis sein Kopf nur noch eine blutende Masse war.
Eine Schar von Häftlingen pferchte der Kapo Kagerer im Waschraum zusammen, schlug sie blutig, tauchte sie in die Wassertonnen und tötete so Dutzende. Wenn die Gruppe kleiner geworden war, sagte er zynisch: „Ihr bleibt am Leben, wenn ihr die anderen ersäuft!“. Bei den letzen zwei Übriggebliebenen beauftragte er einen damit, den anderen zu ersäufen. Und als dieser in seiner Lebensangst seinen eigenen Kameraden ertränkt hatte, ging Kagerer hin und ersäufte den letzten eigenhändig.
Russische Gefangene, die krank waren und hohes Fieber hatten, pferchte er nackt in ein größeres Holzgestell im Waschraum, drehte dann die Wasserhähne auf und spritzte sie stundenlang mit kaltem Wasser ab. Dem vorbeikommenden Lagerarzt zeigte er gelassen den Fieberhaufen unter dem eisigen Wasserstrahl und meinte ohne Rührung: „Die sind bald hin!“

Bald wurde Johann Kagerer nur noch der „Totenjäger“ von Mauthausen genannt. Wo er auftauchte, verbreitete er Angst und Schrecken.
Und die SS-Schergen ließen den Unmenschen gewähren.

Die Heimkehr des KZ-Häftlings

Als der Krieg 1945 zu Ende und der Nazispuck vorbei war, tauchte Johann Kagerer wieder in Augsburg auf. Er verbreitete die Mär, dass er wegen parteischädigenden Äußerungen 1938 in das Konzentrationslager gekommen sei.
Niemand wusste zunächst von seinen Mordtaten im Lager. Als ehemaliger KZ-Insasse wurde er vielmehr bevorzugt behandelt. Er bekam in dieser Notzeit einen Lastkraftwagen zugeteilt und konnte so in der Schwarzmarktzeit unmittelbar nach dem Krieg dunkle Geschäfte machen. Auf seinem Antrag auf Erteilung eines Führerscheins wurde vermerkt, dass ‘keine Tatsachen vorliegen, die ihn zum Führen eines Kraftfahrzeuges ungeeignet erscheinen lassen’. Und die Auskunft aus dem Strafregister bei der Staatsanwaltschaft seines Geburtsortes war unschuldig weiß. ‘Keine Vorstrafen’ war darauf vermerkt.
Als Johann Kagerer mit seinem Lastwagen den Umzug einer 34jährigen Frau, deren Mann im Krieg vermisst gemeldet war, durchführen musste, begann er mit dieser Frau ein Verhältnis. Er zog zu ihr in die Wohnung und lebte fortan mit ihr in einem eheähnlichen Zustand. Im Dezember 1946 kam ein Kind zur Welt.
Das Zusammenleben war für die Frau aber bald unerträglich. Kagerer führte sich in der Wohnung wie ein Berserker auf, schlug Einrichtungsgegenstände, Geschirr und Blumentöpfe kaputt und bedrohte die Frau und deren Mutter auf die massivste Weise.
Tagelang blieb er dann wieder weg. Und es stellte sich bald her-

aus, dass er in dieser Zeit mit seiner immer noch in Augsburg wohnenden geschiedenen Frau aus der Vorkriegszeit zusammen war.
Als zum Jahresende 1947 der vermisste Ehemann aus der Gefangenschaft heimkam, eskalierte die Sache bis zum Bersten.

Die Gerechtigkeit nimmt ihren Lauf

Langsam wurde Ende 1947/Anfang 1948 bekannt, dass Johann Kagerer nicht wegen parteischädigenden Äußerungen, sondern lediglich wegen Verletzung der Unterhaltspflicht gegenüber seiner Familie als sogenannter ‘Asozialer’ in das Konzentrationslager gekommen war.
Und bald berichteten Augenzeugen über die Mordtaten des ehemaligen KZ-Kapos auch gegenüber den Strafverfolgungsorganen.
Die Aussagen reichten schließlich aus, um von der Staatsanwaltschaft Augsburg gegen Johann Kagerer ein Verfahren wegen Verbrechen gegen die Menschlichkeit einzuleiten.
Am 28. April 1948 gelang es der Polizei, den flüchtigen Gewalttäter nach einer Schießerei in den Fluren südlich Augsburgs festzunehmen.
Die Ermittlungen gestalteten sich außerordentlich schwierig.
Mehr als 50 Zeugen belasteten schließlich Johann Kagerer in der Voruntersuchung auf das schwerste. Die Staatsanwaltschaft fasste in einer Anklageschrift mit 20 Kapiteln des Grauens die Verbrechen des ehemaligen KZ-Kapos zusammen. 160 Morde legte man ihm zur Last. Und der Staatsanwalt schrieb in seiner Anklageschrift:
„Eine Vielzahl von Menschen, deren Höhe nicht mehr genau festgestellt werden kann, die aber sicher mindestens 160 Getötete umfasst, ist durch Johann Kagerer in dem Konzentrationslager

Mauthausen und Gusen ums Leben gekommen.

Der Angeklagte aber leugnete alles ab. Das einzige, was er zugab, war, dass er von 1938 bis 1944 in den angegebenen Lagern Kapo gewesen ist.

Am 28. Juni 1950 begann vor dem Schwurgericht in Augsburg der Prozess gegen Johann Kagerer. In mehr als drei Monaten rollten noch einmal Leid und Pein in den Konzentrationslagern vor Gericht und den Zuhörern ab.

Am 2. Oktober 1950 wurde das Urteil gesprochen. Wegen 94 tatmehrheitlich zusammentreffender Verbrechen des Mordes verurteilte das Schwurgericht beim Landgericht Augsburg den nun 39jährigen Johann Kagerer zur lebenslanger Zuchthausstrafe und dauernder Aberkennung der bürgerlichen Ehrenrechte.

Kagerer wurde in das Zuchthaus Straubing verlegt und verbrachte dort die nächsten Jahre.

Die Resozialisierung

Als Insasse der Strafanstalt im niederbayerischen Straubing erlebte der wegen Massenmord verurteilte Johann Kagerer in den 1960er Jahren die Strafrechts- und Strafprozessrechtsreform. Fortan gab es kein Zuchthaus, sondern nur noch Justizvollzugsanstalten, und fortan war Johann Kagerer kein Zuchthäusler, sondern ein ‘bemitleidenswerter’ und resozialisierungsbedürftiger Strafgefangener, der eine Freiheitsstrafe abbüßte.
1975 gab es in der Strafanstalt Straubing sogar eine Hochzeit. Der Massenmörder Johann Kagerer wurde von einer gleichaltri-

gen Frau aus Augsburg geheiratet.
Am 20. August 1976 öffneten sich für Johann Kagerer die Tore der Strafanstalt Straubing. 28 Jahre nach seiner Festnahme und knapp 26 Jahre nach seiner Verurteilung zu lebenslangem Zuchthaus wurde die Strafe auf Bewährung ausgesetzt und der ehemalige Unmensch in die Freiheit entlassen.
Vor den Gefängnistoren wartete auf den inzwischen 65jährigen seine ihm vor einem Jahr angetraute Ehefrau.
Die Ehe scheiterte allerdings wenige Monate später. Die Scheidung ließ nicht auf sich warten.
Der nun in das Rentenalter gekommene Johann Kagerer lebte daraufhin wieder allein und ließ sich, wie vor 45 Jahren als junger Arbeitsloser, vom Sozialhilfeamt (das früher Fürsorgeamt hieß und damals seine Einweisung ins Konzentrationslager betrieben hatte) unterhalten.
Sein weiterer Werdegang bis zu seinem Lebensende ist nicht bekannt.

Erkenntnisse

Der säumige Alimentesünder Johann Kagerer wurde auf Antrag des Wohlfahrtsamtes in das Konzentrationslager eingesperrt, weil er nicht für Frau und Kinder gesorgt hat. Dabei stand die 'Verletzung der Unterhaltspflicht' bereits in den 30er Jahren des letzten Jahrhunderts unter Strafe. Obwohl amtliche Stellen und die Polizei mit Johann Kagerer sich wegen dieser Unterhaltspflichtverletzung zu befassen hatten, kam es zu keinem Strafverfahren.
Die Zwangsunterbringung in einem Arbeitslager ließ § 20 der Verordnung über die Fürsorgepflicht bereits 1924 zu. Zwangsarbeit war also keine spezielle Erfindung der Hitleristen im sogenannten Dritten Reich.

Die aufgrund eines Ermächtigungsgesetzes vom 8.12.**1923** (ein Ermächtigungsgesetz gab es also auch schon in der Weimarer Republik) erlassene Verordnung über die Fürsorgepflicht und die darauf fußende Vollzugsvorschrift des Freistaates Bayern - verkündet im Gesetz- und Verordnungsblatt für den Freistaat Bayern Nr. 32 vom 20. Oktober 1934 -verfügte damals schon, dass 'männliche Personen im Alter von mindestens 18 Jahren zur Zwangsarbeit im **Konzentrationslager** Dachau untergebracht werden' können. Das Konzentrationslager wurde somit in einem jedermann zugänglichen Gesetz- und Verordnungsblatt expressis verbis genannt. Alle zumindest mit Fürsorgeangelegenheiten befassten Ämter, Dienststellen und Personen hatten also bereits 1934 von einem Konzentrationslager Dachau Kenntnis bekommen. Dies muss so deutlich herausgestellt werden, weil die Generation der 30er und 40er Jahre des letzten Jahrhunderts in den Nachkriegsjahren unisono behauptete, nichts von Konzentrationslagern und Zwangsarbeit gewusst zu haben.

Aus kriminologischer Sicht ergibt der Lebenslauf des Johann Kagerer recht aufschlussreiche Aspekte:

- Der spätere 'Totenjäger von Mauthausen' wurde in eine Zeit hineingeboren, in der die Aussichten für den Start in das Erwachsenwerden denkbar schlecht waren.
- Die Möglichkeit, einen Beruf zu erlernen, hatte der aus dem damaligen 'Armenhaus' Bayerns stammende junge Mann nicht. Angesichts des Millionenheeres von Arbeitslosen und der infolge der Weltwirtschaftskrise daniederliegenden Wirtschaft war selbst der Versuch, im Beruf als Hilfsarbeiter unterzukommen, ein kaum realisierbares Unterfangen.
- Dass der labile und nicht gerade intellektuelle Hinterwäldler in der leichtlebigen Großstadt unter diesen Umständen auf die

schiefe Bahn geriet, war damit schon vorprogrammiert.

- Als der lebensunerfahrene Mann dann auch noch mehrfach zum Vater erkoren und von der Gesellschaft wegen der Kindstötung an seinem unehelichen Kind durch die Kindesmutter als moralisch Schuldiger geächtet wurde, begann der Countdown in das Verbrechen.
- Die von den damaligen Machthabern innerhalb der elektrischen Zäune der Konzentrationslager geschaffenen und praktizierten Umweltverhältnisse mit völliger Ausschaltung der Moralbegriffe, der Menschenrechte, des Rechtsbewusstseins und der Menschlichkeit boten dem gewalttätig veranlagten Johann Kagerer die Basis für sein verbrecherisches Tun.
- Man kann mit Fug und Recht sagen, dass Johann Kagerer nicht zum Massenmörder geworden wäre, wenn er nicht in das Konzentrationslager gekommen wäre. Er hätte dann nämlich gar nicht die Möglichkeit, die Gelegenheit und vor allen Dingen nicht die Opfer für das massenweise Töten gehabt.

In keinem eindringlicheren Fall kann der von der kriminologischen Wissenschaft herausgearbeitete Anlage-Umwelt-Ansatz für die Erklärung des Verbrechens und des Verbrechers deutlicher dargestellt werden, als im Personagramm des Johann Kagerer.

EINE LEICHENSPUR FÜHRT DURCH DEUTSCHLAND

Die Chronologie eines grauenhaften Verbrechens

Unzählige Polizei- und Kriminalbeamte, mehrere Staatsanwälte und Richter, Spezialisten der Landeskriminalämter von Bayern und Niedersachsen und des Bundeskriminalamtes in Wiesbaden, der Generalbundesanwalt in Karlsruhe und mehrere Gerichtsmediziner waren vom Oktober bis Dezember 1984 mit dem mysteriösen Verschwinden einer Beamtenfamilie beschäftigt, die in einer schmucken Doppelhaushälfte in der schwäbischen Großstadt Augsburg lebte. Niemand von ihnen glaubte zunächst, dass das "Untertauchen" des 30 Jahre alten Regierungsrates im bayerischen Finanzministerium Hartmut Greiner, dessen gleichaltrigen Ehefrau Ingrid und der beiden Kinder Michael (18 Monate) und Stefanie (3½ Jahre) sich zu einem der spektakulärsten Kriminalfälle in der Bundesrepublik Deutschland entwickeln würde.

Rätselhafte Leichenfunde

Am Dienstag, dem 25. September 1984, gegen 17.30 Uhr machte ein 59-jähriger Kurgast beim Spaziergang in der Nähe der Ausfahrt Brückenau der Bundesautobahn Würzburg-Fulda-Kassel im Landkreis Schweinfurt einen schrecklichen Fund.
Etwa drei Meter vom Rand der unbefestigten Ortsverbindungsstraße entfernt lag in einem Gestrüpp die Leiche eines kleinen Mädchens, nackt, auf dem Rücken liegend.
Die Kripo Schweinfurt war schnell zur Stelle. Die Beamten konnten bei der Besichtigung der Kindesleiche an Ort und Stelle keine Verletzungen feststellen. Später konstatierten die zugezogenen Gerichtsmediziner, dass das Kind durch gewaltsames Ersticken zu Tode gekommen war.
Auffälligkeiten im Genitalbereich und die Auffindungssituation

als solche veranlassten die Ermittler, auch ein Sexualverbrechen an dem Kind in Betracht zu ziehen.
Trotz großer Ermittlungsanstrengungen konnte das tote Kind zunächst nicht identifiziert werden.
Einige Tage nach dem mysteriösen Leichenfund bei Bad Brückenau entdeckten Spaziergänger gut 350 Kilometer nördlich am süd-westlichen Rand der Lüneburger Heide in der Gemarkung Dittmern im Landkreis Soltau-Fallingbostel in Niedersachsen in einer Abfallmulde nahe der Kreisstraße unweit der Bundesautobahn Würzburg-Kassel-Hannover-Hamburg die unbekleidete Leiche einer Frau. Die Tote war zum Teil, insbesondere im Unterleibbereich und an den Oberschenkeln, verkohlt. Deutlich konnte Benzin als Brandlegungsmittel festgestellt werden. Bei der noch am gleichen Tag durchgeführten Obduktion kamen die Gerichtsmediziner zu der Feststellung, dass die Frau "durch Strangulation erstickt" war. Darüber hinaus fanden die Ärzte schwerste Gewalteinwirkung insbesondere gegen die linke Kopfhälfte vom linken Scheitel über das linke Auge, die linke Stirnseite und die Wange bis zum Unterkiefer. Den Ermittlungsbehörden gelang es nicht, die Frauenleiche zu identifizieren.
Zwei Leichen, die scheinbar miteinander nichts Gemeinsames hatten. Sie wurden zwar beide in der Nähe der Bundesautobahn gefunden, die von München über Würzburg und Kassel nach Hamburg führt, die Fundorte lagen jedoch ca. 350 Kilometer voneinander entfernt.
Was auffiel war, dass offensichtlich nirgendwo weder die Frau noch das kleine Mädchen vermisst gemeldet waren.
Die Sonderkommissionen der Kripo Soltau in Niedersachsen und Schweinfurt in Bayern arbeiteten fieberhaft. Die Soltauer Kripo vermutete den Täter im Hamburger Zuhältermilieu, die Kripo Schweinfurt fahndete nach einem amerikanischen Soldaten, von

dem bekannt war, dass er sich schon an kleinen Mädchen vergangen hatte.
Wer die tote Frau in Soltau und das tote Kind in Schweinfurt waren, das war über Tage hinweg nicht auszumitteln.

Ein mysteriöser Vermisstenfall

Eine Woche nach den Leichenfunden bei Schweinfurt und Soltau, am Montag, dem 1. Oktober 1984, kamen im 300 Kilometer südlich des ersten Leichenfundortes gelegenen Augsburg die besorgten Eltern des 30-jährigen Regierungsrates im bayerischen Finanzministerium Hartmut Greiner zur Polizei und meldeten, dass ihr Sohn zusammen mit seiner Familie spurlos verschwunden sei. Die Ermittlungen der Augsburger Kripo brachten Erstaunliches an den Tag.
Der Regierungsrat hatte sich bereits am Montag, dem 24. September 1984, telefonisch bei seinem Arbeitgeber in München - offensichtlich wahrheitswidrig -krank gemeldet. Er hatte am gleichen Tag seine Konten bei zwei Banken aufgelöst und ca. 15.000 Mark Bargeld abgehoben. Und er hatte, ebenfalls an diesem Montag, seinen Pkw für 9.000 Mark weit unter Preis an einen Gebrauchtwarenhändler verkauft.
In dem von der Familie Greiner bewohntem Eigenheim wies nichts auf eine überstürzte oder geplante Flucht hin. Die Doppelhaushälfte ließ vielmehr auf ordentliche, gut bürgerliche Bewohner schließen. Die Betten in den Schlafzimmern waren frisch überzogen und ordentlich gemacht, die Kleiderschränke voll mit Wäsche, Kinder- und Erwachsenenbekleidung. In den beiden Kinderzimmern waren die Spielsachen der Kinder auf ihren Plätzen. In der sonst aufgeräumten Küche stand lediglich ein benütztes Kaffeegeschirr für vier Personen. Alles sah so aus, als wenn

die Familie nach dem Frühstück weggegangen sei und mittags wieder zurückkehren würde.
Aus der Wohnung fehlte offensichtlich nichts. Nur die Bewohner waren unauffindbar. Weder die Verwandten noch die Nachbarn konnten sich erklären, warum und wohin die Familie Greiner aus dem Eigenheim verschwunden war. Die Vermissten wurden als unauffällig, ruhig und ein glückliches Familienleben führend geschildert.
Die Hausnachbarin berichtete den ermittelnden Kriminalbeamten, dass sie Hartmut Greiner mit seiner Frau und den beiden Kindern am Samstag, dem 22. September 1984 gegen 17 Uhr von einem Spaziergang nach Hause kommend letztmals gesehen habe. Was ihr aufgefallen sei, war der Umstand, dass am darauffolgenden Sonntag gegen Mittag am Nachbarhaus entgegen den bisherigen Gepflogenheiten immer noch die Fensterjalousien heruntergelassen waren.
In den Lebensläufen und -umständen der verschwundenen Familie fanden die Kripoleute nichts, was auf ein "Aussteigen" hingedeutet hätte.
Die Recherchen ergaben beim Familienvater das Bild eines Biedermannes. Der in Augsburg geborene Hartmut Greiner hatte nach dem Abitur Jura studiert und war 1981 beim Finanzministerium als Regierungsrat angestellt worden. Bereits während der Studienzeit hatte er 1975 seine gleichaltrige Frau Ingrid geheiratet. 1981 war die Tochter Stefanie geboren worden, zwei Jahre später war Sohn Michael auf die Welt gekommen.
Eine Familiengeschichte wie im Bilderbuch.

Im Oktober 1983 hatte die Familie sich für knapp 400.000 Mark eine Doppelhaushälfte im Augsburger Stadtteil Hochzoll-Süd gekauft. Sie hatte 100.000 Mark angezahlt und den Rest mit Dar-

lehen und Hypotheken finanziert. Zukunftssorgen und Arbeitsplatzprobleme hatte es bei der jungen Familie augenscheinlich nicht gegeben.
Aber wo waren der Regierungsrat, seine Frau und die Kinder?

Die aufgefundene Situation im Hause Greiner, die Beschäftigung in einer obersten Staatsbehörde, der Umstand, dass wenige Wochen vorher zwei Agenten des Ministeriums für Staatssicherheit der damaligen DDR in München und Köln festgenommen worden waren, und die Tatsache, dass sich in Agentenkreisen schon öfters Familien unter ähnlichen Umständen abgesetzt haben, wenn sie ihre Enttarnung befürchteten, ließen die Ermittlungsbehörden auch an eine Spionagetätigkeit des Regierungsrates denken. Der Generalbundesanwalt in Karlsruhe wurde deshalb eingeschaltet. Aber bald stand fest, dass es für die These von einer nachrichtendienstlichen Tätigkeit keine handfesten Beweise gab. Die Frage, ob die Familie Greiner gar entführt worden war und mit einer Erpressung in großem Stil gerechnet werden müsse, konnte die Kripo zurückstellen. Der Regierungsrat hatte am Tage nach dem Verschwinden der Familie in Augsburg 15.000 Mark von seinem Konto abgehoben und auch sein Auto an diesem Tag verkauft. Er hatte sich nach Aussagen von Zeugen dabei vollkommen frei bewegt. Außerdem wurde er noch gesehen, als er allein mit einer Aktentasche unter dem Arm dem Augsburger Hauptbahnhof zustrebte.

Die Identifizierung der Toten

Eine Spur zu der vermissten Familie Greiner gab es für die Ermittlungsbehörden in Augsburg erst, als die Leichen von Soltau und Schweinfurt in die Überprüfungen mit einbezogen wurden.

Die Augsburger Kripo sichtete -mehr routinemäßig -auch alle polizeiinternen Meldungen über Funde von nicht identifizierten Leichen. Die Beamten stießen sehr schnell auf die unbekannte Frauenleiche im Kreis Soltau und auf die Leiche eines kleinen Mädchens im Kreis Schweinfurt. Freilich war es kaum vorstellbar, dass und wie die vermisste Frau Greiner und deren Tochter bis nach Schweinfurt oder gar bis in die Lüneburger Heide gekommen waren.
Die Identifizierung gestaltete sich überaus schwierig.
Die Frauenleiche war stellenweise bis zur Unkenntlichkeit verbrannt. Fingerabdrücke waren nur über ein sehr kompliziertes Verfahren bruchstückhaft zu rekonstruieren. Zudem passte die Beschreibung der halbverkohlten Leiche zunächst gar nicht auf Ingrid Greiner. Die Soltauer Ermittlungsbehörden hatten auf Grund der gerichtsmedizinischen Erkenntnisse vermutet, dass es sich bei der Toten um eine etwa 20-jährige Frau handle, die wegen einer möglichen Rückgradverkrümmung einen auffallenden Gang gehabt haben konnte, die noch nie schwanger gewesen sei, und die noch nicht von einem Kind entbunden worden war. Frau Greiner aber war 30 Jahre alt und hatte zwei Kinder geboren. Außerdem hatte sie keine körperlichen Gebrechen. Es waren also Ungereimtheiten, die eine Gleichheit ausschlossen. Die Augsburger Kripoleute ließen sich jedoch davon in ihren Aufklärungsbemühen nicht abbringen.
In solchen Fällen sind Zahnbefunde eine wertvolle Hilfe. Sie sind in vielen Fällen so individuell, wie es die Fingerabdrücke sind. Die Beamten forderten also von ihren Soltauer Kollegen einen Gebissbefund und Fotos vom Gebiss der Toten an. Sie gingen damit zum Zahnarzt, der Frau Greiner über Jahre hinweg behandelt hatte.
Die Überraschung war enorm.

Der Zahnarzt stellte auffallende Übereinstimmungen mit den in seinen Unterlagen befindlichen Aufzeichnungen über Füllungen, Zahnersatz und fehlenden Zähnen fest.
Die Kripoleute aus Soltau brachten daraufhin das präparierte Gebiss der unbekannten Frauenleiche nach Augsburg.
Der Zahnarzt konnte nun mit einer alle Zweifel ausschließenden Sicherheit konstatieren, dass es sich bei dem überbrachten Präparat eindeutig um das Gebiss der vermissten Frau Ingrid Greiner handelte. Neben der Übereinstimmung der Füllungen und der fehlenden Zähne brachte insbesondere eine vergoldete Zahnbrücke im Gebiss die Gewissheit.
Die Tote von Soltau war identifiziert. Es war Frau Ingrid Greiner aus Augsburg.
Zahnstellung und Gebiss halfen bei der Kindesleiche aus dem Kreis Schweinfurt allerdings nicht weiter. Aber von dieser Leiche waren noch Finger- und Handflächenabdrücke genommen worden. Es galt also, aus der Wohnung der Familie Greiner in der Doppelhaushälfte Vergleichsabdruckspuren zu finden. Tagelang suchten die Beamten des Erkennungsdienstes in mühevoller Kleinarbeit nach solchen Spuren. Sie nahmen Fingerabdrücke von den Nachbarkindern, die die kleine Stefanie und ihren Bruder in dem Eigenheim der Familie Greiner besucht hatten. Die Beamten wollten auf diese Weise herausfinden, welche Abdruckspuren den Greiner-Kindern zugeordnet werden können. Nachdem sie etwa 600 Fingerabdruck- und Handflächenabdruckspurenfragmente gesichert hatten, wurden die Spezialisten am fünften Tage fündig. Auf einem Blatt eines Küchenkalenders konnten sie eine Handflächenabdruckspur sichtbar machen, die augenscheinlich von einer Kinderhand stammte. Mehr als 30 übereinstimmende Merkmale stellten die Daktyloskopen zwischen dem Handflächenabdruck des toten Kindes aus dem Landkreis Schweinfurt

und dem Abdruck auf dem Kalenderblatt fest. Dies war der unumstößliche Beweis dafür, dass es die Leiche der Stefanie Greiner war, die zwei Tage nach dem Verschwinden der Familie Greiner in der Nähe der Autobahn bei Bad Brückenau im Landkreis Schweinfurt gefunden worden war.
Bei den genauen Untersuchungen konnte dann auch der Verdacht ausgeräumt werden, dass das Mädchen sexuell missbraucht worden war. Der Verdacht eines Sexualverbrechens war ursprünglich aufgetaucht, weil die nackte Leiche des kleinen Mädchens im Bereich der Genitalien und des Afters Verletzungen aufgewiesen hatte. Es waren Kratzer, die beim Transport und der Ablage der nackten Leiche in dem Gestrüpp durch Äste und Reisig verursacht worden waren.

Erneuter Fund einer Kindesleiche

Über das Schicksal des 18 Monate alten Michael Greiner war immer noch nichts bekannt geworden. Großangelegte Suchaktionen an den Auffindungsorten der nun identifizierten Leichen von Mutter und Tochter Greiner verliefen erfolglos. Es dauerte noch Wochen, bis sich wieder Anhaltspunkte ergaben, die der Klärung des Schicksals des kleinen Jungen dienten.
Am Sonntag, dem 2. Dezember 1984 fanden Spaziergänger in der Nähe eines Parkplatzes am Rande eines Hochwaldes nahe der Bundesautobahn Nr. 7 München-Würzburg-Kassel-Hannover-Hamburg bei Seesen im Harz in einem Brombeergestrüpp eine zum Großteil bereis skelettierte Kindesleiche.
Bei der weitgehend durch Fäulnis zersetzten Leiche konnten weder die Blutgruppe noch das Geschlecht und schon gar nicht mehr die Todesursache festgestellt werden. Die Sachverständigen gingen davon aus, dass es sich bei der Leiche um ein ein- bis zwei-

jähriges Kind handeln musste, das zwischen zwei und sechs Monaten am Fundort gelegen haben musste.
Die intensiven Bemühungen der Kripo Augsburg erbrachten keine eindeutigen Beweise dafür, dass es sich bei der gefundenen Leiche um die des kleinen Michael Greiner handelt. Nur im Ausschlussverfahren konnte eine gewisse Sicherheit für diese Überlegung gefunden werden. Eine bundesweite Überprüfung aller vermisst gemeldeter Kinder unter sechs Jahren brachte die Erkenntnis, dass außer Michael Greiner nirgendwo sonst ein solches Kind vermisst gemeldet war. Zudem erbrachte die Untersuchung der Haare des gefundenen tote Kindes und ein Vergleich mit Haaren aus Kindermützen und Haarbürsten aus der Wohnung Greiner die Gewissheit, dass zwischen beiden Haarproben mehrere gleiche Merkmale vorhanden waren. Die Tatsache, dass die Kindesleiche ebenfalls in der Nähe der Autobahnstrecke abgelegt war, an der auch die Leichen der Frau Greiner und ihrer Tochter Stefanie gefunden worden waren, erhärtete die These, dass die Leiche des Michael Greiner gefunden war.

Auf der Flucht

Von dem Regierungsrat Hartmut Greiner fand sich keine Spur.
War er auch tot und seine Leiche irgendwo an der Autobahn abgelegt? Die Kripo hatte einen ganz anderen Verdacht. Bei den Ermittlern hatte sich nach der Identifizierung der Leichen an der Autobahn die Überzeugung durchgesetzt, dass der Familienvater in der Nacht vom Samstag, dem 22. September, zum Sonntag, dem 23. September 1984 in seinem Eigenheim seine Frau und seine beiden Kinder getötet und dann -beispiellos in der Kriminalgeschichte -eine grauenvolle Spur durch ganz Deutschland gelegt hat. Die Beamten gingen davon aus, dass Hartmut Greiner

selbst mit seinem Pkw die Leichen durch Deutschland gefahren, dass er seine tote Frau mit Benzin übergossen und angezündet hat, um eine Identifizierung der Leiche zu erschweren; dass er die Leiche seine kleine Tochter nackt unter ein Gebüsch gelegt hat, um ein Sexualverbrechen vorzutäuschen, und dass er die Leiche seines kleinen Sohnes in Niedersachsen am Ende eines Trampelpfades zwischen Brombeersträuchern versteckt hat.
Zeugen hatten sich nämlich gefunden, die den blauen VW-Passat des Greiner zu der kritischen Zeit am Sonntag, dem 23. September 1984, und in der Nacht darauf in der Nähe der Fundorte der Leichen und auf der Rückfahrt in Richtung Süden gesehen haben wollen. Und am Montag, dem 24. September, als nach Überzeugung der Gerichtsmediziner Frau Greiner und die kleine Stefanie schon tot und ihre Leichen bereits abgelegt waren, hatte der Regierungsrat in Augsburg quicklebendig noch große Aktivitäten entwickelt, das ganze Geld abgehoben, das Auto verkauft, zielstrebig seine Flucht inszeniert.
Freilich, ein Motiv für die grauenvolle Tat fanden die Kripoleute nicht.
Der Ermittlungsrichter in Augsburg erließ gegen Hartmut Greiner einen Haftbefehl wegen des Verdachts des dreifachen Mordes.
Interpol wurde eingeschaltet.
Nach dem Tatverdächtigen wurde in ganz Westeuropa gefahndet.
Aber zunächst war Greiner wie vom Erdboden verschwunden.
Erst drei Monate nach dem Verschwinden gab es die erste Spur von dem Flüchtigen.
Die italienische Polizei teilte der Kripo in Augsburg am 16. Dezember 1984 fernschriftlich mit, dass sich am 9. Dezember 1984 im Sporthotel "Kurzras" im Schnalstal in Südtirol ein Mann eingemietet habe, der am 12. Dezember 1984 unter Zurücklassung von Kleidung, einer Skiausrüstung und ohne Bezahlung der Ho-

telrechnung verschwunden sei. Der Hotelier hatte die Polizei erst am 15. Dezember von dem geheimnisvollen Gast verständigt. Im Hotelzimmer hatten die Carabinieri einen Dienstausweis des bayerischen Finanzministeriums, ausgestellt auf den Regierungsrat Hartmut Greiner, einen Reisepass und einen Führerschein, auf denen stümperhaft handschriftlich der Namen auf Grobsel, bzw. Gröne geändert worden war, gefunden. Aber die Polizisten hatten für die Aufklärung noch etwas sehr Bedeutendes gefunden.

Gespenstische Briefe

In dem verlassenen Hotelzimmer waren eine Menge Blätter Papier, eng beschrieben, handschriftlich, insgesamt 43 Bögen, herumgelegen. Es waren Briefe, die der gesuchte Hartmut Greiner an seine tote Frau und an sein totes Töchterchen Stefanie geschrieben hatte; Briefe, die mit "Meine liebe Maus" überschrieben und mit "ich liebe euch Dein Schatzi/Euer Papi" beendet waren. Es waren Briefe, die der Flüchtige offensichtlich in Courmayeur im Aostatal auf dem Tag genau zwei Monate nach dem gewaltsamen Tod seiner Frau am 22. November 1984 begonnen hatte.
In den Briefen philosophierte der Schreiber zunächst einmal über das Leben, den Tod, die Seele, den Geist und die Materie: "Vielleicht gibt es ein Leben nach dem Tod. Ich bin mir nicht sicher, ob das personelle Leben nach dem Tod weiter existiert... Ich bin deshalb so gut wie sicher, dass Du diesen Brief und alle die folgenden Briefe, die ich Dir noch schreiben will, nicht mehr lesen wirst. In den letzten zwei Monaten habe ich so oft an Selbstmord gedacht, an Suizid, wie ein korrekter Jurist sagt... Immer wieder frage ich mich, was ich hier eigentlich noch zu suchen habe ohne Euch.... Immer wieder passiert es mir, dass ich denken muss, was meine Flucht, mein Verstecken, mein Herumreisen, eigentlich für

einen Sinn haben soll, wenn es allenfalls einen einzigen Weg gibt, um wieder mit Euch zusammen zu sein."

Der Schreiber stellte sodann Überlegungen an über die Veröffentlichung seines Geschriebenen und kam zu dem Schluss, dass ihm "die Veröffentlichung eine Möglichkeit zu sein scheint, (sein) Weiterleben materiell zu ermöglichen". "Was soll ich tun, wenn mein Geld aufgebraucht ist?" schrieb er.

Dann höhnte der gelernte Jurist:

"Interessant kann das, was ich schreibe, für die Polizei und meine Juristenkollegen -die Staatsanwaltschaft und das Gericht -werden, wenn ich einmal -was ich keinesfalls vorhabe -lebend in ihre Hände fallen oder wenigstens um den Akteninhalt zu vervollständigen und abzuschließen -was für einen korrekten Juristen sehr wichtig ist, -wenn ich tot aufgefunden werde -was mir im Augenblick durchaus das Wahrscheinlichste zu sein scheint -und -was mir nicht als so wahrscheinlich erscheint -auch identifiziert werde. (Den letzten Satz habe ich nicht für euch und andere normale Menschen geschrieben, sondern ausschließlich für verkorkste Juristen, die ich an dieser Stelle mit herzlichem Beileid und Mitgefühl grüßen darf.)"

"'Du alter Spinner' würdest Du wahrscheinlich zu mir sagen, wenn Du noch lebtest und mich hier an eine Tote schreiben sähest", begann ein zweiter Brief.

Schließlich kam eine schreckliche Kernaussage:

"Nachdem ich Dich also an jenem Samstag im September weinend auf der Couch vorgefunden habe und Du mir gesagt hast, was passiert ist, rannte ich hinauf in das Zimmer von Steffi, wo beide tot dalagen. Ich schüttelte sie noch kurz, weil ich es einfach nicht fassen konnte. Aber sie waren tatsächlich tot. Ich war -seltsamerweise -im ersten Augenblick gar nicht traurig. Es packte mich vielmehr eine ungeheure Wut auf Dich, die Du -nach mei-

ner damaligen Auffassung -unser ganzes Leben zerstört hast. Ich konnte es einfach nicht begreifen, dass Du sie umgebracht hast."
Eine Erklärung, warum seine Frau die Kinder getötet haben soll, fiel Hartmut Greiner leicht. Er schrieb:
"Du hast immer wieder, wenn sie dich besonders aufgeregt haben, gesagt, dass Du sie am liebsten umbringen würdest."
Und dann gestand der Mann:
"Mich packte also eine grausame Wut gegen Dich und ich hoffe, Du kannst es irgendwie verstehen, obwohl ich natürlich nicht von Dir verlangen kann, dass Du mir verzeihst, dass ich Dich umgebracht habe. Ich wollte in diesem Augenblick nichts anderes, als Dich auch totmachen -Rache. Als es vorbei war, kam mir sofort der Gedanke, mich auch zu töten -hätte ich es doch getan!!!"
Hartmut Greiner schilderte dann in seinen Briefen, die er teils als "Tagebuch", teils als "Selbstbiographie“ sehen wollte, wie er die Leichen seiner Angehörigen beiseite geschafft hat, um sich für die Flucht einen Zeitvorsprung zu sichern. Er ging auch ausführlich darauf ein, was er bisher erlebt hatte und wie er sein zukünftiges Leben gestalten wollte.
War dieses schriftliche "Geständnis" nun der Trick des Juristen Greiner, der einen dreifachen Mord zu einem Totschlag im Affekt umfunktionieren wollte?
Waren die schriftlich festgehaltenen Aussagen Teil eines raffinierten Planes, die Schuld am Tode seiner beiden Kinder auf seine Frau abzuwälzen?
Zu offen lagen die beschriebenen Blätter im verlassenen Hotelzimmer in Kurzras; fast so, als wenn sie für die Ermittler bereitgelegt worden wären. Und wie schrieb der Jurist an einer Stelle doch? "Interessant kann das, was ich schreibe, für die Polizei und meine Juristenkollegen werden, wenn ich einmal lebend in ihre Hände fallen werde."

Andererseits war das auf dem Papier Festgehaltene die einzig logische Erklärung für das Verhalten des Hartmut Greiner. Die Tatversion war plausibel, der Tatablauf logisch und wahrscheinlich.
Aber es konnte auch ganz anders gewesen sein. Hatte es zwischen den Eheleuten etwa -aus welchen Anlass auch immer - einen tätlichen Streit gegeben, in dessen Verlauf der Mann die Frau geschlagen, gewürgt und schließlich erwürgt hat? Und hat der Vater dann auch noch seine Kinder getötet, weil er die ganze Familie auslöschen wollte?
Es wäre auch eine mögliche und logische Erklärung gewesen. Hartmut Greiner war jedenfalls nicht greifbar.
War er aus dem Hotel geflüchtet, weil sich Urlauber aus Augsburg für die folgenden Tage angemeldet hatten und er befürchten musste, dass er erkannt wird?
Die italienische Polizei leitete jedenfalls nach dem Flüchtigen eine Großfahndung mit Straßensperren, Überwachungen der Bahnhöfe und Bushaltestellen sowie Nachforschungen in Hotels und Pensionen ein.
Aber Hartmut Greiner war und blieb verschwunden.

Endstation Bahnhof

Am Freitag, dem 18. Januar 1985, verrichtete der junge schweizerische Grenzbeamte Werner Risch am Schalter des Baseler "Elsässer Bahnhofs" Passkontrolldienst. Um 12.25 Uhr fuhr der Schnellzug aus dem französischen Metz in den Grenzbahnhof ein. Auf Korporal Risch kam ein bartloser junger Mann in wattiertem Mantel und Turnschuhen zu. Der Reisende zeigte ohne Aufforderung, eher desinteressiert, eine deutsche Kennkarte vor. Der Grenzbeamte legte den Ausweis in das Kontrollgerät des erst

vor wenigen Wochen installierten Fahndungscomputers und bekam sekundenschnell die Auskunft: Festnahme, Haftbefehl wegen dreifachen Mordes in der Bundesrepublik Deutschland.
In wenigen Minuten war der Reisende gefesselt in der Arrestzelle der Schweizer Polizei.
Die fast dreimonatigen Irrfahrten des mordverdächtigen deutschen Regierungsrates Hartmut Greiner aus Augsburg waren zu Ende.
Bei seiner Festnahme hatte Greiner 7.450 Deutsche Mark Bargeld bei sich. Außerdem wurden bei ihm 650 französische und 600 belgische Franc sowie kleine Beträge in luxemburgischer und italienischer Währung gefunden. Unter seinen persönlichen Gegenständen befanden sich Fahrkarten für die Bahnstrecken Luxemburg-Basel, Paris-Straßburg und Avignon-Paris. Auf seiner Reisetasche war eine Aufkleberadresse einer Pension auf der Mittelmeerinsel Capri. Hinweise auf Stationen seiner Flucht kreuz und quer durch Westeuropa.
Um nicht erkannt zu werden, hatte sich Hartmut Greiner seinen Vollbart abrasiert. Der schweizerische Grenzbeamte Risch hatte trotzdem den richtigen "Riecher", und der Fahndungscomputer hatte sein übriges getan.
Der Mordverdächtige war also in der Schweiz in Haft. Ein mehrere Wochen dauerndes formelles Auslieferungsverfahren schien sich anzubahnen. Hartmut Greiner verkürzte dieses Verfahren jedoch. "Ich will die Sache hinter mich bringen", erklärte er und willigte in eine formlose Abschiebung in die Bundesrepublik Deutschland ein.
Am Montag, dem 21. Januar 1985, wurde Hartmut Greiner den aus Augsburg angereisten Kriminalbeamten am Grenzübergang Basel-Lörach ohne viele Formalitäten übergeben.
Die in Augsburg geplante Vernehmung des Tatverdächtigen ent-

mutigte die Ermittler allerdings.
Der Mann schwieg.
Das einzige, was er bei einer Vorbefragung zugab, war, dass er die Leichen seiner Angehörigen in sein Auto gepackt hatte und mit ihnen von seinem Haus in Augsburg zur Autobahn Würzburg-Hannover-Hamburg gefahren war, wo er sie an verschiedenen Orten abgelegt hatte.
Alle Bemühungen der Ermittler, die Geschehnisse im Haus der Familie Greiner aufzuklären, schlugen fehl.
Der Jurist Greiner war gesprächsbereit so lange, als es um belanglose Dinge ging. Er schwieg, ohne unhöflich zu sein, wenn die Sprache auf die Familie und die tatkritische Zeit kam.

Anklage und Prozess

Drei Monate nach der Festnahme des Mordverdächtigen in der Schweiz legte die Kripo Augsburg der Staatsanwaltschaft die Abschlussanzeige in "Sachen Greiner wegen Mordes" vor.
Der genaue Ablauf des Verbrechens war nach wie vor im dunklen. Eindeutige Indizien konnten die Polizei nicht liefern. Ein Geständnis fehlte, weil der Beschuldigte hartnäckig von seinem Aussageverweigerungsrecht Gebrauch gemacht hatte. Zum Motiv der Tat gab es keine Hinweise, wenn die handschriftlichen Aufzeichnungen des Greiners außer Betracht gelassen wurden.
Im September 1985 klagte die Staatsanwaltschaft den in Haft befindlichen, von seiner Dienststelle suspendierten Regierungsrat Hartmut Greiner wegen dreifachen Totschlags an. Sie rückte von dem ursprünglich geäußerten Vorwurf des Mordes ab, weil die Motivation der Tat nicht aufgehellt werden konnte. Die Anklageschrift benannte für den Prozess insgesamt 62 Zeugen und 17 Sachverständige.

Über ein Jahr nach dem spektakulären Verbrechen begann vor dem Schwurgericht in Augsburg der Prozess gegen Hartmut Greiner. Vertreter der Presse, des Rundfunks und des Fernsehens aus dem gesamten Bundesgebiet hatten sich zu dem auf fünf Tage terminierten Verfahren angesagt.
Der Zuschauerraum war vollbesetzt, als am Donnerstag, dem 07. November 1985, um 9 Uhr der Angeklagte in den Gerichtssaal geführt wurde. Aber die Prozessbeobachter und -zuschauer wurden gleich am Anfang enttäuscht. Als die Anklage verlesen war und der Gerichtsvorsitzende den Angeklagten fragte, ob er sich zu den Schuldvorwürfen äußern wolle, erklärte Hartmut Greiner unter energischem Kopfschütteln:
"Ich mache keine Angaben."

Und daran hielt sich der Angeklagte auch. Er schwieg bis zum Ende des Verfahrens.
Der Ankläger ging davon aus, dass Hartmut Greiner seine Familie in der Nacht vom Samstag, dem 22. September, zum Sonntag, dem 23. September 1984, in der gemeinsamen Wohnung der Doppelhaushälfte im Stadtteil Hochzoll der Stadt Augsburg getötet hatte.
Festgestellt worden war, dass der Regierungsrat Greiner am Samstag, dem 22. September 1984, als zweiter Aufsichtsbeamter nach München zur Staatlichen Lotterieverwaltung beordert war, um die Ziehung der Gewinnzahlen für die Glücksspirale zu überwachen. Da aber der erste Aufsichtsbeamte erschienen war, konnte Greiner früher, exakt um 18.50 Uhr, wieder gehen. Nach den Berechnungen der Ermittler musste der Angeklagte mit dem Zug um 20.34 Uhr in München abgefahren und um 21.07 Uhr in Augsburg angekommen sein. In diesem Zusammenhang war in dem Indizienprozess die Aussage einer langjährigen Freundin der

getöteten Ingrid Greiner von besonderer Bedeutung. Die Zeugin hatte bei der Kripo bereits detailliert ausgesagt und sie tat es auch bei Gericht, dass sie an jenem Samstagabend in der Zeit von 19.30 Uhr bis 21.30 Uhr oder noch später, also mehr als zwei Stunden, ununterbrochen mit Ingrid Greiner telefoniert hatte. Es sei über Belangloses gesprochen worden. Aufgefallen will der Zeugin allerdings sein, dass Ingrid Greiner während des Telefonierens nebenher auch wiederholt Fragen ihrer kleinen Tochter Stefanie beantwortet hatte.

Auch will die Zeugin die Tochter im Hintergrund gehört haben. Weil das Kind "quengelig" geworden sei, habe man das stundenlange Gespräch schließlich beendet. Die Freundin will weder eine besondere Erregung oder eine Niedergeschlagenheit der Frau Greiner festgestellt haben.

Der Ankläger errechnete als Zeit des Endes des Telefonierens etwas nach 21.30 Uhr, also einen Zeitpunkt, zu dem Hartmut Greiner mit dem Zug bereits in Hochzoll eingetroffen sein musste.

Aus weiteren Zeugenaussagen formte sich ein klares Bild von dem Angeklagten:

Ein sehr ruhiger und beherrschter Mann, ein verlässlicher und hilfsbereiter Freund, ein überaus liebevoller Vater. Hartmut Greiner hatte selbst seine kleinen Kinder gebadet, gefüttert, gewickelt, ins Bett gebracht und ihnen Märchen vorgelesen. Kein wunder Punkt aus dem Familienleben zeigte sich; nichts, wo das Gericht hätte einhaken können.

Die Schwurgerichtskammer interessierte sich auch für den Charakter von Ingrid Greiner. Tenor der Zeugenaussagen: die 30-jährige sei "temparentvoller, spontaner" gewesen als ihr Mann.

Ob sie mit dem Haushalt und den Kindern überfordert gewesen sei?

Nein, sagten die Zeugen, "die Ingrid hat halt mal über die Kinder geklagt, wie andere Mütter auch". Eine Freundin sagte allerdings: "Wenn die Kinder quengelig waren, dann war sie schnell auf 180."

Die Zielrichtung der Fragen war klar. Sie spielte auf den Inhalt der Briefe an, die Hartmut Greiner auf seiner Flucht im Sporthotel "Kurzras" in Südtirol zurückgelassen hatte und die in dem Prozess als Beweismittel eingebracht und verlesen worden waren. An einer Stelle hatte der Angeklagte geschrieben, dass er sich denken könne, warum seine Frau die Kinder umgebracht hatte: "Ich weiß, Du warst durch die Erziehung und Versorgung der Kinder völlig überfordert."

Die Aussagen der Sachverständigen brachten nicht viel mehr zur Aufhellung in den mysteriösen Fall, als bisher schon bekannt war. Die Rechtsmediziner konnten genaue Angaben zur Todeszeit der gefundenen Leichen nicht machen. Stefanie war nach dem Bekunden des Sachverständigen aus dem Institut für Rechtsmedizin an der Universität Würzburg "mindestens schon seit Sonntag, dem 23. September 1984, tot". Als Todesursache komme "nur Tod durch Ersticken" in Betracht.

Die 30-jährige Ingrid Greiner sei "ohne Zweifel durch Strangulieren eines gewaltsamen Todes gestorben", sagte der Hamburger Gerichtsmediziner Dr. Hildebrand aus. "Wahrscheinlich ist sie vom Täter mit der rechten Hand erwürgt worden." Der Todeszeitpunkt lasse sich nur "sehr schwer" eingrenzen.

Kreidebleich wurde der Angeklagte, als ein Gerichtsmediziner von der Universität Göttingen sein Gutachten über "eine von einem Spaziergänger gefundene Kindesleiche" abgab, bei der es sich nach Überzeugung der Anklagebehörde um die des 18 Monate alten Sohnes Michael des Angeklagten gehandelt hat. Mit der kühlen Distanz eines Wissenschaftlers beschrieb der Gutach-

ter den Zustand des stark verwesten Körpers.
Als letzter Sachverständiger sollte der Landgerichtsarzt Dr. Englert aus Augsburg über die Persönlichkeit des Angeklagten nähere Aufschlüsse geben. Der Mediziner sprach von einer "Mauer des Schweigens", hinter der die Antworten auf die Fragen nach dem Motiv, dem Eheleben und der Schuldfähigkeit des Angeklagten "verborgen geblieben" seien. Hartmut Greiner hatte im Vorfeld des Prozesses es abgelehnt, sich psychiatrisch untersuchen zu lassen.
Der Landgerichtsarzt ging auch auf die Aufzeichnungen des Hartmut Greiner aus dem Hotel in Südtirol ein. Für den Mediziner waren die Briefe, "die keinesfalls eine Persönlichkeitsdiagnose des Angeklagten erlaubten", eine "seltsame Mischung von Wirklichkeit und Phantasterei". Massive Selbstvorwürfe und Schuldgefühle hatten Greiner nach Vermutung des Sachverständigen zu diesen Aufzeichnungen getrieben, die in manchen Passagen "einer Art Beichte" gleichkämen.
Starr und unbeweglich, wie versteinert, saß Hartmut Greiner während der ganzen Prozessdauer auf der Anklagebank im Schwurgerichtssaal. Das eiserne Schweigen der Schlüsselfigur in dem Totschlagsprozess hatte dafür gesorgt, dass bis zum Ende der aufwendigen Beweisaufnahme das Dunkel um das rätselhafte Verbrechen an der Frau und den beiden Kindern des Regierungsrates kaum aufgehellt werden konnte.

Die Plädoyers

Am vierten Tag des Prozesses hatten der Staatsanwalt und der Verteidiger das Wort.
Für den Anklagevertreter gab es keinen Zweifel, dass Hartmut Greiner "überführt im Sinne der Anklage" war. Nach seiner

Überzeugung hatte der Angeklagte am Abend des 22. September 1984 seine Ehefrau und seine beiden Kinder Stefanie und Michael "bewusst und gewollt getötet", nachdem er gegen 21.30 Uhr mit dem Zug von München nach Hause gekommen war. Dass Ingrid Greiner ihre beiden Kinder umgebracht habe, wie es der Angeklagte in seinen bei der Flucht verfassten Aufzeichnungen dargestellt hatte, war für den Staatsanwalt "absolut abwegig und aus der Luft gegriffen".

Entscheidend für den Staatsanwalt war das mehr als zweistündige Telefongespräch um "Belanglosigkeiten", das eine Zeugin an jenem Samstagabend mit Ingrid Greiner geführt hatte, während im Hintergrund die kleine Stefanie zu hören war.

"Es ist einfach nicht verständlich, dass sich die seelische Verfassung der Frau so plötzlich umgewandelt haben soll".

Er sehe auch "keine belegbare Zweifel", dass Hartmut Greiner gegen 21.30 Uhr nach Hause gekommen war. Was sich dann aber im Hause abgespielt habe, wisse nur der Angeklagte; das Motiv kenne er nur allein.

Auch die Flucht von Hartmut Greiner war für den Anklagevertreter "ein sicherer Hinweis darauf, dass der Angeklagte der Täter war".

Die 43-seitigen Aufzeichnungen seien "nicht glaubhaft". Diese Schreiben hatten nicht nur eine seelische Entlastungsfunktion, sondern waren auch in dem Wissen abgefasst, dass sie in die Hände von Staatsanwaltschaft und Gericht kommen, meinte der Ankläger.

Am Schluss seines Plädoyers forderte der Staatsanwalt für Hartmut Greiner die höchstmögliche Freiheitsstrafe für Totschlagsverbrechen, eine Gesamtfreiheitsstrafe von 15 Jahren.

Der Verteidiger beantragte für seinen Mandanten eine Freiheitsstrafe von "maximal zwei Jahren", die zur Bewährung ausgesetzt

werden sollten, falls "das Gericht den Angeklagten nicht Schuldunfähigkeit zubilligen und ihn daher freisprechen könne".
Greiner habe, so der Verteidiger, der mehrfach durch Lachen und Proteste der Zuhörer im Saal unterbrochen wurde, seine Ehefrau getötet, als er nach Hause gekommen war und entdeckt hatte, dass diese die Kinder umgebracht hatte. Nach der Beweisaufnahme seien nur "Spekulationen und Hypothesen" übrig geblieben, sagte der Anwalt. Anhaltspunkte und ein Motiv dafür, dass der Angeklagte auch seine Kinder getötet haben konnte, seien "weit und breit nicht erkennbar". Niemand wisse auch, mit welchen von insgesamt 14 Zügen ab 19.15 Uhr Hartmut Greiner an jenem Abend in München abgefahren sei. "Damit fällt ein wesentlicher Pfeiler der Argumentation des Staatsanwaltes in sich zusammen", meinte der Verteidiger. Die von Greiner in seinen Briefen geschilderte Tatversion sei "menschlich nachvollziehbar."
Wenn demnach der Angeklagte bei seiner Heimkehr die Kinder tot vorgefunden und dann "in einem seelischen Ausnahmezustand" seine Frau getötet habe, stellt sich die Frage, "ob Herr Greiner überhaupt bestraft werden kann", argumentierte der Anwalt. Wenn das Gericht aber Greiner nicht wegen Schuldunfähigkeit freisprechen sollte, käme nur eine Bestrafung wegen Totschlags in einem minder schweren Fall in Betracht.
Als der Vorsitzende Richter dem Angeklagten am Ende der Plädoyers das letzte Wort erteilte und ihn fragte, ob er noch etwas sagen wolle, schüttelte dieser nur den Kopf.

Das Urteil

An die 200 Zuhörer saßen im Gerichtssaal, als am fünften Verhandlungstag im Prozess um den rätselhaften gewaltsamen Tod

der Familie Greiner der Vorsitzende Richter der Schwurgerichtskammer des Landgerichts Augsburg das Urteil verkündete: Hartmut Greiner ist schuldig dreier Verbrechen des Totschlags. Er wird zu zehn Jahren Freiheitsstrafe verurteilt.
Die drei in Niedersachsen und Nordbayern an verschiedenen Stellen aufgefundenen Leichen "sind einwandfrei als Angehörige der Familie Greiner identifiziert worden", sagte der Gerichtsvorsitzende in der Urteilsbegründung. Nüchtern und sachlich fuhr er fort:
"Bei solcher Sachlage spitzte sich alles auf die Kernfrage zu, ob die Mutter als Täterin ausgeschlossen werden konnte." Ein Motiv, die beiden Kinder umzubringen, sei weder bei dem Angeklagten noch seiner Ehefrau erkennbar gewesen, stelle der Richter fest.
Das Gericht aber war "der Meinung, dass man die Ausschließbarkeit der Mutter als Täterin bejahen kann". Wenn aber Ingrid Greiner ihre Kinder nicht getötet habe, bleibe nur noch der Angeklagte übrig, nachdem ein Dritter auszuscheiden sei.
Das Gericht zählte sodann Gründe auf:

Von entscheidender Bedeutung sei jenes zweistündige Telefongespräch um Belanglosigkeiten gewesen, das eine Zeugin an jenem Samstag mit Ingrid Greiner geführt hat.
"Zu diesem Zeitpunkt haben die Kinder also mit Sicherheit noch gelebt. Denn telefonieren und gleichzeitig die Kinder umbringen, das gehe sehr schlecht", sagte der Richter sarkastisch. "Anhaltspunkte, dass Herr Greiner in München oder in Augsburg irgendwo versumpft ist und erst mitten in der Nacht heimkam, gibt es nicht", führte der Vorsitzende weiter aus. Also musste das Gericht davon ausgehen, dass Hartmut Greiner spätestens gegen 22 Uhr nach Hause gekommen ist. Schlussfolgerung: "Das Gericht

hält es für ausgeschlossen, dass die Mutter in der relativ kurzen Zeit zwischen Ende des Telefonierens und Heimkommen ihres Mannes einen derartigen Stimmungsumschwung erlebt haben könnte."

Das Gericht kreidete dem Angeklagten besonders an, dass und wie er die Leichen beiseite geschafft hatte. Nicht Ingrid Greiner habe sich ungewöhnlich gegenüber ihren Kindern verhalten, sondern der Angeklagte -wenn auch nur gegenüber den Leichen.

"Die nackten toten Körper der geliebten Kinder einfach wegzukarren, irgendwo ins Gebüsch zu werfen und sie dem Tierfraß, Ameisen und Schmeißfliegen auszusetzen, das gehe weit über das Recht des Täters, die Spuren zu verwischen, hinaus und ist in ethischer Hinsicht einfach nicht mehr nachvollziehbar", sagte der Vorsitzende Richter böse. Dies müsse bewertet werden als "äußerst ungewöhnliches Verhalten des Angeklagten gegenüber den Kindern", was Rückschlüsse auch auf die Zeit vor der Tat zulasse.

An diesem Abend oder in der Nacht muss sich etwas Besonderes zugetragen haben, so dass sich der Angeklagte zu der Tat habe hinreißen lassen. Der Angeklagte weiß es, wir wissen es nicht, urteilte der Richter.

Nach knapp 20 Minuten Urteilsbegründung war der Prozess um den Kriminalfall zu Ende, der ein Jahr lang für Gesprächsstoff nicht nur auf örtlicher Ebene gesorgt hatte.

Und was tat Hartmut Greiner?

Schweigend ließ er sich abführen und in die Justizvollzugsanstalt zurückbringen.

Wenn Juristen über Juristen richten

Wie hatte der Regierungsrat Hartmut Greiner in seinen ominösen Briefen während der Flucht gehöhnt?
"Interessant kann das, was ich schreibe, für die Polizei und meine 'Juristenkollegen' -die Staatsanwaltschaft und das Gericht - werden, wenn ich einmal... lebend in ihre Hände fallen ...werde. (Den letzten Satz habe ich nicht für Euch und andere normale Menschen geschrieben, sondern ausschließlich für verkorkste Juristen, die ich an dieser Stelle mit herzlichem Beileid und Mitgefühl grüßen darf.)"
Hatte er mit seiner Einschätzung recht?

Der 1. Strafsenat des Bundesgerichtshofes hob am 3. April 1986 auf die Revision des Hartmut Greiner das erstinstanzliche Urteil des Schwurgerichts Augsburg vom 15. November 1985 auf und verwies den Fall zur neuen Verhandlung an das Landgericht München II.
Die Karlsruher Richter bemängelten in ihrer Entscheidung unter anderem die Art und Weise, wie die Schwurgerichtskammer die Ehefrau des Greiners als mögliche Täterin für die Tötung der Kinder ausgeschlossen habe. Auch habe das Erstgericht nichts zur Problematik des Verhältnisses der Mutter zu ihren beiden kleinen Kindern festgestellt. Darüber hinaus monierte der BGH, die Schwurgerichtskammer hätte sich nicht damit begnügen dürfen, dass sich der anwesende Gerichtsmediziner wegen fehlender Bereitschaft des Angeklagten nicht in der Lage gesehen habe, ein psychologisches Gutachten über ihn zu erstellen. Vielmehr hätte mit Hilfe eines weiteren Sachverständigen versucht werden müssen, ein genaueres Bild über Greiner zu erhalten.
Auf Grund des großen Aufsehens des ersten Verfahrens verwies

der Bundesgerichtshof den Fall zur Neuverhandlung nach München.
Mit einem Paukenschlag ging am 1. April 1987 der zweite, nach der Revision wieder aufgerollte Prozess gegen den Augsburger Ex-Regierungsrat zu Ende. Das Münchner Schwurgericht ging noch über das Ersturteil des Landgerichts Augsburg von 10 Jahren Haft hinaus und verurteilte den nun 32-jährigen Hartmut Greiner wegen dreifachen Totschlags an seiner Frau Ingrid und seinen beien Kindern Stefanie und Michael zu 15 Jahren Freiheitsentzug.
Nach Ansicht der Münchner Juristen gab es keinen vernünftigen Zweifel, dass Greiner seine Familie ausgelöscht hat, auch wenn das Motiv im Revisionsverfahren weiter im Dunkeln geblieben ist. Hartmut Greiner hatte auch im zweiten Prozess geschwiegen und das Urteil unbewegt zur Kenntnis genommen.
Der Bundesgerichtshof musste sich ein zweites Mal mit der mysteriösen Familientragödie befassen.
Am 17. November 1987 ließ der BGH die zweite Revision zu, hob das zweite Urteil gegen Hartmut Greiner auf und verwies das Verfahren an die 3. Strafkammer des Landgerichts München II. Der Generalbundesanwalt und die Richter am Bundesgerichtshof hoben zum zweiten Mal hervor, dass nur erwiesen gilt, dass Hartmut Greiner seine Frau umgebracht hat. Die Frage aber, wie die Kinder ums Leben gekommen sind, diesem Problem sei abermals nicht ausreichend nachgegangen worden. Es sei nämlich nicht ohne weiteres auszuschließen, dass Hartmut Greiner seine Frau im Affekt erwürgt habe, weil diese zuvor die beiden Kinder getötet hatte.
In dem ab dem 25. April 1988 vor dem Landgericht München II laufenden dritten Prozess kam erstmals auch zur Sprache, dass Hartmut Greiner ein sachlicher, ausgeglichener ruhiger Mann

war, dessen Entscheidungen als wohlüberlegt gegolten hätten. Seine Ehefrau Ingrid hingegen sei eher ungeduldig, leicht erregbar, launisch und temperamentvoll gewesen. Eine Zeugin schilderte Ingrid Greiner als oft recht zynisch, nachtragend, spöttisch, impulsiv und aufbrausend.

In diesem erneuten Prozess kamen 89 Zeugen und 14 Sachverständige zu Wort. Zudem verfolgten drei Gutachter das Verfahren. Eine renommierte Psychogin und ein Diplompsychologe hielten als Gutachter die Tatversion für wahrscheinlich, dass Greiner seine Frau getötet habe und sie die beiden Kinder. In den bewussten Briefen "spreche nichts für eine Selbstverkennung oder eine bewusste Täuschung", der geschilderte Tatablauf sei vielmehr "insgesamt plausibel".

Der Angeklagte schwieg auch in diesem Prozess. Dabei hätte er viel zur Aufklärung beitragen und das Urteil zu seinen Gunsten beeinflussen können.

Am 17. Mai 1988 sprach das Schwurgericht beim Landgericht München II zum dritten Mal in gleicher Sache Recht. Es hielt den "Einser"-Juristen und Ex-Regierungsrat Hartmut Greiner des dreifachen Totschlags an seiner Ehefrau und seinen beiden Kindern für schuldig und verhängte eine Freiheitsstrafe von zehn Jahren gegen ihn.

"Es handelte sich um ein Familiendrama von einem Ausmaß, das nur vorstellbar ist, wenn der Angeklagte völlig aus dem Gleichgewicht geraten war und zum tödlichen Rundumschlag ausgeholt hat", vermutete der Vorsitzende. Durch die Zeugenaussagen sei bekannt, dass Ingrid Greiner "gut austeilen konnte", sie könnte also ihren Mann tödlich gereizt haben.

Der 62-jährige Vater der getöteten Ingrid Greiner verzichtete äußerst erregt auf sein Zeugengeld, von dem er eine Messe für "Richter mit gesundem Menschenverstand" gelesen haben wollte.

"Es schreit zum Himmel, wie mit den perversen Hirngespinsten" des Angeklagten verfahren worden sei.
Der Bundesgerichtshof musste sich am 7. März 1989 zum dritten Mal mit dem Fall befassen. Staatsanwaltschaft und Verteidigung hatten gegen das dritte Urteil des Landgerichts München II abermals Revision eingelegt.
Der Ausgang dieses Verfahrens ist dem Chronisten nicht mehr bekannt geworden. Seit der Tat aber waren zu diesem Zeitpunkt viereinhalb Jahre vergangen. Hartmut Greiner saß mehr als vier Jahre hinter Gitter und hatte bereits die Zeit im Gefängnis verbracht, die eine vorzeitige Entlassung auf Bewährung ermöglicht.

Im Zweifel "gegen" den Angeklagten

Drei Tatsachenverfahren vor den Schwurgerichtskammern zweier Landgerichte und drei Revisionsverfahren beim Bundesgerichtshof in Karlsruhe hatten sich mit der Familientragödie befasst.
Zweimal hatte das oberste bundesdeutsche Gericht überdeutlich darauf hingewiesen, dass in den Hauptverfahren die genauen Tatumstände unzureichend geklärt und nicht eindeutig festgestellt worden ist, wie und durch wen die beiden Kinder ums Leben gekommen waren. Der Bundesgerichtshof hatte u.a. auch die Art und Weise bemängelt, wie die Schwurgerichtskammern die Ehefrau als mögliche Täterin für die Tötung der Kinder ausgeschlossen hatten.
Den Gerichten war es nicht gelungen, auch nur einen einzigen schlüssigen Beweis für die Tathandlung zu erbringen, so wie sie ihren Urteilsfindungen zu Grunde gelegt worden waren. Die Schwurgerichtskammern befanden sich in allen Instanzen hinsichtlich des Gesamtkomplexes in Beweisnot. Das Motiv der Tat blieb in allen Prozessen im Dunkeln.

Bei emotionsloser Betrachtung ist in dem Familiendrama eigentlich nur der Handlungsablauf logisch und nachvollziehbar, den Hartmut Greiner in seinen Aufzeichnungen dargelegt hatte. So sah es auch im dritten Prozess eine renommierte Professorin als psychologische Gutachterin ("insgesamt plausibel"). Ein Diplompsychologe hatte die Version der Anklage als weit komplizierter und zweifelhafter als die Darstellung des Angeklagten bezeichnet.

Dass die Mutter als Täterin für die Tötung der Kinder außer Obligo gehalten wurde, blieb unverständlich. Die Vorstellung, dass ein Kind durch dauernde Quengeleien eine von "Telefonitis" behaftete Mutter in Rage bringt, dass sie auf den Quälgeist schließlich einschlägt oder das störrische Kind verärgert in das Kissen des Bettes drückt und es dabei -bestimmt ohne konkrete Absicht - tötet, diese Vorstellung war all den vielen Juristen der Staatsanwaltschaften und Gerichten nicht vermittelbar.

Dass die überzogen empfundene Liebe des Vaters zu den Kindern (er badete sie, er fütterte sie, er wickelte sie, er brachte sie zu Bett) bei der Mutter im Unterbewusstsein Eifersucht ausgelöst haben konnte, die in jenem Moment unbeherrscht ausbrach, als die kleine Stefanie durch dauernde Quengeleien während des stundenlangen Telefonierens störte, das blieb in all den Überlegungen zur Urteilsfindung außer Betracht.

Was im Falle der Familientragödie jedenfalls beweisbar übrig geblieben war, war die Tötung der Ehefrau Ingrid durch Hartmut Greiner. Die rechtliche Qualifikation dieser Tat konnte von Mord über Totschlag, Totschlag im Affekt bis zum Totschlag in einem minder schweren Fall gehen. Hier wären die Strafjuristen gefordert gewesen. Aber diese hatten es sich in drei Tatsachenverfahren und trotz eindeutiger Hinweise vom Bundesgerichtshof zu leicht gemacht und die Version von der Mutter als Täterin einfach

"als nicht glaubhaft" hingestellt.
Der Eindruck, dass die Juristen, die über ihren Juristenkollegen zu Gericht saßen, den ehernen Grundsatz "In dubio pro reo" (Im Zweifel "für" den Angeklagten) sträflichst außer Acht gelassen und damit einen "Teiljustizirrtum" verursacht haben, dieser Eindruck kann jedenfalls zweifelsfrei nicht ausgeschlossen werden.
Deprimierend aber ist die Tatsache, dass sich der in der Fahndung wegen dreifachen Mordes tatverdächtige Hartmut Greiner auf seiner Flucht ungehindert in ganz Westeuropa bewegen konnte. Er hatte sich nachgewiesenermaßen in Rom, Neapel, Turin, Florenz, Mailand, im Wintersportgebieten des Aorta- und Schnalstales Südtirols, auf Capri im Mittelmeer, in Luxemburg, Paris, Straßburg, Avignon, in Belgien, in der Schweiz und in Westdeutschland aufgehalten. Er hatte in Hotels übernachtet und wiederholt internationale Landesgrenzen überschritten, während die Interpolfahndung nach ihm gelaufen war. Angesichts dieser Tatsachen ist die Frage erlaubt:
Wie effektiv ist eine solche Fahndung überhaupt?

„RACHEENGEL“
ODER KALTBLÜTIGE MÖRDERIN
Die Todesschüsse im Gerichtssaal in Lübeck

Am Montag, dem 5. Mai 1980 wird in Lübeck die siebenjährige Anna Bachmeier ermordet.

Zehn Monate später steht der mutmaßliche Täter Klaus Grabowski vor seinen Richtern.

Die Anklage wirft ihm vor, das Mädchen nach sexuellem Missbrauch mit einer Strumpfhose erwürgt und die Leiche in einem Karton am Stadtrand von Lübeck verscharrt zu haben.

Am dritten Tag des Strafprozesses kommt es Im Schwurgerichtssaal zu Lübeck zu einer schrecklichen Bluttat. Die Mutter des ermordeten Kindes, die 30 Jahre alte Kneipenwirtin Marianne Bachmeier schießt aus drei Meter Entfernung mit einer Pistole auf den Angeklagten und tötet ihn.

Die Frau wird noch im Gerichtssaal festgenommen und kommt in Untersuchungshaft.

Die in der Kriminalgeschichte einmalige Selbstjustiz Im Gerichtssaal erregt wie kein anderer Fall das öffentliche Aufsehen. Applaus für die Täterin wird laut. Als auch noch bekannt wird, dass der erschossene Angeklagte wegen sexuelleren Missbrauchs von Kindern schon wiederholt vorbestraft war, sich kastrieren ließ und mit Zustimmung der Justiz in einer ungewöhnlichen Hormonbehandlung seine sexuelle Triebkraft wieder erlangt hat, kocht die ‚Volksseele' über.

Die öffentliche Meinung wird von den Medien angeheizt. Rufe nach der Todesstrafe für Kinderschänder ertönten. Die Staatsanwaltschaft bekommt Schmähbriefe. In Telegrammen, Telefonanrufen und Briefen bekunden Menschen aus dem ganzen Bundesgebiet Verständnis für die Tat der Mutter. An der Pforte des Gefängnisses, in dem die Todesschützin eingeliefert worden ist, werden Blumensträuße für die Frau abgegeben.

Freunde und Bekannte gründen einen Verein zur Unterstützung der Festgenommenen. Sie sammeln alle Zuschriften, verkaufen gegen Geld Privatfotos an Zeitschriften und verwalten zahlreich eingehende Spenden. Ein 58-jähriger, berufsunfähiger und als Pförtner in einer Justizvollzugsanstalt tätiger Berliner spendet allein zehntausend Mark. Ein Staranwalt aus München reist nach Lübeck und bietet sich als Verteidiger an. Er kommt zu spät. Ein Anwaltsteam mit einer Frau und zwei Männern vertritt bereits die Täterin.

Die Lebensgeschichte der attraktiven Kneipenwirtin Marianne Bachmeier wird unter den Gazetten des Landes ausgestritten. Eine Hamburger Illustrierte bekommt unter Einsatz von erheblichen Geldmitteln die Exklusivrechte und vermarktet den Fall. Ein Reporter darf mit Zustimmung des Ermittlungsrichters im Gefängnis tagelang die Frau ausfragen und die Gespräche mit der Täterin auf Tonband protokollieren. Auch die Boulevardblätter beschäftigen sich ausgiebig mit dem Fall. Vieles wird erdichtet, verdreht, ins richtige Licht gesetzt. Die Fahrten und Fährnisse der Mutter, die ihr Kind gerächt hat, die 'für diese Tat einen Orden verdient hätte aber von der bösen Staatsanwaltschaft wegen Mordes eingesperrt wird' bekommt eine wissbegierige Leserschaft jeden Morgen auf dem Tablett zum Frühstück serviert.

Das Fernsehen beschäftigt sich in einer 45-Minutensendung im Abendprogramm mit dem Fall und lässt die Bürger zu Wort kommen. 'Recht hat sie, weg mit Kinderkiller'. Die Justiz ist schuld. Sie ist mit dem Verbrecher zu milde umgegangen und hat ihn leichtfertig wieder auf die Menschheit losgelassen 'solchen Bestien gehört die Rübe runter', der Mann hätte ja doch wieder eine kleine Strafe bekommen und wäre als Staatspensionär behandelt worden, wenn ihn die Mutter nicht erledigt hätte Und, ‚Scheißjustiz' sind noch die mildesten Äußerungen von Bürgern, die per Television einem Millionenpublikum präsentiert werden. Nur wenige mahnende Stimmen erheben sich. Kritik an der öf-

fentlichen Darlegung aller Fakten und Umstände der Tat vor dem zu erwartende Prozess wird geübt:
„Wie soll ein Gericht, vor dem ein solcher Fall verhandelt wird, auf eine Aussage der Angeklagten zur Person und Sache reagieren, wenn diese Aussagen längst veröffentlicht sind?“
Der Prozess, in dem sich die ‘Rächerin‘ zu verantworten hatte, ist längst zu Ende. In der Folge wird versucht, den in der Kriminalgeschichte einmaligen Fall chronologisch nachzuzeichnen.

Ein Kind wird vermisst

In der Altstadt zu Lübeck betreiben die 30 Jahre alte Marianne Bachmeier und ihr momentaner Lebensgefährte Christian Berthold die Kneipe ‘Tipasa' Die beiden verstehen das Geschäft. Sie hatten vorher über Jahre hinweg in Kiel das Lokal ‘Matala' geführt. Das ‘Tipasa' ist Treffpunkt der Lübecker Alternativen, der Emanzipierten, der politischen Linken. Entsprechend geben sich auch die Wirtsleute.
Anna, die 7-jährige gemeinsame Tochter lebt bei den unverheirateten Eltern. Sie wird antiautoritär erzogen. Das Kind hält sich im Lokal unter den Gästen auf, zwischen Gläsern, Gelächter, Geschäker, Boxengedröhn. Die Eltern haben für das Mädchen wenig Zeit. Der Betrieb der Altstadtkneipe geht vor. Der Vater ist oft unterwegs und Marianne Bachmeier ist der Platz hinter dem Tresen der Lebensmittelpunkt. Die attraktive Wirtin genießt diese Position in der quirligen Scheinwelt der Nacht.
Das Kind stört. Morgens muss es zur Schule zu einer Zeit, zu der die nachtarbeitende Mutter im tiefen Schlaf liegt. Tagsüber ist es viel allein und sich selbst überlassen. Ein mit den Wirtsleuten befreundetes Arztehepaar erklärt sich schließlich bereit, die kleine Anna in Pflege zu nehmen. Zwei ältere Kinder der geltungs-

hungrigen Wirtin leben bereits seit geraumer Zeit bei Pflegeeltern.
Am Sonntag, dem 4. Mai 1980, geht es in der Kneipe 'Tipasa ' hoch her. Es wird spät. Am darauffolgenden Morgen verschläft die Wirtin. Das Kind Anna versäumt deshalb die Schule. Als Marianne Bachmeier mit dem Aufräumen der Kneipe anfängt, darf das Kind in die Altstadt zum Spielen gehen. Irgendwann fährt der Wirt Christian Berthold mit dem Auto zum Einkaufen nach Kiel. Die engagierte Mutter hat an diesem Tag allerhand zu tun. Mittags ist sie bei den Lübecker Nachrichten zu einem Fototermin verabredet. Sie lässt sich dort mit ihrem exotisch bemalten VW-Bus fotografieren. Nachmittags ist eine Verabredung mit den Eheleuten Bock angesetzt, dem Arztehepaar, das der kleinen Anna ein richtiges Zuhause geben möchte. Einzelheiten müssen besprochen werden. Unter Freunden ist man sich aber schnell einig. Das Kind soll gleich am nächsten Tag aus der Kneipe ausziehen. Erstmals fällt am frühen Abend dieses montags auf, dass Anna nicht zu Hause ist. Marianne Bachmeier sorgt sich aber nicht. Das Kind hat sich schon öfters lange bei Freundinnen aufgehalten. Als es später wird und das Kind immer noch nicht da ist, vermutet die Mutter, es sei mit seinem Vater zum Einkaufen auf den Großmarkt nach Kiel gefahren.
Christian Berthold kommt abends um 9 Uhr ohne Anna zurück. Nun erst wird beiden Elternteilen bewusst, dass mit dem Kind etwas geschehen sein muss. Sie suchen es auf dem Rummelplatz. Freunde rufen alle Krankenhäuser und bei der nächsten Polizeistation an.
Das Kind ist nicht aufzufinden.
Am späten Abend gehen Marianne Bachmeier und ihr Lebensgefährte Christian Berthold zur Kriminalpolizei und geben eine Vermisstenanzeige auf. Die Beamten reagieren schnell. Sie su-

chen noch in der Nacht überall nach dem Kind. Das Haus, in dem sich das Lokal 'Tipasa' und die Wohnung des vermissten Mädchens befindet, wird bis in den letzten Winkel abgesucht. Sogar in den Kühlschrank wird geschaut. (Vor Jahren waren in einer anderen Stadt zwei Kinder zu Tode gekommen, die sich beim Spielen in einem Kühlschrank versteckt hatten und bei der Suche nicht gefunden wurden.) Der naheliegende Kanal wird abgeleuchtet, Krankenhäuser und Rettungseinrichtungen werden befragt. Nichts.

In dieser Nacht 'flippt' Marianne Bachmeier aus. Die Kneipenwirtin trinkt viel, wirft Gläser gegen die Wand ihres Lokals, schreit, geht schließlich mit einem mittleren Rausch ins Bett.

Am nächsten Morgen gegen 11 Uhr ruft Christian Berthold wieder bei der Kripo an. Er bekommt eine schreckliche Auskunft. Die Polizei hat Anna gefunden. Tot. Erwürgt und verscharrt.

Der gewaltsame Tod der kleinen Anna

Anna, das 7-jährige Kind der Wirtsleute aus der Lübecker Altstadtkneipe 'Tipasa' schwänzte aus Verschulden seiner Mutter an diesem Montag die Schule. Gegen Mittag gerät das unbeaufsichtigte Kind in die nur wenige hundert Meter von der Kneipe entfernt gelegene Wohnung des 35 Jahre alten Schlachters Klaus Grabowski, eines Abartigen, eines Kindesverderbers. Auf welche Weise dies geschieht, kann nicht mehr rekonstruiert werden. Später wird Grabowski zu Protokoll geben, dass das Kind Anna von sich aus zu ihm in die Wohnung gekommen sei, um mit seinen Katzen zu spielen. Kennen sich die beiden etwa schon länger? Ist Klaus Grabowski möglicherweise gar Kunde in der Altstadtkneipe? Ist er also überhaupt kein 'Fremder', der das unschuldige Mädchen in seine Wohnung gelockt hat? Auf diese Fragen gibt es

aus den späteren Prozessgeschehen keine Antworten. Das Kind habe ihn um Geld angegangen, wird Klaus Grabowski später der Polizei erzählen. Und als er ihm kein Geld gegeben habe, habe das Mädchen gedroht, es werde zu Hause erzählen, dass er es 'gestreichelt' habe.
Der schon wiederholt wegen sexuellen Missbrauchs von Kindern vorbestrafte und wegen seines abartigen Triebes kastrierte Mann gerät jedenfalls in Panik, als er damit rechnen muss, wieder wegen Kindesmissbrauchs zur Verantwortung gezogen zu werden. Er packt das Kind, würgt es mit einer Strumpfhose und erdrosselt das kleine Wesen. Die Leiche legt er in einen Karton, fährt damit zum Stadtrand von Lübeck und verscharrt dort sein Opfer.
Nach der Vermisstenmeldung kommen die Kriminalbeamten bald auch auf die Spur des Kinderschänders Klaus Grabowski. In den Kriminalakten ist der Mann entsprechend registriert. Am Dienstagvormittag ist die Leiche der kleinen Anna gefunden, der abartige Klaus Grabowski festgenommen.
Die Mutter des Mordopfers und ihr Freundeskreis inszenieren eine ungewöhnliche Beerdigung. Marianne Bachmeier kauft ein buntes Kleid, Glitzerstreifen und leuchtende Ringe. Der Leichnam des Kindes wird damit angezogen und behängt. Am Grabe werden Räucherstäbchen abgebrannt. Als der Pfarrer sprechen will, wird er unterbrochen. Soulmusik erklingt aus einem Kassettenrekorder. Es ist ein 'Hippie-Begräbnis'.

Der abartige Tatverdächtige

Die Öffentlichkeit erfährt bald davon, dass der Mörder der kleinen Anna in der Vergangenheit schon wiederholt Kinder missbraucht hat. Das Leben des Tatverdächtigen wird aufgerollt. Und dabei werden eine Reihe von Merkwürdigkeiten, Ungereimthei-

ten, Nachlässigkeiten, Fehlentscheidungen bekannt.
Der Schlachter Klaus Grabowski war schon einmal verheiratet. Er hat zwei Kinder, die bei der Mutter leben. Die Ehe ist schon längst geschieden. Der Mann ist eine gespaltene Persönlichkeit. Er ist auf der einen Seite sensibel, schuldbewusst und unglücklich, auf der anderen Seite wird er von Unruhe getrieben und von einem verhängnisvollen Trieb beeinflusst. Er sucht Beziehungen zu einer Frau und fühlt sich gleichzeitig zu kleinen Mädchen hingezogen. Der Schlachter kommt wiederholt mit dem Gesetz in Konflikt. Die Liste der Vorstrafen ist lang. Am Ende stehen zwei Verurteilungen wegen sexuellen Missbrauchs von Kindern. Bei der letzten Verurteilung wird Klaus Grabowski am 4. September 1975 in das psychiatrische Landeskrankenhaus in Neustadt/Holstein eingewiesen. In einem Gutachten wird ausgeführt: 'Grabowski hat einen abnormen sexuellen Trieb mit Suchtcharakter und damit Krankheitswert'. Um der Anstalt entrinnen zu können, lässt sich Grabowski 1976 freiwillig kastrieren. Im Mai 1977 wird er tatsächlich aus der geschlossenen Anstalt entlassen. Er kehrt nach Lübeck zurück und findet in der Altstadt, nur zweihundert Meter vom Lokal, Tipasa' entfernt, eine Wohnung. Nach kurzer Zeit verlobt sich der Mann und es hat den Anschein, als wenn einem geordneten und straffreien Leben nichts mehr entgegenstehen würde. Aber seit der Kastration leidet Grabowski unter Schlaflosigkeit, Gelenkschmerzen und Schweißausbrüchen. 1978 sucht der Mann deshalb einen Urologen auf, erzählt dem Arzt, dass er wegen Exhibitionismus kastriert sei, dass er deswegen aber unter physischen und psychischen Störungen leide. Der Urologe telefoniert mit der Richterin, der nach der Entlassung aus der Anstalt die Führungsaufsicht über Klaus Grabowski übertragen wurde. Der Arzt unterrichtet die Richterin davon, dass schwere gesundheitliche Schäden bei seinem Patienten zu befürchten sei-

en, wenn er keine Hormonbehandlung bekomme. Die Richterin hat gegen eine Behandlung nichts einzuwenden. Das Verhängnis nimmt seinen Lauf.
Klaus Grabowski bekommt zwei Jahre lang männliche Sexualhormone gespritzt. Sein Sexualtrieb wird wieder aktiviert. Die Spritzen verabreicht nicht der Urologe selbst, sondern eine Sprechstundenhilfe. Mit der sozialen Eingliederung des Kastrierten gibt es bald Schwierigkeiten. Klaus Grabowski findet keinen passenden Arbeitsplatz. Das Verhältnis zu seiner Verlobten zerbricht. Der Mann greift zur Alkoholflasche. An jenem verhängnisvollen Maimontag 1980 bricht bei Grabowski wieder sein abnormer Sexualtrieb durch. Als das Nachbarskind Anna bei ihm in der Wohnung mit den Katzen spielt, macht er sich an das Mädchen heran und ‘streichelt' es auf verbotene Art. Das Kind droht, die ‘Sache ' zu Hause zu erzählen. Da dreht der Mann durch. Er bekommt furchtbare Angst und sieht sich schon wieder festgenommen, in der geschlossenen Anstalt untergebracht. Er packt das Kind, würgt es und erdrosselt es schließlich mit einer Strumpfhose.
Nach der Festnahme wird Klaus Grabowski untersucht. Seine Hormonwerte entsprechen denen eines normalen Mannes. Im Klartext bedeutet dies die Aufhebung der Kastration. Fachleute verurteilen die Hormonbehandlung des Kastrierten auf das Schärfste. Sie behaupten, dass es für solche Fälle andere, weil weniger gefährliche Behandlungsmethoden gäbe.

Schüsse im Gerichtssaal

Die Staatsanwaltschaft beim Landgericht Lübeck klagt Klaus Grabowski wegen Mordes an. Der Prozess beginnt am Dienstag, dem 3. März 1981. Sachverständige sind geladen. Marianne

Bachmeier, die Mutter des Opfers ist als Nebenklägerin zugelassen.
Am Freitag, dem 3. März 1981 kurz vor 10 Uhr vormittags herrscht im Lübecker Schwurgerichtssaal Spannung. Es ist der dritte Verhandlungstag im Prozess gegen den wegen Kindesmordes angeklagten Schlachters Grabowski. Die Zuschauer nehmen gerade im Saal Platz. Unter ihnen ist auch eine Schulklasse vierzehnjähriger Buben und Mädchen mit ihrem Lehrer, die im staatsbürgerlichen Teil ihrer Ausbildung Anschauungsunterricht über einen Mordprozess bekommen soll. Anwälte, Sachverständige, Pressereporter und Justizbeamte stehen teils im Flur, teils im Gerichtssaal herum. Die Richtertribüne ist noch leer. Auch der Angeklagte hat noch nicht Platz genommen.
Dann wird Klaus Grabowski hereingeführt. Er nimmt mit dem Rücken zum Publikum Platz, stützt seinen Kopf in die Hände und wendet sein Gesicht dem noch leeren Richtertisch zu.
Plötzlich steht eine 30 Jahre alte Frau, mit einem Overall modisch leger gekleidet, äußerlich ruhig und gelassen, mitten im Gerichtssaal. Sie geht langsam und ungehindert auf den Angeklagten zu, hebt den rechten Arm. In der Hand hält sie eine Pistole. Die Frau zielt sicher und drückt ab, einmal, zweimal und immer wieder, bis das Magazin leer ist. Achtmal kracht es. Die Menschen im Saal erstarren vor Schrecken. Der Mann auf der Anklagebank sinkt mehrfach getroffen vornüber zu Boden.
Die Frau steht immer noch allein und ungehindert im Saal. Theatralisch lässt sie die Pistole zu Boden fallen. Dann wird der Gerichtssaal zu einem Hexenkessel. Gellende Schreie zerreißen die Stille, Zuschauer springen auf, drängen nach vorne, Justizbeamte eilen herbei. Gleichmütig lässt sich die Todesschützin abführen. Da ist nichts, keine Erregung, kein Weinkrampf, kein Gefühl der Erleichterung oder Erlösung zu erkennen. Ruhig und beherrscht,

so als ob sie vom Einkaufen käme, geht die Frau zwischen den Justizbeamten aus dem Saal.

Es ist die Kneipenwirtin Marianne Bachmeier, die gerade den Mörder ihrer Tochter Anna im Gerichtssaal erschossen hat. Das herkömmliche Bild einer trauernden Mutter gibt sie nicht ab. Im Beraterzimmer neben dem Schwurgerichtssaal trifft der Richter, der den Mordprozess gegen Klaus Grabowski führt, mit der Festgenommenen zusammen.

Der Richter: "Wer hat denn da geschossen?"

Die Frau ruhig und beherrscht: "Ich."

Der Richter: "Warum den um Gotteswillen?"

Die Frau: "Weil er meine Tochter umgebracht hat." Der Richter: "Wohin haben Sie geschossen?"

Die Frau: "Ich wollte ihn ins Gesicht schießen, aber ich habe ihn nur in den Rücken getroffen."

Die Frau nach einer Weile: "Ich habe das Schwein leider nur von hinten erwischt ... Dieses Schwein hätte sich wirklich umdrehen können ... Hoffentlich ist er tot!"

Der Schwurgerichtssaal ist Tatort geworden. Kriminalbeamte bestimmen das Geschehen. Die Zuschauer werden hinausgedrängt, draußen im Gang befragt. Die Spurensicherung des Erkennungsdienstes wird tätig. Der Gerichtsmediziner stellt den gewaltsamen Tod des Angeklagten Klaus Grabowski fest. Sechs Kugeln haben den Rücken des Mannes in der Herzgegend durchschlagen, eine siebente verursachte einen Armstreifschuss. Der achte und letzte Schuss war in die Decke des Saales gegangen.

Auf dem Gerichtsflur begegnet der Staatsanwalt dem Gastwirt Berthold, den Lebensgefährten der Schützin. Der Mann strahlt über das ganze Gesicht. Später fährt Berthold mit drei Beschäftigten seines Lokals mit einem Taxi vom Gerichtsgebäude weg. Er lässt das Fahrzeug vor seiner Kneipe kurz anholten und holt zwei

Flaschen Sekt. Während der Fahrt schlägt sich der Gastwirt fortwährend mit den Händen auf die Oberschenkel und ruft begeistert immer wieder.
"Sie hat es getan! Sie hat es wirklich getan!"
Marianne Bachmeier wird unmittelbar nach der Tat von dem Gerichtsmediziner auf ihre Haftfähigkeit untersucht. Der Arzt stellt fest, dass die Frau nicht sonderlich erregt ist und bei ihr keine Selbsttötungsgefahr besteht. Weil die Frau aber äußert, dass sie Angst habe, die Nacht in Polizeigewahrsam zu verbringen, besorgt der ‚fürsorgliche' Mann ein Bett in der geschlossenen Abteilung der Psychiatrie der Medizinischen Hochschule. Dort wird Marianne Bachmeier auf Veranlassung der Kriminalbeamten von einem Internisten noch einmal untersucht. Der Arzt konstatiert, dass die Frau ruhig ist, eher zurückhaltend, ein wenig deprimiert. Als Schriftprobe wählt sie den Satz:
"Ich habe es für dich getan, Anna." Daneben zeichnet sie sieben Herzen.
Der Arzt fragt: "Haben Sie etwas getrunken?"
Die Frau antwortet entrüstet: "Nein, dann hätte ich Ja nicht getroffen."
Acht Stunden nach den Schüssen im Gerichtssaal beginnt bereits die Vermarktung der Geschichte. In der Kneipe 'Tipasa ' treffen sich Christian Berthold und die ‚Freunde ' des Hauses. Auch das Arztehepaar Bock, das als Zieheltern für das ermordete Kind Anna vorgesehen war, ist dabei. Es wird 'Kriegsrat' abgehalten und schließlich beschlossen, dass niemand Fotos von Marianne Bachmeier und dem Kind Anna herausgeben darf. Der Verkauf soll nur über Doktor Bock gehen.
Gegen Marianne Bachmeier wird Haftbefehl wegen Mordes erlassen. Die Frau wird in die Justizvollzugsanstalt eingeliefert. Und dann beginnt die emotionsgeladene öffentliche Diskussion

um die ‘Rache der Mutter'.
Auch die Justizbehörden sind sich uneins.
Auf Antrag der Verteidigung verfügt das Amtsgericht Lübeck am 7. August 1981 über Marianne Bachmeier Haftverschonung. Die Staatsanwaltschaft legt dagegen sofort Beschwerde ein. Zehn Tage später hebt die sechste große Strafkammer des Landgerichts Lübeck den haftverschonenden Beschluss des Amtsgerichts auf. Marianne Bachmeier wird erneut In Untersuchungshaft genommen.
Am 27. Januar 1982 erhebt die Staatsanwaltschaft nach Abschluss der Ermittlungen gegen die Kneipenwirtin Marianne Bachmeier beim Landgericht Mordanklage. Der Prozeßbeginn wird für August 1982 terminiert. Aber zu diesem Zeitpunkt steht noch ein psychiatrisches Gutachten über die Angeklagte aus.
Der Prozess wird verschoben.
Am 10. August 1982 setzt die Schwurgerichtskammer des Landgerichts Lübeck den Haftbefehl gegen Marianne Bachmeier aus. Die Todesschützin wird aus der Haft entlassen und befindet sich nun bis zu Beginn des Prozesses auf freien Fuß.
Während ihrer Haftzeit unternimmt Marianne Bachmeier fünf Selbsttötungsversuche. Der Anstaltsleiter meint, einige davon seien, nur für die Show' gewesen. Zweimal versucht die Frau, sich mit ausgerissenen Streifen eines Nachthemdes zu erhängen. Einmal zündet sie ihre Matratze an. Einmal schluckt sie Bohnermilch. Und einmal schluckt sie Glassplitter. Insgesamt betrachtet sind es alle untaugliche Mittel.
Ein Reporter trifft Marianne Bachmeier kurz nach der Haftentlassung im vornehmen Lübecker Restaurant "Schabbelhaus". Es ist einer ihrer ersten Abende in Freiheit und sie ist völlig überdreht. Plötzlich fängt sie an, über die Tat zu reden, welche Lust es ihr bereitet hat, ‘das fette Schwein Grabowski abzuknallen'. Als der

Reporter sie darauf hinweist, sie solle mit dieser Rederei aufhören, sie habe immerhin einen Menschen getötet, schüttet sie dem Mann ihr Glas Rotwein ins Gesicht und rennt aus dem Lokal.
Dem gerichtlich bestellten Gutachter verweigert sich Frau Bachmeier. Auch gegenüber der Staatsanwaltschaft ist sie nicht bereit zu irgendwelchen Aussagen. Dafür aber bereitet sie ihr ganzes Leben vorbehaltlos dem Reporter einer großen Hamburger Illustrierten aus. Der und über die Zeitung die Leseschaft erfahren noch vor dem Prozess Abträgliches, Sonderliches und Merkwürdiges über die Frau, die Rache, die Sühne, die Vergeltung für den Mord an ihrer Tochter.

Racheengel oder sündige Frau?

Marianne Bachmeier, die Frau, die im Gerichtssaal zu Lübeck den des Mordes an ihrer kleinen Tochter Anna angeklagten Klaus Grabowski erschossen hat, beschäftigt die Öffentlichkeit.
Zu einmalig ist der Fall.
Wer ist die Frau, die sich angemaßt hat, den ‘Herrn' über Leben und Tod zu spielen?
Der Freundeskreis der Kneipenwirtin und das Verteidigerdrio bemühen sich mit Hilfe der Medien, dem wissbegierigen Publikum und den mit dem Fall befassten Justizstellen eine Frau zu präsentieren, die, ‘lediglich’ ihr Elementarrecht auf Sühne für sich in Anspruch genommen hat, die gar nicht anders konnte, als ihr ‘über alles geliebte Kind' zu rächen.
Der Lebenslauf der Todesschützin wird mit ihrer Hilfe detaillierter und ungeschminkter, wohl aber auch reichlich geschönt, zur Schau gestellt. Noch nie zuvor ist in der Kriminalgeschichte Deutschlands das Leben einer Angeklagten schon vor dem Prozess der Öffentlichkeit präsentiert worden. Bei der Darstellung

wird sehr viel Wert auf Umstände und Sachverhalte gelegt, die für eine spätere Beurteilung der Persönlichkeit der Frau sich günstig auswirken können. Triste Kindheit, freudlose Jugend, missverstandene Bemühungen um Selbstverwirklichung, frühe Opferstellungen, enttäuschte Partnerbeziehungen, ziehen' bei deutschen Gerichten als Strafmilderungsgründe noch immer.

Ob all die Fährnisse der Marianne Bachmeier beweisbar, nachprüfbar sind, wer fragt schon danach?

Das Bemühen, eine unbescholtene Frau, eine treusorgende und ob des Todes ihres Kindes verzweifelte Mutter vorzustellen, gelingt nicht ganz. Zu viele Negativstationen markieren den Weg der Marianne Bachmeier. Am Ende steht das facettenhafte Bild einer zwischenzeitlich 32 Jahre alten Frau mit Vergangenheit.

Marianne Bachmeier wird am 3. Juni 1950 in einem Dorf in Kreis Hildesheim geboren. Ihre Eltern sind Flüchtlinge aus Ostpreußen. Der Vater, wurde als Wehrmachtsoffizier im letzten Krieg schwer verwundet. Die Ehe der Eltern geht wegen der Trunksucht des Mannes auseinander, als Marianne noch ein kleines Kind ist. Die Mutter heiratet später wieder und Marianne bekommt einen Ringer und Lastwagenfahrer als Stiefvater. Die Familie zieht in eine Baracke. Das kleine Mädchen Marianne verbringt eine freudlose Kindheit. Der Stiefvater findet immer einen Grund, das Kind des anderen Mannes zu misshandeln.

Als Marianne acht Jahre alt ist, vergreift sich ein Mann sexuell an dem Kind. Die Angelegenheit wird mit Geld geregelt.

Mit 16 Jahren bekommt Marianne Bachmeier ihr erstes uneheliches Kind. Vater der kleinen Christina ist ein Junge aus der Nachbarschaft. Nur kurze Zeit betreuen Marianne, ihre Mutter und die Großmutter den Säugling. Dann wird er in Pflege gegeben.

Marianne Bachmeier will Arzthelferin werden. Aber das Jugend-

amt ist dagegen. Sie tritt eine Lehre als Verkäuferin an, bricht diese aber bald wieder ab. Eine Zeit 'ziellosen Treibens' beginnt. Die Jugendliche amüsiert sich in Nachtlokalen, arbeitet als Animiermädchen, konsumiert viel Alkohol, raucht auch ab und zu einen Joint (Haschisch). Siebzehnjährig lernt sie den zwei Jahre älteren Buchdrucker Siegfried D. kennen. Es dauert nicht lange und Marianne Bachmeier ist wieder schwanger. Im vierten Monat dieser Schwangerschaft wird die werdende Mutter Opfer einer Vergewaltigung. Der Mann wird wegen dieser Tat zu einem Jahr und zehn Monaten Freiheitsstrafe verurteilt. Der Ruf der Marianne Bachmeier in ihrem Heimatdorf ist endgültig dahin.
Kurz vor der Geburt des zweiten Kindes veranlasst das Jugendamt die Einweisung der Minderjährigen In eine geschlossene Erziehungsanstalt. Marianne Bachmeier hält es nicht lange aus in der Anstalt. Sie flüchtet. Die Behörden machen ihren Aufenthaltsort ausfindig. Sie wird von der Polizei mit der, Grünen Mina' abgeholt.
Die werdende Mutter unternimmt einen Selbsttötungsversuch und wird ins Krankenhaus eingeliefert. Mit Hilfe ihres Freundes Siegfried flüchtet sie auch von dort. Schließlich findet sie Unterschlupf bei den Eltern ihres Freundes. Am 13. Januar 1969 kommt Marianne Bachmeiers zweites Kind zur Welt. Die kleine Natascha wird von den Eltern des Kindesvaters in Pflege genommen. Die Mutter verzichtet auf ihr Pflegerecht. Sie zieht zu ihrer Mutter, nachdem der gehasste Stiefvater gestorben ist. Ein Jahr lang ist die zweifache und trotzdem alleinstehende Mutter Marianne Bachmeier mit ihrer Mutter zusammen. Beide Frauen gehen sogar miteinander zum Tanzen. Bei alleinigen Tanzausflügen nach Hannover will die lebenslustige Marianne zweimal vergewaltigt worden sein. Dann heiratet sie aus Gefälligkeit und wohl auch wegen des Geldes einen Pakistani, um diesen zu einer

Aufenthaltsgenehmigung in Deutschland zu verhelfen. Sie lässt sich bald darauf wieder scheiden und nimmt wieder ihren Geburtsnamen an.
Ihr drittes Kind, die Anna empfängt sie von Christian Berthold, einem Mann, den sie nicht heiraten will, mit dem sie aber jahrelang zusammenlebt. Dem Reporter, der im Gefängnis ihre Lebensgeschichte aufnehmen darf, erzählt sie, dass sie im Februar 1972 nach einer Party auf dem Hirtenteppich im Wohnzimmer des Gastgebers den damals wildfremden Mann geliebt hat. Die Folge dieser Nacht ist Anna gewesen.
Marianne Bachmeier legt zwischenmenschliche Beziehungen höchst eigenwillig aus. Sie lebt in Intervallen: einmal Rock und Suff, dann wieder Blumenkind. Ekstasen wechseln mit Depressionen. Mal zieht sie aufs Land, mal zieht es sie auf die Straße.
Schließlich wird sie Kneipenwirtin, erst im 'Maleda' in Kiel, dann im 'Tipasa' in Lübeck. Der Vater ihres dritten Kindes Anna ist ihr Geschäftspartner. Der Platz hinter der Theke der Alternativkneipe In der Lübecker Altstadt wird Frau Bachmeiers Lebensmittelpunkt. Das Hin- und Her, die Musik, die besonderen Menschen in ihrem Lokal, das ist so recht nach dem Geschmack der zwischenzeitlich Dreißigjährigen. Marianne Bachmeier genießt ihre Position als attraktive Frau in dieser quirligen Welt.
Nur die kleine Anna, für die hat die Kneipenwirtin nicht viel Zeit. Und dann passiert der Mord an dem Kind.
Tagelang, ja wochenlang wird im 'Tipasa' mit Freunden über den Fall diskutiert. Die Mutter der kleinen Anna aber weigert sich, vor der Kripo zu dem Fall Angaben zu machen. Sie verkehrt nur über ihren Anwalt mit den Beamten. Der Anwalt erhält auch den Auftrag, den Täter zu fragen, ob er für die Beerdigungskosten der kleinen Anna aufkomme. Als der festgenommene Klaus Grabowski mitteilen lässt, dass er sich zwar für den Tod des Kin-

des verantwortlich fühle, nicht aber für die Kosten, findet Frau Bachmeier ‘das ganz schön mies' (wie sie es später vor Gericht ausdrückt).
Bei der Diskussion mit Freunden kommen auch Gedanken auf, den Mörder der kleinen Anna zu töten. Wie weit diese Gedanken zu konkreten Plänen entwickelt werden, kann später nicht mehr festgestellt werden. Marianne Bachmeier hat jedenfalls schon lange vor Prozeßbeginn eine Pistole, Beretta 5,65 mm, mit sorgsam ausgefeilter Seriennummer in ihrem Besitz.
Als der Prozess gegen Klaus Grabowski beginnt, darf Marianne Bachmeier, die Mutter des Mordopfers als Nebenklägerin teilnehmen. Sie hat sich sorgsam vorbereitet, die Akten studiert, Fotokopien mit nach Hause genommen, den Band mit den Fotos vom Fundort der Leiche angeschaut. Bereits am ersten Prozesstag hat Marianne Bachmeier die Waffe bei sich. Geladen und noch sieben Patronen im Magazin hat sie die Pistole in ihrer Handtasche. Niemand kontrolliert sie beim Betreten des Gerichts. Am dritten Tag des Prozesses lässt sich Frau Bachmeier von ihrem Lebensgefährten zum Grab ihrer Tochter Anna fahren, dann geht es zur Leichenhalle, wo sie ihr Kind zuletzt gesehen hatte. Schließlich hört sie ein Kassettentonband an, auf dem des Kindes Stimme festgehalten ist. Dann geht sie in das Gerichtsgebäude.
Und kurz darauf fallen die Schüsse, die Klaus Grabowski auf der Anklagebank des Schwurgerichtssaales zu Lübeck töten.

Der Sensationsprozess

Der Prozess gegen die Kneipenwirtin Marianne Bachmeier wird mit Spannung erwartet. Schon Wochen vorher ist das Publikum durch die Medien auf das Verfahren eingestimmt. In einer Fortsetzungsserie einer Illustrierten wird der Lebenslauf der ‘schönen

Gastwirtin' aus dem Lübecker Altstadtviertel mit den intimsten Details offenbart. Eine Woche vor dem ersten Verhandlungstag wendet das Zweite Deutsche Fernsehen 45 Minuten auf, um über den Fall zu berichten. Auf dem Markt von Lübeck lassen Reporter Bürger zu Wort kommen, Menschen die durchwegs der Handlungsweise der angeklagten Frau Beifall zollen.

Der Beginn des Prozesses ist auf dem 2. November 1982 festgelegt.

Es melden sich mehr Berichterstatter an, als im Gerichtssaal Platz vorhanden ist. Die Hauptverhandlung wird wegen des erwarteten Andranges von Reportern und Zuschauern, aber auch weil der Schwurgerichtssaal des Landgerichts Tatort im anstehenden Fall ist, in den großen Saal des Landbauamtes verlegt.

Am Dienstag, dem 2. November 1982 ist es so weit. Neugierige stehen schon Stunden vor Prozeßbeginn vor dem Gebäude an, um einen Zuschauerplatz zu ergattern. Mehr als 150 Berichterstatter aus dem In- und Ausland sind angereist, um über den Prozess zu berichten. Als die Angeklagte Marianne Bachmeier in Begleitung ihrer drei Anwälte erscheint, wird die Gruppe sofort von Reportern, Fotografen und Kameraleuten umringt. Ein Blitzlichtgewitter bricht los. Zehn Minuten lässt der Gerichtsvorsitzende die Fotografen gewähren. Während der Verhandlung ist das Fotografieren und Filmen im Gerichtssaal in Deutschland verboten.

Die Anklage lautet auf Mord. Die Staatsanwaltschaft wirft Frau Bachmeier vor, sie habe den auf der Anklagebank des Schwurgerichtssaals zu Lübeck sitzenden Klaus Grabowski aus drei Meter Entfernung von hinten und ohne ihn anzusprechen, mithin, unter bewusster Ausnutzung seiner Arg- und Wehrlosigkeit' mit sieben von insgesamt acht abgegebenen Schüssen getroffen und getötet. Das Gesetz kenne für eine solche Handlungsweise nur den Tatbestand des Mordes.

Am ersten Verhandlungstag werden Zuschauer und Reporter arg enttäuscht. Nach einer kurzen Vernehmung der Angeklagten zur Person vertagt der Vorsitzende Richter die Verhandlung. Zwei Gutachter sind verhindert und nicht erschienen. Enttäuscht ist auch der Kantinenwirt, der in Erwartung auf ein großes Geschäft über 100 Mittagessen vorbereitet hat.

Am zweiten Verhandlungstag wartet die Verteidigung mit einem Überraschungsangriff auf. Sie beantragt In einem 41-Seitenpapier die Einstellung des Verfahrens wegen ‚erheblicher Prozesshindernisse'. Einer der Anwälte begründet den Antrag damit, dass Frau Bachmeier nicht mit einem fairen Prozess rechnen könne, weil die Lübecker Justiz in dem Fall Klaus Grabowski 'schuldhaft verstrickt' sei. Der Verteidiger wirft den Justizbehörden vor, dass der 1976 aus freien Willen Im Landeskrankenhaus Neustadt kastrierte Klaus Grabowski mit Wissen der Lübecker Justiz von einem Urologen mit Hormonen behandelt worden sei, die die Kastration gewissermaßen wieder rückgängig gemacht und die Triebhaftigkeit des Mannes wieder hergestellt haben. Ohne diese von den Richtern genehmigte medizinische Behandlung des Grabowski hätte es das Opfer Anna Bachmeier und damit auch die Angeklagte Marianne Bachmeier nicht gegeben. Indem die Richter der Hormonbehandlung zugestimmt haben, sei Grabowski 'durch staatliches Handeln zu der Tat an der Tochter der Angeklagten provoziert' worden. Die Lübecker Justiz habe 'grob fahrlässig den Sexualtäter Klaus Grabowski auf den Weg zurück in die Straffälligkeit geholfen' und sei somit 'Nebentäter' der Tat der Marianne Bachmeier geworden. Der Strafanspruch sei daher 'verwirkt'.

Die Staatsanwaltschaft weist den Antrag der Verteidigung zurück. Und wieder vertagt das Gericht.

Am dritten Verhandlungstag kommt endlich die Angeklagte zu

Wort. Mit ruhiger, leiser und gefasster Stimme berichtet sie über ihre Kindheit und Jugend, über ihr Verhältnis zu den Eltern und dem Stiefvater. Als der von der Staatsanwaltschaft bestellte Gutachter von der Angeklagten wissen will, ob sie bereit sei, auf Fragen zu antworten, verneint Frau Bachmeier. Der Verteidiger erklärt, seine Mandantin habe kein Vertrauensverhältnis zu dem Psychiater entwickeln können, der Gutachter sei nicht neutral genug, weil er seit Jahren für die Staatsanwaltschaft in Lübeck Gutachten erstelle und die Staatsanwaltschaft selbst zu sehr in den Fall verstrickt sei.

Auch gegenüber dem Ankläger verweigert Frau Bachmeier die Antworten auf Fragen. Der Staatsanwalt sei bislang allzu parteiisch gegen sie vorgegangen, begründet der Verteidiger das Verhalten seiner Mandantin.

Während des Prozesses erscheint in einer Illustrierten groß aufgemacht ein Artikel, in dem eine Frau, die mit Marianne Bachmeier im Untersuchungsgefängnis beisammen gewesen ist, die Angeklagte schwer belastet. Die Frau bekundet, dass die Angeklagte im Gefängnis mit der Tat geprahlt habe. Sie habe gern und ausführlich über ihre Schüsse auf den Mörder ihrer Tochter gesprochen. Anderen Frauen im Gefängnis habe sie sich mit den Worten vorgestellt: ‘Kennt ihr mich nicht? Ich bin doch die, die den Mörder ihrer Tochter erschossen hat!' Frau Bachmeier habe ihr auch erzählt, dass sie die Tat zusammen mit ihrem Freund Christian Berthold geplant habe.

Die Belastungszeugin weiter:

„Frau Bachmeier stellt sich wahnsinnig in den Vordergrund. Sie ist eine Frau, die nur erzählt. Was andere zu sagen haben, interessiert sie nicht. Ihre Tat hat sie nicht bereut, nein, sie hat sie irgendwie toll gefunden. Sie ist auch der Meinung gewesen, dass sie für die Todesschüsse nicht ins Gefängnis gesteckt werden

kann, weil ja die Bevölkerung hinter ihr steht. Frau Bachmeier hat mir erzählt, dass sie aus der ganzen Sache viel Geld herausschlagen werde.
40.000 Mark seien bis Juli 1981 bereits an Spenden aus der Bevölkerung zusammengekommen und während der einwöchigen Haftverschonung habe sie mit einem Hamburger Magazin einen Vertrag über 100.000 Mark für die Erzählung ihrer Lebensgeschichte abgeschlossen".
Die Informantin der Illustrierten wird ausfindig gemacht und als Zeugin vernommen. Die Frau bleibt bei ihren Bekundungen gegenüber der Zeitschrift und erläutert dem Gericht ihr Zusammensein mit Marianne Bachmeier im Gefängnis.
Die Verteidigung sieht durch die Aussage der Belastungszeugin ihre Strategie gefährdet und versucht, die Glaubwürdigkeit der Zeugin zu erschüttern. Die Frau muss zugeben, dass sie gegenwärtig von der Sozialhilfe lebe und in finanziellen Schwierigkeiten sei. Sie gesteht auch ein, schon 14 Vorstrafen zu haben. Unter Tränen bekundet sie am Schluss ihrer Vernehmung: 'Ich habe hier nur die Wahrheit gesagt'.
Noch einmal, und recht ausführlich wird auf Antrag der Verteidigung auf die Verstrickung der Justiz in dem Fall Klaus Grabowski eingegangen. Richter und Staatsanwälte werden als Zeugen vernommen. Die Verteidiger versuchen immer wieder den Fall so darzustellen, dass das 7-jährige Mädchen Anna noch leben könnte und Frau Bachmeier nicht als Angeklagte wegen Mordes vor Gericht stehen müsste, wenn die Justizbehörden den sicher untergebrachten Klaus Grabowski nicht freigelassen und der gefährlichen Hormonbehandlung nicht zugestimmt hätten.
Mitte Dezember 1982 bekommt der Prozess gegen Marianne Bachmeier eine neue, unerwartete Dimension. Die Hamburger Illustrierte, die den Fortsetzungsbericht über das Leben der Mari-

anne Bachmeier veröffentlicht hat, präsentiert das Buch 'Annas Mutter'.

In diesem Buch, das in enger Zusammenarbeit mit Marianne Bachmeier entstanden ist, sind auch acht Briefe von ihr abgedruckt, die sie aus der Lübecker Justizvollzugsanstalt an ihren Lebensgefährten und Vater der ermordeten Anna geschrieben hat. In den Briefen bezeichnet sich Frau Bachmeier als 'eine Jeanne d'Arc ' und versichert, sie würde die von ihr begangene Tat, die Erschießung von Grabowski immer wieder tun, und wenn sie letztlich dabei draufgehen würde.

In einem anderen Teil der Briefe heißt es:

'Selbst wenn ich mich noch aufhängen sollte oder mich zu Tode hungere, ich stehe voll und ganz dazu'.

Für den Anklagevertreter ist dieses Buch eine Fundquelle. Die Verteidigung ist betroffen. Sie veranlasst, dass Marianne Bachmeier die Genehmigung zur Veröffentlichung zurückzieht. In der Verhandlung verweisen die Rechtsanwälte darauf. dass die Briefe in einem psychologischen Ausnahmezustand ihrer Mandantin verfasst worden seien. Im Übrigen sei mit dem Autor des Buches vereinbart worden, dass nur die Lebensgeschichte von Frau Bachmeier bis zur Tat abgedruckt und erst nach Abschluss des Prozesses veröffentlicht wird.

Mit der Verlesung der Gutachten über das Seelenleben der Angeklagten geht das Verfahren in die entscheidende Runde.

Da ist die Rede von: ‚Neurotischer Persönlichkeit, fehlender Mutterliebe, zerstörter Familie, kaputter Jugend, enttäuschende Partnerbeziehungen, extremer Schwankung des Selbstwertgefühls, Schwankungen des Lebensgefühls zwischen Depressionen und spontanen Aggressionen, tiefgreifender Zwiespältigkeit, Minderwertigkeitskomplexen, Ehrgeiz, Bedürfnis nach unmittelbarem Lustgewinn, Flucht in Wunschträume, zu Mutterrollen und mangelnde Entwicklung eines geordneten Systems geistiger Orientierung. 'Die Angeklagte sei unfähig gewesen, aus menschlichen Pannen und Enttäuschungen zu lernen, führt der Psychiatrieprofessor aus. Nach dem Tode der kleinen Anna habe sich das in ihr angelegte Aggressionspotential noch verstärkt. Dass Grabowski ihre Tochter zu seiner Verteidigung quasi als 'Verführerin' darstellte, müsse die Aggressionen der Mutter noch erhöht haben. Weil ihr die Möglichkeit, Grabowski zur Rede zu stellen, durch das Schweigen des Mannes im Prozess genommen worden sei, habe sie zu einer 'instrumentaler Hilflosigkeit' gegriffen, eben zu der Pistole, mit der sie den Angeklagten erschoss. Vermutlich habe sich Marianne Bachmeier durch ihre Tat unbewusst auch von einem schlechten Gewissen befreien wollen, weil sie sich nicht genug um Anna gekümmert habe.

Der Gutachter abschließend:

'Die Angeklagte war unfähig, aktive Trauerarbeit zu leisten. Die Rolle der 'einzigartigen Rächerin' hat die Angeklagte erst im Nachhinein entdeckt. Eine psychische Erkrankung ist bei Marianne Bachmeier mit Sicherheit auszuschließen. Nach meiner Ansicht ist die Angeklagte schuldfähig.'

Eine andere Psychiaterin spricht davon, dass Marianne Bachmeier sich in einem 'seelischen Ausnahmezustand' befunden habe, der zu einer spontanen Handlung führte, als sie im Gerichtssaal den Mann erschoss, der ihre Tochter getötet hat. Die Angeklagte habe nicht gelernt, ein geordnetes System geistiger Orientierung zu entwickeln. Niemand habe sie gelehrt, mit ernsthaften Problemen fertig zu werden. Das 'Schillernde ', das man Frau Bachmeier bescheinigen müsse, sei Ausdruck neurotischer Ambivalenz, die sich in tiefen Depressionen bis hin zum selbstbewussten Aufbegehren manifestiere. Marianne Bachmeier habe niemals eine eindeutige Identität entwickelt, in der sie hätte ruhen können. Die

Pistole, die Frau Bachmeier seit Beginn des Prozesses gegen Klaus Grabowski mitgeführt hat, habe ihr die Aura machtvoller Persönlichkeit verliehen, meint die Psychiaterin und wertet diesen Umstand als Ergebnis einer irrationalen Einstellung zu Leben.
In seinem Plädoyer geht der Staatsanwalt vom Vorwurf des Mordes ab. Er begründet sein Vorgehen damit, dass aufgrund der psychiatrischen Gutachten die Anklage wegen Mordes fallen lassen werden müsse. Wegen eines Verbrechens des Todschlags In Tateinheit mit einem Verstoß gegen das Waffengesetz beantragte der Anklagevertreter für Marianne Bachmeier eine Freiheitsstrafe von acht Jahren. Die Verteidiger plädierten auf Freispruch für ihre Mandantin. Bei Frau Bachmeier habe zur Tatzeit eine 'tiefgreifende Bewusstseinsstörung' vorgelegen, so wie es im § 20 des Strafgesetzbuches als eine Voraussetzung für Schuldunfähigkeit aufgeführt ist.
Die drei Verteidiger müssen unter Polizeischutz sprechen. Die ersten Reihen der Zuschauerbänke sind mit Polizisten besetzt. Die Besucher werden sorgfältig durchsucht. Der Hintergrund dieser strengen Polizeimaßnahme: In den letzten Tagen sind mehrfach anonyme Morddrohungen gegen Marianne Bachmeier ausgesprochen worden. Man will einen zweiten Fall von tödlichen Schüssen im Gerichtssaal vermeiden.
Der Hamburger Anwalt Uwe Mäffert greift in seiner Verteidigungsrede noch einmal die Lübecker Justiz an.
‚Die Staatsanwaltschaft hat zwar in ihrem Plädoyer zugegeben, dass die Wiederherstellung der Triebstärke von Klaus Grabowski, der wegen mehrerer Sexualdelikte bereits kastriert worden war, durch eine von der Lübecker Justiz genehmigte Hormonbehandlung eine Fehlentscheidung gewesen sei. Diese Formulierung verkleinere aber Grad und Fülle der Schuld einzelner Angehöriger der Justiz bis zur Unkenntlichkeit. Der Staat, verkörpert durch

die handelnden Personen der Lübecker Justiz, hat in seiner Wachsamkeits- und Sorgfaltspflicht versagt und nur deshalb ist es zum Tod der kleinen Anna gekommen.' Nachdem er noch einmal die Einstellung des Verfahrens gefordert hat, endet der Anwalt seinen Vortrag voller Dramatik mit der Aufforderung:
„Ersparen Sie meiner Mandantin jeden weiteren Tag Haft!“ Das Schlusswort der Angeklagten ist kurz:
„Ich habe im Prozess alle Fragen beantwortet. Mehr kann ich dazu nicht sagen.“

Das Urteil

Nach viermonatiger Prozessdauer und insgesamt 28 Verhandlungstagen kommt es im Verfahren gegen Marianne Bachmeier zum Urteil. Die mit drei Berufsrichter und zwei ehrenamtlichen Schöffen besetzte Schwurgerichtskammer des Landgerichts Lübeck spricht die zwischenzeitlich 32 Jahre alte Kneipenwirtin Marianne Bachmeier eines Verbrechens des Todschlags in Tateinheit mit einem Vergehen nach dem Waffengesetz für schuldig. Man hätte den Fall einer Stecknadel hören können, als der Vorsitzende Richter am Mittwoch, dem 2. März 1983, den Urteilsspruch verkündet:
"Die Angeklagte wird wegen Totschlags in Tateinheit mit unerlaubtem Waffenbesitz zu einer Freiheitsstrafe von 6 Jahren verurteilt.“
In dem fast maskenhaft geschminkten Gesicht der Angeklagten regt sich kein Muskel. Auch im restlos überfüllten Gerichtssaal bleibt jede Reaktion aus. Kein Seufzer der Erleichterung, kein Ausruf einer Empörung ist zu hören. Offenbar haben die meisten Prozessbeobachter und Zuschauer mit einem entsprechenden Urteil gerechnet.

In seiner Begründung stützt sich die Schwurgerichtskammer weitgehend auf die psychiatrischen Gutachten und auf das Plädoyer der Staatsanwaltschaft. Die Richter nehmen der Angeklagten ab, nicht mit langfristig geplantem und vorab gefassten Vorsatz gehandelt zu haben, als sie am 6. März 1981 den Schlachter Klaus Grabowski, der ihre Tochter Anna 8 Monate vorher in seiner Wohnung erdrosselt hatte, im Schwurgerichtssaal zu Lübeck erschoss. Ihre Entscheidung, den Sexualtäter zu töten, sei sozusagen zwischen Tür und Angel erfolgt. Der Vorsitzende Richter bei seiner Begründung:

Die Angeklagte hat ein Gespräch im Flur zwischen Grabowskis Verteidiger und einem Richter missverstanden. Sie glaubte, Grabowski wolle endlich aussagen und werde ihre Tochter Anna verleumden. In diesem Augenblick hat sich Marianne Bachmeier zum Töten entschlossen, nicht erst, als sie den damaligen Angeklagten auf seinem Platz erblickte. Es ist durch Zeugenaussagen erwiesen, dass Frau Bachmeier den Hahn der Pistole bereits vor Eintreten in den Gerichtssaal gespannt hat. Die Erregung der Angeklagten und die Furcht vor einer Aussage Grabowski rührt nach Überzeugung des Gerichts von dessen in den Polizeiprotokollen vermerkter Behauptung her, die 7-jährige habe ihn quasi erpresst, in den sie ihm gedroht habe, zu erzählen, Grabowski habe sie sexuell berührt, wenn er ihr nicht Geld gebe. Grabowski ist zwar objektiv gesehen arg- und wehrlos zum Zeitpunkt der Tat gewesen, die Angeklagte hat aber dies nicht bewusst ausgenutzt. Damit entfällt das Merkmal der Heimtücke. Im Gegensatz zu den Verteidigern verneint die Schwurgerichtskammer eine Bewusstseinsstörung bei der Angeklagten zum Zeitpunkt der Tat.

Der Richter: Sie befand sich in einem Gefühlszustand, der Bedeutung für ihre Bewusstseinslage hatte und der zu einer affektiven Handlung führte. Schuldunfähig oder vermindert schuldfähig aber war Frau Bachmeier nicht. Das Bewusstsein der Angeklagten war nicht so stark gestört, dass die Überschreitung der Schwelle einer so hohen Gebotsnorm wie der Tötung eines Menschen gegeben war.

In seiner weiteren Urteilsbegründung bezeichnete der Vorsitzende Richter die Angeklagte Marianne Bachmeier als eine schwer zu erfassende Persönlichkeit mit einer von der üblichen Moralvorstellung abweichenden Biografie. Das Verhalten der Frau muss von der Schwurgerichtskammer letztendlich aber nach dem Grundsatz ‘im Zweifel für die Angeklagte ' bewertet werden.

Abschließend erläutert der Gerichtsvorsitzende, dass es zwar ein ‘gewisses Übergewicht' an entlastenden Momenten für die Angeklagte gegeben habe, wie etwa den tragischen Tod ihrer Tochter, die Furcht vor einer Verleumdung des kleinen Mädchens durch Grabowski, und ihre verworrene Lebensgeschichte, dennoch müsse das Gericht im normalen Strafrahmen für Todschlag bleiben. Das Gericht lehnt schließlich den Antrag der Staatsanwaltschaft auf Erlass eines Haftbefehls gegen Marianne Bachmeier ab. Nach Auffassung der Schwurgerichtskammer besteht keine Fluchtgefahr bei der Verurteilten. Der Richter begründet diese Ablehnung damit, dass Frau Bachmeier die zweimalige Aussetzung des Haftbefehls während der Untersuchungshaft und den langen Verhandlungszeitraum von vier Monaten nicht zur Flucht genutzt hat, obwohl sie unter Mordanklage gestanden hat. Unter Berücksichtigung, dass die nicht vorbestrafte Verurteilte ein Drittel ihrer Strafe erlassen werden könne und unter Anrechnung der eineinhalb Jahre Untersuchungshaft errechnet der Vorsitzende Richter für Marianne Bachmeier noch eine Haftzeit von zweieinhalb Jahren.

Als die 32 Jahre alte nun Verurteilte Marianne Bachmeier nach der Urteilsverkündung mit ihren Anwälten den Gerichtssaal verlässt, surren noch einmal die Kameras des Fernsehens, erhellt für eine ganze Weile das Blitzlichtgewitter der Pressefotografen die Szene. Dann erlöschen die Lichter.

Die 'Schau' ist zu Ende.

Nach dem Spruch der Richter stehen die Zuhörer noch lange in Gruppen vor dem Gerichtsgebäude und diskutieren über Urteil und Strafmaß.

'Für mich bleibt Mord eben Mord', schimpft einer, nach dessen Rechtsempfinden das Urteil zu milde ausgefallen ist.

'Ich hätte ihr mehr gegeben', ergänzt ein anderer Prozessbeobachter.

'Ich finde das Urteil gerecht', sagt eine ältere Frau, die den Prozess von Beginn an im Gerichtssaal verfolgt hat.

'Ich auch', ergänzt eine andere Frau, 'nur das Strafmaß erscheint doch ein wenig zu hoch.'

Das beschädigte Rechtsempfinden

Der Prozess gegen die 32-jährige, geschiedene Kneipenwirtin Marianne Bachmeier ist zu Ende. Mit nahezu stoischer Ruhe hat die Frau das Strafverfahren durchgehalten, das wie kaum ein anderes in der Geschichte der deutschen Justiz Aufsehen erregt hat. Sensationslust, nicht nachlassende Neugierde über das Vorleben der 'Rächerin ihres ermordeten Kindes ', das ständige Klicken der Fotoapparate und das Surren der Fernsehkameras beim Betreten des Gerichtssaales und eine Fülle von juristischen Überraschungen und Ärgernissen, das waren die Begleiterscheinungen des spektakulärsten Prozesses in der Justizgeschichte Deutschlands. Selten ist das Innenleben einer Angeklagten, ist die persönliche Vergangenheit dermaßen intensiv ausgeforscht und präsentiert worden, wie im Falle der Kneipenwirtin Marianne Bachmeier.

Nur der Mordprozess gegen die Schauspielerin Ingrid von Bergen, die im Februar 1977 rasend vor Eifersucht mitten in der Nacht ihren heimkehrenden Geliebten erschoss, hatte etwa die Dimensionen des Geschehens von Lübeck.
Selten auch haben Meinungsmacher ihr willfähriges Publikum im Verlauf des Prozesses von einem emotionalen Extrem ins andere getrieben. Wurde die Angeklagte zu Beginn des Verfahrens noch als heldenhafte Vollstreckerin einer Art Volksjustiz gefeiert, so geriet sie im Verlauf der gerichtlichen Auseinandersetzung im Medienbild immer mehr zu einer hemmungs- und verantwortungslosen, Rabenmutter'.
Der Kindesmörder Grabowski wurde einem ordnungsgemäßen Gerichtsverfahren unterzogen. Da nahm die Kindesmutter Marianne Bachmeier das 'Gesetz' in ihre eigenen Hände. Niemand sprach mehr von einem Opfer Grabowski, ihm war ja nach dem Rechtsempfinden der meisten Bürger 'recht geschehen', als er von Frau Bachmeier im Gerichtssaal erschossen wurde. Alles drehte sich um die attraktive Gastwirtin Marianne Bachmeier. Gut aussehen, jung zu sein welch ein Kapital bedeutet das in unserer Gesellschaft. Bedeutete es für Marianne Bachmeier auch einen Vorteil in ihrem Prozess? Wäre vor dem Lübecker Schwurgericht eine hässliche alte Zigeunerin angeklagt gewesen, im Gerichtssaal den Mörder eines Kindes erschossen zu haben, sie hätte bei weitem nicht die Beachtung und ein großes Verständnis gefunden, als die nach landläufigen Maßstäben hübsche Marianne Bachmeier mit ihrer in aller Öffentlichkeit ausgebreiteter Vergangenheit. Das Prinzip, dass vor dem Gesetz jeder gleich ist, ist ein ehernes Prinzip und darf nicht nur für Richter und Staatsanwälte eine Richtschnur sein. Es bestehen Zweifel daran, dass dieses Prinzip im Verfahren gegen Marianne Bachmeier von den Medienmachern und vielen Zuschauern nicht beachtet worden ist.

Spielen aber Alter und Schönheit auch im Strafprozess eine Rolle, dann steht es um das Rechtsgefühl vieler Menschen schlecht. Der Mord an einem wehrlosen Kind wühlt die Öffentlichkeit stets viel tiefer auf als andere Verbrechen. Dass er eine Mutter zu einer Verzweiflungstat treiben kann, wer könnte das nicht nachempfinden. Aber das Gefühl einer Mutter zu verstehen und ihr zuzubilligen, selbst das Todesurteil über den Täter zu vollstrecken, ist zweierlei. Selbstjustiz wie diese würde das Ende unserer Rechtsordnung bedeuten. Das Gericht war daher verpflichtet, die Mutter Marianne Bachmeier das von ihr usurpierte Recht wieder zu entreißen und dorthin zurückzubringen, wo es heute und immerdar hingehört, unter das Dach des Gesetzes. Aber darüber, ob die Tat der Marianne Bachmeier überhaupt eine Verzweiflungstat war, sind Zweifel angebracht. Der Verdacht, dass die Kneipenwirtin geplant und nicht aus Rache, sondern aus Eitelkeit und Geltungsbedürfnis geschossen hat, ist nicht ganz ausgeräumt. Es ist schon ein seltsames Rechtsgefühl, die Bestrafung des noch nicht verurteilten Klaus Grabowski mit dem Tod billigend hinzunehmen, aber für die Mutter, die vor allen Augen tötete, einen Freispruch oder höchstens ein mildes Urteil zu verlangen.

Zu einer Richterschelte besteht indes nach dem Urteil im Falle Marianne Bachmeier kein Anlass. Der Strafausspruch von sechs Jahren Freiheitsentzug fiel vergleichsweise maßvoll aus, ohne dass Frau Bachmeiers Handeln damit unzulässig bagatellisiert wurde. Dass sich Marianne Bachmeier nach dem Prozess mit einem neuen Lebensgefährten in einem Ostseebad amüsiert, dass die Frau aus dem Fall Geld geschlagen und dass die ‘Geschichte der Mutter, die ihr Kind rächte', gar verfilmt wurde, mag viele Menschen in ihrem Rechtsgefühl beeinträchtigen. In einem liberalen Rechtsstaat müssen solche Vorkommnisse aber akzeptiert werden.

1985 wird Marianne Bachmeier aus der Strafhaft entlassen. Sie streunt durch die Welt, kehrt aber immer wieder nach Lübeck zurück. 1996 stirbt Marianne Bachmeier auf der Ferieninsel Mallorca 46-jährig an Bauchspeichendrüsenkrebs. Ihr monatelanges Sterben ließ sie von einem befreundeten Kameramann filmen.

Das Schicksal hatte die unbedeutende Marianne Bachmeier für eine kleine Momentaufnahme In der Zeitgeschichte ins Rampenlicht der Öffentlichkeit hochgespült, um die Frau dann wieder für immer in das Schattendasein der gewöhnlich Sterblichen zurückfallen zu lassen.

TÖDLICHE EIFERSUCHT IN DER MÜNCHNER „BUSSI“-GESELLSCHAFT

Eine Schauspielerin vor dem Schwurgericht

„Eifersucht ist eine Leidenschaft, die mit Eifer sucht, was Leiden schafft“.

In einer kalten Februarnacht des Jahres 1977 schoss eine Frau mittleren Alters mit einem Revolver in einer Luxusvilla in Starnberg rasend vor Eifersucht dreimal auf den gerade heimkehrenden Mann und verletzte ihn mit zwei Schüssen so schwer, dass er flüchtend vor dem Haus tot zusammenbrach.

Eine solche Tat ist in der Kriminalgeschichte nicht ungewöhnlich. Was ihr Exklusivität verlieh war,

- dass die schießwütige Frau eine exzentrische Schauspielerin war, die Gründe zu der Annahme hatte, dass der Mann sie einige Stunden vorher mit einer Multimillionärswitwe betrogen hat,
- dass der heimkehrende Mann nicht ihr Ehemann, sondern der mit einer anderen Frau verheiratete, um 12 Jahre jüngere Geliebte der Täterin war,
- dass eine sensationslüsterne Presse im Zusammenhang mit diesem Fall das „süße Leben“ der „halbseidenen Münchner Gesellschaft“ mit Sex, Perversität, Geld, Neid, Missgunst, Schulden, Alkohol, schnelle Autos und Luxuswohnungen auszubreiten gewillt war,
- dass erstmals die „Midlifecrisis“ der Täterin mit beginnendem Klimakterium und altersbedingten Abstieg von einer Schauspielerkarriere in den Mittelpunkt der Verteidigungsstrategie gestellt wurde und
- das kriminalistisch gesehen der Fall doch einmalig war, weil Zeugen das Tatgeschehen einschließlich der Todesschüsse am Telefon mit verfolgen konnten.

Bereits vier Monate nach der Tat fand vor dem Schwurgericht in München der Prozess gegen die Täterin statt. Die Anklage warf ihr

- für viele Beobachter unverständlich -nicht Mord, sondern „nur“ Totschlag vor.

Die Medien, namentlich die Boulevardpresse stilisierten diesen Prozess zum Sensationsprozess des Jahres hoch.

Was in diesen Tagen im Schwurgerichtssaal des Münchner Justizpalastes ausgebreitet und von der Presse genüsslich in die Öffentlichkeit getragen wurde, war die Geschichte von Liebe und Leid, Aufopferung und Wiederfinden, von Demütigung, Hass und Verzweiflung, von Peinlichkeiten, Schmutz, Lug und Trug. Es war ein Jahrmarkt der Eitelkeiten, eine Komödie mit der angeklagten, gelernten Schauspielerin in der Hauptrolle und einer Vielzahl von Laien an den Nebenrollen.

Da wurde von „Liebesritualzelebrieren“, „Partnerschaftsgymnastik“, „Ekstase“, „Sexualakrobatik“, „sexuellen technischen Finessen“, „Sexualverhalten mit ordinären Zügen“, „brutaler Männlichkeit“, „Naturburschensex“, „permanenter sexueller Frustrierung“ und „sexuellen Betrug mit der eigenen Ehefrau“ genauso berichtet, wie vom Skifahren mit eigenem Skilehrer, vom Ausreiten mit dem eigenen Pferd zu verschwiegenen Zweisamkeiten, vom Golfspielen und Schwimmen in der Karibik, vom Urlaub an der Cote d` Azur, von Reisen nach Übersee, von einer Theaterhochzeit in einer kleinen Kirche in Paris und vielen anderen Gesellschaftsklatsch. Dem Zuhörer im Gerichtssaal und dank der Reporter auch den Lesern einschlägiger Zeitungen musste bei so viel Exklusivität permanent ein Kribbeln den Rücken hinunterlaufen.

Es ging um die Tötung eines Menschen. Entlarvt aber wurde der miesere Teil der Hautevolee von München und Umgebung. Moralisten verfolgten mit der „gebotenen“ Entrüstung den Prozess. Voller Sensationslust berichtete die Straßenpresse täglich über mehrere Seiten alle Einzelheiten und profitierte dabei an der Gier derjenigen, die sich besser hielten als die im Prozess unmittelbar oder auch nur mittelbar Betroffenen. Eine regelrechte „Hofberichterstattung“ über die angeklagte Schauspielerin, ihre Liebhaber und Ehemänner und über die in dem Fall verwickelten prominenten Zeugen verschleierten den Sachverhalt und ließen fast vergessen, dass ein Mensch -ob es nun ein „guter“ oder ein „schlechter“ gewesen war, mag dahingestellt bleiben -mit voller Absicht getötet worden war. Die Berichterstattung wurde möglich, weil die Angeklagte und ein Teil der Prozessbeteiligten in Exklusivverträgen mit den Medien ihr Wissen und ihre Erfahrungen für Beträge zwischen 10.000 und 100.000 Mark verkauften.

Was war wirklich geschehen?

Nach mehreren gescheiterten Ehen mit durchwegs wesentlich jüngeren Männern und nach einer Unzahl von Liebschaften angelte sich im Herbst 1974 die 45 Jahre alte und nur mehr sporadisch mit drittklassiger Arbeit beschäftigte Schauspielerin aus dem Gesellschaftskreis der sogenannten Geldaristokratie einen um 12 Jahre jüngeren, nach außen hin sich als reich gebenden Finanz- und Immobilienmakler, der seinerseits zwar verheiratet war, aber den Altstar neben seinen sexuellen Bedürfnissen wohl auch als Aushängeschild für seine Geschäfte einkalkulierte.
Die Schauspielerin hatte gerade eine längere Zweisamkeit mit einem fünf Jahre jüngeren Selfmademan, einem aus dem Nichts emporgestiegenen, neureichen und sexpotenten Bauunternehmer hinter sich. Diese Verbindung hatte hoffnungsvoll mit der Gewährung eines Darlehens in Höhe von 50.000 Mark an den dritten Ehemann durch den angehenden Liebhaber begonnen und war mit der Zahlung einer „Abstandssumme“ von fast 50.000 Mark

(monatlich 3.500 Mark über mehr als ein Jahr) an die gewesene Geliebte und deren „Hinauswurf" aus der gemeinsamen Wohnung beendet worden. Als das aus der Monatsapanage stammende Geld des Bauunternehmers wegen „Vertragsablaufs" ausgeblieben war, kam dem Star der Finanzmakler in Seidenhemd und Maßanzug mit Jaguar und Autotelefon offensichtlich gerade recht, um das „süße Leben" der „halbseidenen Gesellschaft" weiterführen zu können.

Der Mann gehörte der sogenannten Geldaristokratie an, war immer bemüht durch ein großspuriges und aufwendiges Leben in Erscheinung zu treten. Er fuhr einen Jaguar mit Autotelefon, verkehrte nur in den teuersten Lokalen und zählte zu den ständigen Mitgliedern der Münchner Partygesellschaft. Er benutzte zeitweise eine Dreimastyacht an der Cote d` Azur, die im zwar nicht gehörte, für deren Besitzer er sich aber ausgab. Mehrere Luxusvillen an der Cote d` Azur, die ihm als Makler zum Verkauf an die Hand gegeben waren, bewohnte er kurzfristig so, als wenn er der Eigentümer sei. Für den Mann begann das Leben erst bei Hummer und Kaviar und dem Dabeisein auf den Plätzen der sogenannten großen Welt.

Was die Frau zunächst nicht wusste war, dass dieser Mann tatsächlich hoch verschuldet und ständig auf der Flucht vor dem Gerichtsvollzieher war.

Obwohl also tatsächlich erheblich verschuldet, mieteten sich die Schauspielerin und ihr neuer Geliebter für ihr Zusammenleben, an dem in der Folgezeit in „großzügiger Weise" manchmal auch die „gehörnte" Ehefrau mit den beiden Kindern teilnehmen durfte, eine Luxusvilla in Starnberg bei München zu einem mehrere Tausend Mark hohen monatlichen Mietpreis. Der obligatorische Swimmingpool musste innerhalb von drei Tagen nachträglich eingebaut werden.

Anfangs ging das „Unternehmen" offensichtlich ganz gut. Der sinkende Stern am Schauspielerhimmel spielte die Villeneignerin, ihr Geliebter versuchte, das große Geld zu machen. Man zählte sich zu der Schickeria von München, gab sich in der Öffentlichkeit (und nicht nur dort) als Eheleute aus, unternahm gemeinsame Reisen und „liebte sich jeden Morgen, weil das zum gemeinsamen „Ritual" gehörte. Bargeldlos wurde „High-life" gemacht. Man verkehrte in den teuersten Hotels, in den bekanntesten Diskotheken, Restaurants und Bars und genoss den außergewöhnlichen Vorzug, in der Münchner Nobelherberge 'Bayerischer Hof' als Stammgast die Speisen sogar an der Bar serviert zu bekommen. Bezahlt wurde weltmännisch mit der 'Diners-Club-Karte'. Weil das so einfach war, durfte auch des Liebhabers noch angetrautes Eheweib ebenfalls mit einer solchen 'Karte' einkaufen. Nur seiner Geliebten verweigerte der smarte Makler diese Vergünstigung. Sie stand im Frühjahr 1976 mit 25 Mark Bargeld im Supermarkt und konnte damit nicht einmal das Notwendigste für den täglichen Bedarf einkaufen.

Der Liebe tat es auch keinen Abbruch, wenn sich die Schauspielerin für Geschenke zum Weihnachtsfest 1976 von ihren Kollegen 2.000 Mark zusammenleihen und bei der Bank ein Darlehen über weitere 2.000 Mark aufnehmen musste, wenn man trotz der Schulden dann mit dem Geliebten ungeniert über Neujahr 1976/77 einen Urlaub auf Martinique in der Karibik mit Faulenzen, Golfspielen, Tauchen und Wandern verbringen konnte. Das einzige, was allenfalls störend war und worüber sich der Altstar aufregen konnte war, dass er einen Urlaub an der Cote d` Azur mit seinem Partner in einem „kleinen Bungalow" verbringen musste, während zur gleichen Zeit die Ehefrau dieses Mannes mit ihren Kindern von ihm im eleganten Golfhotel am selben Ort untergebracht wurde. Obwohl nach der Rückkehr aus dem Neu-

jahresurlaub kein Geld verfügbar war, war man sich anschließend einen Skiurlaub von drei Wochen in den Bayerischen Bergen mit eigenem Skilehrer schuldig.
Das eigene Reitpferd im Mietstall musste selbstverständlich auch des Öfteren bewegt werden.
Reisen auf die Bahamas, nach San Franzisco und Los Angeles waren genau so selbstverständlich wie der Aufenthalt in den Luxusvillen an der Cote d` Azur und ein Segeltörn mit der Dreimastyacht im Mittelmehr. Der Porsche-Targa der Geliebten war nicht mehr gut genug. Es musste ein englischer Jaguar her. Dem noch angetrauten Eheweib wurde ein Alpha-Romeo geschenkt.
Weil „feine" Leute sich ab und zu auch streiten, tat man dies ausgiebig in aller Öffentlichkeit. Da schüttete die Schauspielerin theatralisch ihrem Geliebten in einer exklusiven Bar aus einem Glas Rotwein ins Gesicht, zerschmetterte das Glas an der Wand und verließ demonstrativ die Bar, um sich wenige Minuten später zurückholen zu lassen, damit man sich wieder versöhnen konnte. Da gab man sich in Diskotheken gegenseitig Ohrfeigen und schlug sich im Auto den Telefonhörer ins Gesicht.
Zu Ostern 1976 stellte die Schauspielerin „offiziell" fest, dass sie von ihrem Geliebten mit einer anderen Frau betrogen worden ist. Dann „mokierte" sie sich darüber, dass ihr Liebhaber „es" sogar mit der eigenen Frau „getrieben" habe. Trotzdem verlebte man einen „wunderschönen" Osterurlaub in der Cote d` Azur.
Als „feine Dame" musste man demonstrieren, dass man im Umgang mit seinen Mitmenschen auch ordinär sein kann. Der Freundin erzählte die Schauspielerin, dass „der nächste Macker alles bezahlen müsse". Den Onkel des Geliebten nannte sie einen „Hurenbock" und „Provinzonkel". Der Urlaubsbekanntschaft ließ sie wissen, dass sie eine „unwahrscheinliche Männerhasserin" sei und dass jedes Baby, das „mit einem Zipfel" zur Welt kommt,

vernichtet werden müsse. Ihren gewesenen Liebhaber nannte sie einen „Proleten“, „Rumbumser“ und “Frauenschläger“.
Im Großen und Ganzen gesehen war es also eine recht bewegte, amüsante, luxuriöse und mit Höhen und Tiefen ausgefüllte Romanze zwischen der Schauspielerin und dem Pseudoplayman.

Als aber dann der Gerichtsvollzieher der häufigste Gast in der Luxusvilla wurde, änderte sich die Sache. Auch die sexuellen Zuneigungen drohten abzukühlen. (Im Laufe des Jahres 1976 sei es zu keinem sexuellen Höhepunkt mehr mit dem Geliebten gekommen, bekundete später die Angeklagte freimütig vor Gericht.) Und des Geliebten Gelüste auf andere, jüngere Frauen wurden immer größer.
Da war Streit zwischen den zwei ungleichen Partnern angesagt. Trennung und Versöhnung wechselten bald in ständigem Gleichmaß. Die Nörgeleien und Sticheleien des sich meist hysterisch gebenden Altstars zu Hause, eine noch angetrauten Ehegesponsin mit zwei Kindern finanziell am Hals, den Anfechtungen und Angeboten anderer „williger“ Frauen nicht abhold und über sich einen Schuldenberg von mehreren Millionen Mark, brachten den 33-jährigen Liebhaber offensichtlich dazu, sich auf möglichst unkomplizierte Weise aus dem „Verhältnis“ mit dem exzentrischen Star zu stehlen.

Dass die bei der Liaison mit dem Finanzmakler investierte Zeit verbunden mit Sex, Geduld, Verdruss und Aufopferung umsonst gewesen ist und sich der Geliebte anschickte, sie zu verlassen, brachte andererseits die Schauspielerin zu der Erkenntnis, dass eine Lebens- und Liebesepisode, in der sie wieder einmal eine frauliche Niederlage erlitten hatte, zu Ende ging und dass sie vor dem Scherbenhaufen ihres bewegten Lebens stand.

Der Countdown

Unter diesen Voraussetzungen war die Krise im „Partnerunternehmen Schauspieler – Finanzmakler“ bereits vor- und einprogrammiert.

Der Countdown für die Katastrophe begann zu laufen, als am Mittwoch, dem 02. Februar 1977 nachmittags der Finanzmakler in seinem feudalen Büro in der City Münchens seine Geliebte bat, am Abend in der Luxusvilla eine Liebesnacht mit Sauna und Kaminfeuer vorzubereiten. Voller freudiger Erwartungen richtete die Schauspielerin das Heim entsprechend her. Als der Geliebte aber zum vereinbarten Zeitpunkt nicht nach Hause kam, erst gegen 22 Uhr telefonisch sein Eintreffen in 20 Minuten ankündigte und dann doch wieder nicht kam, geriet der alternde Star in Panik. Sie rief nach eineinhalb Stunden warten in der Bar an, von wo aus ihr Partner vorgegeben hatte, noch von Geschäftsfreunden an der Heimfahrt gehindert worden zu sein. Dort erfuhr sie, dass der Geliebte an diesem Tag gar nicht anwesend gewesen war.

Weil der „Treulose“ nicht greifbar war, musste als Ersatz zum Abreagieren ihrer Verärgerung nun das Telefon herhalten. Zunächst war die (noch) Ehefrau des Liebhabers dran. Später, schon nach Mitternacht wurden auch die Eltern des Geliebten aus dem Schlaf gerissen. In endlosen Ferngesprächen klagte der Star der Ehefrau und den Eltern ihr Leid und beschwerte sich bitterlich über die „Auswärtsspiele“ ihres Liebhabers.

Gegen 01 Uhr ließ sich der Makler am Telefon noch einmal hören und eröffnete seiner Gespielin, dass er sie verlassen werde, weil er sich in eine andere Frau verliebt habe. Bei diesem Gespräch fiel auch der Name einer attraktiven Multimillionärswitwe aus der Geldaristokratie von München. Auf Grund mehrerer „freundschaftlicher Hinweise“ schon Tage vorher kombinierte die

Schauspielerin, dass ihr Geliebter sich nun dieser Millionärswitwe zugewandt habe.
Die Ereignisse überstürzten sich nun. Die Schauspielerin muss in ihrer Verzweiflung den im Haus aufbewahrten Revolver geholt und geladen haben. Die später aufgefundenen Spuren zwangen zu diesem Schluss. Auf dem fellüberzogenen Rundbett im Schlafzimmer harrte sie dann auf das Kommen des Mannes, der sie verlassen wollte.
Da läutete das Telefon abermals. Eine der Schauspielerin fremde Frau war am Apparat. Es war eine Rechtsanwaltsgattin aus dem Allgäu, die wegen der Vollmondnacht nicht schlafen konnte und sich ausgerechnet in diesem Moment an ihren Geschäftspartner, den Finanzmakler in Starnberg erinnerte, mit dem sie vor einigen Wochen eine Provisionsaktion über eine halbe Million Mark mit einer außerehelichen Liebesnacht im Hotel abgeschlossen hatte. Weil sie um ihren Anteil aus der Provision fürchtete, rief die Rechtsanwaltsgattin nun mitten in der Nacht in der Starnberger Villa an. Am anderen Ende der Leitung vernahm die Anruferin aber nicht ihren Geschäftspartner, sondern völlig aufgelöst, hysterisch und einem Weinkrampf nahe die Schauspielerin. Zwischen beiden Frauen entwickelte sich in dieser schicksalhaften Stunde ein längeres Gespräch.
Noch während dieses Telefongespräches über mehr als hundert Kilometer Entfernung betrat der Finanzmakler das Haus.
„Jetzt ist er da!“ hauchte die Schauspielerin ins Telefon und dann zu dem Heimkehrer gewandt:
„Bitte sei ruhig, ich spreche mit jemand sehr Lieben.“
Eine Zeitlang hörte die Rechtsanwaltsgattin nichts, obwohl die Telefonverbindung noch bestand.
Dann aber vernahm sie plötzlich die Detonation eines Schusses und gleich darauf war die Verbindung unterbrochen.

Just in diesem Moment gelang es der Mutter des Finanzmaklers, die sich wegen des vorangegangenen Gesprächs mit der Geliebten ihres Sohnes Sorgen gemacht hatte, nach längeren Versuchen (die Schauspielerin hatte über 10 Minuten mit der Rechtsanwaltsgattin telefoniert) eine Telefonverbindung mit der Villa in Starnberg zu bekommen.
Nichtsahnend wurde sie und ihr neben ihr stehender und mithören -der Gatte in den nächsten Minuten am Telefon Zeuge, wie der Sohn von seiner Geliebten erschossen wurde. Zunächst war die Schauspielerin am Telefon. Sie erklärte, dass ihr Partner da sei und übergab den Hörer an den Finanzmakler. Dieser beruhigte die Mutter und sagte, dass schon alles wieder in Ordnung gehe. Als die Mutter gerade im Begriff war, den Hörer aufzulegen, vernahm sie plötzlich im Hintergrund ein trippelndes Geräusch und dann die Stimme ihres Sohnes:
„Mach doch kein Blödsinn! Immer diese blöden Weiber!"
Gleich darauf dröhnte im Telefonhörer die Detonation eines Schusses und laut die Stimme des Maklers:
„Mama mia, lass doch diesen Blödsinn!"
Und noch einmal krachte ein Schuss. Dann war Stille im Hörer. Der mithörende Vater nahm den Telefonhörer und hörte nur mehr, wie die Schauspielerin tonlos sagte:
„Ich habe ihn angeschossen! Ich rufe die Polizei!" Dann wurde die Telefonverbindung unterbrochen.
Aber gleich darauf läutete das Telefon in der Villa abermals. Der Rechtsanwaltsgattin aus dem Allgäu war es wieder gelungen, Verbindung zu bekommen. Sie erfuhr von der Schauspielerin mit leiser, monotoner Stimme, dass diese mit den Schüssen aus der Pistole ihren Geliebten getroffen habe und dass er vor der Tür liege.
Die Rechtsanwaltsgattin fuhr daraufhin mit ihrem Auto vom All-

gäu aus nach Starnberg. Auch die Eltern und die von diesen verständigte Schwester des Finanzmaklers mit ihrem Bekannten machten sich von München aus auf den Weg zur Luxusvilla am Starnberger See.
Sie alle aber konnten nicht mehr helfen.
Der Finanzmakler war kurz nach den Schüssen vor seiner Villa verblutet.
Die Schauspielerin diktierte einige Stunden später nach ihrer Festnahme auf der Polizeistation im Beisein eines Rechtsanwaltes und zweier Polizeibeamten dem vernehmenden Kriminalbeamten am Ende ihrer Aussage in die Maschine:
„Ich begriff, dass aus einem idiotischen Spiel Ernst geworden war, und dass ich den Mann verloren hatte, den ich trotz allem über alles geliebt habe."

Der Prozess

Das Schwurgericht in München setzte schon fünf Monate nach der Tat im Juli 1977 den Prozess gegen die Schauspielerin wegen vorsätzlicher Tötung eines Menschen fest und plante insgesamt fünf Tage Prozessdauer ein.
32 Zeugen und 11 Sachverständige waren aufgeboten, in drei Tagen Beweisaufnahme Licht in die Düsternis zu bringen, die umso verschwommener wurde, je mehr man darin forschte.
Schon Tage vorher machte die Boulevardpresse auf den Prozess aufmerksam und gab Statements über die Richter, den Staatsanwalt und die Verteidiger ab. Balkenüberschriften wie:

- Morgen beginnt der Sensationsprozess!
- Schauspielerin erschoss ihren Geliebten!
- Ganz in schwarz auf der Anklagebank!

- 5 Männer richten über die Frau, die ihren Geliebten erschoss!
- 3 Frauen haben als Zeugen das Schicksal des Stars in der Hand!
- Drama mit echter Leiche -ein Star steht vor Gericht!

brachten es fertig, dass am ersten Tag des Prozesses Tausende Neugierige versuchten, einen Platz im Gerichtssaal zu bekommen. Die ersten Neugierigen hatten sich schon um Mitternacht vor dem Justizpalast eingefunden. Etwa 200 Zuschauer wurden schließlich eingelassen.

Der Sachverhalt

An dem eigentlichen Tathergang und an der Täterschaft der Schauspielerin bestanden nicht die geringsten Zweifel. Die Frau hatte mit dem vorher schon griffbereiten, geladenen Revolver nach einem Demonstrationsschuss oder auch Warnschuss ihren Geliebten, der gerade mit seiner Mutter telefonierte, aus nächster Nähe durch einen Schuss in den Bauch verletzt und unmittelbar darauf auf den flüchtenden Mann einen weiteren Schuss abgefeuert, der schließlich zum Tod geführt hat.
Nach der Tat hatte der Star den Revolver in dem Swimmingpool im Garten geworfen, wo er später von der Polizei herausgefischt und sichergestellt werden konnte. In der Villa gefundene Projektile und Patronenhülsen untermauerten den angenommenen Tatablauf.
Aus den ganzen Umständen musste geschlossen werden, dass die Angeklagte mit direktem Vorsatz gehandelt hatte.

Die Angeklagte

Zwangsläufig wurde bei dem Prozess die Person der Angeklagten in den Mittelpunkt des Geschehens gerückt. Sie bewies dann auch im Gerichtssaal, dass es ihr Handwerk war, zu reden, zu spielen, sich darzustellen. Nach ein wenig Lampenfieber am Anfang sprach sie gewählt, literarisch fast bühnenreif. Sie redete stundenlang annähernd druckreif nur über sich. Voller Selbstmitleid entblätterte sie sich vor Gericht und der Zuhörerschaft. Wie einstudiert schilderte sie ihr bewegtes Leben vom Flüchtlingskind über das Taxi-Girl zum gefeierten Film- und Fernsehstar und schließlich zur enttäuschten Geliebten so, als hätte sie die Rolle gut gelernt.

Unter der Regie eines gewandten und prozesserprobten Rechtsanwaltes als Verteidiger entstand vor Gericht von der Täterin das Bild einer Frau, die in einer in mehrfacher Hinsicht begründeten Lebenskrise und einem in ungewöhnlicher Weise ausgeprägtem Partnerschaftskonflikt den Mann getötet hat, dem sie wechselseitig schicksalhaft mit magnetischer Anziehungskraft verbunden war.

Da wurde eine Schauspielerin dargestellt, die es nicht wahrhaben wollte, dass sie sich beruflich auf einem absteigenden Ast befand und die sich eingebildet hat, dass die großen Rollen der Weltliteratur erst noch auf sie zukommen werden; die Rollen der intelligenten, körperbewussten, analysierenden, im Leben stehenden Sexfrau.

Es wurde aber auch eine Frau gezeigt, die vor Jahren als Künstlerin in der Glanzzeit ihrer beruflichen Karriere im Mittelpunkt des gesellschaftlichen Lebens gestanden hatte und die nun durch ihren altersbedingten Abtritt von einer Bühnenkarriere, durch das beginnende Klimakterium und durch das mit ihren Liebhabern durch ständige Lügen gekennzeichnete Doppelleben belastet und zermürbt worden war. Bei der Skizzierung der Angeklagten vor Gericht wurde schließlich -wohl in unnötiger Weise- der häufige Wechsel und die Kurzlebigkeit der vielfachen Partnerbeziehungen mit allen Intimitäten bloßgelegt.

Am Schluss der Beweisaufnahme stand das facettenreiche Bild der Persönlichkeit der Angeklagten, das die Frage offen ließ, ob die zutage getretenen Gemütsregungen, Gefühlsäußerungen und überhaupt das ganze Verhalten echt war, denn die Frau hatte als versierte Schauspielerin in vielen Spielen bewiesen, dass sie die Rollen überzeugend darstellen und gestalten konnte.

Das Opfer

Der Getötete kam bei der Darstellung seiner Persönlichkeit vor Gericht ganz schlecht weg.
Der Liebhaber wurde als schillernde, zwielichtige Persönlichkeit hingestellt, der einerseits liebenswert, charmant und zärtlich, andererseits aber weichlich und treulos war. Er wurde als Playman bezeichnet, der seine Liebespartner ausgenutzt und die Frauen betrogen hat. Von dem großspurig aufgetretenen Finanzmakler wurde das Bild eines Betrügers gezeichnet, der wirtschaftlich an der Grenze zum Kriminellen stand.
Fast entstand bei der Persönlichkeitsanalyse der Eindruck, als wenn der großmannssüchtige Finanzmakler wegen seiner „Untreue“ eigentlich die Schüsse „verdient“ habe.

Die Gutachter

Der Sachverständige für Schusswaffen erklärte dem Gericht, dass

auf Grund der gesicherten Spuren und des Verlaufes des Schusskanals die Tathandlung rekonstruiert werden konnte.
Danach wurde die Tat mit einem fünfschüssigen Revolver, Marke Smith-Wesson USA-Model 37, auch „Chefs Spezial Airweight" genannt, ausgeführt. Mit der Waffe waren insgesamt drei Schüsse abgefeuert worden. Die Stellung der Trommel und die Anordnung der darin befindlichen abgeschossenen Patronen ließen den Schluss zu, dass die Täterin auch ein viertes Mal abgedrückt hatte, aber ein Schuss nicht mehr losgehen konnte, weil in dem Patronenlager der Trommel keine Munition mehr war.
Die Rekonstruktion ergab, dass das Opfer den linken Arm etwa 90 Grad, wie beim telefonieren üblich, angehoben hatte, als es von einem Schuss getroffen wurde. Der Mann war von zwei Projektilen getroffen worden. Ein Schuss trat an der Vorderseite des Unterbauches rechts in Höhe des Beckenkammes ein, durchschlug den Bauch und trat am Rücken etwa 5 cm tiefer wieder aus. Ein weiterer Schuss durchschlug den Körper quer, trat am Brustkorb links in Höhe der 9./10. Rippe ein, zerriß eine Hauptschlagader und trat an der rechten Hüfte wieder aus. Ein weiterer Schuss, nach dem ermittelten Sachverhalt und der Örtlichkeit der erste der abgegeben Schüsse, wurde vom Schlafzimmer aus durch die Terrassentür auf den Balkon verfeuert. Dieser Schuss musste eindeutig als Probe-Demonstrations -oder Warnschuss angesehen werden.
Der Gutachter für Blutalkoholbestimmung errechnete bei der Angeklagten zur Tatzeit einen Mittelwert Alkoholgehalt im Blut von 1,6 Promille aus, was nach seinen Erkenntnissen eine mittelschwere Alkoholbeeinflussung bedeutet.
Im nervenfachärztlichen Gutachten erläuterte ein Psychiater, dass es sich bei der Angeklagten um eine stimmungs- und affektlabile, triebbetonte Persönlichkeit handelt, deren Dominanzstreben und

Eigenwilligkeit mit einem auf Halt und Absicherung bedachten und bis zur Hilflosigkeit steigerungsfähigen Anlehnungsbedürfnis eigenartig kontrastierte. Im Rahmen des chronischen Partnerkonfliktes mit ihrem späteren Opfer habe sich bei ihr unter dem Druck von Enttäuschungs- und Demütigungserlebnissen eine dominierende Affekteinstellung gegen den Partner entwickelt, die allmählich übermächtig wurde und schließlich situativ bedingt bei einem effektiven Durchbruch in die Tat einmündete. Der bei der Begehung der Tat gleichzeitig vorhandene Alkoholeinfluss habe wesentlich dazu beigetragen, dass die Angeklagte bei der hohen Affektaufwallung in ihrer Steuerungsfähigkeit erheblich vermindert war. Die Einsichtsfähigkeit in das Strafbare ihres Handelns sei aber weder aufgehoben noch auch nur erheblich vermindert gewesen.
Daraus folgerte der Gutachter, dass für die Angeklagte wegen einer tiefgreifenden Bewusstseinsstörung die Voraussetzung der entsprechenden Paragraphen des Strafgesetzbuches über erheblich verminderte Schuldfähigkeit vorlag.

Für die Zuhörer und die Leserschaft der einschlägigen Gazetten interessanter waren die Ausführungen des Sexologen, der vor Gericht in schonungsloser Offenheit das Sexualleben und die Liebesgewohnheiten der Angeklagten und ihrer jeweiligen Geschlechtspartner darlegte. Man erfuhr, dass die Schauspielerin in ihrem Leben nur einen Mann hatte, bei dem sie im Sexualbereich Erfüllung gefunden hatte. Dieser Mann, der sexpotente Bauunternehmer, habe jedoch eine andere Frau geheiratet. Der Gutachter analysierte auch die Sexspiele der Angeklagten mit ihrem letzen Liebhaber und kam zu dem Schluss, dass die Liebespraktiken dieses Paares zeigen würden, dass ihr Verhältnis auf Lügen aufgebaut gewesen sei. Zu dieser Schlussfolgerung habe der Um-

stand beigetragen, dass die Schauspielerin ihren geliebten beim Liebesakt niemals streicheln oder gar küssen durfte.
Der Sachverständige legte auch die Probleme der Angeklagten als einer Frau dar, die in die Wechseljahre kommt und ständig in der Angst lebt, unwiederbringlich ihre Weiblichkeit zu verlieren.
Ein weiterer Gutachter schilderte die Angeklagte als triebhaft und sexuell intensiv (manchmal kam es täglich zum Intimverkehr). Sie habe gefühlt, dass ihr die Männer zwar unterlegen waren, dass aber diese Männer alle von ihr geflüchtet, ausgerissen sind. Die Verbindung zu ihrem späteren Opfer wurde als „neurotisches Arrangement" bezeichnet.

Die Plädoyers der Anklage

Der Staatsanwalt klagte die Schauspielerin eines Verbrechens des Totschlags an, weil sie vorsätzlich einen Menschen getötet hatte, ohne Mörderin zu sein. Er hielt ihr vor, dass sie keinen Anspruch auf Treue gegenüber ihrem Geliebten gehabt habe. Was sie selbst von Treue gehalten hatte, habe die Angeklagte bewiesen, als sie eines ihrer Liebesabenteuer vor Gericht so geschildert habe:
„Ich hatte eine wunderschöne Liebesnacht hinter mir, nichts Ernstes. Aber am nächsten Morgen stand plötzlich mein Mann vor der Tür. Das war natürlich ungut."
Der Anklagevertreter sah auch in dem Verhalten des Geliebten im Laufe des Abends vor der Tat keine strafmildernde Provokation. Des Liebhabers Lügenhaftigkeit und Untreue waren ja der Schauspielerin nicht neu. Sie wurden an diesem Abend lediglich erneut unter Beweis gestellt. Ein ganzes Bündel von Motiven für die Tat zählte der Staatsanwalt auf:

- Demütigung, die in der besonderen Erwartungshaltung entstand und die das Opfer betrügerisch enttäuschte,

- Wut und Verzweiflung,
- Eifersucht und Dominanzstreben,
- Angst vor Besitzverlust.

„Diese Frau gönnte den Mann einer anderen Frau nicht", das waren die harten Worte des Anklägers zur Abrundung dieses Komplexes.

Als der Staatsanwalt nach mehr als einer Stunde dramaturgisch hervorragend aufgebautem Schlussvortrags der Angeklagten erheblich verminderte Schuldfähigkeit zubilligte und zehn Jahre Freiheitsstrafe forderte, erscholl im Gerichtssaal tosender Beifall von etwa der Hälfte der Zuschauer.

Der von den Eltern des Getöteten bestellte Nebenkläger wies darauf hin, dass ein mildes Urteil in weiten Kreisen der Bevölkerung den Eindruck erwecken würde, als gäbe es einen Freibrief für das Erschießen eines untreuen Geliebten. Er wollte auch der Meinung entgegentreten, die Angeklagte habe den Makler „zu Recht" erschossen. Die Schauspielerin, so argumentierte er, habe vielmehr ihren Geliebten „trotz fehlender inneren Bindung aus gekränkter Eitelkeit" getötet.

Die Verteidigung

Die Verteidigung, die ihre Honorarforderungen bereits durch einen Vorvertrag über den Verkauf der Persönlichkeitsrechte der Angeklagten mit einer Zeitung abgesichert hatte, trat im Schlussvortrag gleich mit zwei Anwälten auf.

Zunächst trug, für das Publikum weniger beeindruckend, juristisch dafür umso sorgfältiger mit eindringlicher Sachlichkeit ein weniger bekannter Rechtsanwalt den Fall vor, wobei er sich fast ganz auf die „Situation der Tatnacht" beschränkte und auf einen „minder schweren Fall des Totschlags" plädierte.

Dann kam der große Auftritt eines Münchner Staranwaltes. Wie ein Hexenmeister beschwörte er vornübergebeugt, die Hände aufgestützt mit stimmgewaltiger Rhetorik das Gericht, seinen Gedankengängen zu folgen und nur seinen. Er schrie, er brüllte, wurde wieder leiser, wiederholte sich und wiederholte sich noch einmal.

„Die öffentliche Meinung reicht vom Schrei nach Freispruch bis zum Schrei nach lebenslänglich“, so begann er sein Plädoyer.

„Nicht der Psychiater, der Psychologe hätte das Hauptgutachten erstellen müssen“, forderte er. Die Angeklagte sei in der Tatnacht explosionsartig erregt gewesen, die Tat sei als „Explosiv-Reaktion“ darzulegen, wie sie im Handbuch der forensischen Psychiatrie mit folgenden Kennzeichen beschrieben ist: Der Täter sieht die Aggression nicht voraus, der Zustand danach ist wie ein Aufwachen nach einer Bewusstlosigkeit.

Auch der Staranwalt plädierte schließlich auf einen „minder schweren Fall des Totschlags“ mit einer Strafe von höchstens fünf Jahren. Er beantragte Haftentlassung bis zum Strafantritt, damit sich die Angeklagte um ihre minderjährigen Kinder kümmern könne.

Das „letzte Wort“ der Angeklagten

„Angeklagte, Sie haben das letzte Wort“, mit diesem in Prozessen schon stereotypen Satz des Richters wurde die Schauspielerin aus ihrer maskenhaften Starre gerissen. Und was kam beim Schlusswort aus ihrem Munde? Selbstmitleid, nichts als Selbstmitleid, kein Wort der Reue und der Einsicht.

Die Angeklagte:

„Ich habe das Schrecklichste getan, was ein Mensch tun kann.

Das Entsetzen darüber hat mich bis heute nicht verlassen. Ich habe Klaus geliebt. Ich leide. Ich muss weiterleben in dem Bewusstsein, dass er nie wieder kommt. Und ich weiß nicht, wie es weitergehen soll..."
Dann sank sie weinend in sich zusammen. Ihre Stimme versagte. Auf den Gesichtern der Zuschauer stand unausgesprochen die Frage.
„Wie echt war nun dieser Auftritt?"

Das Urteil

Offensichtlich unbeeindruckt von den vielen Emotionen im und, dank der veröffentlichten Meinung auch außerhalb des Gerichtssaales verkündigte das Schwurgericht folgendes Urteil:
„Die Angeklagte wird wegen eines Verbrechens des Totschlags unter Zubilligung verminderter Schuldfähigkeit zu sieben Jahren Freiheitsstrafe verurteilt!"
Der Vorsitzende Richter sah sich veranlasst, zunächst deutlich herauszustellen, dass vom Schwurgericht Recht zu sprechen war und für Theater kein Platz gewesen sei.
„Sie haben es uns nicht leicht gemacht", so der Richter an die Adresse der Öffentlichkeit.
Noch einmal, zum letzten Mal im Prozessgeschehen, wurde auf die Persönlichkeit der Schauspielerin eingegangen. Die Angeklagte sei eine disziplinierte Frau, kumpelhaft und zuverlässig, eine sehr gute Mutter, stellte das Gericht als positive Eigenschaften heraus. Als Eigenschaften, für die sie nichts kann, nannte der Richter ihren Amazonenkomplex, dass sie zerstört, wonach sie sich sehnt, und das sie sich an ihre jeweiligen Partner förmlich klammere.
Ihr Negativkonto: übermäßiges Dominanzstreben, ihre Eitelkeit,

das Versorgungsdenken, ihr Egoismus.
„Sie konnte mit Anstand nicht verlieren“, bescheinigte ihr auch das Gericht.

Die Schau ist vorbei

Als der Vorsitzende Richter mit der Urteilsbegründung zu Ende war und die Verhandlung schloss, ging die 46-jährige nun Verurteilte wie aufgezogen davon. Marionettenhaft bestieg sie den Transportwagen. Als sich das Fahrzeug in Richtung Strafanstalt in Bewegung setzte, verloschen die Blitzlichter der Reporter. Die Zuschauer gingen langsam heim.
Die Schau war vorbei -endgültig.
Mit der Hauptrolle in dem Film „Rosen für den Staatsanwalt“ war die Frau 1959 in das Rampenlicht der Öffentlichkeit getreten. Mit der Hauptrolle in dem Theaterstück „Der letze der feurigen Liebhaber“ tingelte sie im September 1976 durch Deutschland. Dazwischen lagen Film, Fernsehen, Funk, Kabarett, Theater, Synchrongeschäft und Chansonsingen. Dazwischen lagen aber auch alle Höhen und Tiefen des menschlichen Lebens, Glück und Leid, Geld und Schulden, Männer und immer wieder Männer, Liebschaften und Sex.
Mit der Hauptrolle im „Prozess des Jahres“ stand sie vor Gericht, weil sie „den letzten Liebhaber“ erschossen hatte.
Die Schauspielerin.

DAS ‚BORDERLINE-SYNDROM'
und
eine zerstückelte Leiche in Budapest

Die Kriminalgeschichte ist nicht eben arm an grauenvollen Morden und schlechterdings unbegreiflichen Aktionen zur Verschleierungen solcher Taten. So etwas können nur Geisteskranke tun, folgern dann Fachleute und Laien gleichermaßen. Im nachfolgend geschilderten Fall dreht es sich um das sogenannte ‚Borderline-Syndrom' eine Persönlichkeitsstörung, bei der (alternierend) Symptome einer Neurose oder Psychose auftreten.

In der geruhsamen Vorweihnachtszeit 1993 gab es in der österreichischen Hauptstadt Wien ein Gerichtsspektakel, das die schreibende Zunft zum Sensationsprozess des Jahres hochstilisiert hatte. Es ging um eine zerstückelte Leiche, ein Fotomodel als ‚Lockvogel', einen Steuerberater als Mordhelfer und einen bekannten Fernsehregisseur als Mörder.
Was in den Dezembertagen 1993 vor dem Schwurgericht in Wien ausgebreitet wurde, war eine Geschichte um Gewalt, Blut, Geld, Sex, Lüge, Habgier, Rache, Spione und rätselhafte Krankheiten. Es war eine Komödie mit dem einstigen Burg-Schauspieler und TV-Regisseur Helmut Friedhelm (35) in der Hauptrolle, dem 32-jährigen, im ehemaligen Jugoslawien geborenen weiblichen Fotomodel Briza Novakov und dem aus Ungarn stammenden Steuerberater Gabor Pasterki (45) in den Nebenrollen, sowie einer fernsehbekannten Weiblichkeit als Statisten.
Exklusivität war also überall.

Dem Prozess lag folgender Sachverhalt zu Grunde:

Im Mai 1992 wurde der Wiener Studiobesitzer und Kameramann Fritz Köberl (46) in Budapest ermordet.
Sein Körper war in 17 Teile zerlegt und in der Stadt in verschiedenen Mülltonnen verteilt worden.

Fast wäre den Tätern der ‚Mord ohne Leiche' geglückt.
Aber Stadtstreicher hatten Leichenteile in den Mülltonnen gefunden und die Polizei verständigt.
Trotz der vielen Mühen der Täter zur Verschleierung gelang es den Ermittlern, das Mordopfer zu identifizieren.
Polizei und Staatsanwälte in Ungarn und Österreich rekonstruierten den Tatablauf wie folgt:
Helmut Friedhelm, der sich gerne mit schönen Frauen und teuren Autos umgeben hatte, und den der Ankläger im Prozess als infantilnarzisstische Persönlichkeit mit überhöhtem Selbstwertgefühl und einem exhibitionistischen Bedürfnis nach Aufmerksamkeit und Bewunderung bezeichnete, hatte sich bei einem Hausbau übernommen und war 1992 pleite. Um sich wieder flüssig zu machen, hatte Friedhelm bei Auftragsarbeiten für das österreichische Sozialministerium überhöhte Rechnungen eingereicht. Davon hatte Fritz Köberl erfahren und seinen ehemaligen Kollegen angezeigt. Und das wiederum wurde dem Studiobesitzer zum Verhängnis.
Der Angezeigte sann nach Rache. Zusammen mit seinem Freund und Steuerberater Gabor Pasterki überredete er seine ehemalige Geliebte, das montenegrinische Fotomodel Biza Novakov, sich an Fritz Köberl heranzumachen und ihn nach Budapest zu locken. Für ein Honorar von 4.000 Mark trat die Frau in Aktion und brachte den Studiobesitzer schließlich tatsächlich nach Budapest. Dort warteten bereits Friedhelm und Pasterki. Die beiden Männer betäubten das Opfer zunächst und Friedhelm richte seinen Kontrahenten mit vier Schüssen in den Nacken förmlich hin.
Dann begannen die Täter eine ‚unglaubliche Schlächterei', wie es der Staatsanwalt im Prozess drastisch formulierte. Sie zerteilten die Leiche in 17 Teile, zerhackten eine Hand in einen Mixer und versuchten so, die Leiche unidentifizierbar zu machen. Da der

Häcksler danach unbrauchbar war, packten die Männer die Leichenteile in Mülltüten und warfen diese in verschiedene Container in der Stadt.

Zurückgekehrt nach Wien versuchten die Männer, an das Vermögen ihres Opfers heranzukommen. Friedhelm gab sich tagelang als Köberl aus, um die Spuren gänzlich zu verwischen. Schließlich verbreiteten die Männer das Gerücht, Köberl habe wegen Biza Novakov seinen Beruf aufgegeben und sei mit der Frau verschwunden. Aber es half alles nichts.

Friedhelm, Pasterki und Novakov wurden festgenommen. Der Steuerberater wälzte bei der Polizei alle Schuld auf Friedhelm ab. Der TV-Regisseur gestand zunächst die Tat auch. Später widerrief er sein Geständnis und erklärte, dass er sich an nichts erinnern könne. Während der Verhandlung vor dem Schwurgericht brach er wiederholt in Tränen aus und jammerte immer wieder: „Ich bin kein Mörder!“. Er versuchte während des Prozesses, den Mord einem ‚KGB-Agenten Boris Pjetkin’ in die Schuhe zu schieben, von dem Pasterki wiederum gar nichts wusste.

Im Prozess bescheinigten Ärzte dem ehemaligen Burg-Schauspieler, der angeblich als Kind von seinem Onkel sexuell missbraucht worden war, ein ‚Borderline-Syndrom’, eine psychische Krankheit, die es ihm unmöglich macht, zwischen Traumwelt und Realität zu unterscheiden. Zwei Tage vor Weihnachten, am 22. Dezember 1993 verurteilte das Geschworenengericht in Wien den Filmemacher Helmut Friedhelm wegen Mordes zu einer lebenslangen Freiheitsstrafe. Der frühere Fernsehproduzent und Regisseur, ein zierlicher Mann mit dunkelgelocktem Haar und jugendhaften Zügen, nahm den Spruch gefasst entgegen. Friedhelms Freund Gabor Pasterki wurde wegen Beihilfe zu 20 Jahren Gefängnis verurteilt. Der, gezeichnet von einem Jahre zurückliegenden Verkehrsunfall und einer Krebserkrankung,

brach mit einem Kreislaufkollaps zusammen.
In der Untersuchungshaft hatte der ehemalige TV-Regisseur Friedhelm ohne Behinderung durch das ‚Bordeline-Syndrom' einen Roman geschrieben und darin seine bereits im Prozess dargelegte Version der Tathintergründe präsentiert. In dem literarischen Werk „Außer Kontrolle" war für den Mord der russischen KGB-Agenten ‚Boris Pjetkin' verantwortlich.

DER „WITWENTRÖSTER“
und
eine Frauenleiche am Flughafen in Marseille/Frankreich

Der allen Fernsehzuschauern sattsam bekannte Krimi-Chefermittler Stefan Derrick hat in der Isarmetropole seine illustren Mordfälle im gediegenen Tatortdisegn nahezu ausschließlich im Umfeld des Schöner-Wohnen-Milieus ermittelt und „natürlich" alle aufgeklärt. Jenseits des kriminellen Schmuddel-Naturalismus gelang ihm mit seinem Gehilfen Harry Klein quasi im Alleingang bei 344 Mord- und Totschlagopfern insgesamt 282 Täter zu überführen. Seine Opfer waren durchwegs schön, seine Täter in aller Regel gut situiert. Augen-Zeugen dieser kontinuierlich-konstanten Aufklärungsarbeit waren über drei Milliarden Zuschauer in 102 Ländern dieser Erde.
In der rauen Wirklichkeit liegen die Tatorte bei Mordfällen überwiegend an unwirtlichen Orten, wo Luxus ein Begriff aus einem Science-Fiction-Roman ist. ‘Schöne’ Leichen gibt es in der Realität selten. Opfer- und Täterklientel stammen und bewegen sich hier in schmucklosen Wohnungen, verruchten Kneipen, Dirnenquartieren, Homotreffs oder Bauten der Hochhaus-Zweckarchitektur.
Ab und zu aber geschehen auch in der Realität Mord- und Totschlagfälle mit ‘schönen’ Opfern in der High Society unserer Gesellschaft und die wirklichen Mordermittler müssen sich mit einer vielköpfigen Mannschaft in der Quasioberschicht nach den oder die Täter umschauen.
Von einem solchen Fall soll nachfolgend berichtet werden.

Ein ungleiches Paar findet sich

An der Costa del Sol in Spanien hatten sie sich 1974 kennen gelernt. Sie, das war die damals 33jährige attraktive, selbstbewusste, temperamentvolle, elegante, und, was noch wichtiger war, reiche Renate Eibacher aus einem kleinen Ort bei Landsberg in

Bayern. Die Frau war mit einem zum Wohlstand aufgestiegenen Bauunternehmer verheiratet, aber wegen der Auswärtseskapaden ihres Angetrauten nicht gerade glücklich. Deshalb hielt sie sich sehr oft allein an der Costa del Sol auf und genoss dort das Luxusleben.

Er, der damals 32 Jahre alte etwas schmächtige, stets elegant gekleidete, ansonsten unterwürfige Kaufmann und 'Finanzberater' Richard Freisinger aus Mannheim war hoch verschuldet und ebenfalls verheiratet. Er konnte es aber nicht lassen, sich als „Mann von Welt“ ebenfalls des Öfteren im südfranzösischen Reich der Reichen zu bewegen. Renate Eibacher hatte sich wieder einmal im eigenen Ferienhaus an der Costa del Sol aufgehalten, als ihr der 'Finanzberater' Richard Freisinger über den Weg gelaufen war. Es funkte. Die reiche Frau legte sich den schuldenüberladenen Mann als Liebhaber zu.

In der Folgezeit kam der plötzliche Unfalltod des Ehemanns gerade recht. Der Unternehmer Eibacher war mit seinem Privatflugzeug abgestürzt. Merkwürdig war nur, dass sich Renate Eibacher und ihr Liebhaber damals ganz in der Nähe der Absturzstelle aufgehalten hatten.

Richard Freisinger wurde ebenfalls Witwer. Seine Ehefrau kam bei einem Verkehrsunfall in dem Auto ums Leben, das von Richard Freisinger bei dem Unfall gesteuert worden war.

Der hoch verschuldete Richard Freisinger zog nun in die feudale Villa der Millionärswitwe ein, ließ sich von ihr aushalten, bekam von ihr schon mal 1.000, 2.000 oder 5.000 Mark und zu Weihnachten gar 30.000 Mark geschenkt. Dafür spielte er den 'Witwentröster'.

Während die blonde Villeneignerin ein aufwendiges Leben mit Porsche, Pelze und Schmuck führte, immer exzentrischer wurde und am liebsten mit ihrem Sportwagen und der französischen

Dogge ‘Honore’ zum Shopping fuhr, verrichtete Richard Freisinger als ‘Hausmann’ die niederen Arbeiten zu Hause. Er ging einkaufen, kochte, wusch die Wäsche, führte die Hunde aus, tapezierte die Zimmer, versorgte den Garten. Oft wurde er von seiner dominierenden Lebensgefährtin, die er zärtlich ‘Nadine’ nannte, herrisch angefahren und zurechtgewiesen. Der Mann hat bei solchen Situationen wohl innerlich gekocht, nach außen aber war er immer beherrscht und ruhig geblieben. Und nicht selten gab ihm die Frau deutlich zu verstehen, dass er „ja gehen kann, wenn ihm etwas nicht passt“. Auch da blieb Richard Freisinger nach außen hin gelassen.

Die Frau verschwindet

Sechs Jahre lebten die Millionärswitwe und ihr ‘Tröster’ in der Villa bei Landsberg und im Ferienhaus an der Costa del Sol zusammen.

Ende März 1981 war Renate Eibacher plötzlich verschwunden. Niemand merkte etwas davon, dass sich hinter diesem Verschwinden ein Verbrechen verbarg. Oft schon war die Millionärswitwe unvermittelt aus ihrem ländlichen Domizil geflüchtet und an die Costa del Sol gefahren. Auch dieses Mal schien es so. Ostern stand vor der Tür und sicherlich wollte die exzentrische Frau dieses Fest unter Ihresgleichen verbringen. Was im Nachhinein auffiel war, dass Richard Freisinger nicht mitgefahren war. Aber er konnte sein Hierbleiben mit zwingenden Geschäften begründen. Im Übrigen habe man sich geeinigt, dass er zu den Osterfeiertagen Mitte April 1981 nachkommen werde.

Von Frau Eibacher kam keine Nachricht nach Landsberg. Am Telefon war sie nicht erreichbar. Post kam auch nicht. Der Hausmann dachte sich zunächst aber nichts dabei, weil, wie er später

angab, Frau Eibacher „sehr schreibfaul war und nichts Bedenkliches zu vermuten war, wenn von ihr zehn oder vierzehn Tage keine Nachricht kam“.
Am Sonntag, dem 12. April schickte Freisinger aber dann doch ein Telegramm nach Spanien, in dem er ankündigte, dass er am Ostersamstag an der Costa del Sol eintreffen werde. Als er vier Tage später immer noch keine Antwort bekommen hatte, habe er sich „dann doch ernsthafte Sorgen gemacht.“
Am Karfreitag dem 17.April 1981 machte sich Richard Freisinger mit dem Porsche seiner Lebensgefährtin auf, um an der Costa del Sol nach seiner ‘Nadine’ zu forschen. Er brachte erst seinen 12jährigen Sohn zu seinen Eltern nach Mannheim und fuhr dann die weite Strecke bis nach Spanien mit einer Übernachtung durch. Am Ostersonntag, dem 19.April, kam er im Ferienhaus an. Laut hupend fuhr er vor, sprang über den Gartenzaun, ging auf das Haus zu, kehrte aber gleich wieder um und begab sich zu den Nachbarn.
„Es war kein Auto da, die Türkette war vor und das Haus verschlossen“, wird Freisinger später die Situation beschreiben. Auch das „Rumfragen“ bei den Nachbarn habe keine Klärung gebracht. Richard Freisinger fuhr noch am gleichen Abend nach Barcelona, wo er am anderen Morgen beim deutschen Konsulat und bei der Polizei nach Renate Eibacher fragte -ohne Ergebnis. Am Dienstag, dem 21. April 1981, war Richard Freisinger wieder zurück in Bayern. Er kam zur Polizeiinspektion Landsberg und meldete dort seine Lebensgefährtin als vermisst, 23 Tage, nachdem sie angeblich von ihrer Villa bei Landsberg aus zum spanischen Ferienhaus gefahren war. Aufgeregt und total durcheinander berichtete er von seinen Bemühungen, die Frau zu finden.
Renate Eibacher blieb verschwunden.

Eine halbverweste Leiche am Flughafen von Marseille

Am 22. April 1981 war der Parkplatzwächter des Flughafens Marignane, 35 Kilometer außerhalb von Marseille, auf dem Parkplatz auf Kontrollgang. Gegen 17.40 Uhr bemerkte er den auf Richard Freisinger zugelassene Pkw. Rover 3500 mit Mannheimer Kennzeichen. Das Auto war auf dem Parkplatz Nr. 281 abgestellt und mit einer feinen Sandschicht eingestaubt. Es fiel ihm auf, dass die Seitenfenster ein Stück heruntergekurbelt waren. Als der Wächter die unverschlossene Fahrertür öffnete, kam ein schrecklicher Geruch von Fäulnis aus dem Wageninnern. Der Kofferraum des Autos war ebenfalls nicht verschlossen. Der Mann öffnete den Kofferraumdeckel und erschrak. Im Kofferraum lag eine tote Frau im Zustand der Verwesung. Gesicht und Hände waren ganz schwarz. Die Polizei wurde verständigt. Die Leiche kam in die Prosektur nach Marseille. Der Gerichtsmediziner stellte fest, dass die Frau erdrosselt worden war. Ein orangefarbener Seidenschal war zu einer Schlinge um ihren Hals gelegt. Am Körper der Toten wurden mehrere Flecken entdeckt, die von Schlägen herrühren konnten. Nach Auffassung des Gerichtsmediziners musste der Tod etwa drei Wochen vor dem Auffinden der Leiche eingetreten sein, mindestens jedoch 15 Tage vorher.

Die Ermittlungen der Marseiller Kripo ergaben, dass der Rover frühestens seit dem Abend des 10. April auf dem Parkplatz abgestellt worden sein konnte. Denn nach Zeugenaussagen stand vom 04. bis 10. April der Wagen eines französischen Zahnarztes auf dem Platz Nr. 281. Die Schlussfolgerung daraus: Die Frau war schon lange tot im Kofferraum, als das Auto am Flughafenparkplatz abgestellt worden war.

Die Kripoleute fanden im Auto auf dem Rücksitz Hundehaare und eine Hundeleine. Nachforschungen nach dem Verbleib des

Hundes blieben jedoch erfolglos.
In den französischen Zeitungen wurde über den mysteriösen Leichenfund berichtet.
Die Nachricht kam auch nach Deutschland und wurde von der in Braunschweig lebenden Mutter der Renate Eibacher gelesen. Drei Tage nach der Vermisstenmeldung am 24. April 1981 erfuhr Richard Freisinger von dieser Frau, dass in einem Zeitungsartikel davon berichtet wurde, dass bei Marseille eine Leiche im Kofferraum eines Wagens mit Mannheimer Kennzeichen gefunden worden ist.
Richard Freisinger flog unverzüglich nach Marseille und identifizierte dort die Leiche als die seiner Lebensgefährtin Renate Eibacher. Die Kripo in Marseille setzte Richard Freisinger zunächst einmal fest. In 48 Stunden musste er den Beamten Rede und Antwort stehen. Dabei zeigte er den Beamten an, dass offensichtlich Schmuck im Werte von 25.000 Mark, den seine Lebensgefährtin bei der Reise mitgeführt hatte, gestohlen worden ist. (Wie sich später herausstellte, war dies eindeutig gelogen.)
Die Verdachtsmomente gegen ihn als Täter reichten dem Ermittlungsrichter in Marseille nicht aus. Freisinger wurde entlassen und kehrte nach Bayern in die Villa bei Landsberg zurück. Völlig gebrochen unter dem Eindruck der Todesnachricht von seiner millionenschweren Lebensgefährtin setzte er spontan eine hohe Belohnung für die Ergreifung des Mörders in Aussicht.
Die Kripo in Marseille kam bei ihren Ermittlungen nach dem Täter nicht weiter. Zwei Zigeuner, auf die ein vager Verdacht gefallen war, mussten wieder entlassen werden.
Der Mordfall schien unaufgeklärt zu bleiben.

Ein schwerwiegender Verdacht

Monatelang tappte die für den Mordfall Eibacher zuständige Kriminalpolizei Fürstenfeldbruck im Dunkeln.
Als aber im November 1981 das Nachlassgericht in Landsberg feststellte, dass das vorgelegte Testament der Renate Eibacher gefälscht war, bekamen die Ermittlungen der Kripo eine andere Dimension. In dem Testament waren Richard Freisinger und dessen 12jähriger Sohn zu Alleinerben für den Nachlass von circa 2 Millionen bestimmt.
Richard Freisinger bestritt zunächst energisch, das Testament gefälscht zu haben.
Als die Polizei aber ermitteln konnte, dass Freisinger den bei der Kripo in Marseille als gestohlen gemeldeten Schmuck einer Bekannten im Speyer zur Aufbewahrung übergeben hatte und ihn dort auch sicherstellen konnte, wurde es eng für den smarten 'Witwentröster'.
Schließlich kam die Kripo auch dahinter, dass Freisinger nach dem Tod seiner Lebensgefährtin mit gefälschten Schecks und Bankvollmachten deren Konten bei der Bank geplündert und Schmuck, Biedermeiermöbel und Antiquitäten im Werte von 100.000 Mark verscherbelt hatte.
Der Verdacht, dass Richard Freisinger selbst seine Lebensgefährtin am Freitag, dem 27. März 1981, in ihrer Villa bei Landsberg mit dem eigenen Seidenschal erdrosselt hat und dann in den folgenden Tagen mit der Leiche im Kofferraum seines Pkw quer durch Deutschland und Frankreich kutschiert ist, war nicht mehr unbegründet.
Das vermutete Tatmotiv: Richard Freisinger wollte an die Millionen seiner Lebensgefährtin rankommen, die beabsichtigt hatte, sich von ihm zu trennen.

Der ‘Finanzmakler’ gab schließlich zu, den Schmuck beiseite geschafft und das Testament gefälscht zu haben.
Mit der gewaltsamen Tötung seiner ‘Nadine’ aber wollte er nichts zu tun haben. Richard Freisinger wurde wegen Verdachts des Mordes an Renate Eibacher in Untersuchungshaft genommen.

Der Prozess

Die polizeilichen und staatsanwaltschaftlichen Ermittlungen gestalteten sich schwierig.
Erst zweieinhalb Jahre nach der Tat kam es im November 1983 vor der Schwurgerichtskammer des Landgerichts Augsburg zum Prozess gegen den bis dahin bereits zwei Jahre in Untersuchungshaft einsitzenden nun 41jährigen Richard Freisinger. Die Staatsanwaltschaft hatte ihn wegen eines Verbrechens des Mordes, Urkundenfälschung und Unterschlagung angeklagt.
Es schien ein Mammutprozess zu werden. 66 Zeugen, darunter 12 aus Frankreich, und zwei Sachverständige waren geladen. Das Gericht hatte 9 Tage Prozessdauer angesetzt.
Unmittelbare Tatzeugen für den Mord waren nicht vorhanden Insoweit war die Anklage lediglich auf Indizien angewiesen.
Am ersten Tag des Prozesses gab der Angeklagte unumwunden zu, das Testament und sämtliche Unterschriften gefälscht zu haben.
Hinsichtlich des Mordvorwurfs beteuerte er auch vor Gericht seine Unschuld.
„Ich kann nur immer wieder sagen, dass ich Renate Eibacher nicht getötet habe. Sie war die Frau, die ich geliebt habe.“
Fast drei Stunden berichtete Richard Freisinger dem Gericht bis ins kleinste Detail über die gemeinsame Zeit mit Renate Eibacher und die Ereignisse im März und April 1981.

Am zweiten Verhandlungstag drehte sich alles um den 22. April 1981. Es war dies der Tag, an dem die Leiche der Millionärin im Kofferraum eines Rover 3500 -dem Wagen des Angeklagten -auf dem Parkplatz des Flughafens Marignane, 35 Kilometer außerhalb von Marseille in Südfrankreich gefunden worden war.
Der Parkplatzwärter kam zu Wort und drei Beamte der Kripo Marseille, die damals die Untersuchungen geleitet hatten, wurden vernommen. Der französische Gerichtsmediziner, der die Leiche der Renate Eibacher einen Tag nach der Auffindung obduziert hatte, nannte dem Gericht als Todesursache Erdrosseln. „Das orangefarbene Halstuch war zu einer Schlinge um ihren Hals gelegt", so der Arzt. Er habe am Körper der Leiche mehrere Flecken entdeckt, die höchstwahrscheinlich von leichten Schlägen herrührten. Der Tod sei etwa „drei Wochen vor Auffindung der Leiche" eingetreten.
Am dritten Verhandlungstag versuchte das Gericht zu klären, wie sich der Angeklagte nach dem Verschwinden seiner Lebensgefährtin verhalten hat.
Eine 30jährige Bedienung, die zur fraglichen Zeit in einer Bar in München gearbeitet hatte, schilderte im Zeugenstand, wie der Angeklagte ihr bei einem Lokalbesuch erzählt habe, dass seine Freundin vor Wochen nach Spanien gefahren und seither verschwunden sei. Er mache sich große Sorgen, zumal er bei Nachbarn in Spanien angerufen und erfahren habe, dass Renate Eibacher nie dort angekommen sei. Das war allerdings bereits einige Tage nachdem die Zeitungen davon berichtet hatten, dass eine unbekannte Frau in Südfrankreich tot im Kofferraum eines Autos gefunden worden war. Richard Freisinger hatte zudem vor dem Barbesuch in München bereits seine tote Lebensgefährtin in Marseille identifiziert. Auf die Frage des Vorsitzenden Richters, warum er, der zu diesem Zeitpunkt von der Ermordung der Millio-

närin gewusst hatte, dies der Bedienung gegenüber nicht erwähnt habe, entgegnete der Angeklagte:
„Ich wollte mich nicht in Verbindung mit dem Fall bringen, denn schon in Marseille stand ich unter Mordverdacht."
Bekannte aus Landsberg, wo der Angeklagte mit Renate Eibacher lebte, wurden gehört. Konkrete Anhaltspunkte für den Mordverdacht ergaben sich nicht.
Am vierten Verhandlungstag versuchte das Gericht zu klären, ob die Aufregung des Angeklagten über das Verschwinden seiner Geliebten nun echt oder gespielt war. Der Polizeibeamte, der die Vermisstenanzeige aufnahm:
„Der Mann war total durcheinander. Ich musste ihn erst einmal beruhigen." Dann habe er die Angaben des Freisinger aufgenommen. Doch nach wenigen Minuten sei ihm etwas Merkwürdiges aufgefallen. Der Mann habe manchmal in der Vergangenheit gesprochen, wie 'Sie war eine so gute Autofahrerin'. Das ganze habe wie ein Nachruf geklungen. „Einer von uns scherzte sogar und sagte, der wird sie halt selber umgebracht haben."
Deutsche Urlauber, die in der Nachbarschaft vom Ferienhaus der Frau Eibacher wohnten, berichteten als Zeugen von dem merkwürdigen Verhalten des Angeklagten bei der (gespielten) Suche nach Frau Eibacher.
Zeugen aus dem Umfeld der Toten sagten über die Persönlichkeit der Millionärin, dass sie eine 'dominierende', 'tonangebende' Person gewesen sei, die auch ihren Lebenspartner 'herrisch angefahren und zurechtgewiesen' habe.
Zur Sprache kam, dass beim Auffinden der Leiche in Frankreich in einem Koffer nur zwei Röcke und zwei Blusen als Bekleidung gefunden worden waren. Eine enge Freundin der Millionärin:
„Das kann ich mir nicht vorstellen. Zwei bis drei Koffer mit viel Garderobe hätte sie mindestens mitgenommen. Außerdem: Rena-

te hatte in dieser Zeit zugenommen. In diese Sachen wäre sie gar nicht mehr reingekommen."

„Mir hat Freisinger erzählt, dass es wegen anderer Frauen Schwierigkeiten mit seiner Lebensgefährtin Renate Eibacher gab und sie sich deshalb endgültig von ihm trennen wollte". Der 36jährige Josef Geltner, der 1982 sechs Monate in der Justizvollzugsanstalt Landsberg mit Richard Freisinger zusammen inhaftiert war, belastete am fünften Verhandlungstag als Zeuge den Angeklagten sehr. Der ehemalige Mithäftling erklärte weiter, Freisinger habe ihm von seinem Verhältnis zu einer Verkäuferin Francis erzählt. Auch Renate Eibacher habe von der Affäre gewusst.

„Weil sie ihm schon vorher auf mehrere Weibergeschichten draufgekommen war, habe sich die Millionärin im März 1981 endgültig von ihm trennen wollen", soll der Angeklagte dem Zeugen erzählt haben.

„Freisinger sagte, er habe zu viele Fehler gemacht", berichtete Josef Geltner weiter. „Sein größter Fehler sei die Sache mit dem Testament gewesen."

Richard Freisinger hatte Wochen, nachdem seine Lebensgefährtin tot aufgefunden wurde, ein Testament zu seinen Gunsten gefälscht. Den Schmuck, den er bei der Polizei in Marseille als gestohlen gemeldet, in Wahrheit aber einer Bekannten in Speyer zur Aufbewahrung gegeben hat, „hätte ich besser vergraben sollen", soll Freisinger seinem Mithäftling anvertraut haben.

Wie der Angeklagte nach Ansicht der Ermittlungsbehörden seine tote Lebensgefährtin nach dem Mord in seinen Wagen über die Grenze nach Frankreich und schließlich zum Flughafen Marignane bei Marseille gebracht haben konnte, erläuterte der Kriminalhauptkommissar von der Kripo Fürstenfeldbruck, der damals die Ermittlungen geleitet hatte.

Seine Theorie: Freisinger ist am Freitag, dem 27. März 1981 (für die Staatsanwaltschaft der Todestag der Millionärin) nach der Tat mit der Leiche im Kofferraum von Landsberg nach Bad Bergzabern gefahren. Dort überquert er die Grenze nach Frankreich und stellte den Wagen in Besançon ab. Dann fährt er mit dem Zug nach Landsberg. Knapp drei Wochen später, am Freitag, dem 17. April 1981, fährt Freisinger mit dem Porsche seiner Lebensgefährtin von Landsberg nach Mannheim und noch am Abend weiter nach Besançon, steigt um 01.30 Uhr in seinem Rover 3500 mit der Leiche im Kofferraum um, fährt zum Flughafen bei Marseille und stellt das Auto dort ab. Am Morgen fährt er um 9.24 Uhr mit dem Zug zurück nach Besançon und steigt dort um 16 Uhr wieder in den Porsche. Freisinger fährt nach Narbonne, wo er um 23 Uhr im Hotel ankommt, in dem er nachweislich in der Nacht vom 18. auf den 19. April 1981 übernachtet hat.
„Vom Zeitplan her kann es so gewesen sein", erklärte der Kriminalbeamte. Freisinger hatte angegeben, für die Fahrt von Mannheim bis Narbonne 26 Stunden unterwegs gewesen zu sein, weil er wegen Übermüdung viele Pausen gemacht habe. Von Narbonne aus war Freisinger am Sonntag, dem 19. April 1981, zum Ferienhaus an der Costa del Sol weitergefahren, wo er nachweislich am Nachmittag angekommen war.

Die Plädoyers

Der Staatsanwalt hielt es für erwiesen, dass der Angeklagte Richard Freisinger am 27. März 1981 seine Lebensgefährtin, die Millionärswitwe Renate Eibacher, nach einem Streit im gemeinsamen Haus bei Landsberg erdrosselt und die Leiche im Kofferraum seines Wagens nach Frankreich gebracht hat.
Als Motiv argumentierte er, dass die exzentrische Millionärswit-

we ihren Lebensgefährten Freisinger den Laufpass geben wollte, weil dieser Verhältnisse mit anderen Frauen angefangen hatte. Der Angeklagte aber wollte an die Millionen seiner Partnerin herankommen. Gegen den Angeklagten spreche das von ihm zu seinen Gunsten gefälschte Testament, gefälschte Unterschriften auf Schecks, der hastige Verkauf von der Getöteten gehörenden Familienschmuck, wertvoller Möbel und Antiquitäten.

In seinem knapp zweistündigen Plädoyer konzentrierte sich der Staatsanwalt hauptsächlich darauf, anhand von Indizien nachzuweisen, dass die „angebliche Abreise Renate Eibachers am 28. März 1981 nach Spanien nicht stattgefunden hat.“ Daraus ergebe sich für ihn der „zwingende Umkehrschluss“, dass die Millionärswitwe im eigenen Haus bei Landsberg vom Angeklagten erdrosselt worden ist. Da es, wie der Staatsanwalt einräumte, keine „unmittelbaren Tatspuren“ gebe, komme es „auf jede winzige Einzelheit“ an. Und so versuchte er Punkt für Punkt, die Angaben des Angeklagten zur Tatzeit zu zerpflücken.

Erster Schwachpunkt in Freisingers Version war für den Staatsanwalt demnach, dass der Angeklagte am Abend des 27. März mit Renate Eibacher die Auslagen im Schaufenster eines Einrichtungshauses in Landsberg betrachtet haben will. „Nach Zeugenaussagen war das Schaufenster zugeklebt, man konnte gar nichts sehen.“

Zweiter Punkt: Freisinger habe behauptet, am Samstagmorgen, dem Abreisetag Renate Eibachers, beim Hundeausführen eine Nachbarin getroffen zu haben. „Die Nachbarin hat ausgesagt, dass sie ihm sicher nicht begegnet ist.“

Weiter: Gegenüber Zeugen habe Freisinger vier verschiedene Abreisezeitpunkte seiner Lebensgefährtin und auch mehrere Gründe genannt. Niemand aber habe die Abreise von Frau Eibacher beobachtet und niemand habe den Angeklagten an diesem Tag gese-

hen. Der Staatsanwalt: „Das sind zu viele Unstimmigkeiten, das passt alles nicht zusammen.“
Freisinger habe schließlich die Spur auf einen Raubmord lenken wollen, indem er bei der Kripo in Marseille angab, Renate Eibacher hätte Schmuck im Werte von 25.000 Mark bei sich gehabt. Der Schmuck wurde jedoch später bei einer Bekannten Freisingers sichergestellt, wohin er ihn zur Aufbewahrung geschickt hatte.
Auch sei es unwahrscheinlich, dass Frau Eibacher nur zwei Röcke und zwei Blusen auf die Reise mitgenommen hat, wenn, wie der Angeklagte glaubhaft machen wollte, ein vierwöchiger Spanienaufenthalt geplant gewesen sei.
Schließlich habe der Angeklagte Freunden gegenüber erzählt, dass seine Geliebte bei ihrem Tod nicht zu leiden hatte: „Alles ging ganz schnell. Sie merkte kaum etwas.“
Schon einmal, im Falle der Testamentsfälschung, habe der Angeklagte hartnäckig seine Täterschaft bestritten, so der Staatsanwalt. „Schon da hat er gezeigt, dass er über schauspielerische Qualitäten verfügt.“ Der Staatsanwalt sprach von der „Intelligenz, Geschicklichkeit und Raffinesse“ des Angeklagten.
Am Ende seines Plädoyers forderte der Staatsanwalt, den Angeklagten wegen Totschlags, Urkundenfälschung, versuchten Betrugs und Unterschlagung zu einer Gesamtfreiheitsstrafe von 15 Jahren zu verurteilen. Vom ursprünglichen Vorwurf des Mordes rückte er allerdings ab, weil es keine unmittelbaren Beweise dafür gab.
Freisingers Verteidiger forderte Freispruch vom Vorwurf des Totschlags. Für die eingestandenen Vermögensdelikte hielt er eine Freiheitsstrafe von zweieinhalb Jahren für angemessen.
In seinem Plädoyer nannte der Rechtsanwalt die Ausführungen des Staatsanwaltes „Mutmaßungen und Spekulationen“. Der An-

kläger habe versucht, „Vermutungen in Sicherheiten umzubauen“. Ein Motiv für die Tat sei nicht sichtbar. Der Verteidiger ging dann noch einmal jedes Indiz, jede Zeugenaussage durch, prüfte sie und verwarf alle von der Anklage gezogenen Schlüsse, die in keinem Fall „zwingend“ seien. Für den Fall, dass das Gericht den Angeklagten dennoch wegen Totschlags verurteilen sollte, beantragte der Verteidiger ein psychiatrisches und ein psychologisches Gutachten für seinen Mandanten.

Das Urteil

Die Atmosphäre im Saal 201 des Landgerichts Augsburg war am 29. November 1983 spannungsgeladen. Ungewöhnlich viele Prozessbeobachter drängten sich im Zuschauerraum. Als der Vorsitzende der Schwurgerichtskammer das Urteil verkündete, herrschte völlige Stille. Das mit Spannung erwartete Urteil lautete: Freispruch vom Vorwurf des Totschlags, dreieinhalb Jahre Freiheitsstrafe wegen Urkundenfälschung und Unterschlagung.

Der Vorsitzende Richter in der Urteilsbegründung:

„Die meisten Verdachtspunkte gegen den Angeklagten überschritten den Rahmen der Merkwürdigkeiten nicht.“ Für eine Verurteilung aber sei dies zu wenig und nicht vertretbar.

Drei Indizien jedoch, so räumte der Richter ein, seien dem Gericht „höchst verdächtig“ erschienen.

Erstens die Aussage eines Mitgefangenen aus Landsberg, dem Richard Freisinger erzählt haben soll, dass seine Lebensgefährtin bereits „zeitig in der Früh“ abgefahren sei. Freisinger hatte dem Gericht dagegen angegeben, Renate Eibacher sei erst gegen 14 Uhr nach Spanien aufgebrochen.

Zweiter Punkt war das spärliche Gepäck, das neben der toten Millionärin am 22. April 1981 auf dem Flughafen bei Marseille

im Kofferraum gefunden wurde.
Höchst verdächtig erschien dem Gericht schließlich der Umstand, dass Renate Eibacher ab Freitag, dem 27. März 1981, plötzlich nicht mehr mit ihrer Mutter in Braunschweig telefonierte, die sie zuvor jeden Tag angerufen hatte.
„Das Gericht kann sich diese Umstände nicht erklären“, so der Richter. Doch würden diese Merkwürdigkeiten nicht ausreichen, einen Menschen wegen Totschlags zu verurteilen.
Ungelöst bleibe aber die Frage nach dem Motiv, falls Freisinger der Täter gewesen sein sollte. Habgier scheide mit Sicherheit aus. Auch für einen vom Staatsanwalt zuletzt angenommenen Streit gebe es „nicht den geringsten Nachweis“. Außerdem habe es sich schon um eine „äußerst schwere“ Auseinandersetzung handeln müssen, denn der Angeklagte sei „kein gewalttätiger Mensch“. Er sei in der Beziehung zu Renate Eibacher vielmehr „ein untertäniger Pantoffelheld und sonst gar nichts“ gewesen. Der Prozess konnte auch nicht klären, wie sich die Tat abgespielt haben soll. Der Richter: „Wenn man aber überhaupt nicht weiß, was sich am 27. und 28. März zugetragen hat, ist eine Verurteilung wegen Totschlags nicht möglich.“
Die Gesamtindizien gingen über den Grad des „erheblichen Tatverdachts“, der noch immer bestehe, nicht hinaus.
Die übrigen Anklagepunkte, so der Richter, seien dagegen „einfach zu behandeln“ gewesen. Freisinger habe gestanden, ein Testament seiner Lebensgefährtin gefälscht zu haben, was ihm aber auch einwandfrei nachgewiesen werden konnte. Das gelte auch für die Unterschlagungen aus dem Nachlass der Millionärin; unter anderem Schmuck und Biedermeiermöbel im Wert von zusammen knapp 100.000 Mark.
Das Gericht entschied, dass Richard Freisinger nicht mehr in die Justizvollzugsanstalt zurück musste. Die zwei Jahre und drei Mo-

nate Untersuchungshaft wurden dem ‘Finanzmakler’ auf die ausgesprochene Gesamtstrafe angerechnet. Damit hatte er zwei Drittel der Strafe bereits verbüßt.

Ein Nachwort

„Jetzt fehlt nur noch der Heiligenschein“, schimpfte eine Zuhörerin, als der 41jährige Richard Freisinger den großen Schwurgerichtssaal als freier Mann verließ.

‘Witwentröster’ Freisinger machte wenige Minuten nach dem Urteil seinem Ruf als Charmeur und Frauenheld alle Ehre. Er verabredete sich mit einer Blondine, die im Gerichtssaal auf ihn gewartet hatte.

Als er zwei Monate später von einer Reporterin gefragt wurde, was ein Mann mache, der gut zwei Jahre wegen Mordverdacht in Untersuchungshaft saß, erzählte er:

„Die ersten sechs Wochen ließ ich es erst mal richtig krachen! Da war schon eine Freundin, die Verständnis dafür hatte.“

Obwohl Richard Freisinger arbeitslos war, lebte er in Saus und Braus. Er ließ sich von seiner Hausbank zunächst einen Kredit geben. Als Sicherheit diente eine Eigentumswohnung, die ihm noch verblieben, aber zur Zwangsversteigerung angemeldet war. Er kaufte sich einen neuen BMW und mietete in München-Pasing eine Drei-Zimmer-Dachwohnung mit Garage.

Als die Sprache auf seine tote Geliebte kam, erklärte der smarte Frauenheld sibyllinisch:

„Ich hab sie nicht umgebracht, aber es gab eine Zeit, wenn ich’s gewesen wäre, ich hätte alles gestanden“.

Auf die Liebe angesprochen meinte Freisinger:

„Erst will ich das Leben in vollen Zügen genießen. Nur lockere Frauenbekanntschaften, ich bin ja schließlich kein Heiliger.“

Der gewaltsame Tod der Millionärswitwe Renate Eibacher blieb bis heute ungesühnt. Es ist einer der Fälle, in dem es den Täter gelang, einen Menschen umzubringen, ohne dafür zur Verantwortung gezogen zu werden.

EIN FRAUENDRIO ALS MÖRDER
in Ansbach wird ein Ehemann „ausgeschaltet“

Auch wenn sie sich mehren, noch sind von Frauen begangene Kapitalverbrechen vergleichsweise selten. Darum werden sie, wenn sie aufkommen, mit mehr Aufmerksamkeit verfolgt, zumal dann, wenn der Lebenswandel der Täterinnen nicht der allgemein geltenden Norm entspricht. Das verständliche Interesse hat immer auch eine lustvoll-grausame Komponente: die Gier nach Sensation und dumpfe Rachsucht.

In der 30.000 Einwohner zählenden und heute noch recht betulichen Residenzstadt Ansbach saßen 1988 drei junge Frauen vor dem Schwurgericht, weil sie gemeinsam den Ehemann einer dieser Frauen heimtückisch umgebracht hatten.
Das Interesse der Öffentlichkeit war enorm, wohl auch deshalb, weil die Regenbogenpresse nach Bekanntwerden der Tat von einem „Lesbenmord" gesprochen hat.
Das Aufgebot beim Prozess war beträchtlich. 45 Zeugen waren geladen, drei Sachverständige sollten die Angeklagten begutachten. Neben dem Anwalt der Nebenklage bemühten sich **sieben** Rechtsanwälte -zwei Frauen und fünf Männer -um die Belange der drei Angeklagten. Sie versuchten mit allen legalen und auch unlauteren Mitteln ihre Mandantinnen vor dem „lebenslang" zu retten.
Vergeblich.
Am Ende des Prozesses verhängte das Schwurgericht für alle drei Frauen wegen gemeinschaftlich begangenen Mordes lebenslange Freiheitsstrafen.
Lebenslang -„wie lang ist das eigentlich", wollte eine Prozessbesucherin nach dem Urteilsspruch wissen. Ein gerichtserfahrener Beobachter klärte die Frau auf:
„Heutzutage ist das gar nichts bei guter Führung und so. Auf jeden Fall ist es zu wenig für einen gemeinen Mord."

Eine Frühehe und ihre Komplikationen

Stefanie Flippinger war ein typisch verwöhntes Einzelkind aus begütertem Haus. Die Eltern, den Glaubensbekenntnis der Zeugen Jehovas angehörend, stimmten nur zähneknirschend zu, als ihr Kind mit 17 Jahren bereits heiraten wollte. Stefanie hatte sich den 12 Jahre älteren kaufmännischen Angestellten Wolfgang Flippinger zum Ehemann ausgesucht.

Das Paar zog in eine eigene Wohnung und richtete sich mit erheblicher finanzieller Unterstützung der Eltern modern ein. Drei Jahre später kam Tochter Nicole zur Welt.

Und dann begannen die Komplikationen.

Die Girokonten der beiden jungen Leute waren permanent überzogen, trotzdem aber kannten sie keine Geldsorgen. Stefanies Vater, der seiner Tochter schon einmal 10.000 Mark schenkte, damit sie das Rauchen aufhöre, war ja in der Not immer da.

Stefanie Flippinger wollte aber nicht das Heimchen am Herd spielen. Nein, sie wollte das Leben genießen. Die attraktive Frau, die gewohnt war, alles zu bekommen, wollte ausgehen, sich vergnügen, high-life machen.

Das aber passte dem Ehemann, der zwischenzeitlich zum Kaufhausabteilungsleiter aufgestiegen war, gar nicht.

In die junge Ehe war Disharmonie eingetreten. Stefanie wollte sich bereits ein Jahr nach der Geburt ihres Kindes scheiden lassen. Aber Wolfgang Flippinger willigte nicht ein. Im Gegenteil, er nötigte sie, den Scheidungsantrag zurückzunehmen und drohte ihr, ihren Arbeitgeber davon zu unterrichten, dass sie einer Arbeitskollegin bei einer Unterschlagung geholfen habe. Das hätte natürlich den Verlust ihrer Arbeitsstelle zur Folge gehabt. Nur deshalb schickte sich Stefanie auch weiterhin in den ihren immer unerträglicher werdenden Ehetrott. Wolfgang Flippinger zeigte

kein Verständnis, dass es seine Angetraute, die unter Ihresgleichen wegen der Lust am flotten Leben „Flippy“ genannt wurde, auch abends hinausdrängte zu anderen Menschen. Immerhin ließ er sie zweimal in der Woche allein ausgehen. Das reichte aber der Frau nicht und so kam es, dass Wolfgang sie schon einmal einsperrte oder sie in voller Ausgehbekleidung unter die Brause stellte, um ihr das Fortgehen unmöglich zu machen.
Auch in den sexuellen Beziehungen gab es Komplikationen. Stefanie wollte nach der Geburt ihres Kindes mit ihrem Mann nicht mehr geschlechtlich verkehren. Der aber erzwang sich, wie Stefanie später aussagen wird, den Verkehr mit Schlägen.
Da kam der lebenslustigen Stefanie erstmals der Gedanke, ihren Ehemann „auszuschalten“. An eine Scheidung dachte sie dabei nicht mehr, den nach ihrer Ansicht reichte eine Ohrfeige oder ‘mal schütteln’ dem Familienrichter wohl nicht aus, um eine Scheidung auszusprechen. Der Mann aber war nicht gewillt, einer Scheidung zuzustimmen.
Stefanie verschaffte sich starke Schlafmittel, mit deren Hilfe sie, wenn ihr wieder zum Ausgehen zumute war, ihren Mann in tiefen Schlummer versenkte. Eine befriedigende Lösung war das freilich für sie auf Dauer auch nicht.
Nachdem Wolfgang Flippinger ihrer Vorstellung vom Leben im Wege stand, sann „Flippy“ darüber nach, wie sie sich von ihrem Mann endgültig befreien konnte. Sie kam zu der Überzeugung, ihn einfach „beiseite zu schaffen“.
Erst wollte sie mit ihrem Mann gemeinsam im Auto an einen Baum fahren -auch auf die Gefahr hin, dabei selbst ums Leben zu kommen. Dann wollte sie ihm einen am Stromnetz angesteckten Fön in die Badewanne werfen, traute sich dann aber doch nicht.

Gute Freundinnen

Seit längerem schon war Stefanie Flippinger mit der ein Jahr älteren Bürogehilfin Susanne Satzberger und der gleichalterigen Hauswirtschafterin Ulrike Freitag befreundet.
Oder war es mehr?
Die harte Hobby-Teakwondokämpferin Susanne, genannt „Sunny“, und die in sich gekehrte arbeitslose „Uschi“ lebten in lesbischer Beziehung miteinander in einer Wohnung.
Und beide hatten offensichtlich ein Auge auf die schöne „Flippy“ geworfen. Später wird Susanne Satzberger zugeben, dass sie „hinter Stefanie her gewesen“ sei und Ulrike Freitag wird aussagen, dass Stefanie Flippinger für sie eine „verhasste Rivalin“ gewesen sei.
Diese wird einräumen, dass sie „eine Nacht mit Susanne Satzberger verbracht“ habe. Es sei aber nichts geschehen. Sie habe gemerkt, „dass dies nicht ihre Sache ist“ und sie für eine solche Beziehung nicht geeignet sei.
Das Verhältnis der drei jungen Frauen zueinander war jedenfalls ziemlich kompliziert.
Aber zunächst ging es um die Beseitigung des Ehemanns. Stefanie Flippinger hatte ihre beiden Freundinnen in ihren Plan eingeweiht und sie fand in ihnen erfinderische Ratgeberinnen. Das Trio sann gemeinsam darüber nach, auf welche Weise der verhasste Mann ins Jenseits befördert werden könne.
Zunächst sollte “Sunny“ LSD besorgen, das man dem Manne heimlich in den Kaffee geben wollte, damit er selbst mit dem Auto verunglückt. Der Plan wurde aber wieder verworfen.
Dann wollten die drei Frauen den Mann mit einer schweren Cola-Flasche erschlagen. „Flippy“ sollte ihren Mann abends zu einem Parkplatz fahren, ihn unter einen Vorwand aus dem Auto locken

und ihm eine Literflasche Cola über den Kopf schlagen. Die dort wartende Teakwondokämpferin „Sunny“ sollte mit einem Messer den Rest besorgen. Wieder traute sich „Flippy“ nicht und wurde am nächsten Tag von ihren Freundinnen deswegen beschimpft.
Nach Unfall, Fön, LSD-Trip, Erschlagen und Erstechen kam das Trio auf den Plan, der später auch verwirklicht wurde.

Eine Generalprobe für einen Mord

Zunächst war es nur eine fixe Idee, die aber dann immer mehr konkrete Formen annahm. Der Mann sollte betrunken gemacht und dann im Auto zu einer entlegenen Stelle gebracht werden, wo man ihn im Auto mit einem Nylonspringseil gemeinsam erdrosseln wollte.
Ulrike Freitag war für die Tat zunächst nicht zu haben.
Als Stefanie Flippinger, die mit der Auszahlung von 120.000 Mark aus der Lebensversicherung ihres Mannes endlich einmal schuldenfrei sein wollte, ihr aber 10.000 Mark und eine Waschmaschine versprach, war sie zum Mitmachen bereit.
Doch je konkreter die Pläne wurden, umso mehr bekam „Uschi“ Angst. Als sie andeutete, dass sie aussteigen wolle, verabreichte ihr Susanne eine Tracht Prügel. Mit der Drohung, sie abermals zu schlagen, brachte die dominierende lesbische Partnerin „Sunny“ ihre Partnerin „Uschi“ dazu, weiter mitzumachen.
Um sicher zu gehen, dass alles klappe, hielten die drei jungen Frauen einige Tage vorher in einem Waldstück bei Ansbach eine Generalprobe ab. Stefanie Flippinger fuhr das Auto auf einen Parkplatz und setzte sich auf den Beifahrersitz. Ulrike Freitag und Susanne Satzberger legten ihr vom Rücksitz aus das Seil um den Hals und zogen zu.

Nachdem die Frauen sich überzeugt hatten, dass es klappen würde, schritten sie einen Tag später zur Tat. Aber Stefanie Flippinger brach diesen ersten ernsthaften Versuch ab, weil ihr Mann nach ihrer Einschätzung nicht genügend Alkohol getrunken hatte und seine Sinne noch nicht so benebelt waren, wie sie es sich für die Tat erwartet hätte.

Die Tat

Am 31. März 1987 war es dann soweit. Noch einmal wurde der Plan durchdiskutiert. Stefanie Flippinger holte ihren Mann von seinem Arbeitsplatz ab. Beide fuhren zunächst nach Hause, duschten gemeinsam und tranken Kaffee.
Zusammen mit „Uschi" brachen die beiden dann zu einer Kneipentour in Ansbach auf. Es wurde Bier und Asbach-Cola getrunken, in der nächsten Bar acht Amaretto (Mandellikör) und im dritten Lokal wieder Bier und Metaxa.
Der vollkommen ahnungslose Wolfgang Flippinger war erheblich betrunken, als er als Beifahrer zu den beiden Frauen ins eigene Auto einstieg. Auch die Frauen waren nicht mehr nüchtern. Später wird ein Sachverständiger feststellen, dass „Flippy" 1,53 Promille und „Uschi" gar 3,3 Promille Alkohol im Blut hatten. Stefanie Flippinger setzte sich ans Steuer und fuhr in Richtung „Feuchtlachholz".
Susanne hatte bei dem Zug durch die Kneipen nicht mitgemacht, weil sie den Ehemann ihrer Favoritin für lesbische Spiele nicht leiden mochte. Sie wartete vielmehr vor dem letzten Lokal mit ihrem Auto und fuhr dann hinter den Zechdrio her. Es ging zu dem bei der Generalprobe ausgesuchtem Parkplatz am Rande des Waldstückes „Feuchtlachholz" im Süden von Ansbach.
Es war eine halbe Stunde vor Mitternacht.

Alles lief dann so ab, wie es zuvor minutiös besprochen worden war.
„Uschi“ und „Sunny“, schlangen vom Rücksitz aus das Springseil um den Hals des arg- und wegen seiner Trunkenheit auch wehrlosen Mann und zogen so lange und so fest zu, bis der Mann leblos in sich zusammensank. „Flippy“, die Ehefrau des Opfers wirkte vom Fahrersitz aus tatkräftig mit. Der betrunkene Mann muss auch geschlagen worden sein, weil seine Lippen aufgeplatzt, das Kinn geschwollen und aus den Augen Blut ausgetreten waren.
Das leblose Opfer ließen die Frauen in seinem Auto am Parkplatz liegen. Ulrike Freitag nahm dem Manne die Armbanduhr und eine goldene Kette ab, um einen Raubmord vorzutäuschen.
Mit dem Auto von Susanne Satzberger fuhren die drei Frauen nach Ansbach zurück.
Zunächst gingen sie in „Sunny“s und „Uschi“s gemeinsame Wohnung, um sich dort zu waschen. Wolfgang Flippinger war während der Tat ins Gesicht geschlagen worden und hatte stark geblutet. Blut war auf dem Anorak von „Sunny“ und auf der Jeans von „Flippy“. Beide Frauen versuchten krampfhaft, die Blutflecke von ihren Kleidungsstücken zu entfernen.
Das Mordwerkzeug, das Nylonspringseil warfen sie in eine Mülltonne, die Armbanduhr fand sich später in einem Gully.
Aber dann gingen alle drei nochmals in eine Disco und amüsierten sich.
Am nächsten Tag fuhr Stefanie Flippinger mit ihren Eltern nach Luxemburg.
In den Tagen nach dem Mord sorgten zwei in der Heimatzeitung veröffentliche, auffällig rührende Todesanzeigen für Aufsehen.
In der einen Anzeige verabschiedete sich die Ehefrau des Mordopfers zusammen mit anderen Verwandten von ihrem Mann mit den Worten „von uns allen geliebt, war er uns alles“.

In der anderen Anzeige äußerten sich die Großeltern im Namen der dreijährigen Tochter des Paares: „Ein böser Mann hat meinen Papa getötet. Ich bin noch zu jung, um das zu verstehen...“
Die Bluttat kam auf. Die Auswertung der Blut- und Lehmspuren vom Tatort durch das gerichtsmedizinische Institut der Universität Erlangen brachte den dringenden Tatverdacht gegen die Ehefrau des Toten und ihre Freundinnen.
Die drei Frauen hatten zunächst behauptet, nach der Zechtour nicht mit dem Mann zum Tatort am Wald, den sogenannten Rendezvous-Platz gefahren, sondern nach dem Kneipenbummel in der Stadt geblieben zu sein.
Nach dem Vorliegen der Untersuchungsergebnisse verhörten die Kriminalbeamten die drei Frauen noch einmal gleichzeitig, aber voneinander getrennt. Stefanie Flippinger und Ulrike Freitag legten unter den erdrückenden Beweisen schließlich ein Geständnis ab.
Susanne Satzberger blieb hart. Sie stritt eine Tatbeteiligung ab. Das Frauendrio wurde zehn Tage nach der Tat festgenommen und dem Haftrichter in Ansbach vorgeführt. Gegen Stefanie Flippinger, Ulrike Freitag und Susanne Satzberger wurde am 10. April 1987 Haftbefehl wegen gemeinschaftlichen Mordes erlassen.

Showtime im Gerichtssaal

Im Oktober 1988 war es dann so weit. Die drei Frauen mussten sich als Angeklagte vor der Schwurgerichtskammer des Landgerichts Ansbach wegen gemeinschaftlichen Mordes verantworten. Der Fall erregte zum zweiten Mal Aufsehen in der Residenzstadt. Vor dem viel zu kleinen Gerichtssaal spielten sich tumultartige Szenen ab.
Alle wollten das „Luder“ sehen, das seinen Ehemann umgebracht

hat. Und alle wollten etwas über die lesbischen Beziehungen der Mittäterin erfahren, die mit der Dritten im Bunde zusammengelebt hat.
Stefanie Flippinger, gewesene Ehefrau des Mordopfers und „Dame“ im Trio der ungleichen Freundinnen, genoss den Auftritt im Gerichtssaal offensichtlich. Elegant, im schicken grauen Hosenanzug mit weißer Bluse mit Rüschenkragen, sorgfältig geschminkt zog sie sich noch einmal die Lippen nach, schüttelte die blonden langen Locken und setzte sich für die Fotografen in Positur.
Ulrike Freitag, genannt „Uschi“, wirkte daneben fast kindlich. Die junge Frau kam aus zerrütteten Familienverhältnissen. Der dem Alkohol verfallene Vater war wiederholt gegen die Mutter tätlich geworden. Schon mit 15 Jahren war sie aus der elterlichen Wohnung ausgezogen. Mehrere Jahre hatte sie auch zu ihrer zwischenzeitlich geschiedenen Mutter keinen Kontakt mehr. Arbeitslos, war sie mehr oder weniger ihrer dominanten Wohn- und Geschlechtspartnerin ausgeliefert. Im Gerichtssaal saß sie in ihren superkurzen Haaren mit einer Locke im Nacken, Nickelbrille, Jeans, Turnschuhe und ein weißes Sweatshirt, in sich gekehrt auf der Anklagebank, schaute scheu nach unten und demonstrierte, dass sie es offensichtlich nicht mehr verstehe, wie sie sich auf die ganze Sache eingelassen hatte.
Und schließlich „Sunny“, die Bürogehilfin Susanne Satzberger. Sie schien selbstsicher in ihren schwarzen Stresemannhosen, der weißen Schleifenbluse und dem grauen Jackett. Ihr Blick unter den halblangen blonden Haaren war hart. Sie leugnete von Anfang an jegliche Beteiligung an der Tat.

Das Gerichtsverfahren

Zunächst schien alles ganz einfach. Da war das Geständnis von Ulrike Freitag mit den Schilderungen der Einzelheiten der Tat.
Auch die Ehefrau des Mordopfers hatte das Verbrechen im Wesentlichen zugegeben.
Nur Susanne Satzberger hatte von Anfang an ihre Beteiligung bestritten.
Am ersten Tag der Hauptverhandlung klammerte der Vorsitzende der Schwurgerichtskammer die Vorgeschichte gleich aus und beschränkte sich auf die Erörterung der eigentlichen Bluttat.
Am zweiten Tag der Gerichtsverhandlung aber belasteten die angeklagten gewesenen Freundinnen sich wechselseitig. Wie jede der jungen Frauen erklärte, hätten jeweils die beiden anderen den Mann getötet.
Stefanie Flippinger schilderte die Stunden vor der Tat präzise. Sie ging auch auf einige Motive für das grausige Geschehen ein. Mit ruhiger, gefasster, manchmal patziger, fast protokollarisch anmutender Stimme schilderte sie die Vorgänge.
Als es aber um die eigentliche Bluttat und vor allen Dingen darum ging, wer das Seil um den Hals des Opfers gelegt und zugezogen hat, versagte ihr bis dahin so prächtig funktionierendes Gedächtnis zumindest, was ihre eigene Rolle betraf. Sie sei aus dem Wagen gestiegen, habe sich davor hingehockt, als müsse sie mal. Die Vorgänge im Auto habe sie nicht gesehen. „Uschi“ habe wohl das eine Seilende gehabt, die dazugekommene „Sunny“ das andere. Sie selbst sei dann auch „irgendwie“ hinten im Auto gewesen, habe „aufhören“ gerufen, sei aber wieder ausgestiegen, davon gelaufen und habe „Sunny“s Wagen geholt. So viel könne sie aber mit Sicherheit sagen: Sie habe an keinem der beiden Seilenden gezogen und auch nicht auf ihren Mann eingeschlagen.

Wörtlich gab Stefanie Flippinger zu Protokoll:
„Als die anderen dann kamen, habe ich gefragt, ob mein Mann noch lebt. Sie sagten nein, er ist tot.“.
Ulrike Freitag hatte bei ihren ersten Vernehmungen die Tat bis in die kleinsten Einzelheiten gestanden und einen großen Teil daran auf sich genommen. Entgegen ihren Aussagen im Vorfeld des Prozesses behauptete sie nun in der Hauptverhandlung, dass sie bei der Tötung des Mannes nicht beteiligt gewesen sei. Extremer Alkoholgenuss habe bei ihr zu Erinnerungslücken geführt.
Zu dem früheren Geständnis sei sie von Stefanie Flippinger, der von ihr „verhassten“ Rivalin, und von ihre Wohnungs- und Lebenspartnerin gezwungen worden.
Susanne Satzberger stritt von Anfang an jede Tatbeteiligung ab. Obwohl sie „hinter Stefanie her gewesen“ sei, mit dem Tod des Angetrauten ihrer Auserwählten aber wollte sie nichts zu tun gehabt haben. Sie habe den Abend bei ihren Eltern verbracht und den Mordplan „nichts ernst genommen“. Sie habe die beiden anderen erst spät in der Tatnacht in „ziemlich lockerer Stimmung“ in einer Kneipe getroffen. Im tiefen Hass auf den Mann aber stimmten die Ehefrau und Susanne Satzberger überein. So hatte Susanne auf einen von der Polizei sichergestellten Zettel den Tod des Mannes mit den Worten „ein Arsch weniger“ kommentiert.

Gutachter

Das Gewaltverbrechen rekonstruierte anhand der von ihm ausgewerteten Spuren ein Gutachter des Instituts für Rechtsmedizin in Erlangen. Wie dieser ausführte, hätten sich am Hals von Wolfgang Flippinger starke und weniger starke Drosselspuren gefunden. Nach seinen Erkenntnissen kann an dem Nylonsprungseil, mit dem das Opfer umgebracht worden ist, sowohl von links hinten als auch von rechts gezogen worden sein. Auch widersprächen die Spuren keineswegs der Annahme, dass das Seil zwischenzeitlich einmal gelockert worden sei. Nicht vorstellen konnte sich der Gutachter dagegen, dass das Sprungseil bei der Tat überkreuzt worden war. Dann hätten zirkuläre Drosselungsspuren auftreten müssen. Allerdings könne sich das Mordopfer bei der Tat gedreht haben, ebenso aber auch durch die Drosselung sofort bewusstlos gewesen sein.

Die Kratzspuren am Hals des Opfers erklärte sich der Gutachter damit, dass Wolfgang Flippinger unter Umständen noch versucht hat, eine Hand unter das Nylonseil zu schieben.

An der Leiche waren starke Blutausdritte in den Augen festgestellt worden. Die Lippen waren durch Schläge geplatzt, das Kinn geschwollen. Alles in allem kam der Gutachter zu dem Schluss, dass sich die Spuren durchaus mit dem ursprünglichen Geständnis von Ulrike Freitag in Einklang bringen ließen.

Mit Sicherheit konnte der Gutachter sagen, dass die Blutspuren an der Jeans von Stefanie Flippinger mit der Blutgruppe ihres Mannes identisch waren. Ebenso klare Blutspuren waren am Anorak von Susanne Satzberger festgestellt worden.

Unklar war dagegen, wer diese Kleidungsstücke zur Tatzeit getragen hatte. Hinweise auf Blutspuren waren auch auf einer Decke, die im Auto der Susanne Satzberger sichergestellt worden war, sowie an einer Bluse von „Sunny“. Die genaue Blutgruppe aber habe sich nicht mehr taxieren lassen, dazu sei das Spurenmaterial zu gering gewesen. Der Gutachter zeigte auch die Alkoholisierung von Ulrike Freitag und Stefanie Flippinger zur Tatzeit auf.

Zum Zeitpunkt des Mordes habe Ulrike Freitag einen Blutalkohol von maximal 3,3 Promille aufgewiesen. Der Wert für Stefanie Flippinger war mit 1,53 Promille errechnet worden.

Auf eine Berechnung für Susanne Satzberger, die nicht geständig war, war unverständlicherweise verzichtet worden.
Ein psychiatrischer Gutachter hielt die angeklagten Frauen für uneingeschränkt schuldfähig.

Der Anklagevertreter

„Ein Schulbeispiel für einen heimtückischen Mord“, so fasste am achten Verhandlungstag der Staatsanwalt die Ergebnisse der Beweisaufnahme aus der Sicht der Anklagevertretung zusammen.
In seinem mit Spannung erwarteten und über zwei Stunden andauerndem Plädoyer bezeichnete der Staatsanwalt die Tat „in ihrer Konstellation als einmalig und kaum zu verstehen“. Damit spielte er vor allen Dingen auf die unterschiedlichen Charaktere der drei Frauen an: Hier Stefanie Flippinger, attraktiv und gewohnt, alles zu bekommen; dort Ulrike Freitag, in sich gekehrt und mit wenig Glück in ihrem bisherigem Leben; und schließlich Susanne Satzberger, im Grunde genommen schlecht einzuordnen sei sie jedoch die Härteste und Gefährlichste in dem Dreigestirn. Alle drei Frauen hätten aber einen Wunsch gehabt: das Leben sorglos zu genießen zu können. Eine dominante Rolle, so der Anklagevertreter, habe allerdings Stefanie Flippinger gespielt.
Noch einmal erinnerte der Oberstaatsanwalt an die verschiedenen Tötungsarten, die von den angeklagten Frauen ins Spiel gebracht worden waren. Die zunächst fixe Idee, Wolfgang Flippinger umzubringen, habe dann jedoch Formen angenommen. Zuletzt sei die „todsichere Idee“ geboren worden, das Opfer durch Alkoholgenuss in seiner Abwehrbereitschaft, Kritikfähigkeit und Wahrnehmungsfähigkeit zu beeinträchtigen, es dann zu dem Parkplatz zwischen Steinbach und Wallersdorf im Süden Ansbachs zu fahren und dort im Auto zu erdrosseln.

„Alles lief ab, wie es zuvor minutiös besprochen worden war", betonte der Staatsanwalt. Das Opfer habe „absolut keine Chance gehabt".

Für den Staatsanwalt stand auch fest, dass der Mord von allen drei Frauen, also auch von Susanne Satzberger mit verübt worden war. Das Alibi, dass Susanne von ihren Eltern erhalten habe, sah der Anklagevertreter „wie eine Seifenblase zerplatzt". Er kündigte an, dass er gegen die Eltern ein Ermittlungsverfahren wegen uneidlicher Falschaussage einleiten werde.

Nach Auffassung des Oberstaatsanwaltes war der Mord in „bewusstem und gewolltem Zusammenwirken verübt worden". Schon auf Grund der vorausgegangenen Absprachen zwischen den drei Frauen sei bei jeder der Frauen „selbstverantwortlicher und eigenständiger Mord" vorgelegen. Er sah auch die klassischen Mordmotive, nämlich „Habgier und niedrige Beweggründe sowie Verdeckung einer Straftat" als erfüllt. Hauptziel der Tat sei gewesen, sich an der Lebensversicherung des Opfers zu bereichern.

Wegen gemeinschaftlich begangenen Mordes forderte der Anklagevertreter für Stefanie Flippinger, Ulrike Freitag und Susanne Satzberger lebenslängliche Freiheitsstrafen.

Den Ausführungen des Oberstaatsanwaltes schloss sich der Anwalt des als Nebenkläger zugelassenen Vaters des Opfers an. Der Anwalt wandte sich vor allem gegen den eventuell entstandenen Eindruck, durch die Aussagen von Stefanie Flippinger könnten die Rollen von Opfer und Täter vertauscht werden.

Die Verteidigung

Freispruch für Susanne Satzberger sowie jeweils zeitlich begrenzte Freiheitsstrafen für Stefanie Flippinger und Ulrike Freitag forderten die Verteidiger in ihren Plädoyers.

Die sieben Anwälte waren sich einig, dass die Schwurgerichtskammer des Landgerichts Ansbach über eine in ihrer Konstellation unverständliche Tat urteilen musste. (Aber welche Mordtat ist schon verständlich?).

Die Verteidiger von Stefanie Flippinger und Ulrike Freitag machten für ihre Mandantinnen „außergewöhnliche Umstände" geltend, die zu dem Gewaltverbrechen am 31. März 1987 geführt hätten. Sie plädierten dafür, von der vom Staatsanwalt geforderten lebenslangen Freiheitsstrafe abzusehen, bescheinigten dem Gericht aber, das Verfahren fair über die Bühne gebracht zu haben.

Wenngleich sich der Staatsanwalt „aufs Glatteis begeben" und sich als „Gedankenleser aus der Ferne" erwiesen und der Anwalt der Nebenklage eine „Volksausgabe eines Psychogramms" geliefert habe, räumte der Verteidiger von Stefanie Flippinger doch eine Mittäterschaft seiner Mandantin ein. Entschieden aber wies der Anwalt zurück, die Ehefrau des Opfers habe aus Habgier an dem Gewaltverbrechen mitgewirkt. Seiner Mandantin sei in ihrer Ehe „Abscheuliches widerfahren". Sie habe sich in ihrer Ehe erpressen, schlagen, prügeln, vergewaltigen und demütigen lassen müssen. Das seien „außergewöhnliche Umstände", die zur Tat geführt hatten. Eine lebenslange Freiheitsstrafe sei daher unverhältnismäßig.

Auf eine zeitlich begrenzte Freiheitsstrafe für Ulrike Freitag plädierte auch deren Verteidigerpaar. Beide Verteidiger warfen die Frage auf, ob ihre Mandantin, die sich nur noch dunkel an das Tatgeschehen erinnerte, angesichts des hohen Alkoholgenusses nicht als vermindert schuldfähig angesehen werden müsse. Darüber hinaus sei es nicht auszuschließen, dass bei Ulrike Freitag durch hirnorganische Schäden motorische Störungen aufgetreten seien. Durch eine in ihrer Kindheit widerfahrene Vergewaltigung und sexuelle Belästigung durch ihren Großvater könnten bei Ulrike Freitag Traumata entstanden sein. Ihre Mandantin sei in ihrer Entscheidungsfähigkeit beeinträchtigt gewesen, weil sie sich in einem Abhängigkeitsverhältnis zu Susanne Satzberger befunden habe und ihre Freundin nicht verlieren wollte.

Die beiden Anwälte von Susanne Satzberger machten ihrem Berufsstand, der in seiner Funktion als Verteidiger ein Organ der Rechtspflege ist, wenig Ehre.

Realitätsfern, aggressiv und im Bemühen, unter allen Umständen aufzufallen, forderten sie angesichts eines „Berges von Zweifeln“ Freispruch für Susanne Satzberger.

Sie sprachen von einer „einzigartigen Schlamperei“ der Kriminalpolizei bei den Ermittlungen und kritisierten massiv die Beweiswürdigung durch die Anklagevertretung.

Die eine Anwältin, eine junge, hochemanzipierte Bindestrich-Frau meinte rückblickend auf die vorausgegangenen Verhandlungstage, dass „in so einer verklemmten Atmosphäre die Tat nicht aufgeklärt werden“ konnte.

An die Adresse des Anklagevertreters richtete die Verteidigerin die Kritik, angesichts eines fehlenden Motivs und nicht vorhandener Beweise mit „nebulösen und emotionsgeladenen Formulierungen aus dem Bauch heraus“ Stimmung gegen ihre Mandantin gemacht zu haben.

„Das Gebäude des Staatsanwaltes steht auf tönernen Füßen“, wollte auch der zweite Verteidiger von Susanne Satzberger erkennen.

Die Ermittlungen der Kriminalpolizei seien aus einer vermeintlichen Schuld von Susanne Satzberger nach den Geständnissen von Stefanie Flippinger und Ulrike Freitag heraus geführt worden.

Aus dieser Haltung, so der Verteidiger, erkläre sich auch die „un-

tragbare Schlamperei“ der Kriminalpolizei. Die Fehler sollten nun auf dem Rücken seiner Mandantin abgeladen werden.
In ihrem Schlusswort erklärte Stefanie Flippinger, dass sie die Tat „aufrichtig und ehrlich“ bereue.
Susanne Satzberger dagegen wiederholte, an der Tat nicht beteiligt gewesen zu sein. Aggressiv und patzig meinte sie: „Ich möchte mit dem Gewissen des Staatsanwaltes nicht tauschen“.
Der Anklagevertreter erwiderte kurz: „Ich mit Ihrem auch nicht.“

Das Urteil

Am letzten Tag des Prozesses gegen die drei männermordenden jungen Frauen in Ansbach gab es im Gerichtsgebäude einen Ansturm ohnegleichen. Schon zwei Stunden vor Beginn waren alle Besucherplätze im Gerichtssaal besetzt, standen die Neugierigen auf den Fluren, um noch einmal die Angeklagten zu sehen.
„Ein Schulbeispiel für einen heimtückischen Mord“ hatte der Oberstaatsanwalt die Tat genannt. Unbegreiflich war sie für die Öffentlichkeit und die Verteidigung.
Einer der Anwälte hatte gemeint, dass „jede Angeklagte mindestens zwanzig Schutzengel brauchen“ würde, um aus der Sache glimpflich davon zu kommen.
Sie hatten deren sieben (ihre Anwälte), die jede Möglichkeit der beschränkten strafprozessuellen Ordnung zur milderen Betrachtungsweise der Tat ausgelotet hatten.
Vergeblich.
Mit versteinertem Gesichtsausdruck, regungslos, hörten die drei jungen Frauen dann das Urteil:
Lebenslange Freiheitsstrafe wegen gemeinschaftlich begangenen Mords aus Heimtücke. Auch für Susanne Satzberger, deren Eltern ihr ein recht zweifelhaftes Alibi verschafft hatten.

„Recht so“, sagte eine Prozessbeobachterin, „mitgegangen, mitgefangen.“
Das Gericht war der festen Überzeugung, dass das Alibi der Susanne Satzberger falsch war, dass Susanne Satzberger eben auch dabei war, als Wolfgang Flippinger erdrosselt worden war. „In dubio pro reo“ (im Zweifel für die Angeklagte) habe in diesem Fall keine Bedeutung gehabt, weil keine Zweifel bestanden hatten, argumentierte die Richter.
Ungewöhnlich scharf verwahrte sich der ansonsten immer moderate Vorsitzende gegen die „unerträgliche und unsachliche“ Argumentation der Anwältin von Susanne Satzberger, die dem Gericht Parteinahme vorgeworfen hatte. Ansonsten ging das Gericht kaum auf die Plädoyers der Verteidiger ein, hielt sich vorrangig an die Anklage und die Ermittlungen.
Lebenslang -weniger war nicht begründbar.
„Eine klassischere Form der Heimtücke gibt es nicht“, sagte der Vorsitzende Richter. § 211 des Strafgesetzbuches schreibe bei Mord zwingend eine lebenslange Freiheitsstrafe vor.
Eine Abweichung von diesem absoluten Strafmaß sei nur möglich, wenn außergewöhnliche Umstände vorliegen. Im diesem Fall aber gebe es nur allgemeine Milderungsgründe, etwa die schwere Kindheit von Ulrike Freitag und die zerrüttete Ehe von Stefanie Flippinger. Diese konnten jedoch bei der Urteilsfindung nicht berücksichtigt werden. Schuldunfähigkeit oder strafmildernde Umstände seien weit und breit nicht erkennbar gewesen.
Nach dem Urteil wurden auf den Fluren des Gerichtsgebäudes hitzige Debatten über das Für und Wider die Todesstrafe, über das „Männerrecht“ der Prügelstrafe, wenn die Frau fremdgeht, über die Problematik der Vergewaltigung in der Ehe geführt. Kritische Stimmen zogen die dargestellte Gutmütigkeit des Mordopfers in Zweifel und ließen ein gewisses Verständnis für die

verurteilten Frauen erkennen.

Eine Nachbemerkung

In diesem Prozess hat sich wieder einmal gezeigt, dass manche Rechtsanwälte, die meinen, sich vor Gericht als Verteidiger profilieren zu müssen, zu Mitteln und Argumentationen greifen, die außerhalb des Fairnesses liegen.
Dem Gericht Parteinahme vorzuwerfen, den Prozess als „Schlammschlacht“ zu bezeichnen, der ermittelnden Kriminalpolizei „untragbare Schlampereien“ zu unterstellen, das zeigt allenfalls die Unreife und das Imponiergehabe von einzelnen Anwälten, wertet deren Tätigkeit ab und beweist, dass sie ihre Funktion als Organ der Rechtspflege nicht kapiert haben.
Erfahrenen Kriminalbeamten sind solche Angriffe auf sie und ihre Arbeit nicht fremd. Sie tragen sie mit Gelassenheit, weil sie wissen, dass in den meisten Fällen der „Schuss nach hinten losgeht“. Auch im vorliegenden Falle hat die Schwurgerichtskammer das aggressive Vorgehen der Verteidigerin und ihres Kollegen ignoriert und die Anwältin mit ihrem Partner bildlich „im Regen stehen lassen“.

DER MODE-ZAR UND DER EINGEHANDELTE TOD

Das Ende eines „Paradiesvogels“ in München

Ein „Paradiesvogel“

Er war auf einmal da, wie Phönix aus der Asche. Ein Aufsteiger aus einer verarmten bürgerlichen Familie, dessen Vater nach den Verlust seines Arbeitsplatzes als Versicherungsdirektor zum Alkoholiker geworden war, seine Familie verlassen hatte und schließlich als armer Obdachloser auf der Straße verstorben war. Von seiner Kindheit und Jugend war wenig bekannt. Im Kriegsjahr 1941 geboren, hatte er nach der Volksschule eine Lehre als Einzelhandelskaufmann in einer Stoffgroßhandlung absolviert.
Das Schneiderhandwerk hatte er allerdings nicht gelernt, trotzdem ließ er sich in seiner Glanzzeit als „Edelschneider“ bezeichnen. Er selbst verbreitete später das Gerücht, dass er nach seiner Lehre für Christian Dior in Paris gearbeitet habe.
Niemand sah sich veranlasst, dies zu überprüfen.
1968 eröffnete er als 27-jähriger sein eigenes Geschäft in der noblen Münchner Maximilianstraße. Eine Boutique „Carneval de Venus“, Shop, Mode, Klamotten, Kleidung.
Mit Schulden begann er, doch der Einsatz zahlte sich aus. Die Kunden wurden immer zahlreicher und bekannter.
Prominente wie Arnold Schwarzenegger, Jose´ Carreras oder der für sein papageienhaftes Outfit bekannte Fernsehmoderator Thomas Gottschalk ließen sich von ihm einkleiden.
Er traf mit seiner Mode zwar nicht jedermanns Geschmack, aber er durfte Designs für Konzerne und Hotelketten entwerfen. Mit Aufträgen, wie eine Eisköniginnen-Robe für Holiday on Ice, die mit 7.000 Kristallen bestickt wurde, hielt er sich im Gespräch. Seine seidene Krawattenkollektion wurde weltberühmt.
Als der Erfolg kam, fühlte er sich In seiner Selbstüberschätzung bald als „Modezar“, als „Edelschneider“, als „Modemacher“ und setze sich gleich mit den weltbekannten Modeschöpfern Karl

Lagerfeld, Wolfgang Joop und Jil Sander. Er verdiente viel Geld und wurde bald als Millionär angesehen. Und so gab er sich auch. Er kaufte sich im noblen Münchner Vorort Grünwald ein Reihenmittelhaus mit 220 qm Wohnfläche, einstöckig, außen weiß gestrichen, innen wich die Schlichtheit dem typischen Style des Mannes mit viel Prunk, viel Protz und längst nicht alles echt, was glänzte. Er kaufte sich gleich drei Luxus-Karossen: einen schwarzen Rolls-Royce Silver Seraph, einen silbern- und blaumetallic lackierten Rolls-Royce Silver Shadow, und einen weinrot/schwarz gehaltenen Rolls Royce Silver Dawn.

1983 erstand er die „Hundskugel", angeblich die älteste Gaststätte in der Münchner Innenstadt und setzte dort eine Pächterin ein. Einmal jede Woche ließ er sich dort sehen, um im Lokal nach dem Rechten zu schauen. Er ließ sich dann eine Leberknödelsuppe und Weißwürste servieren.

Er legte sich einen Chauffeur zu, den er in seiner gekauften Eigentumswohnung im noblen Münchner Stadtteil Harlaching umsonst wohnen ließ.

1988 erwarb er ein monumentales, klassizistisch geprägtes Mausoleum am Münchner Ostfriedhof, einen tempelartigen Grabbau mit darrunterliegender 25 qm großen Gruft, für 50 Jahre für seine Mutter und sich selbst als letzte Ruhestätte.

Er war auch privat häufig auf Münchens Straßen in einem seiner Rolls-Royce zu sehen und hielt nicht hinter dem Berg damit, dass er es „zu etwas" gebracht hatte. Seine Auftritte in der Öffentlichkeit waren schrill, exzentrisch, immer mit voller schwarzer Perücke in „Märchenkönig-Ludwigs-Flair". Er liebte die Öffentlichkeit und wurde bald der Liebling der Medien und der Schickeria in der Bayern-Metropole. Er trat in Talkshows auf und fehlte bei kaum einer Prominentenparty. Er warb mit seiner Person für McDonald und Nestle. Die Boulevardpresse mochte ihn. Er ließ

sich von ihren Vertretern in seiner mit Prunk und Protz ausgestatteten Wohnung sogar im Schlafzimmer demonstrativ in „königlicher“ Positur ablichten und stimmte zu, dass die Bilder auch veröffentlichten wurden. Beim Deutschen Schlager Grand-Prix 2001 sorge er im wallenden Kostüm als König-Ludwig-II-Imitation mit einem Gesangsauftritt für Schlagzeilen.
Er war mit seinem exzentrischen Gehabe bald die schillerndste Figur der Münchner Schickeria. Und nicht nur dort. Im Nobelhotel Schloss Fuschl im Salzkammergut ließ er bei einem Urlaubsaufenthalt für sich allein zum Frühstück am Ufer des Fuschlsees einen langen Tisch aufbauen mit brennenden Kerzenleuchtern. Dazu ließ er jemand auf dem Hackbrett alpenländische Melodien spielen.
Und da war noch etwas. Seine Auftritte erfolgten immer im Duett mit „Irina de Pittacus“. Nein, mit keiner attraktiven Frau, sondern mit einem Hund, der Yorkshire-Dame mit Kosenamen „Daisy“. Hundeliebe oder nur aufzufallendes Accessoire? Jedenfalls war er damit immer ein gefragteres fotogenes Objekt für die „Jello-Press“, als so manche farblose Figur der Münchner Schickeria oder der immer in die Öffentlichkeit drängenden Politiker.
Von wem hier die Rede ist?
Es ist, bzw. es war der in den 80er und 90er Jahren des vorigen Jahrhunderts und in der ersten Hälfte des ersten Dezenniums dieses Jahrhunderts agierende exzentrische Modermacher Rudolf Moshammer.

Ein Schwuler

Die einzige Frau, zu der er ein sehr enges Verhältnis hatte, war seine lebenslustige kleinwüchsige Mutter. Ihr Tod im Jahre 1993 traf ihn schwer. Aber sonst hatten keine weiblichen Wesen persönlichen, oder gar sexuellen Zugang zu dem Exzentriker. Er ließ sich zwar von weiblichen Angehörigen der Münchner Schickeria -und nicht nur von diesen bei seinen öffentlichen Zurschaustellen anhimmeln, aber sonst ging bei ihm im Hinblick auf sexuelle Kontakte gar nichts.

Moshammer, oder „Mosi“, wie er allseits genannt wurde, war dem eigenen Geschlecht zugeneigt.

Er war homosexuell ausgerichtet.

Obwohl der exzentrische Modemacher sich nie zu seiner sexuellen Orientierung öffentlich erklärt hatte, war in der Münchner Schwulenszene schon lange klar: Der ist einer von uns. Eine „schwule Ikone“ aber war er nicht. In der Szene wurde er eigentlich nur belächelt, höchstens „so nebenbei“ akzeptiert.

Die Münchner Schickeria wollte allerdings partout nichts davon wissen von der allseits bekannten Neigung ihres Lieblings.

Als Dreißigjähriger hatte Moshammer eine etwas länger andauernde Beziehung zu einem Modeateliereigner. War es Männerliebe? Wohl kaum, denn Moshammer war nur in sich selbst verliebt. Er gab auch diese Verbindung auf, als er öffentlich bekannt (oder „berühmt“) wurde.

Von da an galt sein Begehren nur noch nach schnellem Sex mit jungen Männern, mit Strichjungen also. Und dafür zahlte er auch. Sein „Jagdrevier“ war das Glockenbachviertel in Münchens Innenstadt und die Gegend um den Hauptbahnhof. Auf der Suche nach einem Strichjungen für eine Stunde fuhr der Modezar mit seinem schwarzen Rolls-Royce, mit dem amtlichen Kennzeichen M-RM 111, immer wieder langsam mit eingeschalteter Innenbeleuchtung an den einschlägigen Lokalen vorbei, vor denen sich ab 22 Uhr käufliche junge Männer auf den Bürgersteigen herumdrückten. Die nicht gerade gut beleumdeten Lokale „Marktklause“, „Alexander's“, „Sunshine Bar“, „New Jork“ und „Pimpernel“, das waren die Stationen auf Moshammers nächtlichen Runden. Und da gab es auch noch die unscheinbare Pension „Eulenspiegel“, die mitten im Stricherviertel versteckt im zweiten Stock eines Hinterhofbaues lag und in der man Zimmer stundenweise mieten konnte.

Die Loveboys vom Glockenbachviertel, mit denen sich der Modemillionär einließ, waren alle keine „Edelstricher“. Sie stammten aus Rumänien, Polen, Südamerika und waren alle unter 100 Euro pro Stunde zu haben.

Wenn ihm einer gefiel, fuhr er rechts ran und ließ den Stricher in seine Nobelkarosse einsteigen. Er taxierte die Stricher am Straßenrand und traf dann seine Auswahl.

Persönlich hat der Modemacher die einschlägigen Kneipen nie betreten. Allerdings war bekannt, dass Zuhälter – sogenannte Catcher – für Moshammer in der Pension „Eulenspiegel“ Zimmer angemietet hatten und ihm manchmal gegen Provision (bis zu 100 Euro) käufliche junge Männer zuführten.

Einer von ihnen war der damals noch nicht 18 Jahre alte Francesco. Er schilderte sein Zusammentreffen mit dem 60-jährigen so:

„Moshammer saß auf dem Bett, trug ein lila Hemd und einen schwarzgrauen Anzug. Auf dem Nachtisch hatte er zwei Linien Koks auf einem Spiegel. Er gab mit 125 Euro plus 100 Euro Schweigegeld. Ich tanzte für ihn, zog mich dann aus. Der Freier hat dann Analverkehr verlangt. Das habe ich aber abgelehnt. Daraufhin hat er mir „einen geblasen“ (Oralverkehr) und sich selber händisch befriedigt“.

In der Nacht vom Donnerstag auf Freitag, 13./14. Januar 2005 war der Modemacher Moshammer mit seinem Rolls-Royce wieder einmal in der Innenstadt Münchens auf einem gefährlichen Abstecher in der Stricherszene. Gegen Mitternacht ließ er in der

Nähe des Hauptbahnhofes einen jungen Mann mit tief ins Gesicht gezogener weißer randloser Wollmütze in sein Auto einsteigen und nahm ihn entgegen seiner sonstigen Prinzipien mit zu sich in sein Haus nach Grünwald.
Ohne es zu ahnen, hatte er selbst seinen Mörder eingeladen.

Mord

Am Freitag, dem 14. Januar 2005 gegen 9.00 Uhr kam Moshammers Chauffeur in das Anwesen des Modezars. Er sollte, wie immer, seinen Chef abholen und mit dem Auto zur Boutique in der Maximilianstraße bringen. Im Haus war alles ruhig. Moshammer selbst war im Parterre nicht zu sehen. Daraufhin begab sich der Chauffeur in die obere Etage. Auf dem Flur vor dem Schlafzimmer fand er seinen Chef mit einem Kabel um den Hals gewickelt leblos liegen. Der Chauffeur verständigte daraufhin sofort die Polizei.
Kurze Zeit später waren Polizeisirenen zu hören und Blaulicht blinkte in den um diese Vormittagstunden sonst ruhigen und stillen Nobelvorort Grünwald. Rund ein Dutzend Polizeiautos stand vor Moshammers Wohnhaus. Uniformierte Polizei sperrte einen weiten Bereich um des Modezars Behausung ab. Schaulustige harrten hinter der Absperrung aus. Drinnen im Haus bewegten sich Kripobeamte in weißen Overalls. Die Mordkommission der Münchner Kripo war aktiv.
Die Beamten fanden den 64 Jahre alten, 1,76 m großen und 119 Kilogramm schweren Hauseigner bekleidet mit Sakko, Hemd und Hose auf dem Flur in der ersten Etage des Hauses vor dem Schlafzimmer leblos liegen. Um den Hals des Toten war ein schwarzes Elektrokabel gewickelt. Offensichtlich war der Mann erdrosselt worden. Irgendwelche Kampfspuren an der Leiche

selbst oder sonst im Haus fanden sich nicht. Es gab keine Spuren eines gewaltsamen Eindringens. In der luxuriösen Wohnung gab es keine Unordnung. Offensichtlich war auch nichts gestohlen worden. Nichts deutete auf einen Raubmord hin. Einen Umschlag mit 16.000 Euro entdeckten die Kripobeamten unangetastet in einer Kommodenschublade. Wertvolle Uhren und Schmuck lagen offen in der Wohnung herum.

„Der ‚Mosi' ist umgebracht worden!"

Wie ein Lauffeuer breitete sich die Nachricht noch am Vormittag des Freitags in Grünwald und schließlich in ganz München aus. Vertreter der Medien machten sich auf nach Grünwald, um exklusiv berichten zu können.

Die Münchner Schickeria war schockiert. Und nicht nur diese. Der damals amtierende bayerische Ministerpräsident:

„Der Tod Rudolph Moshammers hat mich zutiefst bestürzt. Er war eine besondere Münchner Persönlichkeit und ein Nonkonformist. Für mich war er aber auch ein Stück Geschichte der Bundesrepublik. Moshammer hat sich aus keinen Verhältnissen mit ungeheurerer Leistungskraft nach oben gearbeitet. Damals hat er auch bittere Jahre durchlebt. Daher hatte Rudolph Moshammer später auch ein großes Herz für das Anliegen der Obdachlosen – ein Engagement, das er nie an die große Glocke gehängt hat."

Münchens Oberbürgermeister Christian Ude nannte den Mann mit der schwarzen König-Ludwig-Frisur ein Münchner Original, einen Paradiesvogel, der schillernde Auftritte geliebt habe.

Die Schauspielerin Senta Berger, die wie Moshammer in München-Grünwald lebt:

„Ich bin sehr traurig. Er war ein ganz bezaubernder Mensch, die Kinder in der Umgebung haben ihn geliebt. Er hatte so ein gutes Herz. Sein Tod ist ein Verlust für München. Seine extrovertierte Art, sich zu zeigen, war nur Fassade. Dahinter ist er immer ein

einfacher Mensch geblieben."
Die Schauspielerin Ingrid Steeger:
„Ich kann Moshammers Tod nicht begreifen. Das tut mir sehr weh, so muss ein Mensch umkommen. Er hat mir erst vor kurzem seine Privatnummer gegeben, ich konnte ihn jederzeit anrufen. Ich habe ihn sehr gemocht, er war so ein offenherziger Mann. Warum musste das nur geschehen?"
Der Volksmusikstar Patrik Lindner, der mit seinem Partner unweit der Moshammer-Villa in Grünwald wohnt und sich schon lange als homosexuell ausgerichtet geoutet hatte:
„Das ist ein fürchterlicher Schock. Ich bin sehr betroffen. Egal ob man ihn jetzt mochte oder nicht – das lässt einen nicht kalt. Das ist die schlimmste Art, aus dem Leben zu scheiden."
Der Berliner Promi-Friseur Udo Walz erinnerte sich an Moshammer als humorvollen, disziplinierten und lebenslustigen Menschen.
„Der hat das Leben geliebt."
Zwischenzeitlich hatte die Münchner Kriminalpolizei eine 20-köpfige Sonderkommission gebildet. Noch am Abend des Freitags gab deren Chef Kriminalrat Harald Pickert gegenüber den ungeduldigen Medienvertretern das erste Statement ab. Die Obduktion der Leiche des Moshammers habe ergeben, dass der Modemacher in seiner Wohnung mit dem Kabel umgebracht worden war, das bei der Auffindung um den Hals des Opfers geschlungen war. Als Todesursache komme Erdrosselung in Frage. Bei der Suche nach dem Täter tappe man noch im Dunkeln. Es sei nicht auszuschließen, dass der prominente Modeschöpfer seinen Mörder selbst in die Wohnung gelassen habe. Es seien keine Einbruchspuren festgestellt worden. Auch für einen Raubmord gebe es bisher keine Hinweise. Blutuntersuchungen hätten ergeben, dass Moshammer nicht unter Alkohol oder Drogen gestanden

habe. Die Gerichtsmediziner hätten den Todeszeitpunkt auf zwischen Mitternacht und frühen Morgenstunden geschätzt. Zu den Spekulationen über Verbindungen Moshammers zum Homosexuellenmilieu erklärte der Soko-Leiter, dass in allen Richtungen ermittelt werde.

Bis zum Samstag, dem 15.01.2005, nachmittags gingen bei der Polizei an die 160 Hinweise ein.

Ein Mann berichtete, dass er den Millionär in der Tatnacht gegen Mitternacht in dessen schwarzen Rolls-Royce in der Gegend von Münchens Hauptbahnhof gesehen habe. Auf dem Beifahrersitz sei ein junger Mann gesessen, der eine weiße randlose Wollmütze tief ins Gesicht gezogen hatte.

Der Durchbruch bei der Aufklärungsarbeit der Mordkommission kam, als das Bayerische Landeskriminalamt und das Bundeskriminalamt noch am Samstag gegen Abend mitteilten, dass an dem zur Tat verwendeten Elektrokabel auswertbare DNA-Spuren, also der sogenannte genetische Fingerabdruck, gefunden worden seien. Bei einem Vergleich mit der DNA-Datenbank beim Bundeskriminalamt war eine Identität mit dem genetischen Fingerabdruck eines vor einem Jahr wegen Verdachts der gefährlichen Körperverletzung und der Vergewaltigung DNA-behandelten Mannes festgestellt worden.

Bei dem Manne handelte es sich um den 25 Jahre alten Iraker Serkan Ali Mahdhim, der seit 2002 in München wohnte und in einem Lokal als Hilfskoch arbeitete.

Noch in der Nacht zum Sonntag, 15./16.01.2005, also keine 48 Stunden nach der Tat, nahm ein Sondereinsatzkommando der Münchner Polizei den Tatverdächtigen fest.

Der Täter und seine Tat

Der Tatverdächtige Serkan Ali Mahdhim war 2001 aus dem Irak nach Deutschland gekommen. Nach eigenen und nicht nachkontrollierbaren Angaben hatte er als Kind die Ermordung seines Vaters durch das Regime Saddam Husseins miterlebt und war danach einige Jahre bei den Partisanen gewesen, bevor er sich im Jahre 2000 über die Türkei nach Deutschland schleusen hat lassen. Er habe einen Sprachkurs absolviert und sich um Arbeit bemüht.

Serkan Ali Mahdhim hatte einen Asylantrag gestellt und besaß eine gültige Aufenthaltserlaubnis. Er hielt sich seit 2002 in München auf, lebte von Gelegenheits-Jobs und arbeitete sporadisch in einem Fast-Food-Lokal als Aushilfskoch. Seit Februar 2004 war er mit einer gleichaltrigen Frau aus Rumänien liiert, die in einer Bar im Umkreis des Münchner Hauptbahnhofs als Tänzerin tätig war. Die letzten sechs Wochen vor seiner Festnahme lebten die beiden zusammen in einer kleinen Wohnung in München. Serkan Ali Mahdhim war der Spielsucht verfallen. Er hielt sich oft in den Spielhallen rund um den Hauptbahnhof auf und verspielte fast immer seinen Verdienst und auch das von seiner Freundin zurückgelegte Geld.

Nach seiner Festnahme bei der Münchner Mordkommission mit den Fakten konfrontiert, legte der Iraker ein zunächst wenig detailliertes Geständnis ab.

Er habe in der Mordnacht in einem Spielsalon sein ganzes Geld verspielt, danach seinen Frust mit einigen Bieren herunter gespült und sei dann in die Bar gegangen, in der seine Freundin arbeitete. Sie habe ihn nach Hause geschickt. Auf dem Heimweg sei er von Moshammer, der mit seinem Rolls-Royces unterwegs war, gegen Mitternacht am Münchner Hauptbahnhof durchs Autofenster angesprochen und eingeladen worden. Moshammer, der sich als Franzose ausgegeben habe, sei mit ihm nach Grünwald gefahren. Der Mann habe ihm 2.000 Euro für sexuelle Dienste geboten und versprochen, ihn mit dem Rolls-Royce wieder zurück in die Innenstadt zu fahren. Man habe in der Wohnung des Moshammers gemeinsam einen Pornofilm angeschaut. Dann habe Moshammer Analverkehr gefordert, den er aber abgelehnt habe. Daraufhin habe sich sein Gastgeber selbst befriedigt. Danach habe es Streit gegeben. Moshammer habe sich geweigert, den vereinbarten ‚Liebeslohn' zu bezahlen, er sei völlig verändert gewesen, habe ihn beschimpft, weil er sich den ungewöhnlichen Sexualpraktiken, für die ihm Moshammer das Geld angeboten hatte, verweigert habe. Als ihm Moshammer mit der Polizei gedroht habe, habe er durchgedreht, ein zufällig auf einem Schränkchen liegendes Elektrokabel genommen, es von hinten um den Hals des 64-jährigen geschlungen und so lange zugezogen, bis sich das Opfer nicht mehr gerührt habe. Nach der tödlichen Attacke habe er vergeblich nach Bargeld gesucht, habe dann aber panikartig das Haus verlassen und sei mit der nächsten Straßenbahn nach München gefahren.

Serkan Ali Mahdhim betonte bei der Polizei, dass er weder homosexuell noch ein Stricher sei. Wegen seiner Automaten-Spielsucht habe er aber stets unter Geldnot gelitten.

Ob nun der Tatverdächtige seinem Opfer auch Geld entwendet hatte, klärte sich bei der Vernehmung der Freundin. Die Tänzerin sagte aus, dass ihr Freund bei einem späten Besuch in der Tatnacht in der Bar, in der sie arbeitete, weinend gestanden habe, in einem Spielsalon das von beiden in der Wohnung in einem roten Umschlag aufbewahrte Geld des Paares – 400 Euro von ihm und 800 Euro von der Freundin – komplett verspielt und von Selbstmord gesprochen habe.

Bei ihrer Heimkehr von der Arbeit am frühen Morgen des 14. Januar 2005 habe Serkan dann plötzlich gesagt, beim Spiel seien 400 Euro übrig geblieben. In dem roten Umschlag habe sie unter anderem einen 200-Euro-Schein gefunden, der sich vorher dort nicht befunden habe. „Unser Geld war nur in 50-Euro-Noten gestückelt“.
Mit diesen Aussagen konfrontiert gestand Serkan Ali Mahdhim schließlich, dass er die Kleidung seines Opfers nach der Erdrosselung durchsucht und in Moshammers Sakko 400 Euro gefunden und an sich genommen habe. Die ebenfalls gefundenen Kreditkarten habe er später in der Toilette hinuntergespült.
Gegen Serkan Ali Mahdhim wurde wegen Verdachts des Mordes und Raubes Haftbefehl erlassen.

Der Strafprozess

Knapp ein halbes Jahr nach der Mordtat klagte die Staatsanwaltschaft beim Landgericht München den Iraker Serkan Ali Mahdhim wegen Verbrechens des Mordes und Raubes mit Todesfolge an. Der Staatsanwalt begründete seine Anklage damit, dass die Mordmerkmale der Heimtücke und der Habgier vorliegen. Die Anklageschrift umfasste 51 Seiten. 42 Zeugen und fünf Sachverständige wurden benannt.
Am Mittwoch, dem 02. November 2005, begann vor der Schwurgerichtskammer des Landgerichts München der Prozess gegen mutmaßlichen Mörder des exzentrischen Modemachers Rudolph Moshammer.
Schon Stunden vor Verhandlungsbeginn drängten sich Hunderte Journalisten vor dem Eingang des Justizzentrums, Kameras und Mikrophone im Anschlag. Auch zahlreiche Zuschauer harrten aus, um einen der 136 Plätze im Sitzungssaal A 101 zu ergattern.

Prominente Freunde des Modemachers suchte man jedoch vergebens. Aber skurrile Gestalten tummelten sich unter den Zuschauern: Da war Manfred Zink, ein ‚Mosi'-Double aus Passau, der mit dem Original über 40 Jahre befreundet gewesen sein wollte und der auch als Zeuge geladen war. Eine Dame in falschen Pelzmantel mit einer Siamkatze aus Plüsch im Arm, für die ‚Mosi' ein „bösartiger, cholerischer Mann mit zwei Gesichtern war", betrachte das Gericht wohl als Showbühne. Der Medienrummel war offensichtlich für Serkan Ali Mahdhim zu viel. Er brach noch vor Verhandlungsbeginn zusammen und musste ärztlich versorgt werden.

Laut Anklage hatte der Iraker Moshammer in dessen Haus in Grünwald bei München begleitet und ihn im Streit um den Lohn für seine eigenen sexuellen Leistungen umgebracht. Die Staatsanwaltschaft ging darüber hinaus davon aus, dass der Iraker seinem Opfer mehrere hundert Euro geraubt hatte.

Mit einer halben Stunde Verspätung begann schließlich die Befragung. Der Angeklagte hatte vor der Verhandlung mitgeteilt, er werde ausführlich aussagen. Dann aber saß der Iraker zusammengesunken auf der Anklagebank, schaute zu Boden, die Hände in den Schoß gefaltet und wischte sich immer wieder mit einem Taschentuch die Augen.

„Ich wollte ihn nicht töten". Immer wieder sagte der Angeklagte diesen Satz. Dann aber hörte man von ihm nur die Sätze: „Ich kann mich dazu nicht erinnern", „Ich war betrunken", oder „Es ist Schicksal". Er strapazierte mit diesen vagen Aussagen die Geduld des Gerichts erheblich.

„Damit gebe ich mich nicht zufrieden", ermahnte ihn der erfahrene Vorsitzende Richter Manfred Götzl. Es stehe den Angeklagten frei, Angaben zur Sache zu machen. Wenn er sich jedoch dazu entschließe, möge er konkreter werden und sich nicht auf vorbe-

stimmte Fügungen berufen.
Nur widerwillig führte der Angeklagte aus, was sich in der Mordnacht zugetragen hatte: Er habe in einem Spielsalon Geld verspielt, danach seinen Frust mit einigen Bieren herunter gespült und sei dann in die Bar gegangen, in der seine Freundin arbeitete. Sie habe ihn nach Hause geschickt. Auf dem Heimweg habe Moshammer ihn angesprochen und in seinen Rolls-Royce eingeladen. Sie seien dann nach Grünwald gefahren und hätten sich dort in der Wohnung des Mannes einen Pornofilm angesehen. An dieser Stelle geriet die Vernehmung ins Stocken.
„Ich schäme mich“, sagte der Angeklagte immer wieder, als er nach sexuellen Handlungen gefragt wurde. „Die schlimmeren Sachen“, die Moshammer von ihm verlangte, habe er nicht tun wollen. Moshammer habe ihn intim berührt, sich selbst befriedigt und sei dann völlig verändert gewesen. Er habe ihn beschimpft und geprügelt, weil er die ungewöhnlichen Sexualpraktiken – für die ihm Moshammer Geld angeboten hatte – verweigert habe, sagte Serkan Ali Mahdhim. Er habe sich gewehrt und Moshammer mit einem Kabel geschlagen. Auf die Frage, wie es dazu kam dass der Textilunternehmer starb, gab der Angeklagte an, dass er sich daran nicht erinnern könne. Es könne sein, dass er Moshammer ein Kabel um den Hals gelegt habe.
„Es gab einen Streit. Dann war er tot. Ich war betrunken und mir war schwindlig“, versuchte er seine Gedächtnislücken zu erklären. Zuvor aber hatte der Angeklagte ausgesagt: „Moshammer hat noch gelebt, als ich das Haus verlassen habe“.
Auf den Hinweis der Richter, das Kabel sei mehrmals um den Hals des Opfers geschlungen gewesen, sagte der Iraker: „Das kam von der Wut.“ Er glaube, dass er Moshammer „mit dem Kabel gezogen“ habe. Im Streit sei er so wütend geworden, dass er gar kein Gefühl mehr gehabt habe.

Erst Stunden später übersetzte der Dolmetscher einen der entscheidenden Sätze des Angeklagten:
„Ich habe die Leiche durchsucht, aber nicht nach Geld, sondern nach dem Schlüssel für die Tür, die Moshammer verschlossen hatte“.
Auf ein klares Geständnis warteten das Gericht und die Beobachter an diesem Tag allerdings vergebens.
Bei den Vernehmungen der rund 50 geladenen Zeugen gab es keine wesentliche Erkenntnisse.
Es gab Zeugen, die verstanden das Verfahren als eine Form der Abrechnung mit Rudolf Moshammer.
Andere Zeugen hatten das Verfahren genutzt, um sich noch einmal in seinem Glanze zu sonnen.
Für den ebenfalls als Zeugen geladenen „Doppelgänger“ Moshammers gab es allerdings nach seiner Vernehmung eine böse Überraschung. Der 62-jährige Koch aus Passau wurde im Gerichtssaal wegen Verdachts der Falschaussage festgenommen. Er hatte vor der Schwurgerichtskammer behauptet, sein homosexuell veranlagtes Idol binnen zwei Jahren mindestens zehn junge Männer als Gespielen vermittelt zu haben. Auf die Frage nach Namen, Herkunft und exakter Beschreibung blieb er jedoch die Antwort schuldig. Der 62-jährige, der unter anderem am Rande der Verhandlung Fernsehinterviews gab, konnte nicht einmal Moshammers Haus im Münchner Vorort Grünwald korrekt beschreiben.
Der Vorsitzende Richter hatte den Zeugen mit der Haartracht und dem Bart nach Moshammers Vorbild vor der Festnahme mehrmals eindringlich gewarnt, sich nicht wichtig zu machen. „Wenn wir Sie bei einer Lüge ertappen, bekommen Sie massiv Probleme.“
Auch nach einer Denkpause blieb der Zeuge jedoch dabei, Moshammer habe immer einmal wieder angerufen und gefragt:

„Kannst nicht wieder mal Frischfleisch mitbringen?"
Zum ersten Besuch mit einem Bekannten sei es zufällig gekommen, behauptete der 62-jährige vor Gericht. Moshammer habe ihn damals gebeten, ihn mit dem jungen Mann allein zu lassen. Der angebliche Bekannte, von dem der Koch jedoch nur den Vornamen nannte, habe sich dann beklagt, dass er für seine sexuellen Dienste nur mit 50 Euro entlohnt worden sei.
Der als Gutachter geladene Aachener Psychiater Professor Henning Saß hielt den Angeklagten für voll schuldfähig. Es gebe keine Anzeichen für krankhafte seelische Störungen des Angeklagten zur Tatzeit und die Tat trage auch keine Merkmale hochgradigen Affekts. Der Gutachter charakterisierte den Iraker als „eher weich und selbstmitleidig". Seine „problematische Persönlichkeit" sei gekennzeichnet von Impulsivität, gelegentlicher Aggressivität, einer gewissen Verführbarkeit und einem Mangel an Durchhaltevermögen. Dies seien folgen seiner „ungefestigten Lebenssituation". Er habe von ihm „nicht den Eindruck, dass er in einer kriminellen Einstellung verankert ist", sagte der Gutachter.
Nach acht Prozesstagen hatten sich manche Münchner Prozess-Besucher längst ihr eigenes Bild vom Tod des Modemachers Rudolf Moshammer gemacht.
„Es war ein geschickt getarnter Selbstmord", war ein Zuschauer überzeugt. „Er war ja sehr krank".
Andere glaubten, es sei um sadomasochistische Spiele gegangen. Der gewaltsame Tod des Paradiesvogels und Medienlieblings Moshammer hatte die Fantasien der Prozessbeobachter angeregt.
Der Staatsanwalt sprach in seinem Plädoyer davon, dass der Angeklagte Serkan Ali Mahdhim den Modemacher Rudolph Moshammer heimtückisch und aus Habgier ermordet hat, um den 64-jährigen zu berauben. Es sei bewiesen, dass der Angeklagte den

homosexuellen Modemacher in der Nacht zum 14. Januar 2005 nach einer Auseinandersetzung um die Bezahlung von Sex-Diensten mit einem Elektrokabel erdrosselt hat. Was wirklich zwischen Opfer und Täter als Liebeslohn ausgemacht war, blieb in der Beweisaufnahme zwar offen. Sicher aber habe Moshammer für die Sexspiele nicht, wie vom Angeklagten behauptet wurde, 2.000 Euro zugesagt, denn „Rudolph Moshammer war ein sparsamer Mann“. Einen Kampf zwischen dem Angeklagten und dem exzentrischen Modemacher, den Zeugen als ‚rassisch, aggressiv und aufbrausend’ beschrieben hatten, habe es aus Sicht des Staatsanwaltes auch nicht gegeben. Das Opfer sei „arg und wehrlos“ von hinten angegriffen worden.

Der Staatsanwalt weiter: „Der Angeklagte hat das Gericht immer wieder durch widersprüchliche und ungewöhnliche Aussagen verwirrt. Er hat uns erklärt, dass „er geschickt worden ist, um das Lebenslicht des Rudolph Moshammer auszulöschen“.

Der Staatsanwalt beantragte eine Verurteilung zu einer lebenslangen Freiheitsstrafe und zudem die Feststellung einer „besondere Schwere der Schuld“ im Urteil.

Die Verteidigung sah dagegen nur den Tatbestand des Todschlages erfüllt. Moshammer habe den Angeklagten mit seiner schroffen Art provoziert. Habgier sei nicht vorgelegen, da keine Wertsachen entwendet wurden, sagte der Anwalt. „Es muss ein anderes Motiv gegeben haben“. Der zweite Verteidiger betonte, man müsse wegen der Herkunft des Angeklagten von einem anderen Denk -und Argumentationsstil ausgehen.

„Es tut mir leid, wirklich leid, dass es passiert ist. Ich hoffe und bitte, dass sie mir eine Chance geben, mein Leben weiterzuführen“, bat Serkan Ali Mahdhim in seinem Schlusswort.

Das Urteil

Zehn Monate nach dem gewaltsamen Tod des Münchner Modemachers Rudolph Moshammer verurteilte die Schwurgerichtskammer des Landgerichts München I am Montag, dem 21. November 2005, den 26 Jahre alten Iraker Serkan Ali Mahdhim wegen Mordes zu lebenslanger Freiheitsstrafe und stellte dazu auch die besondere Schwere der Schuld fest.

Das Gericht folgte mit dem Urteil dem Antrag der Staatsanwaltschaft. Der Angeklagte habe den homosexuellen Moshammer nach Sex-Spielen in der Nacht zum 14. Januar 2005 heimtückisch von hinten angegriffen, erdrosselt und beraubt, sagte der Vorsitzende Richter.

Der Richter sprach den Angeklagten in der Urteilsbegründung persönlich an.

„Sie haben am ersten Prozesstag die entscheidende Weichenstellung getroffen. Statt ein umfassendes Geständnis abzulegen, haben Sie taktiert und Moshammer die überwiegende Schuld an dem Tatgeschehen gegeben. Sie haben Gott und das Schicksal bemüht. Das auf Empfehlung Ihrer Anwälte ausgesprochene ‚tut mir leid' vom zweiten Prozesstag war nichts anders als ein ‚bloßes Lippenbekenntnis'."

Der Vorsitzende Richter breitete noch einmal aus, wie dünn die Oberfläche war, auf der der selbsternannte Modezar ein ‚Märchenkönig-Ludwigs-Flair' in der Bayern-Metropole verbreitetet hatte. Wie Moshammer seinen späteren Mörder am Münchner Hauptbahnhof angesprochen und in seinem Rolls-Royce in sein Reihenhaus in Grünwald mitgenommen hatte. Wie beide Pornovideos angesehen und Moshammer sich an seinen Liebesdiener zu schaffen gemacht hatte. Wie dieser schließlich den geforderten Analverkehr abgelehnt und Moshammer sich stattdessen selbst

befriedigt hatte. Wie der Modemacher schließlich ins Bad verschwunden und Serkan Ali Mahdhim beschlossen hatte, ihn auszurauben und später zu ermorden.
Diesen Ablauf hatte der Angeklagte vehement bestritten. Doch das Gericht hatte ihm kein Wort geglaubt. Auch nicht, dass Moshammer seinen Sexpartner beschimpft und geschlagen habe.
„Herr Mahdhim", sagte der Richter, „eine Auseinandersetzung zwischen Ihnen und Moshammer hat nicht stattgefunden."
Der im Lauf des Prozesses häufig weh -und selbstmitleidige Angeklagte hörte dies noch regungslos. Auch als ihm der Vorsitzende Richter noch einmal unter die Nase rieb, wie er sich um Kopf und Kragen geredet hatte. Moshammer habe jetzt seine Ruhe, hatte Mahdhim vor Gericht gesagt, er selbst aber sterbe jeden Tag.
Serkan Ali Mahdhim wollte das alles nicht fassen. Tränen schossen in die Augen des 26-jährigen. Den Kopf vornüber gebeugt, fasste er sich immer wieder an die Stirn. Nach Ende der Urteilsbegründung blieb er noch minutenlang auf der Anklagebank sitzen, bevor er in Begleitung seiner Anwälte und mehreren Polizeibeamten durch die Seitentür des Gerichtssaales verschwand. Merkwürdige Szenen hatten sich während der acht Prozesstage im Mordfall Moshammer vor und im Münchner Schwurgerichtssaal abgespielt. Skurrile Zeugen, die viel redeten, aber wenig zur Aufklärung der Tat beitragen konnten. Zuhörer, die sich um die Plätze im Gerichtssaal beinahe prügelten. Man wollte den angeklagten Iraker noch einmal in die Augen sehen, der ihren ‚König der Herzen' so gemein gemeuchelt hatte. „Den dad i glei aufknüpfa", hatte eine ältere Frau bereits am ersten Prozesstag gezischt. Unschuldsvermutungen kannte man in ihren Kreisen nicht.

Was ist geblieben?

Zunächst war anlässlich der Beerdigung des ermordeten Rudolf Moshammer noch ein großes Spektakel aufgezogen worden.
Auf Anordnung des Modezars noch zu Lebzeiten waren die verbliebenen Überreste des Leichnams von zwei Pathologen einbalsamiert worden. Die Leiche war vorher im gerichtlichen Verfahren obduziert und die inneren Organe für Ermittlungszwecke entfernt worden. Die Körperhöhlen waren von den Pathologen mit getränktem Faserstoff aufgefüllt worden. Wo in diesem Verfahren die Seele verblieben ist, kann nicht gesagt werden.
Der einbalsamierte Leichnam war in einem innen verzinkten schwarzen Mahagonisarg gelegt worden. Der geschlossene Sarg, geschmückt mit weißen Lilien und roten Nelken, war am Freitag, dem 21.01.2005, in der evangelischen Lukaskirche in München aufgebahrt und dort auch ein Kondolenzbuch ausgelegt worden.
Am darauffolgenden Samstag hatten Freunde, Interessenten und Schaulustige Gelegenheit, in der Allerheiligen-Hofkirche, dem ehemaligen Gotteshaus der bayerischen Könige, Abschied von Moshammer zu nehmen. Während die Anhänger des Modezaren es nur für logisch fanden, dass er „wie ein König" zu Grabe getragen werden sollte und die Trauerfeier im einstigen Gotteshaus der bayerischen Regenten stattfand, reagierten die Königstreuen im Freistaat dagegen mit Kritik und Unverständnis.
Der Vorsitzende des „Verbandes der Königstreuen in Bayern" betonte: „Moshammer hat nichts mit königlich zu tun".
Der Trauergottesdienst und die anschließende Beisetzung hatten noch einmal für ein riesiges Medienspektakel gesorgt. Mehrere Fernsehsender hatten Live-Übertragungen und Sondersendungen eingeplant. Tausende Schaulustige waren gekommen.
Nach dem Gottesdienst war der geschmückte Sarg zum Münch-

ner Ostfriedhof geleitet worden, wo er in der 25 Quadratmeter großen Gruft des von Moshammer schon zu Lebzeiten erworben tempelartigen Mausoleums neben dem Sarg der Mutter abgestellt worden war.
Moshammers Modeboutique in der Maximilianstraße war nach einem Räumungsverkauf aufgegeben, sein Reihenhaus in Grünwald veräußert worden.
Die Eigentumswohnung in Harlaching hatte Moshammers Chauffeur testamentarisch übereignet bekommen und eine monatliche Leibrente von 1.500 Euro dazu.
Die von Moshammer gekaufte mit erheblichen Hypotheken belastete Münchner Traditionsgaststätte „Hundskugel" war veräußert worden.
Moshammers drei Rolls-Royce waren im Internet über EBay versteigert worden. Die Münchner Obdachlosen hatten 45.000 Euro aus dem Vermögen des Modemachers erhalten.
‚Frau Irina de Pittacus', genannt ‚Daisy', Moshammers Maskottchen, der Yorkshire-Hund, war von Moshammer Chauffeur übernommen worden.
Drei Jahre nach dem tragischen Tod Moshammers war der Modemacher bereits weitgehend vergessen. Die Münchner Schickeria und die Medien der ‚Jello-Press' hatte sich längst anderen ‚Ikonen' zugewandt, wenngleich ein ‚Paradiesvogel' nach Art des Moshammer so leicht nicht wieder zu finden war.

Rudolph Moshammer? Wer ist oder war das?

DER "VERGESSENE" EHERING
und
ein Mordopfer im tiefen See in Surrey/England

Peter Hogg, Pilot bei einer englischen Fluggesellschaft, war 13 Jahre verheiratet.
Seine Frau Margaret, die in Surrey ein Speiserestaurant betrieb, nahm es allerdings mit der ehelichen Treue nicht so ernst, wie es die Durchschnittsbürger gerne haben möchten.
In kaum noch zu zählenden Liaisons mit anderen Männern setzte die attraktive, aber notorisch treulose Frau ihrem Gemahl permanent Hörner auf.
Bis sie am 16. Oktober 1976, gewissermaßen über Nacht, plötzlich verschwand; für lange Zeit spurlos. Niemand forschte nach Margaret Hogg, weder Freunde noch Gäste ihres Restaurants, nicht einmal ihre Liebhaber. Dabei war sie für den 17. Oktober mit dem Bankier Graham Ryan verabredet, zu dem sie enge Beziehungen unterhalten hatte und mit dem sie soeben eine Woche auf dem Land verbracht hatte.
Erst acht Jahre später wurde der Schleier des Verschwindens der Frau gelüftet.
Margaret Hogg tauchte wieder auf, allerdings "nur" als Leiche. Taucher hatten im Wastwater, dem tiefsten See Englands, nach einer verschwundenen Studentin gesucht und dabei auf einem Felsvorsprung in 33 Meter Tiefe ein verschnürtes, mit einem Betonpfahl beschwertes Bündel entdeckt. Es war die im eiskalten Wasser konservierte Leiche der ungetreuen Margaret.
Als die Polizei den Piloten Peter Hogg wegen seiner verschwundenen Frau zur Rede stellte, meinte er nur: "Das war Pech, nicht wahr?"

Dabei wäre es dem Flugkapitän fast gelungen, das "perfekte Verbrechen" zu praktizieren. Der betrogene Ehemann hatte in der Nacht zum 17. Oktober 1976 seine Frau Margaret wegen ihres Verhältnisses zu dem Bankier Ryan zur Rede gestellt.

Statt in sich zu gehen, hatte die Treulose herausfordernd die Vorzüge ihres Liebhabers geschildert und ihren Mann schließlich "wie einen Tiger" attackiert, schilderte Peter Hogg im Gerichtsverfahren die letzten Stunden vor dem Verbrechen.
Sie habe ihn geschlagen, getreten, das Gesicht zerkratzt. Schließlich habe er die Kontrolle über sich verloren, mit beiden Händen nach dem Hals der Frau gegriffen, zugedrückt und erst wieder losgelassen, als die Frau sich nicht mehr bewegt hatte. Die Leiche will der Flugkapitän nachts verschnürt und mit einem Betonpfahl beschwert in einem Schlauchboot in den Wastwater See hinaus gerudert und dort versenkt haben.
Des Piloten Pech war, dass er nicht weit genug hinaus gerudert war. Nur ein paar Ruderschläge haben gefehlt, dann wäre das Leichenbündel nicht am Felsvorsprung in 33 Meter Tiefe hängen geblieben, sondern bis auf 80 Meter abgesackt, wo es wahrscheinlich heute noch im eisigen Grab ruhen würde.
Aber auch noch eine kleine "Nachlässigkeit" des Täters bei der Leichenbeseitigung führte zur Identifizierung der Toten.
Die Ehebrecherin hatte sich trotz aller Amouren mit anderen Männern zu Lebzeiten nicht von dem Ring getrennt, den sie am Hochzeitstag von ihrem Angetrauten an den Finger gesteckt bekommen hatte. Und ihr Mörder "vergaß" diesen Ring am Finger der Toten. Die Initialen und das eingravierte Hochzeitsdatum führten die Ermittler zum Täter.
Jury und Richter brachten Verständnis auf für den "gehörnten" Ehemann. Sie verurteilten den mit einer aggressiven und notorisch treulosen Frau geschlagenen Flugkapitän zu vier Jahren Gefängnisstrafe.

„TWINKE-DEFENCE“ UND EIN „SAUBERMANN“ ALS ATTENTÄTER

Die „Gays“ von San Francisco

Resozialisierungsprobleme

Als Dan Withe, das ehemalige Stadtratsmitglied von San Francisco, nach Verbüßung von fünf Jahren Gefängnis wegen guter Führung vorzeitig auf Bewährung entlassen werden sollte, gab es für die Gefängnisverwaltung erhebliche Schwierigkeiten. Der freizulassende Häftling durfte Kalifornien nicht verlassen, so lange für seine Reststrafe die Bewährungsfrist noch lief.

Aber wohin sollte der wegen zweifachen Totschlags verurteilte Dan Withe entlassen werden? Er selbst wäre am liebsten nach San Francisco, seiner Heimatstadt und Ort seiner Taten zurückgekehrt. Dagegen wehrte sich aber vehement die amtierende Bürgermeisterin Diana Feinstein. Auch Richmond, eine Gemeinde auf der anderen Seite der San-Francisco-Bucht, wollte den Haftentlassenen nicht aufnehmen. Und aus San Diago kam kalte Ablehnung.

Dan Withe wurde schließlich unter strengster Geheimhaltung am 06. Januar 1984 im Los-Angeles-Country freigelassen.

Die Medien bekamen aber doch Wind von der Sache und berichteten in großen Aufmachungen.

Bürgermeister Tom Bradey war außer sich. Sein Polizeichef Daryl Gates hatte ihn nicht informiert.

In der Stadtverwaltung von Los Angeles kam es zu erheblichen Auseinandersetzungen. Weder der Bürgermeister noch der Stadtrat wollten mit dem Fall Dan Withe etwas zu tun haben.

Morddrohungen gegen den Freigelassenen gingen ein.

In San Francisco schüttete jemand rote Farbe in den Rathausbrunnen. Mittags fand auf dem Union Square in der Innenstadt eine Demonstration statt.

In der Castro Street, dem Zentrum der Homosexuellen, legten Angestellte eine Viertelstunde lang die Arbeit nieder.

Manche Geschäfte schlossen ihre Läden.
Abends versammelten sich in der Castro Street fast 10.000 Demonstranten zu einer Protestaktion.
Was war die Ursache dieses Aufbegehrens?
Warum wurde der als resozialisierungsfähig entlassene Strafgefangene wie der leibhaftige Satan behandelt?

Schon bei dem Prozess und der Verurteilung Dan Withes im Mai 1979 hatte es tumultartige Krawalle gegeben, bei denen 124 Menschen verletzt wurden und erheblicher Sachschaden entstanden war. Damals hatten viele Homosexuelle überdeutlich demonstriert, dass sie der Meinung sind, nicht den gleichen Rechtsschutz wie andere Bürger zu genießen.

Das Attentat

Am Morgen des 27. November 1978 stieg Dan Withe, bis vor kurzem noch Stadtrat in San Francisco am Golden Gate in Kalifornien, in seine ehemalige Wirkungsstätte, in das Rathaus von San Francisco ein und erschoss dort zuerst den Bürgermeister George Moscone und dann den ebenfalls anwesenden Stadtrat Harvey Milk. Er tat dies in Form einer Hinrichtung: dem ersten Schuss folgten jeweils zwei Salven aus unmittelbarer Nähe in den Kopf der Opfer.
Als Polizeibeamte den Täter kurz darauf festnahmen, erklärte dieser den früheren Kollegen und Freunden:
„Ich habe es für die Stadt getan!“

„Twinkie“-Defence

Im Mai 1979 wurde Dan Withe wegen Tötung seines ehemaligen

homosexuell veranlagten Stadtratskollegen Harvey Milk und des Bürgermeisters George Moscone zu einer Gefängnisstrafe von sieben Jahren verurteilt.
Das Gericht ging davon aus, dass es nicht Mord, sondern nur Totschlag war.
Die Geschworenen, die Polizei und die Freunde des Angeklagten schienen mehr Verständnis für den Täter als für die Opfer und deren Angehörige aufzubringen.
Als Dan Withe vor Gericht über seine Tat und deren Hintergründe berichtete, waren den Geschworenen sogar die Tränen gekommen. Der Verteidiger konnte für seinen Klienten verminderte Zurechnungsfähigkeit zum Zeitpunkt der Tat geltend machen.
Psychologen bescheinigen dem Angeklagten, dass er unter Stress-Symptomen und Depressionen gelitten hat, deren Wirkung durch falsche Ernährung verstärkt worden sei. Es wurde vorgebracht, dass sich Dan Withe in den Tagen vor der Tat mit „Junk-Food“ und Süßigkeiten, vorwiegend mit „Twinkies“ ernährt hatte.
Die seitdem als „Twinkie-Defense“ benannte Verteidigungsstrategie hatte Erfolg.
Das relativ milde Urteil brachte jedoch die „Gays“, wie die Homosexuellen in den USA genannt werden, auf die Barrikaden.
Sie stürmten mit Schlagwerkzeugen auf das Rathaus zu und steckten Polizeiautos in Brand.
Als sie wegen dieser Krawalle gerichtlich zur Verantwortung gezogen wurden, nahmen auch sie die „Twinkie“-Defense für sich in Anspruch.

Die Opfer und ihr Umfeld

George Moscone war 1975 mit einer knappen Mehrheit von nur 4.000 Stimmen zum Bürgermeister von San Francisco gewählt

worden.
Viele Stimmen hatte er von der Sekte „Tempel des Volkes“ bekommen. Der Führer dieser Sekte Jim Jones wurde zum Dank für die Wahlhilfe zum Direktor der städtischen Wohnungsbaubehörde eingesetzt.
Knapp zwei Wochen vor dem Attentat auf dem Bürgermeister und dem Stadtrat Milk trieb dieser Jim Jones mehr als 900 seiner Sektenmitglieder in Guayanas in den Massenselbstmord.
Am Tage der spektakulären Tat des Dan Withe amtierte der Sektenführer Jim Jones immer noch als Direktor der städtischen Behörde. Der Bürgermeister und sein Stadtrat hatte keine Untersuchung eingeleitet.
Das älteste Stadtratsmitglied und spätere Nachfolgerin im Amt des Bürgermeisters Diana Feinstein war in die Affäre ebenfalls verwickelt. Sie, die sich immer schon mit den Bauunternehmern in der Stadt gut verstand, hatte den Attentäter Dan Withe unter obskuren Umständen eine Lizenz für einen Imbissstand auf dem Pier 39 verschafft, einem neuen Geschäfts -und Vergnügungszentrum am Hafen von San Francisco. Dan Withe hatte sich dafür erkenntlich gezeigt, indem er in der Folgezeit sich im Stadtrat für die Bauherrn besonders engagiert hat.
George Moscone, ein progressiver Demokrat, war der erste Bürgermeister von San Francisco, der den Homosexuellen der Stadt sehr gewogen und mit ihrer politischen Hilfe gewählt worden war. Das von dem neu gewählten Bürgermeister praktizierte tolerante Image der Stadt hatte die Invasion der „Gays“ auf San Francisco dann auch nicht lange auf sich warten lassen.
Harvey Milk war für die Homosexuellen ein Held. Als einer der ersten Politiker in den Staaten bekannte er sich öffentlich zu seiner homophilen Neigung. Er war auf Grund dieses Bekenntnisses und mit massiver Unterstützung der „Gays“ zum Stadtrat gewählt

worden.

Der „Saubermann“ als Attentäter

Dan Withe stammte aus dem katholisch-irischen Arbeitermilieu von San Francisco. Er wuchs am südlichen Stadtrand auf, in einer Gegend, in der jeder jeden kennt, Kirche und Kneipe Zentrum des gesellschaftlichen Lebens waren, wo Zucht und Ordnung oberstes Gebot waren und wo die Weißen sich den Farbigen immer noch überlegen fühlten.

Der smarte „All American Boy“ Dan Withe zog freiwillig in den Krieg nach Vietnam und ließ sich nach seiner Rückkehr 1967 als Held feiern. Er wurde Polizeibeamter in seiner Heimatstadt. Sieben Jahre später wechselte er zur Feuerwehr über.
Durch den permanenten Zuzug von Homosexuellen und deren öffentliches Auftreten sah Dan Withe das biedere San Francisco seiner Kindheit zunehmend schwinden.
Er schrieb sich deshalb die „Befreiung der Stadt von den Sozial-Abartigen“ auf sein Banner und kandidierte in seinem Wohnbezirk für den Stadtrat. Viele rechtsgerichtete konservative Bürger unterstützten ihn. Die ehemaligen Kollegen von der Polizei halfen beim Verteilen der Wahlkampfbroschüren.
Nicht immer ging es im Wahrkampf ohne Gewalttätigkeiten gegenüber dem politischen Gegner ab.
Dan Withe wurde nicht zuletzt deshalb als Stadtrat gewählt, weil er unter dem liberalen Bürgermeister George Moscone für Recht und Ordnung sorgen sollte.
Gleichzeitig mit Dan Withe wurde auch der Favorit der Homosexuellen Harvey Milk in den Stadtrat gewählt.
Kurz nach seinem Amtsantritt als Stadtrat geriet Dan Withe in

wirtschaftliche Schwierigkeiten.
Er musste von knapp 10.000 Dollar im Jahr, dem spärlichen Salär eines Stadtratsmitgliedes, sich, Ehefrau und Kind ernähren, was schlechterdings unmöglich war.
Weil er von der Kommunalpolitik auch bald desillusioniert war, legte Dann Withe sein Amt als Stadtrat nieder. Das passte seinen Freunden von der Polizei nicht. Sie wollten ihren Vertreter der neuen Rechten nicht verlieren und drängten ihn, seinen Rücktritt rückgängig zu machen.
Bürgermeister George Moscone aber weigerte sich unter anderem auch auf Anraten des „Gay"-Vertreters Harvey Milk, den zurückgetretenen Stadtrat Dan Withe wieder einzusetzen. Er kündigte vielmehr für den 27. November 1978 eine Pressekonferenz an, bei der er Withes Nachfolger im Stadtrat den Medien vorstellen wollte.
Der Bürgermeister kam nicht mehr dazu. Er wurde am Morgen dieses Tages von Dan Withe erschossen. Mit ihm fiel auch der „Gay"-Held Harvey Milk dem Schießwütigem zum Opfer.

Seit der vorzeitigen Entlassung des Attentäters Dan Withe aus der Strafhaft ging in San Francisco, der Stadt am Golden Gate, die nach der Tat des Dan Withe die Homosexuellen stärker als je anzog, das Gerücht um, dass auf den Freigelassenen irgendwo im Dunkeln eine Kugel warte. Das Polizei-Departement erhielt trotzdem die Weisung, die Morddrohungen gegen Dan Withe nicht dazu auszunutzen, um die Homosexuellen zu bespitzeln.
Die „Gays" wollte in San Francisco niemand verärgern.

EINMALIG:
EIN LEBENDES TIER ALS MORD“WERKZEUG“

Dass es beim Umgang mit Tieren zu Unfällen kommen kann, bei denen Menschen verletzt oder gar getötet werden, ist nicht ungewöhnlich.
Wenn bei so einem Unglücksfall aber Geld im Spiel ist, sehr viel Geld, dann muss eine vorsätzlicher Tat ins Kalkül gezogen werden.
Ein Tier aber als "Mordwaffe", ist so alltäglich nicht. Im Bayerisch-Schwaben ist so etwas unlängst geschehen.

Tragischer Unfalltod oder heimtückischer Mord?

Zunächst schien alles so, als ob es sich um einen tragischen Unfall in der Landwirtschaft handele.
Am Freitagmorgen, dem 12. März 1993, war die 40-jährige, im Dorf Axtbrunn bei Augsburg als resolut und dominierend bekannte Bäuerin Karolina Meier im Stall ihres landwirtschaftlichen Anwesens tot aufgefunden worden.
Offensichtlich war sie von einem wildgewordenen Stier aus dem eigenen Stall, der sich von der Kette losgelöst hatte, über den Haufen gerannt und zu tote getrampelt worden.
Als Dorfnachbarn kurz nach dem Ereignis in das Anwesen kamen, war der Ehemann im Hof gerade beschäftigt, einen freilaufenden Stier in Schach zu halten.
Die Bäuerin lag schwerverletzt im Stall auf den Betonboden. Der Notarzt konnte bei ihr nur mehr den Tod feststellen.
Die Beamten der örtlich zuständigen Polizei fanden einen "bitterlich weinenden" Mann vor, der vor ihren Augen kurz zusammenbrach.
Unmittelbare Zeugen gab es für das Geschehen nicht. Der 44 Jahre alte Landwirt Josef Meier sagte aus, dass er im alten, seine Frau im neuen Stall gearbeitet habe, als er im neuen Stall Tiere

schreien hörte. Er sei hinüber gelaufen und habe seine Frau am Rücken liegend auf dem Betonboden gefunden.
Der zwei Jahre alte, etwa 14 Zentner schwere Zuchtstier sei frei im Stall herumgelaufen.
Das geschilderte Unfallgeschehen schien plausibel. Die örtlichen Begebenheiten rechtfertigten die Annahme eines "tödlichen Betriebsunfalls".
Das für solche Fälle zuständige Kommissariat 12 der Kripo Augsburg ging mit der Staatsanwaltschaft also von einem solchen Betriebsunfall aus. Die Beamten veranlassten jedoch trotzdem eine Obduktion, die drei Tage später im gerichtsmedizinischen Institut in München durchgeführt wurde.

Einige Tage später kamen Zweifel am Unfalltod der Bäuerin auf. Der Witwer Josef Meier hatte den Unfalltod den Versicherungen gemeldet und die Auszahlung der Versicherungssummen beantragt. Es stellte sich heraus, dass Karolina Meier bei drei verschiedenen Versicherungen gegen Unfalltod mit insgesamt 900.000,--DM für die Verhältnisse auf dem landwirtschaftlichen Anwesen ungewöhnlich hoch versichert war.
Es wurde bekannt, dass das landwirtschaftliche Anwesen mit ca. 900.000,--DM hoch verschuldet war.
Als sich dann noch zwei Heiratsvermittler meldeten und berichteten, dass Josef Meier schon einige Wochen vor dem tragischen Tod seiner Ehefrau sich nach einer neuen Lebenspartnerin umgeschaut hatte, weil seine Ehefrau "an Krebs leide und bald sterben würde", kam der Verdacht auf, dass es sich bei dem "Unglückstod" um eine Inszenierung handeln konnte.
Im Protokoll der Gerichtsmediziner über die Obduktion der Leiche der Bäuerin war zudem von einer außergewöhnlichen Kopfverletzung die Rede, die weder vom Stier noch durch den Sturz

des Opfers auf den Stallboden verursacht worden sein konnte. Dieser Kopfverletzung hatten die Erstermittler zunächst nicht die Bedeutung eingeräumt, die ihr tatsächlich zukam.
Oder hatte man die Aussage im seitenlangen Protokoll einfach überlesen?
Die "vorgefasste Meinung" (über den Unfalltod), vor der schon der Altmeister der Kriminalistik Dr. Hans Gross in seinem "Handbuch für Untersuchungsrichter" 1898 warnte, scheint auch hier für eine Fehlinterpretation ausschlaggebend gewesen zu sein. War der 14 Zentner schwere Zuchtstier gar als "Mordwaffe" eingesetzt worden?

Die Mordkommission der Kripo Augsburg übernahm schließlich die Ermittlungen. Sie nahm den Landwirt Josef Meier drei Monate nach dem tragischen Tod seiner Ehefrau wegen Mordverdachts fest.

Hintergrund

Obwohl der Landwirt beteuerte, dass er "eine ganz normale Ehe" geführt und mit seiner Frau den mit 22 Hektar größten Hof im Dorf ohne Schwierigkeiten bewirtschaftet hat, widersprachen die ermittelten Fakten ganz gewaltig dem Bild von einer heilen bäuerlichen Welt.
1974 hatte Josef Meier den landwirtschaftlichen Betrieb schuldenfrei von seinen Eltern übernommen.
Dann heiratete er die damals schon recht resolute Karolina, die aus einem Bauernanwesen in Adelshausen stammte, und die bereits einen Sohn mit in die Ehe brachte.
In der Folgezeit entwickelte sich das Verhältnis zwischen den Jungbauersleuten und den Austragsbauern nicht zum Besten.

Im Betrieb ließ sich vor allen die junge Bäuerin von den Alten überhaupt nichts dreinreden und die Alten waren erbost darüber, dass sie völlig ausgeschaltet waren. Den Enkelkindern war verboten worden, ihre Großeltern zu besuchen, obwohl diese im selben Haus ein Stockwerk höher wohnten.
Der Altbauer bekam mit, dass der Hof immer mehr verschuldet wurde. Erbstreitigkeiten der jungen Bäuerin mit ihrem Bruder und der Mutter nach dem Tode des Vaters taten das übrige.
Streitigkeiten und Unverträglichkeiten zwischen Alt und Jung nach der Besitz- und Eigentumsübergabe sind in den bäuerlichen Bereichen keine Seltenheit. Ursachen hierfür und Erklärungsmuster gibt es genug.
Josef Meier war den ganzen Spannungen nicht mehr gewachsen. Vier Jahre nach der Hofübernahme drehte er durch.
Er täuschte Drohanrufe vor und eines Nachts zündete er die Ställe seines Hofes an. Rund 100 Tiere kamen in den Flammen um. Der Sachschaden betrug damals 400.000,--DM.
In seinem vor der Polizei abgegeben, später aber widerrufenem Geständnis gab Josef Meier als Motiv an, dass er die Versicherungssumme kassieren wollte.
Bezeichnend für die Einstellung des Bauern war damals eine Äußerung, die er gegenüber einem Polizisten machte. Als es brannte und der Polizist anregte, man möge doch einen Tierarzt holen, hatte Josef Meier geäußert:
"Lass doch die Schweine verrecken."
Wegen schwerer Brandstiftung, Vortäuschung einer Straftat und versuchtem Versicherungsbetrug kam der Landwirt damals mit zwei Jahren Freiheitsstrafe auf Bewährung recht glimpfig davon.

Eine Lehre zog der Landwirt daraus nicht.

Er konnte wohl auch nicht so wirtschaften, wie es nach außen hin den Anschein hatte. Den Umbau des Kuhstalles und einen Hausneubau finanzierte er mit Darlehen von Banken und verschuldete sich hierbei ziemlich.
Aber damit nicht genug. Offensichtlich auf Betreiben seiner Ehefrau begann er mit Aktienspekulationen auf Pump. Einmal waren es DM 450.000,--, dann DM 250.000,--und DM 240.000,--, die er sich bei verschiedenen Banken lieh und dafür seinen Hof verpfändete, um Aktien zu kaufen.
Viel Glück hatte Josef Meier bei den Spekulationen nicht. Beim Verkauf eines Aktienpaketes musste er beispielsweise einen Verlust von DM 100.000,--hinnehmen.
Durch Fehlinvestitutionen und Aktenspekulationen war das landwirtschaftliche Anwesen 19 Jahre nach der schuldenfreien Hofübernahme 1993 mit knapp einer Million Mark verschuldet.
Zins und Tilgung der Kredite betrugen schon DM 90.000,--im Jahr.
Die Prämien für drei 1992 und 1993 abgeschlossene Lebensversicherungen der Ehefrau machten jährlich DM 24.000,--aus.

Ergebnisse der Ermittlungen

Schriftgutachter stellten fest, dass die Unterschriften der Karolina Meier auf den Verträgen der drei Lebensversicherungen gefälscht waren.
Die Ermittler konnten nachweisen, dass die Versicherungen ohne Kenntnis der Versicherten von Josef Meier abgeschlossen worden waren.
Auffallend war, dass die Gesamtsumme von DM 900.000,--fast genau der Betrag war, mit dem Josef Meier bei den Banken verschuldet war.

Wollte der Landwirt mit der Versicherungssumme den Betrieb sanieren?
Ein Motiv für die Tat war es allemal.
Die Gerichtsmediziner hatten bei der Obduktion des Opfers neben schweren inneren Verletzungen im Bauch einen Schädelbasisbruch und eine leicht blutende Verletzung am Scheitel des Kopfes der Toten festgestellt.
Es fehlten aber typische Verletzungen am Körper der Toten, die üblicherweise bei einem Angriff von den Hörnern des Stieres auf eine stehende oder laufende Person verursacht werden ("Anstoßstellen"). Die Gutachter ordneten die Verletzungen der Bäuerin einem Geschehensablauf wir folgt zu.
Die Verletzungen am Scheitel könnten von einem Schlag mit einem flachen Gegenstand herrühren.
Für den Schädelbasisbruch bedürfe es einer massiven Gewaltanwendung, wie sie beim Aufschlagen des Kopfes auf Beton entstehe.
Und die inneren Verletzungen im Bauchraum konnten nur durch außergewöhnliche Kraft und außerordentliches Gewicht entstanden sein.

Bei einer abermaligen Durchsicht der am Tatort aufgenommenen Fotos fiel einem Ermittler eine Futterschaufel auf. Sie war zunächst nicht sichergestellt worden, weil solche Schaufeln im Stall landwirtschaftlicher Anwesen für den täglichen Gebrauch üblich sind.
Tatsächlich war die Schaufel ein halbes Jahr nach dem Geschehen am Bauernhof noch vorhanden.
Im Labor des Landeskriminalamtes wurde festgestellt, dass an der Schaufel Menschenblut klebte. Die Experten konnten allerdings nicht mehr feststellen, ob es sich um das Blut der getöteten

Bäuerin handelte.
Eine Kette mit Beschädigungen, wie sie beim Losreißen eines angebundenen Stieres zwangsläufig entstehen müssen, hatte man nicht vorgefunden.
Allerdings war eine unbeschädigte Kette registriert worden, die auf einem Futtertisch im Stall gelegen hat.

Der Prozess

Auf Grund der von der Mordkommission der Kripo Augsburg zusammengetragenen Indizien erhob die Staatsanwaltschaft gegen den 44-jährigen Landwirt Josef Meier Anklage wegen Mordes, Urkundenfälschung und versuchten Betrugs.
Sie warf den Angeschuldigten vor, seine Ehefrau am Morgen des 12. März 1993 im Stall durch einen wuchtigen Schlag mit der Futterschaufel auf den Kopf bewusstlos geschlagen zu haben und dann seinen von ihm selbst von der Kette gelösten Zuchtstier über die am Stallboden liegende Frau getrieben zu haben, wobei das Tier der wehrlosen Frau durch Huftritte schwere innere Verletzungen beigebracht hatte. Danach habe er einen tödlichen Unfall gemeldet und bei drei Versicherungsunternehmen, bei denen er schon Monate vorher in betrügerischer Absicht und unter Fälschung der Unterschriften seiner Ehefrau Unfalllebensversicherungen abgeschlossen hatte, die Auszahlung der Versicherungssummen von insgesamt DM 900.000,--beantragt.

Am 31. Mai 1994 begann vor der Schwurgerichtskammer des Landgerichts Augsburg der spektakuläre Indizienprozess um den zwischenzeitlich von den Medien als "Stiermord von Axtbrunn" apostrophierten Kriminalfall.
Mehr als 100 Zuschauer und gut ein Dutzend Fotografen und Ka-

meraleute waren neugierig darauf, was dieser Prozess zutage fördern wird.
Da keine unmittelbaren Zeugen für den Ablauf des Geschehens vorhanden waren, lag es an den Sachverständigen, aus der Fülle von Indizien die Anklage zu untermauern oder zu entkräften.
Der Gutachter der Rechtsmedizin ließ keinen Zweifel daran, dass die an der Leiche festgestellten Verletzungen mit dem Geschehen, wie es die Staatsanwaltschaft annimmt, zwanglos in Einklang zu bringen sind.
Er schloss mit großer Wahrscheinlichkeit aus, dass ein Angriff des Stieres auf die Frau erfolgt ist, weil zum einen eine "Anstoßstelle" fehlte, die belegen könnte, dass der Stier die Frau umgerannt hatte.
Zum anderen ließen sich, ginge man von der Unfallversion aus, die vorhandenen Verletzungen nur schwer einem solchen Geschehen zuordnen.
Belastet wurde der Angeklagte noch von einem weiteren Befund des Rechtsmediziners. Der Landwirt hatte sich hinter dem Rücken seiner Frau bei Heiratsvermittlern noch zu deren Lebzeiten nach einer neuen Ehefrau umgesehen und sein ungewöhnliches Verhalten damit begründet, dass seine Frau an Krebs leide und bald sterben werde. Der Sachverständige erklärte, dass die Bäuerin mit Sicherheit nicht an Krebs erkrankt war.
Nach einer Tatortbesichtigung durch das Gericht wurden die Gutachter Hans-Heinrich Sambraus, Professor für Tierhaltung und Verhaltenskunde, und Rudolf Steigerwald vom der landwirtschaftlichen Berufsgenossenschaft Augsburg zu dem angeblichen Unfall gehört, der nach Auffassung der Staatsanwaltschaft ein heimtückischer Mord war.
Die zentrale Frage war: Greift ein zwei Jahre alter, angeblich "harmloser" Zuchtstier eine Bäuerin an, die er gut kennt?

Professor Sambraus hielt dies für sehr unwahrscheinlich.
Ein so junger Stier sei in der Regel nicht aggressiv. Außerdem würde er sich, sollte er sich tatsächlich selbst von der Kette gelöst haben, als Zuchtstier eher den Kühen im Stall zuwenden und versuchen, sie zu decken, als einen Menschen anzugreifen.
Auch die Art eines solchen Angriffes wäre wohl nur schwer mit der Art der Verletzungen der getöteten Bäuerin in Einklang zu bringen.
Ein Stier kämpfe grundsätzlich mit Kopf und Hörnern. Er würde seinen Gegner mit einer Kopfbewegung wegschleudern. In einer derartigen Situation sei damit zu rechnen, dass er den Angriff abbricht, sobald die Person am Boden liegt. Dass das Tier danach von sich aus über den liegenden Menschen hinweg steigt und ihn dabei tritt, sei so gut wie ausgeschlossen.
Der Sachverständige der landwirtschaftlichen Berufsgenossenschaft berichtete von 14 tödlichen Unfällen in den vergangenen 23 Jahren im Regierungsbezirk Schwaben, bei denen Tiere Menschen getötet hatten. Ein mit dem Geschehen in Axtbrunn vergleichbarer Fall war ihm nicht bekannt.
Die Verteidigung des Angeklagten, zwei renommierte Anwälte, versuchte mit allen Mitteln, die Theorie vom Mord an der Bäuerin zu Fall zu bringen.
Dazu hatten sie u. a. auch ein Gutachten der landwirtschaftlichen Berufsgenossenschaft eingeholt, worin ausgeführt war, dass im Regierungsbezirk Schwaben in den vergangenen vier Jahren 503 Bauern von Bullen angegriffen und verletzt worden waren. Vier Menschen seien bei diesen Angriffen ums Leben gekommen.
Die Anwälte argumentierten, dass die Version des Angeklagten durchaus möglich sei, wonach der normalerweise angebundene Stier sich im Stall selber von seiner durch einen Knebel gesicherten Kette befreien hat können.

Unter den Rindern gebe es "regelrechte Entfesselungskünstler". Bei der staatlichen Besamungsstation in Höchstädt, wo rund 90 Bullen in den Stallungen stehen, komme so etwas jedes Jahr drei oder viermal vor.

In seinem Plädoyer forderte der Staatsanwalt, den angeklagten Landwirt Josef Meier wegen Mordes an seiner Ehefrau zu einer lebenslangen Freiheitsstrafe zu verurteilen. Außerdem beantragte er, auf eine "besondere Schwere der Schuld" zu erkennen, weil gleich drei Mordmerkmale verwirklicht seien und die Tat von "erbarmungsloser Brutalität" gewesen sei. Der Angeklagte habe heimtückisch, aus Habgier und aus sonstigen niedrigen Beweggründen gehandelt. Das Opfer habe "keine Chance" gehabt, dem Angriff im Stall zu entkommen. Und es habe sich um einen "lange erwogenen Plan" gehandelt.
Die Verteidigung plädierte auf Freispruch für ihren Mandanten. An seiner Schuld bestünden "erhebliche vernünftige Zweifel".
Der Staatsanwaltschaft und der Kripo wurden "gravierende Ermittlungsfehler" vorgeworfen, ohne dass diese konkretisiert wurden.
Die Aussagen der Zeugen wurden als "Geschwätz" abgetan.
"Wir gehen davon aus, dass es sich um einen bedauerlichen Unfall gehandelt hat und der Nachweis des Mordes nicht geführt worden ist", schloss der Anwalt sein Plädoyer.

Das Urteil

Weit über 200 Zuhörer drängten am 22. Juni 1994 in den Schwurgerichtssaal des Landgerichts Augsburg, um den Urteilsspruch im sogenannten "Stiermord-Prozess" zu hören.
Ein Großaufgebot an Kameraleuten und Fotografen umlagerten

den Angeklagten und seine beiden Verteidiger. Mehr als ein Dutzend Journalisten waren anwesend, als der Vorsitzende Richter das Urteil verkündete.
Es lautete auf "lebenslange Freiheitsstrafe wegen Mordes in Tateinheit mit drei Fällen der Urkundenfälschung und drei Fällen des versuchten Betruges“.
Das Gericht schloss in der Urteilsbegründung einen Unfall "zweifelsfrei" aus und wies die Vorwürfe der Verteidigung gegen die Staatsanwaltschaft wegen "gravierender Ermittlungsfehler" als unberechtigt zurück.
Der Angeklagte und nun mehr Verurteilte nahm das Urteil äußerlich regungslos zur Kenntnis.

Das Publikum im Gerichtssaal applaudierte den Urteilsspruch und quittierte ihn mit Bravo-Rufen.
"Meine Damen und Herren, wir brauchen keinen Beifall; das ist hier in der Tat viel zu tragisch", bot der Vorsitzende Richter den Emotionen Einhalt.
Der spektakuläre Indizienprozess um einen der ungewöhnlichsten Mordfälle der letzen Jahre war zu Ende.

„PECH“ MIT DEN EHEFRAUEN

Falsch geparkt - wegen Mordes verurteilt in Weiden/Oberpfalz

Der Weidener Kaufmann Walter Obermeier hatte nicht nur geschäftliche Schwierigkeiten, sondern auch "Pech" mit seinen Ehefrauen.
Am 1. Dezember 1980 schloss der Geschäftsmann für seine Ehefrau Susi, aber zu seinen Gunsten, eine Lebensversicherung über 100.000 DM ab.
Am darauffolgenden Tag war die Versicherte tot.
Sie kam unter mysteriösen Umständen ums Leben. Die Leiche der Frau wurde nackt in der gefüllten Badewanne in der gemeinsamen Wohnung gefunden. Ein eingeschalteter Haartrockner lag im Wasser.
Der Verdacht, dass der Ehemann bei dem nichtnatürlichen Tod seiner Gattin die Hände im Spiel gehabt hat, konnte nicht konkretisiert werden. Das Ermittlungsverfahren gegen ihn wurde mangels Beweises eingestellt. Der Kaufmann konnte die 100.000 Mark Lebensversicherung kassieren.

Zwei Jahre später, zum Jahresende 1982 lernte Walter Obermeier bei einer Urlaubsreise in Bangkok die 27 Jahre alte Pempeya kennen.
Er nahm das Thaimädchen mit nach Deutschland und heiratete es 1983. Mit seiner neuen Gattin betrieb er in Weiden in der Oberpfalz mehr schlecht als recht das Asiatica-Geschäft "Mandarin".
Ein halbes Jahr nach der Hochzeit standen die Geschäftsleute Obermeier mit 440.000 DM Schulden vor dem wirtschaftlichen Ruin.
Trotzdem konnte sich der Kaufmann nicht von dem "high-life" mit Tennisspielen, kostspieligen Reisen, Ess- und Trinkgelagen und teuren Geliebten trennen.
Die Thaifrau aber lebte zurückgezogen, langweilte sich zu Hause, hatte Heimweh und fühlte sich vernachlässigt.

Im Juli 1983 schloss der Kaufmann für seine mittlerweilen im fünften Monat schwangeren Ehefrau eine Lebensversicherung über 180.000 Mark ab. Wieder war er der Begünstigte.
Die erste Rate war kaum bezahlt, da war auch Pempeya tot. Ermordet.
Am 1. September fand man die Leiche der Frau im Keller des Geschäfts "Mandarin". Das Opfer war erdrosselt worden. Die Kasse des Geschäftes war geöffnet. In einer im Büro offenstehenden Schreibmaschine war ein Blatt Papier eingespannt. Darauf standen die Worte "Scheiß Ausländer". Die Spuren waren offensichtlich so gelegt, dass auf Ausländerhass, Raubmord oder Sexualmord geschlossen werden musste.
Den Todeszeitpunkt konnten Sachverständige ziemlich genau auf den 31. August 1983 nachmittags gegen 16,00 Uhr bestimmen. Der Ehemann geriet wieder einmal in Tatverdacht.
Er wurde noch am Tage der Leichenauffindung festgenommen. Aber Walter Obermeier präsentierte ein Alibi, das unumstößlich schien. Am Tattage habe er sich auf der Messe in Frankfurt/Main aufgehalten. Der Kaufmann versuchte dies durch Zeugen und Sachbeweise zu belegen. Die Strafermittler aber zerpflückten die Abwesenheitsbeweise und wiesen dem Tatverdächtigen nach, dass er am Vormittag des 31. August zweifellos in Frankfurt gewesen war, dass er aber mittags von Frankfurt nach Nürnberg geflogen, von dort mit seinem am Flughafengelände verbotenerweise abgestellten schweren Automobil nach Weiden gefahren und nach der Tat auf dem gleichen Weg wieder nach Frankfurt zurückgekehrt war.
Zeugen, mit denen der Tatverdächtige zur Tatzeit auf der Frankfurter Messe gesprochen haben will, widerlegten dessen Version. Andere Zeugen hatten den Kaufmann zur tatkritischen Zeit in Weiden gesehen.

Auch der Versuch Obermeiers, einen Besuch in einem Steakhaus in Frankfurt zur angenommenen Tatzeit zu beweisen, schlug fehl, weil weder die von ihm angegebene Nummer, noch Preis, noch Gewicht des Steaks, das er gegessen haben wollte, mit der Speisekarte übereinstimmte.

Mit ausschlaggebend aber war die Aussage eines Parkwächters auf dem Nürnberger Flughafen. Dem Mann war am Tattage die schwere Limousine des Geschäftsmannes mit dem Weidener Kennzeichen gleich zweimal aufgefallen. Am Vormittag hatte der Parkwächter das Auto registriert, als es an einer verbotenen Stelle im Flughafengelände abgestellt war.
Am Abend war dasselbe Fahrzeug in einem anderen, ebenfalls verbotenen Bereich des Flughafenareals geparkt.
Als schließlich auch noch auf dem in der Schreibmaschine eingespannten Blatt Papier die Fingerabdrücke des Kaufmanns an den beim Einspannen typischen Ecken nachgewiesen werden konnten, war der Verdacht gegen den Ehemann der Getöteten durch eine Vielzahl von Indizien und Zeugenaussagen so erhärtet, dass das Schwurgericht in Weiden im Juli 1984 den Kaufmann Walter Obermeier wegen Gattenmordes zu einer lebenslangen Freiheitsstrafe verurteilte.
Der Angeklagte hatte in dem 18 Tage dauernden Prozess mit über 100 Zeugen bis zuletzt seine Unschuld beteuert.
Eine ganze Reihe von Fehlern und Dummheiten, nicht zuletzt das zweimalige falsche Parken seines Autos auf dem Nürnberger Flughafengelände, war ihm zum Verhängnis geworden.

DIE LEICHE IM ZINKBAD
Stolpersteine eines Verbrechens

Der bekannt gewordene Mord ohne Leiche ist in der Kriminalgeschichte eine seltene Ausnahme. allerdings werden viele Mordopfer und auch deren Mörder oft nicht erkannt, weil die Leichen als 'Normal'verstorbene beerdigt werden.
Das Bestreben jedes Verbrechers ist es nämlich, seine Tat unentdeckt und unaufgeklärt bleiben zu lassen. Mit immer ausgeklügelten Methoden versucht er, die Spuren seiner Tat zu verwischen oder ganz zu beseitigen. In Mord- und Totschlagsfällen trachten die Täter vor allem danach, den Hauptbeweis, nämlich das Opfer, unauffindbar verschwinden zu lassen. Dies wird fast immer dann versucht, wenn es zwischen dem Opfer und dem Täter irgendeine Beziehung gegeben hat, wenn es sich also um viktimologische Verbindungen handelte.
Aber bei aller Raffinesse, die die Täter in solchen Fällen anwenden, stolpern sie doch immer wieder über Fehler, Zufälle, nicht einkalkulierte Begebenheiten und über die zwangsläufig ebenfalls immer raffinierter gewordenen Aufklärungsmethoden ihrer Verfolger.

Schrecken in der Morgenstunde

Der 33-jährige Unternehmer Kurt Mayer betreibt in einem Vorort der Industriestadt Ingolstadt eine Feuerverzinkerei. Vier Arbeiter und zwei Angestellte helfen ihm, dass der Betrieb floriert. In der Werkhalle sind Säurebecken installiert. Der Mittelpunkt des Betriebes aber ist eine im Boden eingelassene sechs Meter lange, einem Meter breite und zwei Meter tiefe Stahlwanne, die mit 80 Tonnen flüssigem Zink gefüllt ist. In diesem ständig auf einer Temperatur von plus 450 Grad Celsius gehaltenen Schmelzbecken werden mittels eines Laufkranes die Metallmaterialien eingetaucht und "verzinkt". Die Hitze besorgt ein Ölbrenner, der unter der Stahlwanne installiert ist. Aus technischen Gründen ist es erforderlich, dass das Zink im Schmelzbecken permanent auf der hohen Temperatur gehalten wird. Das Zinkbad kann und darf also auch während der betriebslosen Zeit nicht abgeschaltet werden.

Am Donnerstag, dem 1. Juli 1982, morgens um 06.50 Uhr war in der Feuerverzinkerei Mayer noch -fast- alles in Ordnung. Als die vier Arbeiter in die Werkhalle kamen, lagen die zwei schweren Eisenrohre noch so am Kranhaken hängend im Salzsäurebecken, wie sie am Vortage dorthin gebracht worden waren. Die Zinkwanne war mit den dafür vorgesehenen drei Isolierdeckeln gesichert und der automatische Ölbrenner unter dem Schmelzbecken funktionierte ordnungsgemäß. Eine Merkwürdigkeit fiel jedoch auf.

Die Männer nahmen einen sonst nicht üblichen scharfen und beizenden Geruch war. Und aus dem Zinkbad drang durch die Ritzen der Abdeckplatten schwarzer Rauch heraus. Die Arbeiter ahnten nicht, dass sie wenige Minuten später -im wahrsten Sinne des Wortes -ein Verbrechen aufdecken würden.

Als sie die 5 cm dicken, zwei Meter langen, einem Meter breiten und ca. 80 Kilogramm schweren Abdeckplatten über den Zinkbad weghoben, bot sich ihnen ein Bild des Grauens.

Auf der Oberfläche des heißen Zinkbades schwamm fünf Zentimeter dicke, lockere, lose Schlacke, in der größere Knochenstücke lagen.

"Das wird doch wohl kein Mensch sein", sagte einer der Arbeiter noch scherzhaft.

Beim näheren Hinsehen bemerkten die Arbeiter im Zinkbad auch einen menschlichen Schädel.

Die Männer erschraken. Sie blickten sich fragend an. Wie konnte ein Mensch in das mit schweren Platten abgedeckte Zinkbad kommen? Die Arbeiter und Angestellten der Firma waren vollzählig da. Ein Unfall schied also aus. Der Firmeninhaber eilte zum Büro und verständigte telefonisch die Kriminalpolizei.

Einem geheimnisvollen Verbrechen auf der Spur

Der Anruf kam um 07,18 Uhr.
Im Kommissariat 11 der Kriminalpolizei Ingolstadt hatte gerade erst der reguläre Tagesdienst begonnen. Die Mitteilung des Unternehmers Kurt Mayer löste hektische Betriebsamkeit aus. Der Kommissariatsleiter schickte zunächst einen Streifenwagen der örtlichen Polizei zur Feuerverzinkerei Mayer und beorderte dann seine Mitarbeiter Hauptkommissar Wermer und Oberkommissar Lumer zum Fundort. Drei Beamte des Erkennungsdienstes rückten zur Spurensuche und -sicherung aus.
Die Kriminalbeamten fanden in dem 450 Grad heißen Zinkbad in der Werkhalle der Feuerverzinkerei auf der Oberfläche schwimmend die zum Großteil verkohlten Überreste eines menschlichen Körpers. Der Schädel war zu sehen, Teile des Beckens, größere und kleiner Knochen.
Die Beamten dachten zunächst an einen Unfall. Als sie aber erfuhren, dass das Zinkbad mit schweren Platten abgedeckt war, mussten sie ihre Meinung ändern. Wer in eine so heiße Masse hineinfällt, kann schließlich nicht noch den Deckel zumachen.
Also, Mord. Aber an wem? Von wem? Wer war hier in das Zinkbad geworfen worden? Ein Mann? Oder eine Frau?
Die Spur zum Mörder konnte nur über die Identifizierung der Leiche führen. Die Überreste der Leiche wurden aus dem flüssigen Zink gefischt. Die Gerichtsmediziner wurden angefordert.
Die routinemäßigen Überprüfungen führten auch zu dem italieni-

schen Gastarbeiter Francesco Cosinogli. Der Mann war sechs Wochen lang in der Feuerverzinkerei Mayer beschäftigt gewesen und zwei Wochen vor der Leichenauffindung vom Firmeninhaber wegen Unzuverlässigkeit entlassen worden. Er wohnte aber mit seiner Ehefrau noch in der an das Betriebsgebäude angebauten Werkswohnung. Der Gastarbeiter war verschwunden. Die Wohnung war leer. Und nirgendwo in der Umgebung war der rote Mercedes des Italieners zu finden. Auch Cosinoglis Ehefrau war nicht aufzufinden.

Die Kriminalbeamten arbeiteten nun fieberhaft. Am Nachmittag fanden sie heraus, dass Francesco Cosinogli eine um sechs Jahre ältere deutsche Geliebte gehabt hatte: Waltraud Frey, 41 Jahre alt, Mutter von drei Kindern. Aber auch die Geliebte war nicht aufzutreiben. Von ihrem einfältigen und dem Alkohol verfallenen Ehemann war nichts Brauchbares zu erfahren.

War Frau Frey mit ihrem Liebhaber durchgebrannt?

Lag im Zinkbad des Italieners lästig gewordene Ehefrau?

Aber da brachten zwei Kripoleute der fünfzehn Mann starken Mordkommission neue Erkenntnisse. Francesco Cosinogli war mit seiner Ehefrau am frühen Morgen des Donnerstages von Landsleuten gesehen worden. Er hatte sich von mehreren Leuten verabschiedet, weil er nach Italien zurückkehren wollte. Die Leiche im Zinkbad konnte also weder die des Gastarbeiters noch die der Ehefrau sein.

War es die der Geliebten?

Die Männer der Kripo ermittelten, dass seit dem Mittwochabend nicht nur die Arbeiterin Waltraud Frey, sondern auch deren 12-jähriger Sohn Robert verschwunden war.

Aber in dem Zinkbad hatten sich nur die Reste einer Leiche gefunden.

Am Abend kam einigermaßen Klarheit in die verwirrte Situation. Die Gerichtsmediziner hatten den Schädel aus dem Zinkbad untersucht und im Oberkiefer einen Zahnersatz in Form einer Gaumenplatte aus Platin gefunden. Schnell war der Zahnarzt der Waltraud Frey gefunden. Ein Vergleich mit den Unterlagen des Arztes brachte Gewissheit: Die Tote im Zinkbad war Waltraud Frey. Der Verdacht, dass Francesco Cosinogli mit dem Tod seiner deutschen Geliebten und der Beseitigung der Leiche in Verbindung zu bringen war, verdichtete sich immer mehr.

Von dem 12-jährigen Sohn Robert Frey gab es allerdings überhaupt keine Spur.

Ein grausamer Fund

Fünf Tage waren seit dem Auffinden der Leiche im Zinkbad vergangen. Die Mordkommission der Kripo hatte die Landsleute des verschwundenen Italieners Cosinogli vernommen, das Umfeld der Getöteten und deren unauffindbaren Sohnes aufzuhellen versucht. Umfangreiche Suchaktionen nach dem Jungen waren erfolglos abgebrochen worden. Die Medien hatten wiederholt über das rätselhafte Verbrechen berichtet.
Am Montag um 09.45 Uhr ging bei der Mordkommission ein Telefonanruf ein:
"Sie, ich habe gerade vorhin beim Waldlauf nahe der Bundesstraße 16 auf einem Waldweg eine Geldbörse gefunden. Darin ist ein Schülerausweis lautend auf den Namen Robert Frey."
Die Kriminalbeamten schalteten schnell. Sie verabredeten mit dem Anrufer ein Treffen. Dieser, es war der Kraftfahrer Max Danzer, führte Hauptkommissar Wermer und Oberkommissar Lumer zum Auffindungsort der Geldtasche.

Die Männer fuhren auf der Bundesstraße circa 20 Kilometer ostwärts, bogen dann in eine geteerte Forststraße ein und hielten nach 70 Metern. Der Zeuge ging nun nach rechts in einen mit Gras und Moos bewachsenen Waldweg. Die Beamten folgten ihm. Auf dem Weg stellten sie Reifenabdruckspuren eines Personenkraftwagens fest. Nach 50 Metern gewahrten sie auf der moosbewachsenen Erhöhung in der Mitte des Waldweges deutlich eine Schleifspur. Sieben Meter lang war diese Spur. Max Danzer zeigte etwa in der Mitte der Spur die Stelle, an der er die Geldbörse gefunden hatte. Die Kripomänner suchten die nähere Umgebung ab. Aber sie fanden nichts.
Sie gingen schließlich auf dem Waldweg weiter und trafen nach 100 Metern auf eine kleine Lichtung. Von dort aus führte ein nur mehr schwach als Weg erkennbarer Geländestreifen auf eine Unterholzgruppe zu. Das Gelände war mit hohem Gras bewachsen. Der Weg endete endgültig vor etwa zwei Meter hohen Fichten. In dem tiefen Gras fanden die Beamten deutlich ausgeprägt abermals eine Schleifspur. Sie führte ins Unterholz. Die Kripoleute gingen der Spur nach und stießen nach zwanzig Metern auf eine Leiche.
Es ist war ein Junge. Die Lage der Leiche, die Bekleidung, die Verletzungen wiesen darauf hin, dass die Leiche an den Beinen voraus über eine längere Strecke hinweg am Boden schleifend zum Ablageort gezogen worden war.
Hauptkommissar Wermer eilte zum Dienstwagen zurück und rief über Funk die Kollegen vom Erkennungsdienst auf.
Nach der Spurensicherung wurde die schon in Verwesung übergegangene Leiche in das gerichtsmedizinische Institut gebracht. Die Kriminalbeamten waren sich sicher, dass sie die Leiche des verschwundenen Robert Frey gefunden hatten. Aber sie mussten dies erst noch beweisen. Sie suchten deshalb den Vater des ver-

schwundenen Jungen auf. Sie fanden ihn am frühen Nachmittag in einer Gastwirtschaft. Die Beamten eröffneten den bereits wieder Alkoholisierten, dass man eine Leiche gefunden habe, die wahrscheinlich die seines Sohnes Robert sei. Auf das Verlangen, bei der Identifizierung mitzuhelfen, erinnerte sich der Vater schließlich an eine Zahnspange seines Sohnes, die noch in der Wohnung sei. Die Spange wurde geholt, der Zahnarzt gebeten, die entsprechenden Unterlagen zur Verfügung zu stellen. Mit zwei Röntgenaufnahmen und einem Gebissabdruck von Robert Frey fuhr Oberkommissar Lumer zum gerichtsmedizinischen Institut. Die Mediziner waren gerade bei der Obduktion. Das Gebiss der Leiche passte lückenlos in den vom Zahnarzt zur Verfügung gestellten Gebissabdruck. Die Leiche war identifiziert. Es war Robert Frey.
Und noch etwas stellten die Gerichtsmediziner eindeutig fest: Robert Frey war durch erhebliche stumpfe Gewalteinwirkung gegen den Brustkorb und die Nackenregion gewaltsam ums Leben bekommen.

Tatverdacht

Schon am Tage der Auffindung der Leiche im Zinkbad hatte sich ein starker Tatverdacht gegen den italienischen Gastarbeiter Francesco Cosinogli ergeben. Der Mann war zwei Jahre mit Waltraud Frey intim befreundet gewesen und hatte sich mit ihr bis zuletzt getroffen gehabt. Der Gastarbeiter hatte alle Örtlichkeiten, die Zugangsmöglichkeiten zur Werkhalle, die internen Gegebenheiten, die Abläufe im Zinkschmelzbecken genau gekannt, denn er hatte über Wochen hinweg in der Feuerverzinkerei gearbeitet. Nicht zuletzt sein fluchtartiges Verschwinden am Tage der Entdeckung des Mordopfers erhärtete den Tatverdacht gegen ihn

erheblich. Die Kripoleute hatten deshalb noch am gleichen Tage eine Fahndung nach Cosinogli eingeleitet. Aber der Tatverdächtige war bereits entwischt.
Am Tage nach der Auffindung der Leiche des 12-jährigen Robert Frey erhielt die Mordkommission von Interpol Rom ein sehr dringendes Fernschreiben. Die italienische Polizei in Tarento hatte Francesco Cosinogli auf Grund der internationalen Fahndung festgenommen. Aber der Mann bestritt energisch, auch nur im entferntesten mit dem Tod von Waltraud Frey und deren Sohn etwas zu tun zu haben. Auch seine Ehefrau wollte nichts von der Tötung und Leichenbeseitigung wissen. Die zuständigen Justizbehörden hatten die Freilassung des Tatverdächtigen angeordnet, bis sie genauere und detailliertere Unterlagen aus Deutschland erhielten.
Für die Mordkommission der Kripo Ingolstadt galt es also, in unermüdlicher Kleinarbeit eine Indizienkette zu schmieden, die in ihrem schwächsten Glied ausreichen musste, um den Mann in Italien den Mord an seiner deutschen Geliebten und deren Sohn nachweisen zu können.
Unzählige Zeugen und Auskunftspersonen wurden vernommen. Es kam heraus, dass die beiden Mordopfer zehn Tage vor ihrem Tod mit dem Tatverdächtigen in dessen Wohnung in Italien gewesen waren. Ein Zeuge fand sich, der den roten Mercedes mit dem italienischen Kennzeichen des Tatverdächtigen zur tatkritischen Zeit in der Nähe des Auffindungsortes der Leiche des Jungen gesehen haben wollte. Und schließlich meldete sich ein Mann, den Cosinogli ganz konkret zu bestimmen versucht hatte, Frau Frey gegen Bezahlung zu töten.
Am Ende der kriminalpolizeilichen und gerichtsmedizinischen Schwerstarbeit blieb dem zuständigen Staatsanwalt nichts anderes übrig, als die italienischen Justizbehörden um Übernahme des

Strafverfahrens zu ersuchen, denn eine Auslieferung des italienischen Tatverdächtigen nach Deutschland war nach den internationalen Gepflogenheiten nicht möglich.
Nach einem bürokratischen Hin und Her zwischen der deutschen und italienischen Justiz wurde Cosinogli im Oktober 1982 verhaftet. Der Staatsanwalt in Tarento in der Provinz Apulien am südlichen Zipfel Italiens hatte das Strafverfahren übernommen.

Die Theorie von der Tat

Der Tatverdächtige leugnete. Es gab keine Tatzeugen. Die Ehefrau des Beschuldigten hätte bei der Tat mitgeholfen haben, zumindest aber bei der Leichenbeseitigung beteiligt gewesen sein können. Aber die Frau schwieg ebenfalls. Die Beamten der Mordkommission mussten deshalb die Abläufe rekonstruieren.
Von der Leiche der Waltraud Frey war nicht mehr viel übrig geblieben: Reste von Wirbelkörpern, Teile von Rippen, Teile eines Schlüsselbeins, Hand- und Fußknochen, der Schädel, Kieferteile mit erkennbaren Zahnkanälen. Den Gerichtsmedizinern gelang es nicht mehr, die Todesursache festzustellen. Der menschliche Körper war im Zinkbad schon zu weit vernichtet worden. Damit blieb im Dunkeln, wie die Frau zu Tode gekommen war.
An der Leiche des 12-jährigen Robert Frey hatten die Mediziner erhebliche stumpfe Gewalteinwirkungen im Bereich des Brustkorbes und der Nackenregion festgestellt. Die Frage stellte sich: Hatte der Täter sein Opfer in Tötungsabsicht mit seiner schweren Limousine überfahren? Auszuschließen war nicht, dass der italienische Gastarbeiter seine deutsche Geliebte auf nicht mehr festzustellende Weise getötet hatte und der Sohn Robert sterben hat müssen, weil er Zeuge des Verbrechens gewesen war. Angenommen musste werden, dass der Täter beide Leichen im heißen

Zinkbad seines früheren Arbeitgebers auf Nimmerwiedersehen verschwinden lassen wollte.
Aber da war die Frage offen, wie der Mann die 80 Kilogramm schweren Eisenabdeckplatten über dem Zinkbad weggebracht haben konnte. An dem auch für solche Zwecke einsetzbaren Laufkran hatten ja noch die zwei schweren Rohre in dem Säurebad gehangen.
Den Kran konnte er also nicht benutzt haben.
Hatte ihm seine Frau beim Wegheben des Deckels geholfen?
Den Kripoleuten ließ die Frage keine Ruhe. Sie fuhren noch einmal zur Feuerverzinkerei und probierten das Wegheben der Platten selbst. Die Tragehacken der Deckel waren nicht heiß, sie konnten mit bloßen Händen angefasst werden. Zwei Personen konnten ohne weiteres eine Abdeckplatte wegheben. Aber gelang dies auch einer Person? Ein Versuch bewies es: Der schwere Deckel konnte von einer Person an einer Seite hochgehoben und in senkrechter Stellung eingehackt werden. Der Täter konnte also auch allein die Leiche in das Zinkbad gebracht haben.
Andere Spuren brachten den Beweis dafür, dass der Täter mit einem in der Werkhalle liegendem Schlackenräumer versucht hatte, die Leiche im Zinkbad unterzutauchen. Erst als er wohl festgestellt hatte, dass der menschliche Körper im Zinkbad nicht vollkommen verbrennt, muss sich der Täter entschlossen haben, die Leiche des Jungen anderweitig verschwinden zu lassen. Auf seiner Reise in seine italienische Heimat musste Cosinogli die makabere Fracht dann in die Fichtenschonung nahe der Bundesstraße geschleift haben.

Das Urteil

Francesco Cosinogli wurde zwei Jahre nach der Tat vor dem

Schwurgericht in Tarento/Italien der Prozess gemacht. Der Staatsanwalt beschuldigte den Angeklagten, in Deutschland die 41-jährige Waltraud Frey und deren 12 Jahre alten Sohn Robert ermordet zu haben.
Der ehemalige Gastarbeiter und seine wegen Falschaussage mitangeklagte Ehefrau verfolgten den Prozess mit wachsendem Optimismus. Von den fünfzig geladenen deutschen Zeugen waren nämlich nur zwei deutsche Kriminalbeamte und der ehemalige Arbeitgeber des Angeklagten vor dem italienischen Gericht erschienen. Aber da tauchte unangemeldet der Ehemann der Ermordeten im Gerichtssaal auf. Publikum und Geschworene konnten sehen, wie der Angeklagte in seinem Gitterkäfig sichtlich außer Fassung geriet.
Der Ankläger forderte schließlich für Francesco Cosinogli wegen zweifachen Mordes lebenslange Haft und -was außergewöhnlich ist -wegen der besonders grauenhaften Leichenbeseitigungsmethode zusätzlich vier Jahre Gefängnis.
Das Schwurgericht blieb mit seinem Spruch unter der Forderung des Staatsanwaltes. Es verurteilte den Angeklagten wegen Mordes in zwei Fällen zu 25 Jahren Gefängnis.
Die mitangeklagte Ehefrau wurde freigesprochen.
Cosinogli leugnete die Taten auch nach dem Urteilsspruch.

Die `Stolpersteine' des Verbrechens

Dem 35 Jahre alten italienischen Gastarbeiter Francesco Cosinogli war es gelungen, seine 41-jährige deutsche Geliebte Waltraud Frey zu töten und die Leiche auf raffinierte Art so zu beseitigen, dass es schien, als wenn die Tat in die Zahl der ungeklärten Verbrechen eingereiht werden müsste.
Fast wäre ihm der perfekte Mord ohne Leiche gelungen.

Dass dies letztendlich nicht geschah, hatte an Umständen und Zufällen gelegen, auf die der Mörder keinen Einfluss hatte, die er gar nicht kennen konnte und die er (aus seiner Sicht) fehlerhaft nicht beachtet hatte.

Zweifellos war der Mörder von den Voraussetzungen ausgegangen, dass er die Leichen spurlos beseitigen konnte. Aber bei dem Versuch, die Leiche seiner ehemaligen Geliebten zu vernichten, hatte der Täter bereits seine erste Enttäuschung erleben müssen.

Die Leiche war in dem flüssigen Zinkbad nicht versunken. Auch als er mit dem Schlackenräumer die Leiche im Zinkbad untertauchen wollte, war ihm dies nicht gelungen. Der Grund hierfür ist für einen Wissenden ganz einfach. Zink hat ein weit höheres spezifisches Gewicht als der menschliche Körper.

Auch die Annahme, dass die Leiche in dem +450 Grad Celsius heißem, flüssigem Zink schnell und restlos verbrennen und nur mehr undefinierbare Schlacke übrig bleiben würde, hatte sich als Trugschluss erwiesen. Nach Aussagen von Experten wären Reste der Leiche noch nach Tagen im Zinkbad festzustellen gewesen. Der Täter hatte die Leiche in der Nacht zu einem Werktag in das Zinkbad gebracht. Nur wenige Stunden nach diesem Vorgehen hatten Arbeiter der Feuerverzinkerei das mysteriöse Grab geöffnet und so -unfreiwillig -ein Verbrechen aufgedeckt. Hätte der Mörder die Leiche vor einer längeren Betriebspause, etwa am Freitag vor einem Wochenende, in das Zinkbad geworfen, wäre es ihm vielleicht gelungen, seinen Plan mit der restlosen Vernichtung der Leiche zu verwirklichen.

Aber der Mörder hatte noch auf andere Weise mehrfach `Pech' gehabt.

Von der Leiche im Zinkbad waren zwar nur mehr Knochenreste übrig, als sie entdeckt worden war. Eine Identifizierung schien unmöglich, wenn den Kriminalbeamten nicht der Zufall zur Hilfe gekommen wäre. Das Mordopfer hatte nämlich etwas in sich, was der Mörder nicht wissen konnte. Die ‘dritten‘ Zähne waren es, die eine Feststellung der Person schließlich doch ermöglicht hatten. Waltraud Frey hatte sich zu Lebzeiten einen Zahnersatz mit einer Gaumenplatte aus Platin machen lassen. Das Platin wäre erst bei +1100 Grad Celsius geschmolzen. Die +450 Grad im Zinkbad hatten jedenfalls für eine Vernichtung des Zahnersatzes nicht ausgreicht. Der Zahnarzt der Frau Frey hatte anhand der von ihm gefertigten Gaumenplatte gutachtlich eindeutig aussagen können, dass nur seine Patientin diese Platte getragen haben konnte. Wäre die Gaumenplatte -wie sonst üblich- aus Plastik oder einem anderen leichter schmelzbarem Material gefertigt gewesen, hätte niemand mehr beweisbar feststellen können, dass es sich bei der Leiche im Zinkbad eindeutig um die der Waltraud Frey gehandelt hat. Bei der Beseitigung der Leiche des 12-jährigen Robert Frey hatte der Mörder bereits unter Zeitdruck gehandelt. Trotzdem hatte er bei der Ablage einen Ort in dem dichten Unterholz abseits der Bundesstraße so gewählt, dass die Leiche kaum gefunden worden wäre. Die Waldlaufleidenschaft des Kraftfahrers Max Danzer, auf die der Mörder keinen Einfluss hatte, war dem Täter zum weiteren Verhängnis geworden. Schließlich hatte der Mörder auch noch die Geldbörse mit dem Schülerausweis in der Hosentasche seines Opfers übersehen und auf dem Rückweg aus dem Unterholz die von ihm hinterlassenen Spuren außer Acht gelassen. Aber auch wenn die Leiche des Jungen erst viel später entdeckt worden wäre, wenn sie also schon skelettiert gewesen wäre, hätte die fehlerhafte Zahnstellung in den Kiefern des Opfers es ermöglicht, zusammen mit den Unterlagen des Zahnarztes eine Identifizierung beweiskräftig durchzuführen.

Für Francesco Cosinogli hatte sich die 100%ige Leichenbeseitigungsmethode als Trugschluss erwiesen.

MORD AM OFFENEN KAMIN
Ein Ehedrama in Aschaffenburg

Eine ‚unglaubliche' Geschichte

„Ich bin am Donnerstag, dem 01. Oktober 1987, um 20.45 Uhr, nach Hause gekommen, mit einer Portion Hähnchen und Pommes frites, die ich für meinen zweieinhalbjährigen Sohn in einer Gaststätte besorgt hatte. Ich zog mich aus, bis auf den Slip, setzte mich dann im Kaminzimmer zu meiner Frau und meinem Kind und fütterte meinen Sohn mit Hähnchen und Pommes. Danach war es etwa 21.10 Uhr.

Dann wusch ich meinen Sohn im Bad. Ins Bett wollte der Kleine noch nicht. Also nahm ich ihn im Kaminzimmer noch einmal auf den Schoss, rauchte eine Zigarette, unterhielt mich mit meiner Frau. Dann brachte ich den Sohn ins Bett. Das Kind wollte Händchen halten. Ich habe ihm „Heidschi bubeidschi" vorgesungen, erzählte eine Geschichte – wie immer an solchen Abenden. Es war um 21.30 Uhr.

Obwohl die Fußbodenheizung lief, fror meine schwangere Ehefrau. Ich habe mich angekleidet, um von draußen Holz zu holen. Doch das Feuer im offenen Kamin wollte zunächst nicht brennen. Als es endlich soweit ist, sagte Ursula von der Couch her: „Komm mal her, das Kleine bewegt sich." Ich kniete mich vor die Couch. Dann haben wir zusammen mit dem Kind geschmust. Ich streckte mich, immer noch bekleidet, neben der Couch aus. Plötzlich habe ich mich entschlossen, in der Haustür ein neues Schloss einzubauen. Es war zwischen 21.45 und 22 Uhr. Das Schloss hatte meine Frau besorgt, weil sie den Hausschlüssel für die komplette Schließanlage des Zweifamilienhauses am Tag zuvor verloren hatte. Bei der Montage des Schlosses rief ich meine Frau zu Hilfe, weil die Arbeit für einen allein zu umständlich war. Als wir beiden die Wohnung wieder betraten, war die Haustür verschlossen. Jetzt war es 22.10 bis 22.15 Uhr.

Zurück in der Wohnung habe ich mich von neuem entkleidet, schnitt und manikürte meine Fingernägel und Fußnägel, setzte mich dann vor meiner Frau am Boden, die mir dann den Rücken kraulte. Gegen 22.45 Uhr ging ich ins Bad. Nach dem Verrichten der Notdurft zog ich den Slip hoch, setzte mich auf die Toilette und las in einem Herrenmagazin, Playboy, Lui oder Penthouse.
Dann ging plötzlich die Tür auf, und ein fremder Mann stand vor mir. Er hatte eine Strumpfmaske über den Kopf gezogen, trug eine Arbeits- oder Jeansjacke, im Ausschnitt leuchtete ein weißes Hemd oder T-Shirt. In der Hand hielt er eine Pistole.
„Verhalt dich ruhig, dann passiert euch nichts!" sagte der Fremde. Der Mann warf mir ein paar Kleidungsstücke zu und befahl: „Anziehen! Wir fahren ins Geschäft." Ich kleidete mich an.
„Schlüssel holen", sagte der Fremde.
„Der ist im ersten Stock in der Wohnung der Eltern versteckt", erwiderte ich.
Der Fremde ging über den Flur rückwärts in Richtung Kaminzimmer, Blick und Pistole waren auf mich gerichtet. Dann stoppte er, stießt mich zur Wohnungstür. Im Kaminzimmer nahm ich einen Schatten war. Ich dachte: „Das ist nicht meine Frau."
Dann ging ich zum ersten Stock des Hauses in die Wohnung meiner Eltern, die um diese Zeit in Urlaub waren. Ich wollte dort den Geschäftsschlüssel holen, der bei meinen Eltern versteckt war. Der Unbekannte ging mit, immer die Pistole auf mich gerichtet. Er ließ mich oben in einem dunklen Zimmer in das Versteck greifen, offenbar ohne Angst, dass ich plötzlich eine Pistole in der Hand haben könnte. Wir gingen dann wieder hinunter. Ich musste mein Auto aus der Garage fahren. Der Mann setzte sich auf den Rücksitz. Beim Wegfahren bemerkte ich vor dem Nachbarhaus ein Auto mit zwei Insassen. In dem Auto brannte die Beleuchtung. Jetzt war es 23 Uhr. Auf der B 26 in Erlenbach sag-

te der Fremde plötzlich: „Da links ab!“ Beim Abbiegen bemerkte ich vorne auf der Hauptstraße ein auf und ab steigendes rotes Licht. Eine Polizeikontrolle. Der Fremde sprach nun zum ersten Mal in ein Funkgerät. Das Gerät hatte der Mann schon von Anfang an einem Riemen über der Schulter hängen, als er in meiner Wohnung im Bad aufgetaucht war. Ich habe nicht verstanden, was da gesprochen wurde. Als ich mich im Auto umdrehte, hob der Fremde die Pistole und richtete sie auf meinen Kopf.

An der Ortsgrenze zwischen Erlenbach und Lindach wurde der Fremde plötzlich angefunkt. Der bis dahin eine beängstigende Ruhe ausstrahlende Mann wurde plötzlich laut und hektisch. Es ging hin und her. Das Gespräch dauerte länger als beim ersten Mal. Ich verstand kein Wort.

Vor meinem Geschäft in Lindach angekommen, befahl der Mann auf dem Rücksitz plötzlich: „Zur Autobahn!“ Als ich mich umdrehte, blickte ich wieder in die Mündung der Pistole. Ich fuhr zügig auf die Autobahn ein. Da kam der Befehl vom Rücksitz: “Langsamer!“. Mit 100 bis 130 km/h erreichten wir schließlich die Raststätte Weiskirchen. Ich musste hier von der Autobahn abfahren und überquerte die Autobahn auf einer Brücke, die zum Rasthaus auf der anderen Seite führt. Hinter der Brücke musste ich links anhalten und aussteigen. Auf Befehl des Fremden musste ich mich in den Kofferraum meines Autos legen. Der Mann warf den Kofferraumdeckel zu. Ein wenig später hörte ich Motorengeräusch. Ein Auto blieb stehen, Türen schlugen zu und das Auto fuhr weg.

Ich hatte Angst, im Kofferraum zu ersticken. Ich zündete mein Feuerzeug an, um besser sehen zu können. Mit Mühe gelang es mir, ein Rücklicht des Wagens auszuschlagen. Nun bekam ich wieder etwas mehr Luft. Dann hielt ich das brennende Feuerzeug durch das Loch im Rücklicht hinaus, um vorbekommende Autofahrer auf mich aufmerksam zu machen. Aber niemand bemerkte dies. Erst als ich meinen Pulli hinaus zwängte, ihn anzündete und mit der Hand weit weg auf die Fahrbahn gestoßen hatte, hielt ein Autofahrer an. Wir redeten miteinander. Aber der Mann bekam den Kofferraum nicht auf. Der Mann fuhr weiter und versprach, die Polizei zu verständen. Zwischenzeitlich kam ein anderer Autofahrer und befreite mich aus dem Kofferraum. Nach etwa 10 Minuten kam dann ein Streifenwagen der Polizei."

Ist dies nun eine Geschichte aus einem schlechten Krimi? Nein. Genau das erzählte der 28-jährige Juwelier und Uhrmachermeister Mario Ganzalani in der Nacht zum 02. Oktober 1987 bruchstückweise der Polizei in Aschaffenburg und später auch den Richtern der Schwurgerichtskammer des Landgerichts Würzburg.

Der Countdown einer Katastrophe

Es war am Donnerstag, dem 01. Oktober 1987, nach 23 Uhr, als ein Autofahrer über die Brücke, die beide Raststätten Weiskirchen an der Autobahn in Hessen miteinander verbindet, fuhr.
Hinter der Brücke sah er auf der Fahrbahn ein kleines Feuer glimmen. Ein schwerer silbergrauer Mercedes stand an der Seite.
Der Autofahrer entdeckte im Vorbeifahren eine Hand, die aus der Karosserie winkte und hörte eine Stimme um Hilfe rufen.
Weil er einen Trick vermutete, fuhr er weiter zur Raststätte und verständigte die Polizei von seiner Beobachtung.
Kurze Zeit später kam ein 61-jähriger an der Raststätte Weiskirchen beschäftigter Kraftfahrer zu dem abgestellten Nobelauto.
Auch er hörte die Stimme aus dem Kofferraum.
Aber er brachte den Kofferraumdeckel nicht auf, obwohl ihm der Eingeschlossene „präzise" Anleitungen gab und ihm kurz sagte,

was passiert war.
„Ich hatte ein bisschen Angst und dachte, vielleicht ist es besser so, dass er drinn bleibt.“
Der 61-jährige machte kehrt, lief zum Motel Weiskirchen und verständigte von der Rezeption aus die Polizei.
Als er zurückkehrte, hatte ein mit seinem Auto zufällig vorbeikommender 32-jähriger Kaufmann aus Hanau den Eingeschlossenen gegen 23.45 Uhr bereits befreit.
Das Auto gehörte den 28 Jahre alten Juwelier Mario Ganzalani aus Buchenbach bei Aschaffenburg. Der Befreite war der Autoeigner selbst.
Der Juwelier erzählte den beiden Männern, was passiert war, nämlich dass er in seiner Wohnung von zwei Unbekannten überfallen und von einem der Männer mit seinem eigenen Auto entführt worden sei, während der andere in der Wohnung bei seiner Frau geblieben sei.
Zehn Minuten später kam ein Streifenwagen der für Weiskirchen zuständigen hessischen Polizei zum Tatort. Bis dahin, so der Kaufmann aus Hanau später, habe er nicht den Eindruck gehabt, dass der aus dem Kofferraum seines Autos befreite Mann dringend nach Hause wollte. Im Auto des Juweliers steckte der Zündschlüssel, die Schlüssel zum Geschäft in Aschaffenburg lagen auf der Mittelkonsole.
Die Polizisten, zwei Beamte und eine Beamtin, baten Ganzalani in den Polizeiwagen. Dort schilderte der Juwelier den Überfall in seiner Wohnung und seine Entführung.
Den Beamten fiel auf, dass der Mann wertvollen Schmuck trug.
„Nach meinem ersten Eindruck“, so ein Beamter später, „hatte ich es mit einem Zuhälter zu tun. So sehr war er mit den typischen Ringen und Ketten behangen.“
Und eine Kriminalobermeisterin später: „Ich dachte damals

schon, wenn die Entführung wirklich stimmt und der Täter ihm die Kleidung daheim auf der Toilette zugeworfen hat, warum hat er in dieser Situation noch so viel Schmuck angezogen?“

Die Polizisten verständigten über Funk ihre bayerischen Kollegen in Aschaffenburg.

Mit einem Großaufgebot umstellten die Aschaffenburger Polizisten um 00.30 Uhr das Haus des Ganzalani in Buchenbach.

Als die Beamten bei einem Blick durchs Fenster im Wohnzimmer eine leblose Person am Boden sahen, stürmten sie die Wohnung. Sie fanden im Kaminzimmer vor dem offenen Kamin neben der Couch am Boden in einer Blutlache liegend die hochschwangere Wohnungsinhaberin mit eingeschlagenem Schädel tot.

Die Frau war offensichtlich mit einem schweren Buchenholzscheit, das zum Feuerholz für den Kamin gehörte, erschlagen worden.

Ursula Ganzalani lag auf dem Rücken am Boden des Kaminzimmers, mit dem Kopf in Richtung Wohnzimmer. Am Boden dehnten sich Blutstropfen fächerförmig in Richtung Kamin aus. Eine große Blutlache reichte bis unter dem Teppich. Die Augen der Toten waren geschlossen, der Körper lag ausgestreckt, aus dem leicht geöffneten Mund hatte sich Blut in feinen Tröpfchen gelöst. Vor dem Fernsehgerät lag ein Stück Schädelknochen, auf einen Ledersessel fand sich ein Borkenstück, das zu einem blutgetränkten Buchenholzstück passte. Das lag unmittelbar vor dem Kamin. Der Fernsehapparat war noch eingeschaltet. Auf dem Bildschirm leuchtete das Testbild von SAT 1, die Fernbedienung war auf die Endstufe ‚Ab' gestellt.

Zwischen Sitzfläche und Armlehne eines der Sessel steckte ein Klappmesser, das keine Blutspuren zeigte.

Die Schiebetür zur Terrasse stand um einen Spalt von 40 Zentimeter offen, der Rollladen war jedoch hinabgelassen. Nichts deu-

tete darauf hin, dass vor den tödlichen Schlägen ein Kampf stattgefunden haben könnte.
In einer Handtasche der Toten fand sich Bargeld und Schmuck für mehrere tausend Mark. Und auch im Bad stand eine Schale mit vielen Schmuckstücken.
In einem Nebenzimmer lag unversehrt in seinem Bett der zweieinhalb Jahre alte Sohn der Eheleute Ganzalani.
Im Haus war alles unversehrt. Es deutete nichts auf einen Einbruch, Raub oder Diebstahl hin.
Der Notarzt kam um 00.52 Uhr. Er hatte sich zuerst über Wiederbelebungsversuche Gedanken gemacht und Herztöne und Puls versucht abzuhören. Als eine Reanimation nicht möglich war, erklärten ihm die Polizeibeamten, dass die Lage der Leiche nicht verändert werden darf. Der Notarzt stellte um 1 Uhr den Totenschein aus.
Weder der Notarzt -gegen 01 Uhr in der Nacht- noch später die Polizei -gegen 02.25 Uhr- konnten an der Toten die ersten Anzeichen von Leichenstarre feststellen. Bei den Untersuchungen hat man zu diesen Zeitpunkten Arme, Beine und Handgelenke der Toten bewegen können.
Um 02.35 Uhr stellten die Beamten bei Ursula Ganzalani durch Messungen mit einem Leichenthermometer noch eine Temperatur von 35,4 Grad fest. Im Wohn- und Kaminzimmer war es sehr warm. Die Raumtemperatur betrug in einer Höhe von 1.35 Meter 20,8 Grad. Im offenen Kamin entdeckten die Beamten noch heiße Glut.
Auf der Fahrt im Auto der hessischen Polizei nach Aschaffenburg hörte Ganzalani über Funk, dass die inzwischen alarmierte Aschaffenburger Polizei bei einem Blick durch ein Fenster der Ganzalani-Wohnung in Buchenbach eine leblose Person am Boden gesehen hatte. „Da rutschte er auf dem Rücksitz nach vorne,

wurde immer lauter und wollte sofort nach Hause“, wird später eine Beamtin aussagen. „Plötzlich war er psychisch so betroffen, dass er uns nicht einmal mehr den Weg zur Aschaffenburger Polizeiinspektion zeigen konnte.“ Die hessischen Polizisten brachten Mario Ganzalani zur Polizei in Aschaffenburg, wo bereits eine Sonderkommission zusammengestellt war. Ab 01 Uhr wurde der Juwelier ununterbrochen vernommen. Auch den Beamten der Aschaffenburger Kripo berichtete Mario Ganzalani, dass er kurz vor Mitternacht von einem maskierten Mann mit Waffengewalt von seinem Haus aus im eigenen Auto entführt worden sei.

Nachdem die Fahrt zunächst zu seinem in der Nähe gelegenen Geschäft in Aibing gehen sollte, habe er auf Weisung seines Entführers plötzlich zu der 35 Kilometer entfernten Autobahnraststätte Weiskirchen/Hessen fahren müssen.

Zuvor habe der Täter vom Auto aus ein Funkgespräch in ausländischer Sprache geführt.

Auf der Raststätte habe ihn der Unbekannte im Kofferraum seines eigenen Autos eingesperrt.

Passanten, so Ganzalani weiter, hatte er dadurch auf sich aufmerksam gemacht, dass er einen Pullover durch die durchstoßene Rückleuchte schob und diesen mit einem Feuerzeug entflammte.

Die noch in der Nacht der Tat ausgelöste Ringfahndung der Polizei hatte keine brauchbaren Ergebnisse gebracht.

Probleme bei der Fahndung bereiteten den Beamten, dass von den Geiselnehmern nur eine ungenaue Personenbeschreibung vorlag.

Der Juwelier hatte den einen Täter nur schemenhaft gesehen. Von dem anderen konnte er nur die Größe mit etwa 1,75 Metern angeben, der zwischen 25 und 35 Jahre alt gewesen sein sollte und einen stahlblauen Arbeitsanzug und ein helles T-oder Polo-Shirt getragen haben soll. Die Medien berichteten ausführlich über den Mordfall, der in der Öffentlichkeit für großes Aufsehen sorgte.

Die Kriminalpolizei arbeitete fieberhaft.
Eine Obduktion hatte ergeben, dass die hochschwangere Ursula Ganzalani am Donnerstag, dem 01. Oktober 1987 zwischen 22 und 23 Uhr gestorben und der Tod durch Schädelbruch eingetreten war. Das Baby war noch im Mutterleib verstorben.
Drei Tage später waren bei der zwischenzeitlich auf 15köpfiger Sonderkommission der Kriminalpolizei Aschaffenburg etwa 110 Hinweise aus der Bevölkerung eingegangen.
Der Juwelier setzte für Hinweise, die zur Aufklärung beitragen, eine Belohnung von 10.000 Mark aus.
Und schon tauchten, wie in so spektakulären Fällen fast immer, „Trittbrettfahrer" auf.
Mario Ganzalani erhielt einen Brief, in dem Unbekannte von ihm 60.000 Mark forderten. Erhielten sie das Geld nicht, so die Erpresser, würden sie bei der Polizei aussagen, er habe in der Tatnacht allein im Auto auf dem Weg nach Weiskirchen gesessen.
Mario Ganzalani setzte sich nach Erhalt des Erpresserbriefes sofort mit der Polizei in Verbindung.
Es wurde vereinbart, dass der Juwelier zum Schein auf die Forderung des oder der Täter eingehen soll. In der Samstagsausgabe der örtlichen Tageszeitung wurde eine Anzeige veröffentlicht, die den Erpressern signalisieren sollte, der Juwelier sei mit der Geldübergabe einverstanden.
Die Erpresser nahmen daraufhin telefonisch Kontakt mit Mario Ganzalani auf und schraubten die Geldforderung in die Höhe. Statt 60.000 Mark wurden jetzt 100.000 Mark verlangt.
Wie mit den Tätern telefonisch verabredet, ging Mario Ganzalani am Montagabend zu einer Tankstelle in die Bardroffstraße in Aschaffenburg und legte einen Koffer, den die Polizei ihm mitgegeben hatte, in einen dort abgestellten Abfallbehälter.
Als gegen 21 Uhr drei Personen am Treffpunkt erschienen, um

das Geld abzuholen, wartete die Polizei bereits auf sie.
Zwei Frauen und ein Mann, die zwischen 20 und 22 Jahre alt waren, wurden festgenommen.
Alle drei gestanden nach relativ kurzer Zeit den Erpressungsversuch. Der männliche Täter wurde in Untersuchungshaft genommen, die beiden jungen Frauen wieder entlassen.
Von der Mordsache Ganzalani hatten die Festgenommenen keine Kenntnisse.
Gerüchte kamen auf, dass Mario Ganzalani selbst der Täter sei.
Zwei Wochen nach dem Verbrechen, am Freitag, dem 15. Oktober 1987, wurde Mario Ganzalani nach einer erneuten Vernehmung festgenommen. Noch am Abend erließ der Ermittlungsrichter beim Amtsgericht Aschaffenburg auf Antrag der Staatsanwaltschaft Haftbefehl gegen den Juwelier.
Die Ermittlungen der Staatsanwaltschaft, der Sonderkommission der Polizei sowie vor allen Untersuchungen des Instituts für Rechtsmedizin der Universität Würzburg und des Bayerischen Landeskriminalamtes hatten Ergebnisse zutage gebracht, die den Verdacht gegen den Juwelier erhärtet hatten. Insbesondere hatte sich die Entführungsgeschichte von Ganzalani nicht bestätigt.
Der Leitende Oberstaatsanwalt vor der Presse: „Dass Geiselnehmer im Hause waren, dafür gibt es keinerlei Anhaltspunkte.“

Der Anwalt des Juweliers legte umgehend Haftbeschwerde ein.
Die erste Große Strafkammer des Landgerichts Aschaffenburg lehnte die Haftbeschwerde am 20. Oktober 1987 ab, der Juwelier Mario Ganzalani blieb weiter in Untersuchungshaft.

Daraufhin legte der Anwalt eine weitere Haftbeschwerde ein, die jedoch vom Oberlandesgericht Bamberg ebenfalls zurückgewiesen wurde.

Ein Lebensablauf wie viele andere auch

Mario Ganzalani hatte schon in der Kindheit soziales Ansehen durch sichtbare Verfügbarkeit von materiellen Besitzgütern erfahren. 1959 als Sohn einer Juwelierfamilie in Aschaffenburg geboren wuchs er mit seiner Schwester wohlbehütet auf.

Behütung und Verwöhnung seiner Kindheit drückten ihm den Stempel auf. Er besaß materielle Besitztümer, von denen andere Kinder nur träumten. Bald war ihn das Attribut „Angeber" angehängt.

Entbehrungen lernte er niemals kennen, bis er bei schulischen Misserfolgen seine Unfähigkeit erfahren hatte, frustrierende Erlebnisse bewältigen zu können.

Mario Ganzalani erlernte das Uhrmacherhandwerk, bestand auch die Meisterprüfung mit „gut" und übernahm 1983 das Geschäft seines Vaters in Aibing.

Bereits im Alter von 13 Jahren hatte Mario seine ersten sexuellen Kontakte geknüpft. Später wechselte er die Partnerinnen häufig.

Schließlich lebte er vier Jahre mit einem zwei Jahre jüngeren Mädchen zusammen, ehe man sich trennte. Es war langweilig für ihn geworden, weil es ihm gegenüber zu gefügig war.

In den Discos genoss Mario Ganzalani den Ruf, ein Casanova zu sein. In seiner Lieblingsdisco Aladin's ließ er oftmals Schampus auffahren und zeigte seine dicke Brieftasche.

Bei seinen Damenbekanntschaften war er nicht wählerisch. Von sich selbst sagte er, er sei kein Kostverächter gewesen.

Gelegentliche Prostituiertenbesuche dienten dazu, in entsprechenden Männerkreisen mitreden zu können.

1978 lernte Mario Ganzalani 19-jährig die ein Jahr jüngere Fachverkäuferin für Uhren und Schmuck Ursula Brand aus einem Dorf im Spessart kennen. Die Eltern von Ursula konnten nicht

verstehen, dass ihre Tochter auf den Uhrmacher Mario Ganzalani aus Aschaffenburg hereinfallen konnte.
Die Antipathie resultierte daraus, dass der junge Mann gerne angeblich selbst erlebte haarsträubende Geschichten erzählte, um sich interessant zu machen.
Der Vater hielt Mario Ganzalani für einen rechten Sprücheklopfer, der viel „Babbelwasser“ getrunken hat. „Ich konnte nicht verstehen, dass unsere Tochter auf so einen Babbelarsch reingefallen ist“.
Die Mutter warnte ihre Tochter vor der Ehe: „Ursula, lass doch bloß die Finger von ihm!“
Ausschlaggebend für diese Warnung war, dass Mario Ganzalani noch vor der Ehe sich mit einer anderen Frau verabredet hatte.
Als Ursula davon erfuhr, wollte sie nichts mehr von ihm wissen.
Bei einem seiner Besuche in der elterlichen Wohnung von Ursula Brand hatte sie ihn zur Rede gestellt und sich dann in ihr Zimmer eingeschlossen. Mario Ganzalani stürzte ihr nach, trat in seiner Wut die Türfüllung ein und schlug auf sie ein.
Die Mutter nach diesem Vorfall: „Ursula, lass die Finger von ihm. Wenn er so etwas schon jetzt macht, wie soll das erst später werden.“

„Eine ideale Ehe?“

Die Eltern mussten sich aber damit abfinden, dass die Tochter den Juwelier und Uhrmachermeister Mario Ganzalani im Mai 1983 heiratete.
Sie war für ihn die Traumfrau schlechthin, so sah es der Schwiegervater. Ursula war nicht nur tüchtig im Geschäft, sie war attraktiv, intelligent, ruhig, besonnen und kultiviert.
Fortan schmiss Ursula den Laden, während Mario die Werkstatt

unter sich hatte.
Marios Vater hielt die Schwiegertochter Ursula für seinen Sohn wie einen Lottogewinn. Sie sei der große Geist des Hauses im punkto Geschäft gewesen. Seinen Sohn hielt er dagegen für „einen ‚geistigen Tiefflieger' im Kaufmännischen", dafür aber sei er in der Werkstatt bestens gewesen.
Das Geschäft lief gut. Als die Eltern es an den Sohn übergaben, betrug der Umsatz 500.000 Mark. Für 1987 war ein Umsatz von einer Million Mark angepeilt.
Das Paar richtete sich in einem Zweifamilienhaus in einem Vorort von Aschaffenburg ein. Parterre wohnten die Jungen, im Obergeschoss die Eltern Ganzalani.
Zwei Jahre nach der Hochzeit stellte sich 1985 Nachwuchs ein. Ein Stammhalter war geboren.
Eineinhalb Jahre später 1987 war Ursula Ganzalani wieder schwanger. „Es war eine Ehe wie tausend andere", wird Ursulas Mutter später sagen. „Sie haben sich gestritten, aber sich dann wieder rumgedreht und waren sich wieder einig".
Marios Vater schilderte das Leben mit Frau, Sohn und Schwiegertochter unter einem Dach im Zweifamilienhaus als eine Idylle.
Der Rat des Vaters war in geschäftlichen Dingen immer noch gefragt. Der Mann half im Geschäft, und die Eltern hockten auch abends oft mit den Kindern zusammen.
Der Vater: „Wir lebten wie in einer Wohngemeinschaft." Die Mutter: „In den ersten drei Jahren ihrer Ehe kamen sie morgens, mittags und abends zum Essen zu uns".
Aber die Idylle hatte Risse.
Der smarte Juwelier und Uhrmachermeister Mario Ganzalani nahm es mit der ehelichen Treue nicht allzu ernst.
Er ließ „auch auswärts nichts anbrennen". Seit dem ersten Kennenlernen bis zuletzt unterhielt er außereheliche Beziehungen,

mindestens sechs bis acht, wird er später zugeben.
So begann er unter anderem im Sommer 1987 – seine Frau war bereits im 6. Monat schwanger – ein intimes Verhältnis mit einer 22-jährigen Einzelhandelskauffrau aus Hamburg, die er bei einem Kurs für Juweliere im Taunus kennen gelernt hatte. Auch nach dem Kurs blieben die beiden in Kontakt. Auf Sylt, wo die junge Frau arbeitete, besuchte Mario Ganzalani sie zum ersten Mal – ausgerechnet am 28. Mai 1987, seinem 4. Hochzeitstag. Nach einem Ehekrach wegen seines übermäßigen Alkoholgenusses war Mario Ganzalani nachts mit dem Auto davon gerauscht.
Später kam der Juwelier noch zweimal nach Sylt – per Flugzeug von Großostheim-Ringheim aus und mit einem Geschäftsfreund, der den Pilotenschein hatte.
Die junge Frau wird später aussagen, dass dieses intime Verhältnis „nichts Ernstes" gewesen sei und dass das letzte Treffen im August 1987 stattgefunden habe, weil sie „erkannt habe, dass es von ihrer und auch seiner Seite zu Ende gewesen sei." Dass die Ehefrau ihres Intimfreunds schwanger war, hatte die ferne Freundin in Sylt erst später erfahren. Danach sei zwischen ihnen „nichts mehr vorgefallen".
Ursula Ganzalani wusste von den Frauengeschichten ihres Mannes nichts genaues, aber sie ahnte einiges. So beklagte sie sich bei einem ihrer Brüder darüber mehrmals.
Später wird ein Psychologe hinsichtlich der „Auswärtsspiele" des Mario Ganzalani von „Don-Juanismus", einer „überdimensionalen Männlichkeit" sprechen. Sein „körperliches Fremdgehen", diese „Nebenbeziehungen" seien nicht aus Liebe entstanden, sondern seien „sexuelle Eskapaden zur Befriedigung seiner männlichen Omnipotenzgefühle" gewesen. „Die Abenteuerlust eines Eroberers", vergleichbar mit dem „Sammeln von Jagdtrophäen" habe zu diesem „Don-Juanismus" geführt. Und die gelegentlichen

Prostituiertenbesuche hätten auch nur dazu gedient, in „entsprechenden Männerkreisen mitreden zu können".
Aber auch sonst kam es öfters zwischen den Eheleuten Ganzalani zu Streitigkeiten.
Einmal war Ursulas Bruder mit seinem Schwager Mario Ganzalani auf einer ausgedehnten Zechtour. Die beiden Männer kamen erst mitten in der Nacht gegen 4 Uhr zurück. Die Eheleute kamen in Streit. Sie schrieen sich gegenseitig an. Es ging so laut zu, dass Vater Ganzalani von seiner Wohnung im ersten Stock herunterkam, um nach den Rechten zu sehen.
Der Vater verabreichte seinen Sohn ein paar Ohrfeigen und redete ihm ins Gewissen. Mario moserte kleinlaut gegen seinen Vater und kippte schließlich voll alkoholisiert vom Sessel.

Der Prozess

Im Januar 1988 erhob die Staatsanwaltschaft beim Landgericht Aschaffenburg Anklage gegen den Juwelier Mario Ganzalani wegen Mordes an seiner „arg- und wehrlosen" hochschwangeren Ehefrau Ursula Ganzalani.
Er sei hinreichend verdächtig, in den Abendstunden des 01. Oktober 1987 in der gemeinsamen Wohnung seine hochschwangere Frau durch Schläge mit einem Buchenscheit vorsätzlich getötet zu haben und dabei auch billigend in Kauf genommen zu haben, dass das ungeborene Kind im Mutterleib ebenfalls zu tote kommt.
Die Staatsanwaltschaft bot nahezu 60 Zeugen auf und hatte umfangreiche gerichtsmedizinische und spurenkundliche Gutachten eingeholt.
Ganzalani selbst bestritt die Tat nach wie vor. Er blieb dabei, dass er an jenem Abend von einem unbekannten Mann entführt worden sei und dass dessen Komplize Ursula Ganzalani getötet ha-

ben könnte.
Die Staatsanwaltschaft war dagegen der Überzeugung, dass Ganzalani die Entführung durch einen Unbekannten erfunden hat.
Nach der Version der Anklage hatte Ganzalani zuerst seine Frau erschlagen und ist dann mit seinem Auto nach Weiskirchen gefahren, wo er sich freiwillig und ohne Zwang durch andere in den Kofferraum seines Autos legte und sich dann retten ließ.
Am Montag, dem 27. März 1988 begann vor der Schwurgerichtskammer des Landgerichts Aschaffenburg der Prozess gegen den 28-jährigen Juwelier Mario Ganzalani. 60 Zeugen waren geladen, 5 Gutachter mussten sich bereithalten. Zehn Verhandlungstage waren eingeplant. Der Prozess fand großes Publikumsinteresse.
Bereits kurz nach halb sieben Uhr früh, zwei Stunden vor Prozeßbeginn warteten die ersten Zuschauer auf Einlass.
„Mein Mandant ist physisch und psychisch stark angeschlagen", erklärte der Verteidiger gleich zu Beginn der Verhandlung dem Gericht. „Aus diesem Grund wird er heute keine Angaben machen".
Eine Viertelstunde nach Prozeßbeginn eröffnete das Gericht daher bereits die Beweisaufnahme.
Der Mordprozess war auch nach den ersten zehn fest eingeplanten Verhandlungstagen nicht zu Ende gegangen. Zeugen waren gehört, rechtsmedizinische Gutachten eingeholt worden.
Der Fall war verworren wie selten bei einem Mordprozess. Die Indizienkette hatte zwei Gesichter. Alles, was für den Angeklagten sprach, sprach auch gegen ihn. Und umgekehrt war es ebenso. War Mario Ganzalani wirklich der brutale Mörder, wie ihn die Anklage beschrieb? Oder war er das Opfer einer Verkettung unglückseliger Umstände geworden? War Ganzalani wirklich der Täter, jener aus wohlhabenden Elternhaus stammende Mann, der

als gelernter Juwelier ein gutgehendes Geschäft hatte, der das Leben, die Frauen und das Geld liebte, aber auch seine Frau und seinen dreijährigen Sohn, wie Freunde und Familienangehörige bekundeten?

Mario Ganzalani hatte vor Gericht zu dem Mordvorwurf geschwiegen und nur seinen Verteidiger reden lassen. Doch im Stadium der Ermittlungen hatte er vor der Polizei und dem Ermittlungsrichter ausführliche Angaben gemacht. Er hatte viel geredet, wie es seine Art war. Aber dabei im Grunde genommen, mit geringfügigen Abweichungen immer dasselbe berichtet:

Wie er am 01. Oktober gegen 23 Uhr in seinem eigenen Auto von einem Unbekannten nach Weiskirchen entführt wurde und dort im Kofferraum seines Mercedes steigen musste, aus dem ihn später vorbeikommende Autofahrer befreiten; wie sich der Unbekannte unterwegs mit seinem bei Ursula Ganzalani zurückgebliebenen Komplizen erregt über Funk verständigte und der Verdacht entstand, der im achten Monat schwangeren Ehefrau könnte etwas zugestoßen sein.

Die Geschichte war so unglaublich, dass auch die vernehmenden Kriminalbeamten immer ungläubiger den Kopf geschüttelt hatten. Noch vor Gericht sprach einer der Beamten von der „Story“ des Angeklagten. Den hieb- und stichfesten Beweis allerdings, der die „Story“ eindeutig als Lügengespinst entlarvt hätte, hat auch er nicht gefunden. Diesen Beweis ist die Anklage auch vor Gericht schuldig geblieben. Und so verlegten sich die Strafverfolger auf das Drumherum, die vielen Ungereimtheiten am Rande. Jede für sich betrachtet stellten zwar keinen Schuldbeweis dar, doch hätten sie – meinte die Anklage – in dieser Art und in dieser Massierung nicht auftreten dürfen, wenn Ganzalanis Darstellung der Wahrheit entsprach.

Wenn es die Eindringlinge wirklich gab, wieso hatten sie auch

nicht einen Hauch einer Spur hinterlassen?
Viel schwerer aber fiel der von Ganzalani geschilderte Tathergang auf ihn selbst zurück.
Wenn schon ein Überfall auf einen Juwelier, wenn schon die anschließende Geiselnahme, warum folgte dann nicht auch der schlüssige letzte Akt?
Warum ließ sich der Geiselnehmer dann nicht auch von seinem Opfer ins Geschäft fahren und räumt den ganzen Laden leer, während der Komplize die verängstigte Frau in Schach hält?
Warum haben die Eindringlinge nichts von den Wertsachen, den Schmuck und dem Geld mitgenommen, das an verschiedenen Stellen in der Wohnung offen zugänglich war?
Warum hat der Entführer nicht wenigstens dem Ganzalani den von diesem getragenen Schmuck, die Halskette, die teure Armbanduhr, den Ehering -einen Brillant- abgenommen?
Warum erschlug stattdessen der Komplize die Frau?
Warum beging er diese grausige und letztendlich sinnlose Tat?
Sinnlos, weil man nicht einen Mord, sondern die Wertsachen im Sinne hatte. Die aber waren durch den Mord erst recht in weite Ferne gerückt.
Mit der Mordtat auf die Frau hätten sich die Täter ihre Tour selbst vermasselt.
Keine gut erfundene Geschichte also. Vielleicht deshalb nicht, weil Ganzalani – unterstellt, er war der Täter – für eine bessere keine Nerven mehr hatte.
Das war die eine Seite.
Und die andere: Konnte Mario Ganzalani, wenn seine Angaben stimmten, etwas dafür, dass sich das Verhalten der zwei Gangster nicht erklären ließ?
Und: Wenn er wirklich der Mörder gewesen wäre, kaum anzunehmen, dass er bei der Vertuschung seiner Tat nicht wenigstens

einen einzigen Fehler begangen hätte. Undenkbar gar, dass er im Stress der Situation – die eigene Frau liegt blutüberströmt tot am Boden – daran gedacht hätte, selbst kleinste verräterische Spuren zu beseitigen.

Dennoch wurden keine Spuren gefunden.

Fingerspuren auf dem Holzscheit, winzige Holzanhaftungen auf Ganzalanis Händen, Hautpartikel von Mario Ganzalani an den Händen seiner toten Frau, kleinste Reste von Blutspritzern an Mario Ganzalani – die Fachleute der Kripo und des Landeskriminalamtes entdeckten nichts dergleichen.

Fehlten die konkreten Tatbeweise, dann gab vielleicht die Person des Angeklagten was her.

Hatte er es nicht an Kummer über den grausamen Tod seiner Frau fehlen lassen?

Hatte er nicht eine Freundin auf Sylt gehabt, die er mehrfach und sogar an seinem Hochzeitstag besucht hat?

Hatte er nicht während der Ehe auch Gelegenheitsbeziehungen mit anderen, insgesamt acht, wie er selbst eingestanden hatte?

War also die Liebe zu seiner Ehefrau doch nicht so groß, wie er immer behauptete?

War er nicht auch ein rechter Hitzkopf, wie sein Schwager vor Gericht bekundete, und hatte er nicht vor der Ehe seine Frau einmal geschlagen und ein andermal wutschnaubend die Tür ihres Zimmers eingetreten?

Hatte sich hier etwa schon ein Zug von Grausamkeit gezeigt?

Wer auch immer Ursula Ganzalani ermordete – geplant war diese brutale und tödliche Attacke sicherlich nicht. Sollte Mario Ganzalani wirklich der Täter gewesen sein, dann hätte er in einem unbegreiflichen Anfall von plötzlicher Raserei blindwütig auf seine Frau eingeprügelt.

Für alle, die mit den Fall befasst waren, ein Rätsel: Was musste

an jenem ganz normalen Familienabend geschehen sein, um aus dem allen Anschein nach liebevollen Ehemann einen irren Totschläger zu machen?
Und wie hätte er es dann geschafft, sich innerhalb kürzester Zeit eine Geschichte für die Polizei auszudenken und alle verräterischen Spuren zu vernichten?
Er konnte, wenn er der Täter war, zumindest die Erinnerung der Zeugen nicht auslöschen.
Zum Beispiel die Erinnerung jenes jungen Mannes, der Ganzalanis auffälligen Mercedes am 01. Oktober 1987 bereits um 22 Uhr in Aibing gesehen haben wollte. Der 23-jährige Mann war sich absolut sicher, Ganzalanis auffälligen Mercedes Coupé gegen 22 Uhr am Ortseingang von Aschaffenburg nahe der Autobahn gesehen und das Kennzeichen abgelesen zu haben.
Ein anderer Zeuge hatte bekundet, das Mercedes-Coupé des Ganzalani gegen 23 Uhr in Buchenbach gesehen zu haben.
Und ein dritter Zeuge hatte das Fahrzeug angeblich zwischen 23.00 und 23.30 Uhr von einem Parkplatz in Froschhausen in hohem Tempo in Richtung Autobahn-Raststätte Weiskirchen davonfahren sehen.
Daraus hätte man schließen können: Mario Ganzalani hatte seine Ehefrau schon vor 22 Uhr erschlagen, ist dann mit seinem Auto ziellos durch Aibing und Buchenbach gefahren und hatte fieberhaft überlegt, was jetzt zu tun ist.
Keiner der Zeugen hatte aber den oder die Insassen im Auto erkannt. Und nur der 22-Uhr-Zeuge sagte unter Eid, Ganzalanis Autokennzeichen gesehen und registriert zu haben.
Irrten die Zeugen?
Was sollte Mario Ganzalani bewegt haben, mit seinem auffälligen und im ganzen Ort bekannten Mercedes-Coupé um 22 Uhr durch die Gegend zu fahren und später zu behaupten, er sei um

diese Zeit zu Hause gewesen und erst um 23 Uhr entführt worden.
Jedoch das Auto des Ganzalani war so auffallend und hatte zudem ein Kennzeichen mit einer leicht merkbaren Buchstaben-Nummern-Kombination, dass ein Irren in der Beobachtung kaum denkbar war.
Aber im Fall Ganzalani stimmten nicht einmal die Aussagen von zwei wichtigen Gutachtern überein. Dadurch konnte der Todeszeitpunkt von Ursula Ganzalani nicht sicher fixiert werden.
Der Würzburger Rechtsmediziner Professor Dr. Schulz grenzte die Todeszeit zwischen 22 und 23 Uhr ein. Das belastete den Angeklagten, weil er zu dieser Zeit eigenen Angaben zufolge noch zu Hause gewesen war.
Der von der Verteidigung dem Gericht als „präsentes Beweismittel" vorgestellte Frankfurter Rechtsmediziner Professor Dr. Brettel mochte sich gar nicht festlegen. Weil die Polizei angeblich keine genauen Feststellungen über das Vorhandensein von Totenflecken und den Beginn der Totenstarre getroffen hatte, ließ der Professor den Todeszeitpunkt offen. Ursula Ganzalani konnte demnach vor 22 Uhr, aber auch nach 23 Uhr gestorben sein. Damit wäre Mario Ganzalanis Version, wonach seine Frau erst nach 23 Uhr erschlagen worden sein kann, wieder im Bereich des Möglichen gerückt.
Der Widerstreit der Gutachter ging weiter. Professor Dr. Schulz, der den Angeklagten am Morgen des 02. Oktober 1987 zwischen 6 Uhr und 6.45 Uhr untersucht hatte, nahm am 06. April 1988 zu dem Gutachten des von der Verteidigung eingebrachten Gutachters Prof. Dr. Brettel Stellung. Anhand der Temperaturmessungen an der Toten und auf Grund der herrschenden Zimmertemperaturen hatte Prof. Schulz mit Hilfe des Berechnungsmodus von drei rechtsmedizinisch anerkannten Verfahren einen Todeszeitpunkt

zwischen 22 und 23 Uhr ermittelt. Anders aber als Prof. Schulz war Prof. Brettel davon ausgegangen, dass zwischen dem Eintritt des Todes und der ersten Temperaturmessung um 2.25 Uhr in dem Kaminzimmer, wo die Tote lag, ein außergewöhnlich starker Temperaturabfall stattgefunden haben könnte. Das hätte bedeuten können, dass auch die Tote schneller auskühlte. Der Todeszeitpunkt wäre somit näher an die erste Temperaturmessung, womöglich also tatsächlich nach 23 Uhr gerückt. Prof. Schulz hielt dagegen: „Für einen starken Temperaturfall im Kaminzimmer der Wohnung gibt es aber überhaupt keine konkrete Hinweise. Zwar hatten die Polizeibeamten beim Eindringen in die Wohnung zwei Fenster eingeschlagen, so dass kalte Luft in den Raum eindrang. Doch selbst wenn es dann eine Stunde lang um fünf bis sechs Grad kälter geworden wäre, hat dies nicht auch einen radikalen Temperaturabfall im Körperinnen der Toten bewirkt“. Prof. Schulz machte dafür die Eigenart der Fußbodenheizung verantwortlich, deren Temperatur um 18 bis 19 Grad geschwankt habe, aber auch den menschlichen Körper, der in seinem Innern auf Temperaturschwankungen nur träge reagiere.
Dann brachte die Verteidigung ein, dass das von der Polizei bei der Temperaturmessung verwendete Thermometer nicht geeicht und demnach die daraus erfolgten Messungen nicht verwertbar seien. Die Polizei musste zugegeben, dass das Gerät nicht geeicht war. Aber die Überprüfung im Aschaffenburger Eichamt ergab, dass das vom Hersteller ungeeicht angebotene Gerät bei Vergleichsmessungen mit geeichten Thermometern bis aufs letzte zehntel Grad übereinstimmte.
Schließlich kam hinsichtlich der Todeszeitbestimmung noch ein dritter Gutachter ins Gespräch. Der Vertreter der Nebenkläger – der Eltern der getöteten Ursula Ganzalani – stellte den Antrag, den Freiburger Rechtsmediziner Prof. Dr. Forster zu laden. Prof.

Forster gelte in der Rechtsmedizin als anerkannte Kapazität und verfügte über die umfangreichsten Kenntnisse zur Todeszeitbestimmung. Aus dessen genauen Berechnungsmethoden ergebe sich, so der Anwalt, dass der Mord an Ursula Ganzalani vor 22 Uhr passiert sei. Der Anwalt wollte seinen Antrag freilich nur für den Fall verstanden wissen, dass das Schwurgericht der Argumentation des Verteidigers von Ganzalani folgend bei seiner Urteilsfindung davon ausgeht, Ursula Ganzalani sei erst nach 23 Uhr gestorben.

Für den Prozessbeobachter war hinsichtlich der Festlegung des Todeszeitpunktes die Bemühungen von Ganzalanis sehr engagierten Verteidigers unverkennbar, den Todeszeitpunkt generell in Frage zu stellen, ihn aber auf alle Fälle über 23 Uhr hinauszuschieben, um die Aussage seines Mandanten über dessen Entführung glaubhaft erscheinen zu lassen.

Dann war noch die Aussage eines V-Mannes aus Frankfurt, der über seinen V-Mannführer mitgeteilt hatte, dass zwei jugoslawische Maffiamänner einen Überfall auf einen Juwelier in Aschaffenburg geplant hatten. Die Polizei hatte die Männer ermittelt. Der eine war zur Tatzeit im Gefängnis, der andere nachgewiesener weise in seiner Heimat.

Ein 40-jährige Kaufmann, der bis April 1988 selbst Insasse der Justizvollzugsanstalt war, sagte aus, der Juwelier habe ihm den Mord an seiner Frau Ursula gestanden. Beim Tischtennis und beim Hofgang sei er mehrfach mit Mario Ganzalani zusammengekommen. Bei einem dieser Treffen Mitte Februar 1988 habe ihm der Juwelier gesagt: „Dir kann ich's ja sagen – ich war's“. Wegen Ganzalanis zahlreichen Freundinnen hätten die beiden Ganzalanis Streit bekommen, und auch von Scheidung sei die Rede gewesen. Der Verteidiger wehrte sofort ab. Sein Mandant habe ihm versichert, dass er niemals mit dem Mithäftling gesprochen habe. Und: Gegen den Kaufmann seien bereits 25 Strafverfahren anhängig gewesen, unter anderem auch wegen Vortäuschung einer Straftat. Der Zeuge sei also hochgradig unglaubwürdig. Am 17. Mai 1988, dem 17. Verhandlungstag, brach der Angeklagte sein bis dahin vor Gericht demonstriertes Schweigen. Auf seine Version mit der Entführung wollte Mario Ganzalani auch in seiner Stellungnahme festhalten, ohne auf nähere Tatumstände einzugehen. Der Verteidiger betonte vor der Erklärung seines Mandanten, dass Ganzalani keine Aussage machen werde und auch keine Fragen beantworten wolle. Als Begründung nannte der Anwalt die Vorverurteilungen in der Presse, insbesondere in der Zeitschrift ‚Praline', die Ganzalani eine ‚Mörderbestie' genannt hatte.

Mit schweren Vorwürfen gegen die Polizei begann Ganzalani seine Erklärung. Er „sitze im Gefängnis, weil die Kripo nicht in der Lage ist, den Mörder zu finden". Er habe „mit dem Tod seiner Frau nichts zu tun" und daher sei es ein „Skandal", dass er bereits sieben Monate festgehalten werde. „Es ist wie ein Alptraum". Seine vielleicht manchmal widersprüchlichen Aussagen erklärte der Angeklagte damit, dass er die Realität verdränge, „um überhaupt weiter leben zu können". Mehrfach beteuerte Ganzalani, er sei unschuldig und habe wirklich alles getan, zur Aufklärung beizutragen. Doch die Polizei sei „den Weg des geringsten Widerstands" gegangen und habe sich schon in der Tatnacht auf ihn als Täter festgelegt. „20 Stunden Verhör" habe er ohne Pause überstehen müssen. Bei den Vernehmungen seien die Beamten „überaus grausam" gewesen. Sie hätten ihm ein Foto seines ungeborenen Kindes vorgelegt, das nach der Obduktion der Leiche seiner Frau aufgenommen worden war. Man habe ihm des Öfteren auch die Unwahrheit gesagt. Er solle gestehen, er habe keine Chancen mehr, weil sein „Verteidiger das Mandant niedergelegt habe".

Mario Ganzalani wollte „allen ersparen, nochmals das Geschehen darzustellen". „Ich weiß nicht mehr, was ich im einzelnen gesagt habe", beteuerte er. „Was ich erlebt habe, ist nicht Gebilde meiner Phantasie, sondern schlimmste Wirklichkeit". Mit brechender Stimme appellierte der Angeklagte, „bitte machen Sie bald Schluss".
Das Gericht nahm die Erklärung des Angeklagten hin, ohne weitere Fragen zu stellen.
Unvorhergesehene Verzögerung im Prozess gab es, als ein 53-jähriger Maler, der selbst in Untersuchungshaft einsaß, vor Gericht erklärte: „Ich sollte an den Überfall mitmachen. Aber ich habe nicht gewollt. Bei so etwas hört mein Verständnis auf". Begonnen hatte diese Episode damit, dass der Mann in einem Brief an den Verteidiger des Angeklagten den Verdacht geschildert und der Verteidiger das Schreiben an das Gericht weitergereicht hatte. Anfang Juli 1987, so der 53-jährige Maler vor dem Schwurgericht, hätten in seiner Wohnung in Hatzfeld/Eder ein Freund von ihm und zwei weitere Männer drei geplante Straftaten besprochen: Überfall auf eine Sparkasse in Warburg, Überfall auf einen Münzautomatenaufsteller in Münster, Überfall auf einen Juwelier in Aibing. Einer der Männer, der „Sepp" genannt wurde und aus Garmisch-Partenkirchen stamme, habe sich in den Aibinger Örtlichkeiten ausgekannt.
Von Geiselnahme sei allerdings keine Rede gewesen, auch nicht von der Möglichkeit eines Mordes. „Allerdings", so meinte der Zeuge, „traue ich so etwas dem Bruder meines Freundes zu. Er sollte teilnehmen, nachdem ich abgesagt hatte".
Die Kripo musste ermitteln, ob der Zeuge die Wahrheit gesagt hatte. Der Freund des Zeugen war am 18. Oktober, also 12 Tage vor dem angeblichen Überfall auf Mario Ganzalani, festgenommen worden und befand sich seither in Haft.

Der als „Sepp" bezeichnete Mann hatte vom 19. Mai 1986 bis 11. September 1987 in der Frankfurter Justizvollzugsanstalt eingesessen. Er konnte also an dem Gespräch Anfang Juli 1987 in der Wohnung des Zeugen gar nicht teilgenommen haben.
Die Anschrift des dritten Gesprächspartners sei unbekannt, so die Polizei. Man wisse nur, dass er in Zigeunerkreisen verkehre.
Der Bruder des von dem Zeugen benannten Freundes schließlich wurde mit fünf Haftbefehlen gesucht.
Und der Zeuge selbst saß wegen Verdachts, an mehreren Einbrüchen beteiligt gewesen zu sein, in Untersuchungshaft. Von ihren Kollegen in Höxter hatten die Aschaffenburger Kripobeamten erfahren, der Mann habe sogar Tote als Entlastungszeugen angegeben; er sei ein notorischer Lügner und unternehme alles, um seine Gerichtstermine platzen zu lassen. Der Zeuge, so stellte das Gericht fest, war mit 16 Eintragungen im Bundeszentralregister festgehalten, darunter Diebstahl, Urkundenfälschung und Waffenbesitz.
Die Kripo in Höxter hatte ihn verdächtigt, im August 1987 an 20 Einbrüchen in Pfarrhäusern und Wochenendhäusern beteiligt gewesen zu sein.
Insgesamt betrachtet war der „neue" Zeuge" nur ein Flop. Der Mann stolperte über seine eigenen Ausflüchte.

Die Plädoyers

Mario Ganzalani hat seine 27-jährige Ehefrau Ursula am Abend des 01. Oktober 1987 aus einer spontanen und panikartigen Reaktion heraus erschlagen, so argumentierte die Oberstaatsanwältin als Anklagevertreterin am Beginn ihres Plädoyers. Er hat aber nicht bewusst die Arg- und Wehrlosigkeit seiner auf der Couch liegenden Frau ausgenutzt. Die Tat kann deshalb strafrechtlich

nicht als Mord, sondern muss als Totschlag gewertet werden. Allerdings hat sich der Angeklagte durch die Tötung seines ungeborenen Kindes gleichzeitig eines unerlaubten Schwangerschaftsabbruchs schuldig gemacht.
Nach Meinung der Staatsanwältin hatten die Eheleute Ganzalani keine Traumehe geführt. Mario Ganzalani habe in seiner vierjährigen Ehe vielmehr acht außereheliche Beziehungen gehabt, zwei von längerer Dauer. Über seine Seitensprünge und seine häufigen abendlichen Ausgänge müsste es zwischen ihm und seiner Frau öfters zu Zwistigkeiten gekommen sein. Aus Zeugenaussagen hat man entnehmen können, dass Ursula Ganzalani ihren Mann verlassen hätte, wenn ihr das ganze Ausmaß seines Lebenswandels bekannt gewesen wäre. Dies aber hätte für ihn katastrophale geschäftliche Folgen gehabt.
Vor allem durch das Gutachten des Würzburger Rechtsmediziners Prof. Dr. Schulz sah die Oberstaatsanwältin den Angeklagten widerlegt. Nach dem Gutachten war die Frau zwischen 22 und 23 Uhr erschlagen worden, wahrscheinlich sogar eher gegen 22 Uhr, folglich zu einem Zeitpunkt, als Mario Ganzalani nach eigenen Angaben noch in der Wohnung war. Der von der Verteidigung angebotene Gutachter Prof. Dr. Brettel aus Frankfurt habe den Eintritt des Todes bei Ursula Ganzalani zeitlich weiter gefasst, er hat aber im konkreten Fall über zu wenig Detailwissen verfügt, um eine genaue Analyse anfertigen zu können.
Das Fehlen jeglicher Fremdspuren am Tatort spreche für eine Täterschaft des Angeklagten. Es konnten keine Hinweise darauf gefunden werden, wie die von Ganzalani behaupteten Täter in das Haus gelangt waren. Auch auf ihren Aufenthalt in der Wohnung gab es keine Spuren. Aus der Wohnung wurde nichts an Wertgegenständen und Schmuck entwendet. Hätte der „zweite Mann“ wirklich Ursula Ganzalani erschlagen, dann müsste er ganz peni-

bel darauf geachtet haben, nach der Tat mit seinen blutigen Händen keine Spuren zu hinterlassen. Es gebe auch keine Hinweise, wie er die Wohnung verlassen hat.
Die Staatsanwältin: „War für ihn diese Vorsicht nötig?“
Andererseits, so die Anklägerin, war Mario Ganzalani an jenem Abend wie üblich nur mit der Unterhose bekleidet. Er habe sich nach der Tat abwaschen und Blutspuren im Waschbecken oder Dusche wegspülen können. Die möglicherweise blutige Unterhose habe er wahrscheinlich weggeworfen.
Und schließlich die Zeugen: Es gibt keinen Zweifel, so die Staatsanwältin, dass ein Zeuge Ganzalanis auffälligen Mercedes gegen 22 Uhr in Aibing gesehen hat – nach der Tat. Der Angeklagte müsse dann zurück nach Buchenbach gefahren sein, um in seiner Wohnung verräterische Spuren zu beseitigen. Gegen 23 Uhr ist das Auto erneut beobachtet worden – diesmal, wie es einer Polizeikontrolle in Buchenbach auswich. Ganzalani hat bei dieser Fahrt wohl einen günstigen Auffindungsort für sich und sein Auto gesucht. Er ist schließlich auf die Autobahn und dort bis Froschhausen gefahren, hat aber dort einen für sein Vorhaben zu einsam gelegenen Platz wieder verlassen, was ein weiterer Zeuge beobachtet hatte. Er ist dann an der Autobahnbrücke beim Rasthaus Weiskirchen stehen geblieben, um hier seine Befreiung in Szene zu setzen. Erst hier konnte er damit rechnen, von Passanten entdeckt zu werden.
Der Angeklagte hat während des ganzen Prozesses geschwiegen. Erst mit seiner am Schluss verlesenen Äußerung, die nichts zur Sache, sondern nur Vorwürfe gegen die Ermittlungsbehörden enthalten hat, und mit den Angaben bei dem von der Verteidigung bestellten Gutachter hat er sein volles Schweigen vor Gericht gebrochen.
Die Staatsanwältin: „Es ist absolut unverständlich, warum er kei-

ne weiteren Angaben gemacht hat. Wenn alles stimmt, was er sagt, ist nicht einzusehen, warum er hier geschwiegen hat, nachdem er ja vor der Polizei Angaben gemacht hat. Hat er jedoch alles erfunden, ist die Gefahr, sich in Widersprüche zu verwickeln, natürlich sehr groß".

Auch der Rechtsanwalt, der die als Nebenkläger aufgetretenen Eltern von Ursula Ganzalani vor Gericht vertrat, hielt das Alibi des Angeklagten durch das Gutachten von Prof. Schulz widerlegt. Er argumentierte, dass die Richtigkeit des Gutachtens durch ein Bündel von Indizien gestützt wurde, das nur den Schluss auf Mario Ganzalani als Täter zulasse.

Der Rechtsanwalt: „Die Nebenkläger wollten nie auf Biegen und Brechen eine Verurteilung von Mario Ganzalani. Denn der zweieinhalbjährige Enkel hätte nach der Mutter damit auch den Vater verloren. Deshalb haben wir unsere Pflichten sehr genau gesehen und wollten Aufklärung in jeder Richtung".

Ohne, wie sonst üblich als Nebenklägervertreter, einen Antrag zur Strafzumessung zu stellen, schloss sich der Rechtsanwalt aber doch den Ausführungen der Oberstaatsanwältin an und vertiefte sie noch in einigen Punkten. Nach Auflistung der Indizien der Rechtsanwalt zum Schluss: „Das sind zwar alles nur Indizien. Aber sie addieren sich. Und irgendwann hört es auf, dass man die Dinge, die passiert sind und beobachtet wurden, nur als zufällige Ereignisse akzeptieren und tolerieren kann".

„Sorgen Sie dafür, dass zu den Irrtümern und Unterlassungen der Ermittlungsbehörden nicht auch noch ein Justizirrtum kommt!" rief Mario Ganzalanis Verteidiger am Ende seines vierstündigen Plädoyers den Richtern zu.

Es gebe keinen einzigen Beweis dafür, dass Mario Ganzalani seine Ehefrau Ursula umgebracht habe. Alles deute auf eine Todeszeit nach 23 Uhr, als Mario Ganzalani bereits sein Haus verlassen habe und somit als Täter nicht mehr in Frage komme. Auch seine ganze Persönlichkeit spreche gegen eine Täterschaft. Die Fakten schlössen eine Mord-Planung aus, und für eine Tat im Affekt gebe es keine Anhaltspunkte. „Mario Ganzalani ist nicht Täter, sondern Opfer“. Der Rechtsanwalt beantragte deshalb Freispruch, wie schon zuvor in einem zweistündigen Plädoyer sein Mitverteidiger. Sehr heftig gingen beide Verteidiger mit der Polizei ins Gericht. Ihre Ermittlungstätigkeit sei von Vorurteilen geprägt gewesen. Von Anfang an sei die Kripo davon ausgegangen, nur Mario Ganzalani komme als Täter in Frage. Auf diese Weise sei das Ermittlungsfeld stark eingeschränkt worden. Vor allem den verdeckten Hinweis eines für das Hessische Landeskriminalamt tätigen V-Mannes auf eine mögliche jugoslawische Tätergruppe sei die Aschaffenburger Kripo nur sehr oberflächlich nachgegangen. Die verdächtigen Jugoslawen seien vernommen worden, ohne dass vorher das Umfeld sondiert wurde. Der Verteidiger richtete auch heftige Angriffe gegen das hessische Innenministerium, das dem V-Mann keine Aussagegenehmigung erteilt habe, weil dadurch Leib und Leben des Informanten gefährdet sei. „Hier wurde dem Angeklagten Mario Ganzalani wichtige Verteidigungsmittel entzogen“. Stattdessen habe die Polizei Zeugen präsentiert, die unglaubwürdig seien: Der eine, der Ganzalanis Auto in der Mordnacht schon um 22 Uhr gesehen haben will, habe sich erst eine Wochen nach der Tat gemeldet, als eine Belohnung von 15.000 Mark ausgesetzt war. Der andere, der Ganzalanis Auto gegen 23 Uhr angeblich auf einem Parkplatz in Froschhausen bemerkte, habe erklärt, sich ganz genau an das Kennzeichen zu erinnern. Er nannte aber eine falsche Buchstabenkombination.

Der Verteidiger stellte am Schluss seiner Ausführungen zahlreiche Hilfsanträge für den Fall, dass das Gericht von der Schuld des

Angeklagten ausgehe. Eine Reihe dieser Anträge, so ließ der Vorsitzende Richter durchblicken, wird das Gericht wohl nachgehen müssen. So hatte der Verteidiger vor allen den Todeszeitpunkt der ermordeten Juweliersgattin Ursula Ganzalani wieder in Frage gestellt und vier neue Gutachter dazu benannt.

Am 28. Juni 1988 stieg das Gericht nach den entsprechenden Hilfsbeweisanträgen im Plädoyer des Verteidigers wieder in die Zeugenvernehmung ein. Der Vorsitzende Richter benannte insgesamt zehn Zeugen, die weiteren Anträge des Verteidigers zur Einholung neuer Gutachten lehnte das Gericht ab. Die Staatsanwaltschaft und der Nebenklägervertreter hatten beantragt, sämtliche Anträge der Verteidigung zurückzuweisen.

Bei den Zeugenbefragungen ging es wieder um den Todeszeitpunkt, um die Glaubwürdigkeit der Belastungszeugen, um verdächtige Personen, die sich angeblich in den Wochen und Monaten vor der Tat in der Nähe des Geschäftes und der Wohnung des Angeklagten aufgehalten haben sollen, und um die Genauigkeit des von der Polizei verwendeten Leichenthermometers. Die Verteidigung hatte beantragt, beim Eichamt für Glasmessgeräte in Darmstadt und bei der Physikalisch Technischen Bundesanstalt in Berlin das Thermometer auf die Genauigkeit seiner Angaben untersuchen zu lassen. Aber das fragliche Leichenthermometer stand nicht mehr zur Verfügung. Nach kriminaltechnischen Untersuchungen eines blutigen Familiendramas war das Gerät einer Kripobeamtin zu Boden gefallen und zerschellt.

Die Zeugen, die am 01. Juli 1988 vernommen wurden, konnten zur Erhellung der mysteriösen Tatumstände nichts Wesentliches beitragen.

Abermals stellte die Verteidigung weitere Hilfsanträge. Sie hatte die Anhörung eines aussagepsychologischen Gutachters beantragt, der darlegen sollte, dass Mario Ganzalani die Wahrheit,

einer der wesentlichen Belastungszeugen aber die Unwahrheit gesagt hat. Das Gericht aber wies diese Anträge zurück.
Als der Nebenklägervertreter auf eine Reihe von Ungenauigkeiten und Widersprüchen in Ganzalanis Aussagen hinwies und als Beleg dafür ansah, dass hier „an der Einlassung ständig gebastelt und die Angaben korrigiert wurden, je nachdem wie Bedarf bestand“, zeigte sich der Verteidiger befremdet.
Er sei erschüttert über den Vortrag der Oberstaasanwältin und des Nebenklagevertreters, die ihm der Tötung seiner Frau verdächtigen, erklärte Mario Ganzalani am Ende des Verhandlungstages am 01. Juli 1988 vor der Schwurgerichtskammer.
„Es gibt kein objektives Indiz gegen mich. Ich habe ein reines Gewissen“, versicherte er in seinem Schlusswort.
„Lassen Sie mich endlich frei! Lassen Sie mich zu meinem Sohn und meiner Familie“.

Das Urteil

Ein unterdrückter Aufschrei des Angeklagten und Beifall auf den vollbesetzten Zuschauerreihen markierte nach 22 Verhandlungstagen und Anhörung von mehr als 100 Zeugen das Urteil gegen Mario Ganzalani am Donnerstag, dem 07. Juli 1988, vormittags vor dem Aschaffenburger Schwurgericht: 14 Jahre Freiheitsentzug, weil er seine Frau und sein ungeborenes Kind getötet habe. Totschlag und verbotener Schwangerschaftsabbruch von besonders schwerem Fall, konstatierte der Versitzende Richter.
„Sie haben mich unschuldig verurteilt“, rief Mario Ganzalani den Richtern zu. Einen Moment schien er einem Zusammenbruch nahe, doch dann folgte er blass und mit versteinerter Miene die Urteilsbegründung.
Ganzalanis Schilderung, von einem unbekannten Mann entführt

worden zu sein, während ein zurückgebliebener Komplize Ursula Ganzalani erschlagen habe, hielt das Gericht für realitätsfern. Außerdem aber sei diese Darstellung durch objektive Feststellungen „eindeutig widerlegt". Drei Zeugen hätten am Tatabend Ganzalanis Auto unabhängig voneinander zwischen 22 und 23 Uhr in Aibing, Buchenbach und Froschhausen anhand des amtlichen Kennzeichens erkannt. Das Gericht schloss daraus, dass Ganzalani um diese Zeit bereits nach einem geeigneten Abstellplatz Ausschau gehalten hat, wo er nach vorgetäuschter Entführung von Passanten im Kofferraum seines Fahrzeuges gefunden werden wollte. Der junge Mann, der angegeben hatte, er habe Ganzalanis auffälliges Mercedes-S-Coupé gegen 22 Uhr von Aibing in Richtung Aschaffenburg fahren sehen, war für das Gericht absolut glaubwürdig.

Eher zurückhaltend, vorsichtig und abwägend, aber nicht minder glaubwürdig habe sich vor Gericht ein anderer Zeuge verhalten, der Ganzalanis Mercedes um 22.55 Uhr aus Aschaffenburg in Richtung Buchenbach habe fahren sehen, auf einer Strecke, die Mario Ganzalani nicht benutzt haben will.

Schließlich sei das Auto kurz nach 23 Uhr einem weiteren Zeugen auf einem Parkplatz in Froschhausen aufgefallen. Hier aber sei es für die Pläne des Angeklagten zu einsam gewesen. Deshalb sei er auf die nur wenige Minuten entfernte Autobahnbrücke bei der Rastanlage Weiskirchen gefahren, wo er dann auch wirklich gefunden wurde.

Wie Ganzalani von zufällig vorbeikommenden Autofahrern befreit wurde, auch das sprach für das Gericht für seine Schuld. Der Richter: „Wäre er wirklich entführt worden, dann wäre es ihm angesichts seiner handwerklichen Fertigkeiten leicht gefallen, durch das ausgeschlagene Rücklicht zu greifen und den Kofferraum von außen zu öffnen". Dass dies tatsächlich ohne weiteres möglich war, hatte die Kripo bei einer Rekonstruktion ermittelt. Der Richter: „Er hätte sich selbst befreit und wäre im Eiltempo zur Rastanlage gerast, um die Polizei zu verständigen“. So aber fand er aus dem Gefängnis im Kofferraum seines Autos nicht heraus. „Er musste im Kofferraum gefunden werden, um zu dokumentieren, dass man ihn hier eingeschlossen hatte“. In diesem Zusammenhang passten nach Meinung des Gerichts auch die Feststellungen der Gutachter zum Todeszeitpunkt. Dieser ließe sich nicht eindeutig fixieren. Das Gericht: Eben weil der Todeszeitpunkt zeitlich nicht einzugrenzen ist, müsse man die gesamte denkbare zeitliche Skala berücksichtigen. Und die beginnt um 21 Uhr. Der Richter: „Aber wenn das der einzige Punkt wäre, müsse zugunsten des Angeklagten der Zweifelsgrundsatz durchschlagen“.

Das Gericht nannte aber noch mehr Belastendes: „Das Bild, das der Angeklagte in Wirklichkeit abgab, passt nicht in das Bild der harmonischen Ehe, die er geführt haben soll.“ Während seine Frau schwanger war, sei er massiv ehebrüchig geworden. „Für ihn war es vielleicht angenehm“, meinte der Richter, „für seine Frau sicherlich nicht“.

Was aber im entscheidenden Augenblick zwischen den Eheleuten vorging, sei auch für das Gericht nicht nachvollziehbar. Ursula Ganzalani habe ihrem Mann womöglich Vorwürfe gemacht und mit Trennung gedroht und ihn dabei vielleicht in seinem Selbstwertgefühl verletzt. In solchen Situationen, so hatte im Laufe der Verhandlung der Frankfurter Psychologe Dr. Rehberg erklärt, neigen Männer wie Mario Ganzalani, die innerlich unsicher sind und ein mangelndes Selbstbewusstsein haben, zu panikartigen Reaktionen. Der Vorsitzende Richter unter Berufung auf den Psychologen: „Der Angeklagte ist ein Mann von einem hohen Maß an Verletzlichkeit. Er empfindet als kränkend, was sein

Selbstwertgefühl demaskiert. Eine Trennungsandrohung oder andere Äußerungen, die ihn zurückstoßen, haben für ihn als einen selbstbezogenen Menschen traumatische Bedeutung. Hier besteht eine besondere Gefahr panikartiger Reaktionen".

Auf eine für ihn verletzende und angsterzeugende Äußerung seiner Frau könne Ganzalani demnach gehandelt haben. „Vielleicht betraf das sein Verhältnis zu anderen Frauen, das sie nicht hinnehmen wollte. Vielleicht machte sie ihm Vorhalte und drohte ihm, um ihn zu einem anderen Verhalten zu bewegen".

Der Richter: „Was sich am Tatabend zwischen den beiden Eheleuten abspielte, bleibt das Geheimnis des Angeklagten. Aber was er getan hat, ist nicht nachvollziehbar. Es überschreitet alles Begreifliche".

Das Gericht: Mario Ganzalani habe zwar mit Tötungsvorsatz gehandelt, dabei aber nicht bewusst die Arg- und Wehrlosigkeit seiner Frau ausgenutzt. Aus diesem Grund entfalle das Mordmerkmal der Heimtücke. Folglich müsse Ganzalani wegen Totschlags verurteilt werden. Zugunsten des Angeklagten spreche zwar, dass er nicht vorbestraft ist und die Tat nicht geplant habe, zu seinem Nachteil aber wirke sich aus, dass er mit der Mutter auch das voll ausgereifte und lebensfähige Kind im Mutterleib getötet hat.

Der Beifall aus den vollbesetzten Zuschauerbänken, der dem Gericht am Ende der Urteilsbegründung galt, schien zu belegen, dass dieses Urteil wirklich „im Namen des Volkes" gesprochen worden war.

Revision beim Bundesgerichtshof

Eineinhalb Jahre nach der furchtbaren Bluttat in der Wohnung des Juweliers Ganzalani hob der Erste Strafsenat des Bundesgerichtshofes in Karlsruhe am 14. Februar 1989 das vom Schwurgericht Aschaffenburg gefällte Urteil auf.
Ausschlaggebend dafür waren sowohl die Revision des Angeklagten als auch die Revision der Staatsanwaltschaft. Damit war wieder alles offen: Mario Ganzalani konnte in einem neuen Verfahren sowohl einen Freispruch als auch lebenslänglich bekommen. Das neue Verfahren, so bestimmte es der Erste Strafsenat, musste bei der Schwurgerichtskammer des Landgerichts Würzburg durchgeführt werden.
Die Staatsanwaltschaft hatte in dem Revisionsbegehren moniert, dass Mario Ganzalani ‚nur' wegen Totschlags und nicht wegen Mordes verurteilt worden ist. Den Richtern des Bundesgerichtshofes war die Erläuterung in der schriftlichen Urteilsbegründung des Aschaffenburger Schwurgerichts zur Verurteilung wegen Totschlags zu kurz ausgefallen. Allein deshalb folgten sie dem Revisionsantrag der Staatsanwaltschaft, obwohl der Generalbundesanwalt die Sache der Staatsanwaltschaft nicht vertreten hatte. Hätte der Bundesgerichtshof die Revision der Staatsanwaltschaft verworfen, wie vom Vertreter der Generalbundesanwaltschaft beantragt, dann hätte das Würzburger Gericht in dem neuen Verfahren am Ende seiner Verhandlung über den Angeklagten keine höhere Strafe verhängen dürfen als es die Aschaffenburger Richter taten. So aber wurde das Aschaffenburger Urteil voll und ganz gelöscht. Nun war – wie zu Beginn der Verhandlung in Aschaffenburg – das Ende wieder offen. Denn die Karlsruher Richter entschieden nicht über Schuld oder Unschuld des Angeklagten. Das musste das neue Verfahren in Würzburg klären.

Bei dem von einem Karlsruher Anwalt formulierten Revisionsantrag des Angeklagten schlug vor allem der Hinweis auf einen Fernsehfilm durch, der Ganzalani mit ein paar Szenen in Erinnerung geblieben war. Die Sache mit dem Film hatte der Anwalt aus den Prozessakten herausgefieselt. Ihm waren beim Lesen Angaben aufgefallen, die so nicht übereinstimmen konnten:

Das Schwurgericht Aschaffenburg war in seiner Urteilsbegründung davon ausgegangen, dass Mario Ganzalani seine hochschwangere Frau Ursula noch vor 22 Uhr getötet hatte und anschließend mit seinem Auto durch Buchenbach und Aibing gefahren war. Dem stand eine Aussage gegenüber, die Mario Ganzalani eher nebenbei zunächst am Tag nach der Tat bei der Polizei und zwei Wochen später etwas genauer vor dem Ermittlungsrichter gemacht hatte.

Er hatte sich erinnert, dass er an dem fraglichen Abend in SAT 1 einen Western gesehen hatte. Später beim Ermittlungsrichter hatte er auch noch ein paar Szenen beschrieben: eine brutale Schlägerei in einer Pferdebox, einen Mann, der mit hochgestreckten Armen gefesselt worden war. Durch Rückfragen beim Fernsehsender hatte der Anwalt erfahren, dass der Film von 21.14 Uhr bis 21.57 Uhr und, nach einer Werbeeinblendung von 22.03 Uhr bis 23 Uhr gelaufen war. Die Szenen, an die sich Ganzalani erinnert hatte, waren ab 22.03 Uhr gekommen. Wenn Ganzalani also die Szenen vor dem Fernseher verfolgt hatte, dann konnte er um die fragliche Zeit – nach dem Mord an seiner Frau – nicht gleichzeitig mit dem Auto unterwegs gewesen sein.

Der Vertreter des Generalbundesanwalts setzte dagegen, dass sich Mario Ganzalani auch anderweitig über die Szenen informiert haben könnte. Immerhin hatte er bis zur Vernehmung vor dem Ermittlungsrichter dazu zwei Wochen Zeit gehabt. Auffallend sei, dass Ganzalani bei der Polizei am Tag nach der Tat farblos über den Film berichtet hatte, ohne auf Szenen einzugehen. Zwei Wochen später habe er dann aber die ‚Farbtupfer' dazu gesetzt, indem er plötzlich auch über einzelne Szenen Bescheid wusste.

Der Verteidigung war die Sache mit dem Film besonders wichtig. Denn hätte das Gericht ihr Glauben geschenkt, dann hätten sich die Angaben jenes Zeugen zwangsläufig als Irrtum herausgestellt, der um 22.02 Uhr Ganzalanis schweren Mercedes 500 in Aibing gesehen und im Schein einer Straßenlaterne das Kennzeichen abgelesen haben will. Der erste Strafsenat des Bundesgerichtshofes jedenfalls mochte in seiner Urteilsbegründung nicht ausschließen, dass das Aschaffenburger Schwurgericht bei Berücksichtigung von Ganzalanis Film-Erinnerungen zu anderen Feststellungen über den Ablauf des Abends und damit über die Täterschaft des Angeklagten gekommen wäre. Die Richter hielten deshalb die zeitliche Einordnungen der Filmszenen für so wichtig, dass sie dem Revisionsantrag in diesem Punkt folgten.

In der neuen Verhandlung in Würzburg musste also genau geprüft werden, um welche Uhrzeit die von Ganzalani beschriebenen Filmszenen über den Bildschirm flimmerten, ob sie mit den Angaben des Angeklagten zu vereinbaren waren oder ob die Möglichkeit bestand, dass sich Ganzalani in den Tagen nach der Tat anderweitig über den Film informieren konnte.

Schließlich brachte die Verteidigung abermals die Prüfung der Glaubwürdigkeit des Zeugen, der Ganzalanis Auto in jener Nacht um 22.02 Uhr in Aibing gesehen haben wollte, ein, und monierte, dass das Aschaffenburger Gericht den Hinweisen eines Polizei-V-Mannes nicht genügend nachgegangen sei, der von einen Jugoslawen berichtet hatte, der zwei Wochen vor der Tat von einem geplanten ‚großen Ding' in Aschaffenburg gesprochen habe. „Es sei um einen Juwelier gegangen, der mit Sicherheit zahlen werde, weil seine Frau schwanger sei".

Das zweite Gerichtsverfahren

Der Bundesgerichtshof hatte also das Urteil des Landgerichts Aschaffenburg aufgehoben und die Sache zur Neuverhandlung nach Würzburg verwiesen. Der Verhandlungsort Würzburg war von der zuständigen Kammer des Bundesgerichtshofes ausdrücklich als neutraler Verhandlungsort fernab von den Wohnorten der Beteiligten ausgewählt worden. Die Richter wollten die zweite Verhandlung an einem Ort stattfinden lassen, dessen Bevölkerung auf den Fall Ganzalani weniger emotionsgeladen reagiert.
Die Schwurgerichtskammer des Landgerichts Würzburg hatte die neue Hauptverhandlung ab dem 31. Oktober 1989 terminiert. Sie wurde mit je zwei Verhandlungstagen pro Woche ‚unbegrenzt' angesetzt.
Das Interesse der Würzburger Öffentlichkeit an dem Fall Ganzalani war eher mäßig.
Die Zuschauerbänke waren nur zur Hälfte belegt, die zusätzlich reservierten Presseplätze waren restlos besetzt, als Mario Ganzalani flankiert von seinen zwei Rechtsanwälten am 31. Oktober 1989 um 9.20 Uhr den Sitzungssaal 237 im Würzburger Landgerichtsgebäude betrat. Als das Gericht pünktlich um 9.30 Uhr den Sitzungssaal betrat, ließ der Vorsitzende Richter noch fünf Minuten Blitzlichter und Kameras aufleuchten und surren. Dann verkündete er für die gesamte Dauer des Prozesses absolutes Fotoverbot und ein Verbot von Tonaufnahmen.

Der Angeklagte

Das Gericht, dem neben drei Berufsrichtern zwei Frauen als Schöffen angehörten, bekamen am ersten Verhandlungstag erstmals zu hören, was Mario Ganzalani den Aschaffenburgern Rich-

tern verweigert hatte:
Seine Schilderung jenes Abends, an dem seine Frau getötet worden war. Ganzalani blieb dabei, dass er unschuldig ist, dass vielmehr unbekannte Täter ihn und seine Frau in der Wohnung überfallen hätten. Das Würzburger Schwurgericht ließ sich von Ganzalani alle Details berichten. Der Vorsitzende Richter ermunterte den Angeklagten, „zu sagen, was zu sagen ist". Er war aufmerksamer und konzentrierter Zuhörer, bohrte nach, wenn ihm in Ganzalanis Schilderungen Ungereimtheiten auffielen, ließ jeden Abschnitt des Berichts zeitlich einordnen – so gut es die Erinnerung überhaupt noch vermochte. Der Angeklagte selbst erinnerte sich an viele Details. Manches aber, so sagte er, sei ihm entfallen. War es also wirklich so passiert, oder hat sich der Juwelier nach der furchtbaren Tat an seiner Frau alles aus den Fingern gezogen? Hatte er sich genau überlegt, an welche Details er sich glaubwürdig erinnern, welche er – ohne unglaubwürdig zu wirken - genauso gut vergessen haben konnte.

Ganzalani schilderte also die Begebenheiten so, wie sie eingangs skizziert worden sind. Aber er ergänzte sie nun um die Sache mit dem Fernsehfilm, den er am Tatabend gesehen haben wollte, und die mit ein Grund zur Revisionsentscheidung des Bundesgerichtshofes war. Während er bei seiner ersten Vernehmung bei der Polizei nur eher beiläufig den Film erwähnt hatte, und sich zwei Wochen später beim Ermittlungsrichter nur an zwei Szenen erinnern konnte, nämlich an eine brutale Schlägerei in einer Pferdebox und an einen Mann, der mit hochgestreckten Armen gefesselt worden war, konnte er sich nun erinnern, dass der Film den Titel ‚Chuka –Alleingang im Fort Clendennon' hatte, Männer sich in einer Pferdebox gestritten haben, ein Messer geflogen ist, ein Späher aus einem Indianercamp befreit wurde, am Palisadenzaun ein Spähtrupp aufgetaucht war, und ein Mann aus einem

Fort geritten war. Merkwürdig war, dass Ganzalani die brutale Schlägerei in einer Pferdebox und den Mann mit den hochgestreckten, gefesselten Armen nun wieder nicht erwähnt hat.
Und merkwürdig war auch, dass die Sache mit dem Fernsehfilm bei der ersten Verhandlung vor dem Schwurgericht Aschaffenburg weder von dem sehr engagierten und mit allen erlaubten Tricks arbeitenden Verteidiger eingebracht, noch vom Angeklagten selbst erwähnt worden war.
Hinsichtlich der zeitlichen Abfolge gab es erhebliche Differenzen. Der Film lief im SAT 1 Programm von 21.14 Uhr bis 21.57 Uhr und nach einer Werbeeinblendung von 22.03 Uhr bis 23 Uhr. Die Polizei hatte ermittelt, dass die fraglichen Szenen zwischen 21.24 und 22.13 Uhr gelaufen waren.
Ganzalani gab an, den Fernsehsender erst gegen 21.45 Uhr eingeschalten zu haben und zwar dann, als er hinausging, um das Schloss an der Haustür auszuwechseln.
Erst zwischen 22.10 und 22.15 Uhr habe er nach getaner Arbeit die Wohnung wieder betreten. In der Zeit, in der Ganzalani den Film gesehen haben wollte, hatte Mario Ganzalani seinen eigenen Angaben zufolge aber sein Kind gefüttert, es im Bad gewaschen, nach einer Unterhaltung mit seiner Frau ins Bett gebracht, ihm ein Lied vorgesungen, von außen Holz geholt, den Kamin angeheizt, mit der Frau auf der Couch geschmust, unter Mithilfe seiner Frau das Schloss an der Haustür ausgewechselt, Finger- und Zehennägel geschnitten und manikürt, ins Bad gegangen, dort seine Notdurft verrichtet und im Bad in einem Herrenmagazin gelesen.
Vor dem Würzburger Schwurgericht wurde also die Frage laut, ob sich Ganzalani früher oder später über den Inhalt des Filmes informiert haben konnte. Schließlich erfolgten seine nun detaillierten Erzählungen ganze zwei Jahre nach dem fraglichen

Abend.
Den Recherchen der Polizei nach war der Film bereits 1972, 1976 und 1982 im ZDF gezeigt worden. Und der Film war am Tatabend in SAT 1 um 18.27 und um 21.04 Uhr jeweils 28 Sekunden anmoderiert worden.
Eine einzige Frage bewegte unablässig, wenn auch unausgesprochen, die Gemüter der Prozessbeteiligten: Ist das, was der Angeklagte Mario Ganzalani vor dem Würzburger Schwurgericht erstmals selbst über die Vorgänge in der Nacht zum 2. Oktober 1987 berichtete, glaubwürdig? Sagt er die Wahrheit? Sind dann Ungereimtheiten zwischen seiner jetzigen Aussage vor Gericht und früheren Angaben vor der Polizei mit den blasser werdenden Erinnerungen zu erklären? Sind Widersprüche dann quasi natürlicher Bestandteil eines Geflechtes, das zu kompliziert war, um auf Dauer zu halten?
Vor Gericht hatte Mario Ganzalani wiederholt erklärt, in Weiskirchen habe er den Schlüssel zu seinem Geschäft auf einer Seitenkonsole im Mercedes zurückgelassen. Nachdem er befreit war, habe er den Schlüssel nicht mehr gesehen. Die Polizeibeamten, die ihn noch an der Rastanlage Weiskirchen vernommen hatten, erinnerten sich anders. Der Entführer habe ihm den Geschäftsschlüssel abgenommen -so Ganzalanis damaliger Bericht.
Damals, unmittelbar nach der Tat, habe Mario Ganzalani erzählt, der Entführer habe ihn im Auto zur Autobahn dirigiert. „Davon, dass sie erst zum Juweliergeschäft wollten, war keine Rede“, so eine Polizeibeamtin vor Gericht.

Die Polizei am Tatort

Das Gericht hörte am zweiten Verhandlungstag die Aschaffenburger Polizeibeamten, die in der Nacht zum 2. Oktober 1987

gegen 00.45 Uhr in die Wohnung von Mario Ganzalani gewaltsam eingedrungen waren.
Sie berichteten, dass sie aufgeräumte Zimmer vorfanden. Es habe kein Durcheinander gegeben, keine Spuren von Eindringlingen. Es hätte eine ganz normale Wohnung sein können, deren Besitzer gerade eben mal weggegangen waren – wenn nicht am Boden die tote Ursula Ganzalani in einer Blutlache gelegen hätte. Die Polizisten hatten das ganze Haus durchsucht, auch im ersten Stock die Wohnung der Eltern von Ganzalani, die damals im Urlaub gewesen sind. Eine Spur der Täter habe sich nicht gefunden. Aufgefallen war einem der Beamten, der als erster die Wohnung im Parterre betreten hatte: „Es war unangenehm warm". Und es sei auch warm geblieben, obwohl anschließend die Fenster lange offen geblieben sind. „Wir hatten wegen der Leiche schon Bedenken, dass die Fenster zu lange offen standen". Die Tote sei so liegen geblieben, wie die Polizei sie auffand. „An ihrem Gesicht", so ein Beamter, „war nicht mehr viel Menschliches zu erkennen. Alles war zerschlagen".

V-Mann-„Geschichten"

Die Verteidigung hatte schon im ersten Prozess vor der Schwurgerichtskammer des Landgerichts Aschaffenburg den Ermittlungsbehörden gravierende Fehler bei der Behandlung der Hinweise eines V-Mannes der Polizei aus Frankfurt gemacht. Vor der Schwurgerichtskammer des Landgerichts Würzburg kam nun zum ersten Mal die Aussage jenes V-Mannes vom Hessischen Landeskriminalamtes zur Sprache, der angeblich von einem jugoslawischen Landsmann den Plan von einem Überfall auf einen Juwelier in Aschaffenburg erfahren haben wollte. Die Sache –von der Verteidigung als entlastendes Moment eingestuft – blieb jedoch zunächst eine Angelegenheit vom Hörensagen. Der V-Mann selbst hatte vom Hessischen Innenministerium wieder keine Aussagegenehmigung bekommen. Über seine Angaben berichtete also ein Aschaffenburger Kriminalbeamter.

Der V-Mann hatte sich Anfang Oktober 1987 Beamten des Hessischen Landeskriminalamts anvertraut. Am 13. September 1987, so sein Bericht, habe ein jugoslawischer Landsmann in einer Frankfurter Gastwirtschaft von dem geplanten Überfall auf dem Juwelier erzählt. Die Sache werde glatt über die Bühne gehen, der Juwelier werde zahlen, denn er habe eine schwangere Frau. Angeblich sollten zwei Jugoslawen die Tat ausführen. Mario Ganzalani selbst hatte immer wieder darauf hingewiesen, dass er und seine Frau am späten Abend des 01. Oktober 1987 von zwei unbekannten Männern überfallen worden sei. Ob es sich bei diesen Männern um dieselben handeln könnte, von denen der V-Mann im Hessischen Landeskriminalamt und später vor der Aschaffenburger Kripobeamten berichtet hatte, war nun die große Frage.

Der Aschaffenburger Kriminalbeamte meinte als Zeuge vor Gericht, der Mann habe sich mit seinem Bericht aufspielen wollen. Der Beamte nannte auch den Grund: Weitere Straftaten, die er den beiden Jugoslawen angelastet hatte, darunter angeblich auch einen Überfall auf einen Juwelier in Gießen mit einer Beute von 200.000 Mark, konnte von die Polizei trotz intensiver Ermittlungen nicht verifiziert werden. Von einem nachweisbaren Überfall der beiden Jugoslawen in Bad Hersfeld dagegen hatte der V-Mann nichts gewusst.

Die beiden Jugoslawen waren von dem V-Mann anhand von Lichtbildern identifiziert worden.

Als der eine von ihnen mit den Vorwürfen konfrontiert worden war, hatte er energisch bestritten. Am 30. September 19687 sei er in Seligenstadt nach einer Schlägerei festgenommen und um

13.35 Uhr entlassen worden. Er habe ein blaues Auge und Schrammen im Gesicht gehabt und anschließend eine Brille aufgesetzt. Am Nachmittag des 1. Oktober 1987 sei er mit Freunden beim Zocken in einer Gaststätte gewesen.

Auf intensives Nachfragen des Gerichts und der Verteidigung musste der Kriminalbeamte eingestehen, dass kein Zeuge konkret bestätigen hat können, wo sich der Jugoslawe am Abend des 1. Oktobers aufgehalten hatte. Die Kripo hatte damals auch versäumt, den V-Mann mit den Aussagen des Jugoslawen zu konfrontieren. Der zweite verdächtige Jugoslawe war mit den Vorwürfen gar nicht erst konfrontiert worden. Er sollte unbeeinflusst vor dem Schwurgericht Aschaffenburg Rede und Antwort stehen. Als er dann gekommen war, hatte er alles bestritten.

Die beiden Jugoslawen waren nun vor die Schwurgerichtskammer des Landgerichts Würzburg geladen. Sie wurden am 20. November 1989 ausgiebig zu den Vorwürfen ihres Landsmanns befragt. Beide bestritten die Anschuldigungen. Der eine, 32 Jahre alt, Kellner von Beruf, derzeit ohne Arbeit („Ich werde von meiner Frau unterhalten"), von dem der V-Mann persönlich die Pläne für den Überfall gehört haben will, meinte bündig: „Das ist eine Lüge". Der Mann war wegen Diebstahls und Urkundenfälschung vorbestraft und hielt sich ohne behördliche Genehmigung in der Bundesrepublik auf. Am 1. Oktober 1987 sei er vom Nachmittag bis in die späte folgende Nacht in einer Frankfurter Gaststätte beim Kartenspiel gesessen, so die Aussage des Jugoslawen. Zwei Tage zuvor sei er bei einer Schlägerei im Gesicht verletzt und von der Polizei kurzfristig festgenommen worden. Wer ihm damals beim Kartenspiel bis in die späte Nacht Gesellschaft geleistet habe, wurde er gefragt. Der Mann schrieb dem Gericht die Namen der zwei Jugoslawen auf.

Sein 32-jähriger Bekannter – laut V-Mann der zweite Mann bei

dem geplanten Überfall auf den Juwelier in Aschaffenburg – erklärte den Schwurgericht: „Ich bin im November 1985 nach Jugoslawien gegangen und erst im März 1988 zurückgekehrt“. Der Mann, der ebenfalls keine Aufenthaltserlaubnis hatte, war wegen schweren Diebstahls und Körperverletzung vorbestraft. In die Bundesrepublik sei er zurückgekommen, „um hier meine Angelegenheit zu regeln“. Er war damals als Mittäter eines versuchten schweren Diebstahls in Bad Hersfeld gesucht und nach seiner Einreise auch prompt verhaftet worden. Der Mann („Ich bin von Beruf Landarbeiter“) lebte bei einer Freundin in Frankfurt.
Der V-Mann des Hessischen Landeskriminalamtes, der also im Mordprozess gegen Mario Ganzalani eine so bedeutsame Rolle spielte, war am 20. November 1989 enttarnt. Er war als Zeuge geladen. Für die Prozessbeobachter kam dies völlig überraschend. Noch am vorangegangenen Prozesstag war über seine Identität Stillschweigen bewahrt worden.
Dass der V-Mann als Zeuge geladen werden konnte, kam so: Auf Antrag der Verteidigung hatte sich der Vorsitzende Richter der Schwurgerichtskammer Würzburg mit einem Staatsanwalt in Frankfurt in Verbindung gesetzt, der den V-Mann kurz nach seinem brisanten Bericht wegen eines Verkehrsdeliktes hatte festnehmen lassen. Der Staatsanwalt hatte dann den Namen des großen Unbekannten ohne weitere Vorbehalte mitgeteilt. Um die Identität dennoch so weit wie möglich geheim zu halten, wurde die Öffentlichkeit während seiner Vernehmung ausgeschlossen. Die beiden tatverdächtigen Jugoslawen wurden dem V-Mann im Gericht gegenübergestellt.
Am nächsten Verhandlungstag teilte der Vorsitzende Richter der Schwurgerichtskammer beim Landgericht Würzburg der Öffentlichkeit den Inhalt der Angaben des V-Manne lapidar mit: Der Polizei-Informant sei bei seiner bisherigen Einlassung geblieben,

wonach ihm ein jugoslawischer Bekannter erzählt habe, er plane gemeinsam mit einem weiteren Jugoslawen einen Überfall auf einen Juwelier in Aschaffenburg.
Und dann kam der Hammer. Der V-Mann hatte in der nichtöffentlichen Vernehmung noch mehr gesagt. Nämlich: Er habe in dem Gespräch mit seinem jugoslawischen Landsmann den Eindruck gewonnen, dass der Überfall mit dem Juwelier abgesprochen gewesen sei. Der Juwelier sollte seinen Laden leer räumen; die Frau werde dann entführt, und für die Freilassung sollten 200.000 Mark Lösegeld gezahlt werden. Ähnliches, so der Polizei-Informant vor dem Würzburger Schwurgericht, habe er auch schon zuvor von einem anderen Jugoslawen gehört. Von Mord, so betonte der V-Mann, sei jedoch nie die Rede gewesen.
Nach diesen Aussagen hatten die Verteidiger des Angeklagten plötzlich kein Interesse mehr, dass die Angelegenheit mit den Jugoslawen als mögliche Täter für den Überfall, die Entführung und die Tötung der Juweliersgattin weiterverfolgt wird, denn die Aussage des V-Mannes diente nun nicht mehr der Entlastung des Angeklagten, sondern hatte zu einer wesentlichen Verschlechterung der Situation des Mario Ganzalani geführt.

Die Phantasien einer Wahrsagerin

Es vergeht in unserer Zeit kaum ein spektakulärer Mordfall, bei dem sich nicht eine Wahrsagerin mit „sensationellen" Erkenntnissen in die Öffentlichkeit spielt. Auch im Mordfall Ganzalani musste sich die Schwurgerichtskammer des Landgerichts Würzburg an mehreren Verhandlungstagen mit einer Wahrsagerin beschäftigen. Und das kam so: Eine 37-jährige Sekretärin, öfters bei der 50 Jahre alten Hausfrau und Kartenlegerin aus Dortmund zu Gast, hatte im September 1989 in einer Aschaffenburger Gaststät-

te einem anderen Besucher erzählt, dass die Kartenlegerin über dem Mordfall Ganzalani so einiges weiß. Dieser hatte dann die Polizei informiert und eines Tages war dann die Polizei in Dortmund bei der Wahrsagerin vor der Tür gestanden. Die Schwurgerichtskammer lud die Frau als Zeugin. Am 4. Dezember 1989 erschien die 56-Jährige, gekleidet in Pelz und Pelzmütze.
Der Vorsitzende Richter bei Beginn der Vernehmung: „Wir wollen von Ihnen nur Tatsachen hören. Denn nicht jeder glaubt an Kartenlegen“. Darauf die Zeugin: „Sogar Minister glauben daran“.
Dann berichtete die Kartenlegerin, dass sich Ursula Ganzalani insgesamt dreimal, erstmals im Jahre 1986 in einem Cafe in der Aschaffenburger City Galerie Rat aus ihren Karten geholt habe. In diesem Cafe habe sie ihren Kundinnen öfters zum Preis von 70 Mark guten Rat gegeben. „Woher Frau Ganzalani mich kannte, weiß ich nicht. Wahrscheinlich durch Mundpropaganda“. Ursula Ganzalani soll bei den Sitzungen nach den Frauengeschichten ihres Mannes gefragt haben. Dass ihr Mann fremd gehe, so Ursula Ganzalani angeblich zu der Kartenleserin, sei schon ein Dauerzustand. Sie habe gesagt, er „knutsche in ihrem Beisein fremde Frauen ab“. Andere bekämen von ihm alles, während sie nur ein Stück Dreck sei. Wegen anderer Frauen, so habe die Kartenlegerin erfahren, sei es zwischen den Eheleuten auch zu Streit gekommen. Dabei habe Mario Ganzalani seine Frau auch geschlagen. Bei den Sitzungen sei Ursula Ganzalani außerordentlich ängstlich gewesen. Sie habe sich davor gefürchtet, ihr Mann könne von dem Kontakt zur Kartenleserin etwas erfahren. Sie, die Wahrsagerin, habe den Karten entnommen, dass Ursula Ganzalani von ihrem Mann, dem Juwelier Mario Ganzalani, erschlagen würde. „Ich habe ihr Ende aus dem Karten gelesen“, behauptete die Frau. „Ich sagte, wenn sie sich scheiden lässt, wird ihr Mann

sie erschlagen". Etwa vier Wochen vor ihrem Tod hat Ursula Ganzalani die Kartenlegerin angeblich zuletzt in Dortmund angerufen. Es war nachts gegen 0.30 Uhr. Der Mann der Zeugin will den Anruf entgegengenommen haben.

„Die Frau Ganzalani wird allmählich zu einem Problemfall", habe er zu seiner Frau gesagt. Frau Ganzalani habe in jener Nacht Angst gehabt. Ihr Mann sei nach einem Streit weggefahren. „Der wird wohl wieder bei seiner Nutte sein", soll Frau Ganzalani gesagt haben. Darauf die Kartenlegerin am Telefon: „Nehmen Sie Ihre Handtasche und Ihr Kind und gehen sie weg!" Und Ursula Ganzalani: „Ich schaffe den Absprung nicht. Obwohl er mir das alles antut; liebe ich ihn".

Die Kartenlegerin wollte daraufhin, so erklärte sie dem Gericht, Ursula Ganzalanis Eltern verständigen. „Aber das wollte sie nicht. Sie hat ihre Eltern abgeschirmt. Sie sollten nichts wissen. Ich war ihre einzige Vertraute".

Die Kartenlegerin hatte, wie sie dem Gericht berichtete, schon zu Lebzeiten von Ursula Ganzalani mit der Polizei in Aschaffenburg telefonisch Kontakt aufgenommen. „Ich habe in den Karten den Tod einer Frau gesehen", habe sie gesagt. Der Polizeibeamte habe ihr daraufhin geraten, nichts zu unternehmen, weil man sie sonst juristisch belangen könne.

Nach dem Tod von Ursula Ganzalani habe sie nichts mehr unternommen. „Ich hatte Angst vor Mario Ganzalani. Seine Frau hat ihn mir als brutal und unberechenbar geschildert. Außerdem hatte ich gehört, er unterhalte Kontakt zur Mafia".

Wollte sich die Kartenlegerin nun wichtigmachen mit einer blühenden Phantasie? Oder war Ursula Ganzalani wirklich bei ihr? Hatte die Frau ihr Wissen vielleicht aus Zeitungen? Unmittelbar nach der Tat und im ersten Prozess vor dem Schwurgericht Aschaffenburg ist ja in den Medien ausführlich berichtet worden.

Tatsache war, dass der Mann der Kartenlegerin, gelernter Heizungsmonteur und häufig Leser der Bildzeitung, auch die Berichte des Boulevardblattes über Ursula Ganzalanis Tod verfolgt hatte, wie er selbst sagte. Und die Wahrsagerin hatte sich über die jüngste Prozessentwicklung aus der Tageszeitung informiert.
Am nächsten Prozesstag wartete der Verteidiger des Angeklagten mit einer neuen Variante der Wahrsagergeschichte auf: „Der Sohn der Zeugin hat sich inzwischen bei mir gemeldet. Er sagt, seine Mutter lügt. Der Mann hat mich telefonisch darüber verständigt, dass er seine Mutter in den Jahren 1984 bis 1987 begleitet hat. Er kenne alle ihre Kunden, die sich in dieser Zeit die Karten legen ließen. Eine Frau Ganzalani sei nicht dabei gewesen“. Im Gegensatz zu dem Bericht der Frau habe der Sohn dem Anwalt erklärt, die Mutter habe sich nie in dem Cafe in der Aschaffenburger City Galerie aufgehalten, um dort Frau Ganzalani und anderen Kundinnen aus den Karten zu lesen. Das, so der Anwalt, habe auch die Geschäftsführerin des Cafe bestätigt: In dem kleinen Cafe-Raum seien noch nie Karten gelegt worden. Generell sei in dem Cafe das Kartenspiel verboten. Der Sohn habe ihm erzählt, dass seine Mutter in mehreren Prozessen wegen Lügereien verwickelt sei.
Die Sache wurde immer bizarrer. Der Rechtsanwalt der Kartenlegerin schrieb dem Würzburger Schwurgericht einen Brief: Der Sohn habe den Anwalt des Angeklagten Ganzalani nicht angerufen, hieß es darin. Er habe seine Mutter auch nur in den Jahren 1984 und 1985 einige Male begleitet, später nicht mehr. Deshalb könne er keine Angaben darüber machen, ob Ursula Ganzalani unter den Kundinnen gewesen sei.
Dass sich die Schwurgerichtskammer des Landgerichts Würzburg ausgerechnet von einer Frau, die mit Hilfe von Bube, Dame, König und As Zukünftiges schon jetzt erkennen will, Belastendes

über den Angeklagten erzählen ließ, das kam bei manchen Prozessbeobachter schon merkwürdig vor. Dabei kam es dem Gericht aber nie darauf an, Zukunftsdeuterei und Kartenlegekünste zu testen. Nur die Beantwortung von zwei Fragen war wichtig. Nämlich: Hatte sich Ursula Ganzalani tatsächlich Karten legen lassen? Und: Hat sie der Wahrsagerin über sich und ihr Verhältnis zu ihrem Ehemann etwas erzählt?
Die Zwillingsschwester der Kartenlegerin wurde geladen. Sie sah aus wie die Wahrsagerin: das gleiche weiße Haar, die gleiche Pelzmütze, der gleiche Gang und die gleiche, etwas hektische Stimme mit dem unverwechselbaren rheinischen Tonfall.
Was die aufgeräumte 56-jährige Frührentnerin allerdings unter Eid vor Gericht erklärte, hatte keine Ähnlichkeit mit der kartenlegenden Zwillingsschwester: „Meine Schwester hat mir ein Foto von Frau Ganzalani gezeigt und erklärt, sie hat diese Frau nie gesehen und ihr auch nie die Karten gelegt. Ich habe sie kürzlich besucht. Doch nach einer Woche sind wir im Streit auseinandergegangen. Sie hat ihren Hund auf mich gehetzt, aber der hat ihr nicht gefolgt. In meinem Beisein hat meine Schwester mehrere Kundinnen angerufen und diese gebeten, dem Vorsitzenden Richter der Schwurgerichtskammer zu schreiben, dass sie ehrenwert und keine Schwindlerin sei. Sie würden dafür umsonst die Karten gelegt bekommen. Als ich ihr vorgehalten habe, dass das Beeinflussung sei, hat sie gesagt: ‚Du bist eben zu dumm dazu. Ich bin nicht umsonst so berühmt'".
Noch mehrere Frauen, alles Kundinnen der Kartenlegerin, darunter sogar eine Akademikerin wurden als Zeuginnen gehört. Eine gerichtsverwertbare Stimmigkeit über die Aussagen der Wahrsagerin kam auch dabei nicht heraus.

Knast-Geschwätz

Der Prozess vor der Schwurgerichtskammer des Landgerichts Würzburg um den Tod der hochschwangeren Ursula Ganzalani trieb immer seltsamere Blüten.

Ein Mithäftling in der Aschaffenburger Untersuchungshaft hatte im ersten Prozess vor der Schwurgerichtskammer des Landgerichts Aschaffenburg erklärt, Ganzalani habe ihn während eines Hofganges einmal gebeichtet: „Dir kann ich es ja sagen. Ich habe meine Frau umgebracht“. Ganzalani hatte dies bestritten und den Mithäftling angezeigt. Der Mann wurde später vom Schöffengericht wegen uneidlicher Falschaussage zu einem Jahr Freiheitsentzug verurteilt.

Vor dem Würzburger Schwurgericht verweigerte der Mann die Aussage, obwohl er dazu, wie er belehrt wurde, nach einem rechtskräftigen Urteil keine Möglichkeit hatte. Er blieb trotzdem schweigsam. Das Gericht brummte ihm prompt 600 Mark Ordnungsgeld und sechs Monate Beugehaft auf.

Ein Glück, dass das Gericht in dieser Situation auf seine Protokollführerin zurückgreifen konnte. In einer Verhandlungspause habe Mario Ganzalani ihr über den Zeugen aus der U-Haft gesagt: „Der hat zu mir in der JVA immer gesagt: Du hast das doch gemacht. Da habe ich Ja gesagt“. Die Frau: „Ich habe das so verstanden, als wolle Ganzalani damals einen lästigen Fragesteller loswerden“.

Ganzalanis Anwalt, der im Pausengespräch seiner Aussage nach ebenfalls anwesend war, erinnerte sich anders. Auch er gab, was er noch wusste, als Zeuge wieder: „Herr Ganzalani sagte damals: Das ist der Zeuge aus der JVA, der mich gefragt hat, ob ich die Tat begangen hätte, und der behauptet, ich hätte ja gesagt“.

Die Protokollführerin meinte allerdings, dass der Anwalt bei dem

Pausengespräch überhaupt nicht anwesend gewesen sei, was der Anwalt wiederum bestritt.
Gegen Ende der Verhandlung erschien das aber kaum noch wichtig angesichts der Vorstrafen des JVA-Zeugen: Diebstahl, Beleidigung, Urkundenfälschung, Betrug, Körperverletzung, Sachbeschädigung und noch manches mehr. Vielleicht hatte er auch die Polizei belogen als er 12. April 1988 den Beamten Einzelheiten aus Ganzalanis angeblichem Geständnis präsentiert hatte, da war in Aschaffenburg ja der Prozess gegen Mario Ganzalani schon im Gange. Vielleicht hatte der Zeuge vor seiner Aussage ja nur gründlich die Zeitung gelesen.
Bei so viel Ungereimtheiten sollte eines nicht verschwiegen werden: Mario Ganzalani habe am Morgen des Tages der Beerdigung seiner Frau drei ‚Schwarzwälder Kirsch' gegessen und zwei ‚Asbach Uralt' getrunken, hatte der Zeuge vor der Polizei gesagt. Mario Ganzalani bestritt dies energisch. Seine Schwiegermutter, die Mutter der ermordeten Ursula Ganzalani, will das aber ebenfalls mehrmals gehört haben. Ganzalani soll im Gasthof „Lamm" geschlemmert haben. Der Angeklagte: „Alles an den Haaren herbeigezogen".
Hatte Mario Ganzalani ausgerechnet einen Beamten der Justizvollzugsanstalt Aschaffenburg gegenüber gestanden, dass es in Wirklichkeit ganz anders war?
Die Ehefrau des Gefängnisbeamten, von dem sich das Würzburger Schwurgericht erhellende Ausführungen dazu erhoffte, schwieg.
Die Frau hatte sich bei der Aschaffenburger Kripo gemeldet und dort und vor dem Aschaffenburger Ermittlungsrichter Angaben gemacht. Was sie dort gesagt habe, erklärte sie dem Gericht, entspreche voll und ganz der Wahrheit.
Nämlich: dass ihr Mann für Mario Ganzalani Briefe aus dem Ge-

fängnis transportiert habe, dass sie selbst einen solchen Brief Ganzalanis Vater in Buchenbach überbracht habe, dass ihr Mann dem Angeklagten nachts aus der Justizvollzugsanstalt lange Telefonate gewährt habe, dass sie selbst sich im Juweliergeschäft der Ganzalanis zum Lohn für solche Vergünstigungen eine Perlenkette habe zurücklegen lassen, aber nicht abgeholt habe, dass ihr Mann einmal erklärt habe, wenn Mario Ganzalani freikomme, werde es ihnen gut gehen. Vor allem aber, was Mario Ganzalani ihrem Mann im Gefängnis über die Mordnacht am 1. Oktober 1987 berichtet hatte: Ursula Ganzalani habe ihm gedroht, ihn wegen seiner Frauengeschichten zu verlassen. Da habe er sie getötet.

Ob das alles stimmt, war eine Frage der Glaubwürdigkeit der Zeugin. Sie war 41 Jahre alt, Kauffrau, lebte von ihrem Mann getrennt, war aber noch nicht geschieden. Die Scheidung war von ihr eingereicht worden. Ihr Mann hatte sich zu den Vorwürfen nicht geäußert, sondern bei der Polizei lediglich erklärt, seine Frau sage die Unwahrheit. ‚Ihrer Kinder zuliebe' wollte die Frau vor dem Würzburger Gericht die Vorwürfe nicht wiederholen. Die Kinder hätten sie angefleht, den Vater nicht weiter zu belasten. „Aber ich habe vor der Polizei und dem Ermittlungsrichter wahrheitsgemäß ausgesagt". Zum Beispiel auch dies: Noch nach der Trennung habe ihr Mann aus der ehemals gemeinsamen Wohnung eine goldene Uhr geholt, die ihm Ganzalani Senior geschenkt habe.

Der von der Zeugin getrennt lebende Ehemann machte vor Gericht keine Angaben. Grund, so sein Anwalt: Man wolle die Frau mit der Verweigerung der Aussage schonen. Von verminderter Zurechnungsfähigkeit nach einer Gehirnoperation war in diesem Zusammenhang die Rede. Ganzalanis Anwalt wusste von ‚verschiedenen Verfahren', die gegen die Frau anhängig waren. Es gebe ein aussagepsychologisches Gutachten, dass sie in schlechtem Licht erscheinen lasse. Die Freundin der Eheleute aus besseren Tagen berichtete von Depressionen, unter denen die Frau litt und von psychosomatischen Behandlungen bei verschiedenen Ärzten.

Schließlich versuchte der Vorsitzende Richter der Schwurgerichtskammer beim Landgericht Würzburg herauszufinden, was an Gesprächen zwischen knasterfahrenen Männern Wahres dran sein sollte. Etwa: Hat der Buchenbacher Juwelier Mario Ganzalani in der U-Haft wirklich keine Trauer über den Tod seiner Ehefrau Ursula gezeigt? Hat er gar mit seinen zahlreichen Freundinnen geprahlt, deren Namen und Anschrift er daheim in seinen Personal-Computer eingetippt haben soll? Hat er am Ende vielleicht sogar die Entführung seiner Frau mit ein paar Männern aus Frankfurt geplant?

Dass Mario Ganzalani in der U-Haft keine Trauer über den Tod seiner Frau gezeigt und die Namen von Freundinnen im Computer gespeichert habe, war nicht nachweisbar. Ein Zeuge aus dem Knast, der das früher einmal erklärt haben soll, vor Gericht: „Davon kann überhaupt keine Rede sein".

Der enttarnte V-Mann des Hessischen Landeskriminalamtes hatte allerdings bei seiner nichtöffentlichen Vernehmung ausgesagt, er habe in dem Gespräch mit seinem jugoslawischen Landsmann den Eindruck gewonnen, dass der „Überfall mit dem Juwelier abgesprochen gewesen sei. Der Juwelier sollte seinen Laden leerräumen; die Frau werde dann entführt, und für die Freilassung sollten

200.000 Mark Lösegeld gezahlt werden".

Das Gericht am Tatort

Zwei Jahre schon stand die Wohnung Ganzalani leer. Die Frau war tot, der Ehemann saß unter Mordanklage in Untersuchungshaft, der inzwischen viereinhalbjährige Sohn lebte bei Verwandten.

Mitte Dezember 1989 drängten sich über 20 Personen in den unbewohnten Räumen: Ortstermin im Mordprozess Ganzalani. Das Gericht wollte wissen: Wo und wie lag die tote Ursula Ganzalani im Kaminzimmer? Wie verteilten sich die Blutspuren im Raum? Wo genau war der Punkt, von dem Mario Ganzalani damals noch einen Schatten eines der Täter gesehen haben will?

Das Gericht, begleitet von anderen Prozessbeteiligten und Pressevertretern war um 10.30 Uhr mit einem Bus vor dem Wohnhaus der Familie Ganzalani in Buchenbach eingetroffen. Die erste bange Frage der anwesenden Journalisten: Darf man mit in die Wohnung, oder darf man nicht? Dann stand fest: Man darf. Der Angeklagte und seine Eltern hätten sich auch anders entscheiden können. Ihr Hausrecht, nur den einzulassen, der ihnen genehm war, wäre nicht außer Kraft gesetzt worden durch das Gebot, dass eine Gerichtsverhandlung grundsätzlich öffentlich sein muss. Die einzige Bitte der Familie Ganzalani war: In der Wohnung nicht zu fotografieren. Als der Vertreter einer Illustrierten dann doch erwischt wurde, wie er mit versteckter Kamera unterm Hemd hervor Fotos schoss, verlor Ganzalani Senior für einen Moment die Fassung. Unwirsch schickte er den Mann hinaus ins Freie.

Die anwesenden Polizeibeamten erläuterten derweil dem Gericht, wie sie die Tote Ursula Ganzalani in der Wohnung fanden. Die erste Überraschung: Die Couch, auf der Ursula Ganzalani beim ersten Schlag, der sie traf, gelegen haben könnte, war so klein, dass sich die Frau nicht ausstrecken konnte. Die Couch hatte nur

zwei Sitzplätze. „Wenn meine Frau fernsehen wollte, hat sie sich auf den Rücken gelegt und die Beine über die Seitenlinie hängen lassen“, erklärte Mario Ganzalani.
Hatte die Frau dann tatsächlich gelegen, als der Täter auf sie einschlug, oder hat sie gesessen oder gestanden und fiel nach dem ersten Schlag nach hinten zurück auf die Couch? Links auf der Sitzfläche der Couch jedenfalls hatte die Kripo viel Blut gefunden. Die Frau muss dann aufgestanden sein, so die Kripo, denn sie brach neben einem Glastisch im Kaminzimmer zusammen. Ob sie versucht hatte, sich gegen ihren Mörder zur Wehr zu setzen, konnte die Kripo nicht mehr nachvollziehen. Spuren, die auf eine Gegenwehr gedeutet hätten, waren an der toten Frau nicht zu finden gewesen.
Das Gericht inspizierte das Bad, in dem Mario Ganzalani seiner Schilderung zufolge von einem der unbekannten Täter überrascht worden war. Dann standen die Richter in dem kurzen Gang, der vom Bad zum Wohnzimmer führte. „Hier stoppte mich der eine Täter“, sagte Mario Ganzalani. „Von dem anderen sah ich im Wohnzimmer nur noch einen Schatten, der sich nach rechts zum Kaminzimmer bewegte“. Bei seinen ersten Aussagen vor der Polizei nach seiner ‚Befreiung’ an der Raststätte Weiskirchen hatte er einer Polizeibeamtin gegenüber berichtet gehabt, wie er in seiner Wohnung im Beisein des Gangsters noch erkannt hatte, dass seine Frau von einem der Eindringlinge ins Kaminzimmer gezwungen wurde. Vor dem Ermittlungsrichter zwei Wochen später hatte sich Ganzalani wieder korrigiert. Zuerst hatte er angegeben, er habe seiner Frau Mut machen wollen, sei auf sie zugegangen und dann von dem Unbekannten gestoppt worden, vielleicht habe er ihr noch etwas zugerufen. „Nach reiflicher Überlegung“, so Ganzalani dann, hatte er sich wieder verbessert: Er habe doch nicht mit seiner Frau gesprochen und von dem zweiten Mann nur

einen Schatten wahrgenommen.
Draußen vor der Garageneinfahrt, die unmittelbar neben der Haustür lag, rekonstruierte Mario Ganzalani, wie er den weiteren Ablauf des Überfalls sah: wie er seinen Mercedes hinausfuhr, wie er vor der Garage ausstieg, um seinen Entführer den Autoschlüssel zu geben („Ich dachte, er sollte allein fahren; ich wollte zu meiner Frau zurück"), wie der Täter ihn ins Auto zurückdrängte, dann um das Heck des Wagens ging, auf der Beifahrerseite einstieg und sich auf den Rücksitz hockte. Die nächste Station des Ortstermins für das Gericht war an der Autobahn-Raststätte Weiskirchen.
Dort stand für das Gericht ein Mercedes zur Rekonstruktion bereit. Da das Originalauto von einem Gebrauchtwarenhändler schon längst veräußert worden und der neue Besitzer nicht bekannt war, hatte die Polizei einen baugleichen Ersatz beschafft. Es war das Auto des Nebenklägervertreters. Die Polizei hatte das rechte Rücklicht ausgebaut und die Fassung eingeschlagen. Mario Ganzalani legte sich bäuchlings in den Kofferraum, reckte den rechten Arm durch die Rücklicht-Öffnung: „So habe ich meinen Pulli hinausgestreckt und angezündet". Dann versuchte er, durch die Öffnung den Verschlussknopf des Kofferraums zu erreichen. Unmöglich. Der Arm war zu kurz. Bei der Schilderung der Vorgänge am ersten Verhandlungstag hatte Mario Ganzalani vor dem Würzburger Schwurgericht erklärt. „Ich konnte das Schloss nicht finden". Für das Aschaffenburger Schwurgericht war dies seinerzeit in der ersten Verhandlung ein belastendes Indiz gewesen. Das Gericht, das damals keinen Augenschein vorgenommen hatte, in der mündlichen Urteilsbegründung: „Wäre er wirklich entführt worden, dann wäre es ihm angesichts seiner handwerklichen Fähigkeiten leicht gefallen, durch das ausgeschlagene Rücklicht zu greifen und den Kofferraum von außen zu öffnen". Auf die

Frage, ob unter gewissen Umständen eine Selbstbefreiung doch möglich gewesen wäre, wird später der Ankläger nach einen Eigenversuch in seinem Plädoyer noch einmal eingehen.

Zeugenaussagen

Schon bei der ersten Verhandlung vor dem Aschaffenburger Schwurgericht war ein 25-jähriger Kaufmann aus Bessenbach als ein Hauptbelastungszeuge aufgetreten. Das Gericht schloss damals aus seiner Beobachtung, dass Mario Ganzalani am 01. Oktober 1987 gegen 22 Uhr mit seinem auffälligen Mercedes zur Autobahn unterwegs war, um von dort Weiskirchen zu erreichen, wo er – eingesperrt im Kofferraum seines Fahrzeuges – von Passanten gefunden werden wollte.
Anders dagegen Ganzalani selbst: Er will gegen 22 Uhr noch zu Hause bei seiner Frau gewesen sein und im Fernsehen Szenen eines Western verfolgt haben. Erst gegen 22.45 seien Unbekannte in die Wohnung eingedrungen, hätten ihn selbst entführt und seine Frau getötet.
Auch vor der Schwurgerichtskammer des Landgerichts Würzburg blieb der Bessenbacher Kaufmann bei seiner Aussage: Er habe das Auto des Angeklagten, einen Mercedes 500 Coupé, am 01. Oktober 1987 gegen 22 Uhr am Ortseingang von Aibing gesehen und auch das amtliche Kennzeichen ablesen können. An die Zeit 22 Uhr könne er sich deshalb so genau erinnern, weil er auf der Weiterfahrt am Ortsende von Aibing hinter der Mühlenstraße durch eine Radarkontrolle der Polizei gefahren sei. Die Polizei hatte bestätigt, dass diese Kontrollstelle um 22.05 Uhr aufgehoben worden war.
Die Frage stellte sich nun: Hatte Mario Ganzalani recht, dann musste sich der Zeuge irren. Entsprechend intensiv wurde der

Kaufmann denn auch von allen Prozessbeteiligten befragt. Er habe das Auto genau erkannt, sagte der Kaufmann. Als der Mercedes noch seinem Vorbesitzer, einen Buchenbacher Betonfabrikanten gehörte, habe er es mehrfach gefahren und in seiner Werkstatt gepflegt. Das auffällige, tiefliegende Mercedes-Coupé war erst ein paar Monate vor dem Mord an Ursula Ganzalani an den Juwelier verkauft worden. Als der Wagen an jenem Abend auf ihn zukam, so der Zeuge, habe er damit gerechnet, der Betonfabrikant sitze am Steuer. Die beiden waren gut miteinander befreundet. Er habe deshalb auch kurz die Lichthupe betätigt, in der Dunkelheit aber Personen im Auto nicht erkannt. Erst später, als er seinem Vater von seiner Beobachtung erzählte, habe er dann erfahren, dass das Auto schon nicht mehr dem Betonfabrikanten, sondern dem Juwelier Ganzalani gehöre. Der Vater, ein Aschaffenburger Versicherungskaufmann, habe ihn gedrängt, seine Beobachtungen der Polizei mitzuteilen. Das sei dann am nächsten Tag – eine Woche nach der Begegnung mit dem Mercedes - geschehen.

Dieser zeitliche Abstand irritierte wieder die Verteidigung: Wie schon im ersten Prozess steuerte der Verteidiger abermals darauf hin, ob der Zeuge denn die Aussage nur gemacht habe, um die inzwischen ausgesetzte Belohnung von 5000 Mark zu kassieren. Der Zeuge bestritt erneut: „Die Belohnung interessierte mich wenig“.

Obwohl Staatsanwalt und Verteidigung darauf verzichtet hatten, vereidigte der Vorsitzende Richter bei der Schwurgerichtskammer des Landgerichts Würzburg den Zeugen.

Dem Gericht war die Aussage des Zeugen sogar so wichtig, dass es einen Kfz-Gutachter bestellt hatte. Dieser führte vor Gericht aus, dass es tatsächlich möglich war, das Kennzeichen abzulesen. Er hatte in Aibing an Ort und Stelle entsprechende Versuche angestellt. Bei Abblendlicht und richtiger Scheinwerfereinstellung sei das Kennzeichen ab einer Entfernung von fünf Meter ablesbar. Weil das eine gewisse Konzentration erfordere, sei es nicht möglich, gleichzeitig festzustellen, wie viele Personen im Auto säßen. Und da war auch noch ein weiterer Zeuge, dessen Aussage mit der Aussage über die Begegnung des Mercedes mit dem jungen Kaufmann noch mehr Bedeutung gewann. Ein 30-jähriger Programmierer, der damals in Froschhausen wohnte, wollte am 01. Oktober 1987 zwischen 23 und 23.30 Uhr auf einem Gebrauchtwaren-Parkplatz vor seinem Haus einen Mercedes der S-Klasse beobachtet haben. Der Mann habe damals aus dem Fenster seines Badezimmers geblickt, als er unten Reifen auf dem Kies knirschen gehört hatte. Vor dem Schwurgericht in Würzburg wiederholte der Zeuge, was er auch schon vor der Schwurgerichtskammer des Landgerichts Aschaffenburg erklärt hatte: Er habe an dem Kennzeichen des Wagens die Buchstaben-Kombination AB-A und eine runde Hunderterzahl mit zwei Nullen mit Sicherheit erkannt. Das Auto sei einem Moment stehen geblieben und dann in Richtung Autobahn davongefahren. Das Aschaffenburger Gericht war davon ausgegangen, dass dem Angeklagten dieser Parkplatz zu einsam lag. Nur in der Nähe der Raststätte Weisenkirchen sei er sicher gewesen, schnell gefunden zu werden. Wenn Mario Ganzalani tatsächlich der Täter gewesen war, dann hätte es aber auch sein können, dass er bei diesem kurzen Aufenthalt auf dem Gebrauchtwaren-Parkplatz die bei der Tat blutig verschmutzte Bekleidung entsorgt hatte. Gefragt wurde danach nicht.

Widerstreit der Gutachter

Die exakte Todeszeit von Ursula Ganzalani ließ sich vor dem Schwurgericht in Würzburg nicht feststellen. Der Würzburger Rechtsmediziner Prof. Schulz, der schon im ersten Prozess als Gutachter aufgetreten war, legte seiner Todeszeitbestimmung die Modellrechnungen des Berliner Gerichtsmediziners Schneider zugrunde. Dieser hatte Todesfälle untersucht, die sich bei Raumtemperaturen von 18 bis 22 Grad Celsius ereignet hatten. Im Kaminzimmer der Ganzalanis hatte zur Tatzeit eine Temperatur von etwa 21 Grad geherrscht. An der toten Ursula Ganzalani hatte die Polizei um 3.54 Uhr in der Nacht nach dem Mord eine Körpertemperatur von 35,1 Grad festgestellt. Diese Temperatur, so Gerichtsmediziner Schneider in seiner Untersuchung, erreichen verstorbene Frauen nach fünf Stunden. Bei Schwangeren, so Prof. Schulz, dauert es länger, weil sie durch die Schwangerschaft ein höheres Wärmepolster haben. Eine weitere denkbare Verzögerung schloss Prof. Schulz nicht aus, weil Ursula Ganzalani auf dem beheizten Fußboden gelegen hat.

Prof. Schulz setzte deshalb die Tatzeit auf 22.30 bis 23 Uhr an. Spätere und frühere Tatzeiten, so Prof. Schulz, seien aber auch nicht auszuschließen. „Aber was über 23.30 Uhr hinausgeht, wird für mich immer unwahrscheinlicher. Da ist die Stunde zwischen 21 und 22 Uhr sogar noch eher denkbar".

Der von der Verteidigung benannte Frankfurter Rechtsmediziner Prof. Brettel, der ebenfalls im ersten Prozess bereits als Gutachter tätig war, maß der Leichenstarre für die Todeszeitbestimmung mehr Bedeutung zu. Sie sei, beginnend drei Stunden nach dem Tod, nach längstens vier Stunden in den Gelenken deutlich spürbar. Doch erst Prof. Schulz hatte in der Mordnacht gegen 4 Uhr Totenstarre bemerkt, die sich dann gegen 5 Uhr ‚deutlich kräftiger entwickelt' hatte. Prof. Brettel schloss daraus: Ursula Ganzalani konnte auch erst gegen 24 Uhr gestorben sein –„wenn auch nicht zwingend, denn vieles ist in diesem Fall zu fragwürdig, um zu einen genauen Ergebnis kommen zu können". Brettel meinte, dass durch die langanhaltende hohe Körpertemperatur der toten Ursula Ganzalani die Leichenstarre sogar besonders früh hätte einsetzen müssen – eher nach zwei Stunden als nach vier Stunden. Nur wenn die Körpertemperatur früh abfalle, könne mit einem Zeitraum von fünf Stunden gerechnet werden.

Die Ausführungen des Rechtsmediziners Prof. Brettel gingen – auch für einen Laien erkennbar- an den Tatsachen weit vorbei.

Fest stand, dass die Leichenstarre an der Toten gegen 4 Uhr bemerkt und gegen 5 Uhr deutlich kräftig entwickelt war. Wenn also nach Prof. Brettel die Leichenstarre 3 Stunden nach dem Tod bemerkbar und 4 Stunden nach dem Tod in den Gelenken deutlich spürbar ist, dann ergäbe es in der Rückrechnung einen Todeszeitpunkt von 1 Uhr. Um diese Zeit aber war Ursula Ganzalani von der Polizei als Tote schon mindestens eine halbe Stunde gefunden (00.30 Uhr Eindringen der Polizei in die Wohnung).

Kurioser wird die Rechnung noch, wenn man Prof. Brettels Aussage zugrunde legt, dass „durch die langanhaltende hohe Körpertemperatur der toten Ursula Ganzalani die Leichenstarre sogar besonders früh hätte einsetzen müssen –eher nach zwei als nach vier Stunden". In der Rückrechnung ergäbe dies einen Todeszeitpunkt von etwa 2 Uhr. Um diese Zeit war die Polizei schon mindestens 1½ Stunden in der Wohnung Ganzalani.

Psychologen und Psychiater

Ob Mario Ganzalani die grausige Bluttat an seiner hochschwangeren Ehefrau Ursula begangen haben könnte, mit der Beantwortung dieser Frage taten sich vor der Schwurgerichtskammer des Landgerichts Würzburg der Psychologe Dr. Richtberg vom Zentrum für Psychiatrie der Universität Frankfurt und der Würzburger Neurologe und Psychiater Prof. Sattes schwer.

Dr. Richtberg: „Ich kenne keinen rationalen Beweggrund für die Tat. Das heißt grundsätzlich aber nicht, dass der Angeklagte es nicht gewesen sein kann".

Und Prof. Sattes: „Die Tat mit seiner Persönlichkeit in Verbindung zu bringen, ist schwer".

Der Psychologe Dr. Richtberg: „Man kann nicht voraussagen, wie sich ein Mensch in bestimmten Situationen verhält, weil normales menschliches Verhalten nicht messbar ist. Wir wissen im Voraus nicht, wie ein Mensch in extremen Situationen reagiert. Aber unsere Kenntnis aus tatsächlichen Fällen zeigt, dass auch das Undenkbare möglich ist. Zu was man wirklich fähig ist, erfasst man erst in extremen Situationen".

Oft sei eine Tat, so Dr. Richtberg, nur aus der Situation heraus, nicht aber aus der Biographie des Täters zu erklären. Dies vor allem bei Verbrechen, die im Affekt begangen wurden. Bei alleiniger Betrachtung der Biographie von Mario Ganzalani sei der brutale Mord an seiner Frau für ihn persönlichkeitsfremd. Bei einer Affekttat aber könne eine Handlung „über eine Person hinauswachsen und ihr Wollen überwuchern". Reaktion des Täters darauf:

„Das habe ich nicht gewollt".

Mario Ganzalani sei aber nicht der Typ für die klassische Affekttat. „Das sind vielmehr Leute, die alles in sich hineinfressen. Es entstehe ein Affektstau, und ein banales Ereignis kann zum Überlaufen des Fasses und zu blitzartigen exzessivem Handeln führen". Mario Ganzalani jedoch habe Affekte nicht aufgestaut, sondern abreagiert. Wenn ihm etwas nicht passte, wurde er eigenem

Bekenntnis zufolge rasch unduldsam oder zornig, war dann aber genauso schnell wieder beruhigt.
Doch auch dazu führte Dr. Richtberg ein „Anderseits“ an: Mario Ganzalani sei eine Persönlichkeit von instabilen Selbstwertgefühl. Hier liege eine Disposition für kurzschlussartige Handlungen, die eine persönlichkeitsfremde Aktion realisieren könne.
Einen geplanten Mord hielt der Psychologe für ausgeschlossen. Sollte das Gericht sich letztlich von der Täterschaft Ganzalanis überzeugen, dann müsse es davon ausgehen, dass Affekte die Tat gesteuert hätten. Mord kam auch für den Psychiater Dr. Sattes nicht in Frage.
„Dafür kann ich keine Umstände finden und erfinden“. Also war es eine Tat im Affekt? Dr. Sattes: „Aber was wird aus so einem Affekt? Konnte Mario Ganzalani so handeln, wie er gehandelt hat? Konnte er darauf umschalten, was wir über die Ereignisse nach der Tat wissen?“
Also: Konnte er, hätte er wirklich seine Frau mit fünf mörderischen Schlägen zunächst den Schädel zertrümmert, dann noch eine Entführung erfinden, sich in den Kofferraum seines Wagens legen und sich anschließend befreien lassen?
Andererseits, so der Psychiater, sei für einen Menschen, der in Panik gerate, normalerweise alles möglich. „Mario Ganzalani kann durch den Tod seiner Frau in Panik geraten sein. Man ist überrascht, dass viele Menschen in einer solchen Situation planvoll handeln. Der Zusammenbruch kommt erst, wenn die Panik abgeklungen ist“. Ganzalani sei eine normale Persönlichkeit mit normalen Reaktionsweisen. Dr. Sattes: „einen affektiven Ausnahmezustand kann ich nicht annehmen, wenn ich überhaupt nicht weiß, wie er entstanden sein könnte“.

Wie kam Ursula Ganzalani zu tote?
Eine Tatrekonstruktion

Am 18. Dezember 1989 wurde im Schwurgerichtssaal des Landge-richts Würzburg bis ins Detail versucht, das schreckliche Geschehen am Abend des 1. Oktober 1987 im Kaminzimmer der Eheleute Ganzalani nachzuvollziehen.
Mit fünf brutalen Schlägen auf den Kopf ist Ursula Ganzalani von ihrem Mörder getötet worden. Nach dem ersten Schlag lebte die Frau noch; sie taumelte und brach dann im Kaminzimmer zusammen. Als sie schon hilflos am Boden lag, muss der Täter ihr weitere vier Schläge auf den Kopf versetzt haben.
So rekonstruierte der Würzburger Rechtsmedianer Prof. Dr. Schulz vor dem Würzburger Schwurgericht die letzten Minuten im Leben von Ursula Ganzalani.
Ein Justizwachtmeister hatte vorher im Auftrag des Gerichts den totbringenden Prügel, den die Polizei seinerzeit sichergestellt hatte, gewogen: 1,328 Kilogramm. Er war 47 cm lang und hatte einen Durchmesser von 7,5 Zentimeter. An einer Stelle haftete deutlich noch eine Blutspur.
Viele Fragen, die Entlastendes oder Belastendes zutage fördern sollten, ließen sich nicht ohne weiteres beantworten. Zum Beispiel: Hat Ursula Ganzalani gestanden, als der erste Schlag sie traf? Der Rechtsmediziner Prof. Schulz ging zunächst davon aus, dass sie die erste Verletzung im Bereich der Stirn „bei zwangloser Liegeposition“ erlitten hat. Danach hätte die Frau auf dem Rücken geruht, die Beine über die Lehne der Sitzcouch baumelnd –so wie Mario Ganzalani beim Ortstermin in seiner Wohnung die normale Ruheposition seiner Frau selbst beschrieben hatte.
Für den Angeklagten wäre diese Ausgangssituation von Nachteil gewesen: Denn so lässig auf der Sitzcouch liegen würde eine im

neunten Monat schwangere Frau doch wohl nur in Anwesenheit ihres Ehemannes liegen. Wäre es demnach wirklich so gewesen, dann hätte dies als Indiz gegen Mario Ganzalani gegolten. Demnach hätte er auf seine ahnungslose Frau geschlagen. Deshalb kam sofort die Frage des Verteidigers: „Könnte sie beim ersten Schlag auch gestanden haben?" Ja, sagte der Gutachter, mit den aufgefundenen Spuren sei auch diese Version zu vereinbaren. Dies wiederum wäre günstig für den Angeklagten gewesen. War ein Fremder, wie von Mario Ganzalani behauptet, im Zimmer, hätte sich Ursula Ganzalani vermutlich nicht seelenruhig auf die Couch gelegt.

Fast geschäftsmäßig nüchtern wurden die grausigen Möglichkeiten vor Gericht hin und her gewendet. Die Frau wäre bei der zweiten Version nach dem ersten Schlag zurück auf das Sofa gefallen und hätte dabei die später dort auf dem Kissen gefundenen starken Blutspuren zurückgelassen.

Der erste Schlag war zwar nicht tödlich, so der Gerichtsmediziner, aber von solch brutaler Wucht gewesen, dass die oberen Zähne auf den Unterkiefer geschlagen haben und ein Zahnstück abgesplittert war. Ursula Ganzalani muss wieder in die Höhe getaumelt sein, sich über den Glastisch gebeugt noch ein paar Meter weitergeschleppt haben und dann vor dem Kamin zusammengebrochen sein. Mit der rechten Seite des Kopfes war sie dort auf den Boden gelegen. Der Täter muss ihr jetzt noch vier weitere Schläge versetzt haben, die die linke Scheitel-Schläfe-Region und das linke Ohr getroffen hatten. Diese Schläge seien tödlich gewesen, so Prof. Schulz.

Der Rechtsmediziner hatte später festgestellt, dass sich Ursula Ganzalani gegen ihren Mörder nicht zur Wehr gesetzt hatte. Sie hatte an ihren Händen keinerlei Abwehrverletzungen, etwa Quetschungen die sie erlitten haben könnte, falls sie ihre Hände schützend über den Kopf gehalten hätte. Prof. Schulz: „Dafür gibt es keine Hinweise".

Das Kind im Mutterleib hatte keinerlei Überlebenschance. Es war innerhalb weniger Minuten an Sauerstoffmangel gestorben.

Der Täter muss im Angesicht seines Opfers gestanden haben. Denn dort am Boden, im Bereich von Ursula Ganzalanis Gesicht, war ein fächerförmiger Sektor am Fußboden frei von Blutspritzern geblieben. Wenn hier der Mörder gestanden hat, so Prof. Schulz, „muss man davon ausgehen, dass er nicht nur vereinzelt Blutspuren an sich hatte".

An Mario Ganzalani, den der Rechtsmediziner schon ein paar Stunden nach der Tat untersucht hatte, waren aber nicht die geringste Blutanhaftung gefunden worden, weder im Fingernagelschmutz, noch am Körper, noch am Slip, den er damals getragen haben wollte (in der stark geheizten Wohnung an jenem Abend hatte sich Ganzalani, eigenem Bericht zufolge, nackt und nur mit einer Unterhose bekleidet bewegt). Sollte er sich rechtzeitig geduscht haben? Das Siphon-Wasser der Dusche, so ein Gutachter des Bayerischen Landeskriminalamtes, hatte darauf keinen Hinweis geliefert.

Der Nebenkläger-Vertreter der Eltern der getöteten Ursula Ganzalani hatte am 25. Januar 1990 auf dem Richtertisch farbige Vergrößerungen von Fotos der ermordeten Ursula Ganzalani ausgebreitet. Mario Ganzalani blickte leichenblass zur Seite, seine Schwiegereltern verließen den Gerichtssaal. Der Anwalt verwies auf zwei Blutanhaftungen auf der Couch, auf „Liegekuhlen" in den Couchkissen. Auch von der „Blutstraße" war die Rede, die die schwerverletzte Ursula Ganzalani über den Glastisch hinterlassen hatte, als sie von der Couch über den Glastisch gebeugt nach vorne getorkelt, dann zu Boden gestürzt und von ihrem Mörder vier weitere Schläge auf den Kopf erhalten hatte.

Der Nebenklägervertreter wollte dies einbringen, weil er glaubte, dass er mit Hilfe der Abbildungen Rückschlüsse auf den Tatablauf ziehen könne. Näher dazu äußern wollte er sich allerdings erst in seinem Plädoyer.

Das Plädoyer des Staatsanwaltes

Vier Stunden lang listete der Staatsanwalt am 01. Februar 1990 akribisch alle Zeugenaussagen auf. Am Ende kam er gegen 16 Uhr zum – vorläufigen – Ergebnis seines Plädoyers:
„Mario Ganzalani hat am 1. Oktober 1987 gegen 22.15 Uhr nicht mehr mit seiner Frau geschmust. Um diese Zeit hatte er sie schon erschlagen“.
Dann unterbrach der Vorsitzende Richter wegen der fortgeschrittenen Zeit die Verhandlung.
Der Staatsanwalt maß in seinem Plädoyer der Kartenlegerin keine große Bedeutung mehr bei. Nicht durch ihr vermeintliches Wissen, sondern durch die von Mario Ganzalani geschilderte Tatversion sah er den Verdacht bestätigt, Ganzalani selbst habe seine Frau erschlagen.
Für das von Ganzalani geschilderte Eindringen unbekannter Täter in die Wohnung des Ehepaars gebe es keine Hinweise. „Wenn sie mit den von Ursula Ganzalani verlorenen Schlüsseln eingedrungen sind, dann muss das vor 21.45 Uhr passiert sein, bevor Mario Ganzalani das Haustürschloss ausgewechselt hat. Warum warteten sie aber dann mit dem Überfall bis 23 Uhr und setzten sich dem Risiko der Entdeckung aus?“
Die in Mario Ganzalanis Version auftauchenden Täter hätten, völlig untypisch, keinerlei Maßnahmen zur Eigensicherung getroffen. Keine Telefonleitungen aus der Wand gerissen, das Opfer nicht gefesselt, das Haus nicht nach weiteren Personen durch-

sucht. „Dabei wäre der in seinem Kinderzimmer schlafende zweieinhalb jährige Sohn eine willkommene Geisel gewesen“.
In der Wohnung wurde keine Beute gemacht, obwohl im Bad eine Schale mit Goldschmuck lag, der Tresor im Kinderzimmer den Familienschmuck enthielt, im Wohnzimmer eine goldene Uhr zu finden war und in einer Damentasche Schecks, Ohrringe, Perlen, ein Goldring und ein fast 5000 Mark wertvolles Damencollier steckten.
Die schon vor der Schwurgerichtskammer des Landgerichts Aschaffenburg aufgestellte Behauptung der Verteidigung, dieser Verzicht sei damit zu erklären, dass die Täter anhand des Diebesguts nicht identifiziert werden wollten, sei ein Fehlschluss. Der Staatsanwalt: „Sie waren ja mit dem angeblich geplanten Überfall aus das Juweliergeschäft gerade auf Schmuckbeute aus, hätten also das genannte Risiko in Kauf genommen.“
Schließlich gebe es auch für jugoslawische Profi-Gangster keinerlei Motiv, eine hochschwangere Geisel auf so brutale Art umzubringen. Alle bekannt gewordene Überfälle auf Juweliere hätten denn auch allein den Zweck gedient, durch brutale Gewalt an das Ziel, nämlich die Beute, zu gelangen. „Einen Toten hat es dabei noch nie gegeben.“
Als der erste gewaltige Schlag mit dem Holzknüppel auf Ursula Ganzalanis Schädel niedersauste, ist die Frau völlig ahnungslos gewesen. Der Staatsanwalt: „Sie hatte keinerlei Abwehrverletzungen. Sie hielt ihre Hände nicht schützend vor ihr Gesicht. Dies ist undenkbar in Anwesenheit eines unbekannten Gangsters.“
„Der erste Schlag“, so der Staatsanwalt, „erfolgte, als sie auf der Couch lag“. Dafür spreche ein kleines Borkenstück, das von der Todeswaffe abgesplittert und zwischen Liegekissen und Lehne der Couch gefunden worden war. „Hätte Ursula Ganzalani nicht gelegen, dann wäre das Rindenstück nicht an diese Stelle gefal-

len“. Auch eine Absplitterung an ihren Schneidezähnen spreche dafür, dass der tödliche Schlag sie unverhofft traf. Der Holzprügel aus Buche steckte ursprünglich in einem Kübel neben dem Kamin. Der Ankläger: „Es ist ausgeschlossen, dass ein Fremder dieses Tatwerkzeug ergreift, damit immerhin ein paar Meter bis zur Couch auf Ursula Ganzalani zugeht und sie dennoch keine Abwehrbewegung macht. Das muss jemand gewesen sein, der mit dem Holz scheinbar eine sinnvolle Tätigkeit am Kamin ausüben wollte – also niemand anderer als Mario Ganzalani selbst“.

Gegen die Entführungsversion spreche aber auch Mario Ganzalanis Verhalten in Weiskirchen, wo er nahe der Autobahn-Raststätte im Kofferraum seines Autos gefunden worden war. Der Staatsanwalt: „Ganzalani hätte den Kofferraumverschluss entgegen seinen Angaben sehr wohl öffnen können“. Statt auf dem Bauch hätte er auf dem Rücken liegend mit der linken Hand durch das ausgeschlagene Rücklicht greifen und den Verschlussknopf erreichen können. Dies habe er selbst bei der Rekonstruktion in Weiskirchen nach Aufforderung des Gerichts, allerdings bei geöffnetem Kofferraum, demonstriert. Eine Drehung von Bauch- auf Rückenlage sei aber auch bei geschlossenem Kofferraum möglich. Der Staatsanwalt: „Es ist unverständlich, dass er als handwerklich begabter Mann zwar das Rücklicht herausschlagen und einen nach draußen gedrückten Pulli in Brand setzen konnte, aber in der Aufregung angeblich den Kofferraumverschluss nicht fand. Der Grund für das Verhalten, so der Ankläger: „Er hatte es darauf angelegt, sich von Unbekannten finden zu lassen, die seine Entführungsversion bestätigen sollten“.

Für den Staatsanwalt war an Ganzalanis Schilderung auch unverständlich, dass der unbekannte Entführer den Kofferraum nicht versperrt und den Fahrzeugschlüssel nicht einfach weggeworfen hatte.

Keines der objektiv vorhandenen Indizien, so der Staatsanwalt, reiche zwar für sich allein zu einer Verurteilung aus. „In ihrer Gesamtheit bilden die Indizien aber eine Kette, die zu der Überzeugung führen, dass nur Mario Ganzalani der Täter sein kann."
Der Juwelier Mario Ganzalani hat seine hochschwangere Frau Ursula ermordet. Das behauptete am 5. Februar 1990 der Ankläger vor dem Schwurgericht Würzburg am Ende seines Plädoyers. Er forderte dafür eine lebenslange Freiheitsstrafe.

Das Plädoyer des Nebenkläger-Vertreters

„Keinen anderen Antrag als der Staatsanwalt", stellte im Anschluss an die Ausführungen des Anklägers auch der Rechtsanwalt, der Ursula Ganzalanis Eltern als Nebenkläger vertrat.
Der Rechtsanwalt zeichnete vor Gericht die Szene minutiös und mit allen blutigen Details nach: Wenn Ganzalani mit dem Holzknüppel in der Hand vom Kamin aus sich seiner auf der Couch ruhenden Frau genähert, wenn er sich neben sie gestellt und weit zum Schlag ausgeholt habe – warum hat sie dann nicht reagiert, wenigstens die Hände schützend vors Gesicht oder über den Kopf gehalten? Ursula Ganzalani, so des Anwalts Antwort, habe mit geschlossenen Augen gelegen oder sei vom Fernsehprogramm zu stark in Anspruch genommen worden. „Was sich da über fünf oder sechs Meter auf sie zu bewegte, das hat sie nicht gewusst". Diese Arglosigkeit habe der Täter erkannt und ausgenutzt.
Für den Nebenklägervertreter stand, wie für den Staatsanwalt, fest, dass Ursula Ganzalani beim ersten Schlag auf der Couch ruhte – gleichzeitig Beweis dafür, dass nur noch ihr Ehemann in der Wohnung war. Denn hätte sie sich im Beisein eines maskierten Gangsters – der Komplize hat soeben den Ehemann entführt – seelenruhig auf die Couch gelegt? Der Rechtsanwalt: „Eine

Schwangere, die wusste, was ihr bevorsteht, hätte sich notfalls wie ein Berserker gewehrt, hätte vielleicht zur Flasche gegriffen, die ja noch auf dem Tisch stand, hätte geschrien oder wegzulaufen versucht".

Stattdessen ruht sie auf den Sofa – der Rechtsanwalt beschwor die Szene immer wieder. Und während seine Mandanten, die Eheleute Brand, den Saal verlassen, versuchte er dem Gericht anhand der von der Polizei gefertigten Farbfotos von der Toten noch einmal plausibel zu machen, warum Ursula Ganzalani beim ersten Schlag auf der Couch gelegen haben muss: Mit einem Astauswuchs des Holzstückes habe der Täter gezielt auf den Schädel seines Opfers eingeschlagen. Blut sei dabei in den Rachenraum und die Stirnhöhle gelangt. Noch im Liegen habe die benommene Frau das Blut ein und auch wieder ausgeatmet. Der Anwalt verwies dazu auf im Foto festgehaltene Spuren ausgeatmeten Blutes, die abwärts bis zu den Knien reichten. „Diese Spuren müssen auf der Couch entstanden sein. Denn diese zweisitzige Couch war so kurz, dass die Frau, wenn sie auf dem Rücken liegend fernsah, die Knie anziehen musste. Die Blutspur hört deshalb am Knie auf."

Der Nebenklägervertreter sprach nun als erster davon, dass Ursula Ganzalani mit insgesamt sieben Schlägen getötet worden ist – zwei auf der Couch und fünf, nachdem sie taumelnd zu Boden gestürzt war. Auf den Kopfbildern der Toten hatte der Anwalt sieben Wunden ausgemacht. Bisher war immer von insgesamt fünf Schlägen die Rede gewesen. Zwei Schläge habe die Frau auf der Couch erhalten. Dafür spreche unter anderem die große Menge Blut, die auf dem Sofa ausgelaufen war. Der zweite Tatabschnitt folgte dann später, nachdem die Frau hochgetaumelt und zwischen Sofa und Kamin auf dem Teppich zusammengebrochen war. Hier, so der Anwalt, habe sie fünf weitere Schläge erhalten.

Dieses grausige Szenario machte den Täter, wer immer es auch war, vollends zum gewissenlosen Gewaltverbrecher. Der Anwalt hielt es sogar für denkbar, dass Ganzalani seine Frau nach den ersten Schlägen zunächst verlassen hat, als die lebensgefährlich Verletzte noch auf der Couch gelegen hat, und mit seinem Auto ziellos durch Aibing und Buchenbach gefahren war. Dabei hätte sein Fahrzeug von einem Zeugen in der Nähe der Autobahnauffahrt Aibing beobachtet werden können.

Dann aber müsse Ganzalani wieder nach Hause zurückgekehrt sein. Fielen die ersten Schläge vielleicht im Affekt – jetzt, nach einer längeren Autofahrt, musste dieser Affekt abgeklungen sein. Trotzdem folgten laut Anwalt dann erst die tödlichen Schläge auf die am Boden liegende Frau. Außerhalb der Blutlachen am Boden sei nur eine geringe Anzahl von Blutspritzern festgestellt worden. Folglich sei auch der Täter nicht über und über mit Blut besudelt gewesen. Aus dem Spurenbild schloss der Anwalt: „Der Täter hat sich um sein Opfer herumbewegt und aus drei Richtungen geschlagen."

Der Nebenkläger-Vertreter bestritt im Laufe seines Plädoyers, dass Mario Ganzalani seine Version immer ohne Abweichungen geschildert habe. „Er hat im Verlauf der Vernehmungen immer nachgebessert und korrigiert, wenn Bedarf bestand und wenn er sah, dass die erste Darstellung nicht haltbar war. Die ganze Geschichte ist in ein Raster von tatsächlichem Geschehenem eingepasst. Dennoch ist sie nicht gut erfunden. Sie enthält viele Fehler." Dies gelte sowohl für die Frage, wie die Täter noch im Wohnhaus an die Geschäftsschlüssel für das Juweliergeschäft gekommen seien, als auch für die Frage, wo die Geschäftsschlüssel nach der Entführung in Weiskirchen geblieben sind. Unglaublich zum Beispiel, dass der Entführer in Weiskirchen Auto- und Geschäftsschlüssel zurücklasse und den Kofferraum mit dem

Entführten noch nicht einmal abschließe. „Weiß er denn, dass Mario Ganzalani ihn nicht auf der Stelle verfolgt?“.
Genauso unglaubwürdig war für den Anwalt die Darstellung vom geplanten Überfall auf Ganzalanis Juweliergeschäft in Aibing.
„Wie sollte der Täter denn hier unbemerkt eindringen?“ Der Parkplatz auf der Rückfront war beleuchtet und von der Straße einsehbar. Auf der Vorderseite hätte zunächst das Scherengitter mit großem Getöse hochgeschoben werden müssen, und gerade gegenüber war noch Betrieb im Gasthaus ‚zum Grünen Baum’. Ganzalanis Geschäft lag im Blickfeld des Eingangs.
Der Anwalt: „Das alles stimmt nicht überein.“

Die Verteidigung

Die Verteidigung, repräsentiert von einem Rechtsanwalt aus München und dem schon im ersten Verfahren tätigen Anwalt aus Aschaffenburg, forderte Freispruch.
Allerdings stellten die Anwälte zunächst 16 Hilfsbeweisanträge für den Fall, dass das Gericht nach Würdigung aller bisher vorliegenden Beweise sich von der Schuld Mario Ganzalanis überzeugt zeigen sollte.
Einer dieser Anträge ging darauf hinaus, durch 14 (!?!) international renommierte Gerichtsmediziner den Todeszeitpunkt von Frau Ganzalani unter Berücksichtigung des Auftretens der Leichenstarre und die daraus resultierende Rückrechnung feststellen zu lassen. Um es vorwegzunehmen: Das Gericht lehnte diesen, wie die übrigen Anträge auch, wegen Bedeutungslosigkeit ab.
Beide Anwälte der Verteidigung erklärten: „Die bisherige Beweislage trägt keine Verurteilung. Mario Ganzalani muss deshalb freigesprochen werden.“
Wieder, wie schon im ersten Prozess wurden die Ermittlungs-

mängel der Polizei angesprochen. Die Beamten hätten Mario Ganzalani von Anfang an nicht geglaubt. „Und das zieht sich wie ein roter Faden durch die ganzen Ermittlungen."

Die Polizei sei davon ausgegangen, in Mario Ganzalani den Mann gefunden zu haben, der seine Ehefrau Ursula mit fünf brutalen Schlägen auf den Kopf ermordet hatte. Mit der Fahndung nach den von einem V-Mann ins Spiel gebrachten jugoslawischen Verdächtigen habe man sich dann nur einer lästigen Pflicht erledigt. Dabei ließen die Verteidiger allerdings außer Acht, dass dieser V-Mann ihren Mandanten selbst in die Mittäterschaft gebracht hatte.

Die Frage, ob Mario Ganzalani am 1 Oktober 1987 zwischen 21.45 und 22.15 Uhr im Fernsehen Teile eines Westernfilmes sehen konnte, beschäftigte die Verteidiger besonders. Weil das Aschaffenburger Schwurgericht dies seinerzeit nicht ausreichend geprüft hatte, war das Ersturteil von Bundesgerichtshof aufgehoben worden. Der Münchner Anwalt wollte mit einem Hilfsbeweisantrag nachgeprüft wissen, dass Ganzalani die fraglichen Filmszenen auch nicht schon am frühen Abend in der Programmvorschau gesehen haben konnte. Wieder wurde von der Verteidigung außer Acht gelassen, dass Mario Ganzalani seinen eigenen Angaben zufolge gerade in dieser fraglichen Zeit gar nicht in seiner Wohnung gewesen, sondern damit beschäftigt war, das Türschloss an der Haustür auszuwechseln. Die Verteidigung weiter: Wenn Mario Ganzalani in der fraglichen Zeit im Fernsehen Teile des Westernfilms sehen hat können, dann müsse sich auch jener Zeuge geirrt haben, der Ganzalanis auffälligen Mercedes 500 gegen 22 Uhr in Aibing mit einer männlichen Person am Steuer gesehen haben will. Die Verteidigung hielt diesen Zeugen aufgrund seines persönlichen und geschäftlichen Lebenswandels ohnehin für unglaubwürdig. (Der Zeuge später: „Keine zehn

Pferde werden mich im Zukunft dazu bringen, mich jeweils wieder als Zeuge zur Verfügung zu stellen.").

Der Verteidiger argumentierte weiter, dass die vor Gericht vorgebrachten Beobachtungen des Zeugen von einem Gutachter widerlegt worden seien. „Danach kann man in der Dunkelheit entweder nur das Kennzeichen oder eine Person im Wagen erkennen, beides zusammen nicht." Der Gutachter hatte allerdings auch hier etwas anderes ausgesagt, nämlich, dass „bei Abblendlicht und richtiger Scheinwerfereinstellung das Kennzeichen ab einer Entfernung von fünf Meter ablesbar" sei und „weil das Ablesen des Kennzeichens eine gewisse Konzentration erfordere, es nicht möglich sei, gleichzeitig festzustellen, **wie viele** Personen im Auto säßen". Da das Auto gefahren wurde, war es wohl logisch, dass zumindest eine Person am Steuer gesessen haben musste. Die Argumentation der Verteidigung hinkte also auch hier.

Hart gingen die Verteidiger mit manchen Zeugen ins Gericht: „Es ist unglaublich, was hier gelogen wurde in skrupelloser Weise, nur aus Gewinnsucht oder um sich wichtig zu machen." Dies treffe vor allem auf die so genannte Wahrsagerin zu. Gegen die Frau, die behauptet hatte, Ursula Ganzalani die Karten gelegt und von ihr bittere Klagen über ihren Ehemann Mario Ganzalani gehört zu haben, hatte die Staatsanwaltschaft inzwischen ein Verfahren wegen uneidlicher Falschaussage eingeleitet.

Weit und breit sei kein Motiv dafür erkennbar, warum Ganzalani seine Frau getötet haben soll, so die Verteidiger. „Zwei erfahrene Gutachter haben hier vor Gericht bekundet, dass diese Tat für ihn persönlichkeitsfremd sei. Eine solche Tat begehe niemand ohne Grund, es sei denn, er ist geisteskrank oder verrückt".

Mehrfach verwiesen die Verteidiger darauf, dass es keinen objektiven Beweis gebe, der für die Täterschaft von Mario Ganzalani spreche. Sie bedauerten, dass es unmöglich gewesen sei, den To-

deszeitpunkt von Ursula Ganzalani näher einzugrenzen. Auch hier habe es Ermittlungsfehler gegeben, als das mögliche Auftreten von Totenflecken und Totenstarre nicht rechtzeitig beachtet worden war.
Nach den Plädoyers seiner Verteidiger hatte Mario Ganzalani das letzte Wort: „Ich bitte Sie, mich zu meinem Sohn zu lassen, weil ich mit der schrecklichen Tat an meiner Frau nichts zu tun habe“.

Das Urteil

Am Montag, dem 19. Februar 1990, verkündete die Schwurgerichtskammer des Landgerichts Würzburg das Urteil. Mario Ganzalani war blass, aber er schien äußerlich gefasst. Ohne sichtbare Gemütsbewegung hörte er gegen 10.20 Uhr im überfüllten Gerichtssaal mit mehr als 200 Zuschauern das Urteil des Gerichts. Es war genau wie vor zwei Jahren in Aschaffenburg: 14 Jahre Freiheitsentzug wegen Totschlags und Abbruch einer Schwangerschaft. Das Gericht war überzeugt davon, dass Mario Ganzalani am 1. Oktober 1987 seine hochschwangere Frau Ursula im Jähzorn mit einem Holzknüppel erschlagen hat.
Motiv: Wegen seiner verschiedenen Frauenbekanntschaften müsse es zum Streit zwischen den Eheleuten gekommen sein. Der Vorsitzende Richter: „Im Affekt hat er ihr dann, entweder um sie zum Schweigen zu bringen oder für ihre Vorwürfe zu strafen, mit dem Kaminholz auf den Kopf geschlagen“.
Das Verhältnis zwischen den Eheleuten sei keineswegs so rosig gewesen, wie es verschiedene Zeugen vor Gericht geschildert hatten. Aus Äußerungen gegenüber ihrem Schwiegervater und ihrer Mutter müsse man schließen, dass Ursula Ganzalani von den diversen Frauenbekanntschaften ihres Mannes etwas wusste. „Zur Tatzeit war sie hochschwanger. Sie sah ihre sexuelle Attrak-

tivität in Frage gestellt und steckte voller Misstrauen", so der Richter. Aus dieser Situation habe sich am Tatabend dann das verhängnisvolle Streitgespräch zwischen den Eheleuten entwickelt. Nur in diesem Zusammenhang passe die Zeugin, die als „Wahrsagerin" unrühmliche Furore gemacht hatte. Der Vorsitzende Richter: „Das Gericht ist nicht einen Bruchteil einer Sekunde ihrer Version nahgegangen. Die Frau wurde nur zu der Frage vernommen, was sie gesehen oder gehört hatte". Drei Zeuginnen hätten unter Eid bestätigt, von der „Wahrsagerin" schon vor dem Tatabend etwas über Ursula Ganzalani und ihre Probleme mit ihrem Ehemann erfahren zu haben. Also konnte die „Wahrsagerin" sich nicht erst nach dem Tod der Frau aus der Zeitung über die Zusammenhänge informiert haben. Ursula Ganzalani hatte demnach, so schlussfolgerte das Gericht, tatsächlich Kontakt mit der Frau und muss ihr dabei einiges über den Kummer mit ihrem Mann berichtet haben. Der Vorsitzende Richter: „Die Schlüsse, die wir daraus ziehen, lauten: Die Auseinandersetzung zwischen den Eheleuten Ganzalani und die ehelichen Probleme hatten ihren Grund in seiner ehelichen Untreue".

Dass Mario Ganzalani nach einem heftigen Wortwechsel in zornerregtem Zustand zuschlug, passe zu dem Persönlichkeitsbild, das die Gutachter von ihm entworfen hatten. Ursula Ganzalani dagegen habe nichts geahnt. „Sie war arg- und wehrlos, saß oder lag auf der Couch. An ihrer Leiche wurden keine Verletzungen gefunden, die auf eine Abwehr gedeutet hätten können. So schnell kam die Tat über sie".

Der Vorsitzende Richter in der Urteilsbegründung weiter: Das Gericht geht davon aus, dass Mario Ganzalani die Arglosigkeit seiner Frau nicht bewusst ausnutzte. Die Richter glauben, dass der Mann in affektivem Zustand blindlings drauflos geschlagen hat. So können sie auch heute nicht mehr nachvollziehen, wie viel

Zeit verging zwischen den ersten Schlägen, die auf die Frau hinab sausten, nachdem sie hochgetaumelt und neben dem Couchtisch zusammengebrochen war. Bei einem zeitlich großen Abstand hätte sich der Affekt abbauen müssen. Die am Boden liegende Frau wäre dann vom Täter bewusst attackiert worden. Der Richter: „Wir haben jedoch Zweifel, dass zwischen den Schlägen längere Zeit verging. Dies muss sich zugunsten des Angeklagten auswirken. Doch er ist haarscharf an einer Verurteilung wegen Mordes vorbeigekommen".

Die Schilderung Mario Ganzalanis, zur Tatzeit entführt worden zu sein, sei sowohl aufgrund der unglaubwürdigen Tatschilderung als auch durch Zeugenaussagen und objektive Beweise widerlegt. Unglaubwürdig die Entführungsversion: Warum machten die Täter keine Beute, obwohl dies leicht möglich gewesen wäre und sie nur zum Beutemachen gekommen waren? Warum sollte der bei Ursula Ganzalani zurückgebliebene Täter die Frau ermorden? „Der Mann war angeblich bewaffnet. Warum sollte er Ursula Ganzalani dann mit dem Kaminholz erschlagen?"

Die vergeblichen Befreiungsversuche in Weiskirchen: Ganzalani hatte aus dem Innern des Kofferraumes – so seine Schilderung - das Rücklicht ausgeschlagen und erfolglos versucht, durch diese Öffnung von außen den Kofferraumverschluss zu erreichen. Der Richter: „Einem technisch versierter Mann glaubt man nicht, dass dies misslingt." So habe die Rekonstruktion in Weiskirchen ergeben, dass Ganzalani auf dem Rücken liegend mit der linken Hand durch die Rücklicht-Öffnung greifend den Verschluss leicht habe entriegeln können.

Widersprüche in Ganzalanis eigenen Aussagen: Im Laufe der Ermittlungen und in der Hauptverhandlung machte er unterschiedlche Angaben zum zweiten Täter, der bei Ursula Ganzalani zurückgeblieben sei. Einmal hat er nur einen Schatten gesehen,

einmal einen zweiten Mann erkannt. Einmal trugen beide Täter Strumpfmasken, ein andermal blieb das offen.
Unklar auch, was in Weiskirchen mit den Geschäftsschlüsseln zum Aibinger Juweliergeschäft geschah. In der Hauptverhandlung hatte Ganzalani gemeint, er habe die Schlüssel auf die Mittelkonsole seines Autos gelegt (dort wurden sie von der Polizei auch gefunden), in Weiskirchen hatte er seinerzeit der Polizei erzählt, er habe die Schlüssel dem Entführer ausgehändigt, und der habe sie eingesteckt.
Widerlegt, so das Gericht, sei Ganzalanis Schilderung auch durch zwei Zeugen, die sein Auto am Tatabend in Aibing und Froschhausen sahen: In Aibing wurde das Auto gegen 23 Uhr beobachtet, wie es quasi im Zickzack fuhr: Die B 26 hinaus und über den Buchenbacher Weg wieder hinein. Ganzalani selbst aber will am Tatabend hier nie gewesen sein. Das Gericht: „Aus diesem Kurs ist zu schließen, dass er Zeichen von Unruhe zeigte. Er wusste nach der Tat nicht, wohin." Immer noch auf der Suche nach einem Ort, wo er nahe der Entführung aufgefunden werden wollte, kam er dann zur Autobahn, fuhr nach Weiskirchen und zunächst nach Froschhausen. Auf einem Abstellplatz für Gebrauchtwagen wurde er von einem Zeugen beobachtet, der einen Mercedes und Teile des Kennzeichens erkannte. Der Richter: „Ganzalani fuhr weg, als in der Wohnung des Zeugen das Licht anging." Alle Mercedes-Fahrzeuge mit ähnlichen Kennzeichen seien überprüft worden. Keines sei damals in Froschhausen gewesen. Der Richter: „Und was soll das auch für ein Zufall gewesen sein? Nur einen Kilometer weiter liegt die Stelle beim Rasthaus Weiskirchen, wo Ganzalani dann tatsächlich im Kofferraum seines Wagens gefunden wurde."
Der dritte Zeuge – er will Ganzalanis Auto schon gegen 22 Uhr in Aibing nahe der Autobahn gesehen haben- war für das Gericht

nicht überzeugend. „Er hatte zu viele Erinnerungslücken. Ihm musste zu viel vorgehalten werden.“ Vor dem Aschaffenburger Gericht hatte dieser Mann noch als Hauptbelastungszeuge gegolten.

Der Western, den Ganzalani gegen 22 Uhr teilweise gesehen haben will, sei dann aber, so der Richter, ohne Bedeutung. Ganzalani kann nach der Argumentation des Gerichts um 22 Uhr herum durchaus ferngesehen haben, denn der Zeitpunkt, wann Ursula Ganzalani starb, stehe nicht fest. Der Western biete deshalb keine Entlastung mehr. Der Richter: „Es ist eine Ironie, dass das gerade den Punkt in der Beweiskette trifft, der zur Aufhebung des Ersturteils geführt hat.“

Bei der Strafzumessung konnte sich das Gericht in einem Strafrahmen von fünf bis fünfzehn Jahren bewegen. „Der hohe Unrechtsgehalt der Tat, der Verstoß gegen die gebotene Rücksichtnahme auf die schwangere Ehefrau und die furchtbaren Folgen des Geschehens rechtfertigen eine strenge Strafe“, sagte der Vorsitzende Richter. Die Höchststrafe von 15 Jahren habe das Gericht nicht gewählt, weil Mario Ganzalani sich selbst auch hart getroffen habe: „Er hat seine Familie zerstört, sein Kind und jedes gesellschaftliches Ansehen verloren. Wir glauben, dass seine Trauer und seine Tränen echt sind. Deshalb haben wir dieselbe Strafe verhängt, zu der sich auch schon das Aschaffenburger Gericht aus wohlerwogenen Gründen entschlossen hatte“.

(Eine Anmerkung sei hier erlaubt. Das Gericht hatte Ganzalani wegen Totschlags und Abbruch einer Schwangerschaft verurteilt. Nach höchstrichterlicher Entscheidung des Bundesgerichtshofes ist das Leben eines ungeborenen Kindes im Mutterleib ein höchstpersönliches Rechtsgut. Wer die Mutter vorsätzlich tötet, nimmt billigend in Kauf, dass auch das Kind dabei zu tote kommt. Der Täter ist somit wegen zweier rechtlich zusammentreffender Tötungsdelikte, und nicht wegen eines Tötungsdeliktes und einer Abtreibung zu belangen. Auf die Höhe der Strafe hätte sich diese Rechtsauffassung allerdings nicht ausgewirkt.)

Abermals Revision

Mit einer formalrechtlichen Rüge begründete die Verteidigung ihre im Juni 1990 eingelegte Revision gegen das Urteil der Schwurgerichtskammer des Landgerichts Würzburg.
Die Rüge, mit der die Verteidigung die zweite Verurteilung aus den Angeln heben wollte, bezog sich auf Hilfsbeweisanträge, die das Würzburger Gericht zurückgewiesen hatte. Die Verteidigung wollte mit diesen Anträgen durch 14 international renommierte Gerichtsmediziner den Todeszeitpunkt von Ursula Ganzalani zugunsten der Aussagen des Angeklagten feststellen lassen. Das Gericht hatte indessen diese Anträge „wegen Bedeutungslosigkeit“ abgelehnt.
Auch die Staatsanwaltschaft hatte wiederum Revision eingelegt und damit begründet, dass das Gericht wegen Mordes eine lebenslange Freiheitsstrafe hätte verhängen müssen.
Noch bevor der Bundesgerichtshof über die erneute Revision entschieden hatte, zog der inzwischen in der Justizvollzugsanstalt Straubing einsitzende Mario Ganzalani, offensichtlich resigniert, seinen Antrag zurück. In einem Brief an seinem Rechtsanwalt führte Ganzalani aus: „Es wird mir immer deutlicher, dass das Gericht, die Staatsanwaltschaft und die Polizei, in bester Zusammenarbeit, meine Verurteilungen erzwingen. Nach langem Kampf habe ich mich entschlossen, die Revision zurückzuziehen. Das einzige, was mir helfen würde, wäre die Ergreifung der Täter oder ein definitiver Beweis. Das Vertrauen in die Justiz habe ich

endgültig verloren. Ich bin überzeugt davon, dass selbst bei einer Revision das nächste Gericht zum selben Urteil gelangt. Es kommt mir zwar wie ein Verrat an mir selbst vor, aber ich muss in erster Linie an meine Familie denken. Unter Berücksichtigung der finanziellen und geschäftlichen Lage musste ich nach einem Gespräch mit meinen Eltern zu diesen Entschluss kommen."
Nachdem der Verteidiger die Rücknahme der Revision seines Mandanten Mario Ganzalani offiziell veranlasst hatte, zogen auch die Staatsanwaltschaft und die als Nebenkläger aufgetretenen Eltern der getöteten Ursula Ganzalani ihre Revision zurück.

Irritationen

Die Richter, die Staatsanwälte und die Kriminalbeamten haben Mario Ganzalanis Version von dem Überfall und seiner Entführung nicht geglaubt. Aber sie hatten keine schlagkräftigen Beweise dafür gefunden, dass es nicht so war, wie Ganzalani es geschildert hatte. Fragen tauchen auf, die aus dem Archivmaterial nicht zu beantworten sind.

Was ist das für ein Mensch, der anfangs Oktober in Anwesenheit seiner hochschwangeren Frau und seines zweieinhalbjährigen Sohnes nackt in seiner Wohnung herumläuft, in der Wohnung, in der es so kalt war, dass die Frau fror und man sich entschloss, ein Wärmefeuer im offenen Kamin anzuheizen? Oder waren die ausgesagten Schilderungen über diese ‚nackten' Begebenheiten bereits die Strategie der Verteidigung, damit nicht nach blutbesudelter Kleidung gesucht wurde?

Was ist das für ein Mensch, der sich nackt auf die Toilette im Badezimmer hinsetzt, ein Pornoheft anschaut und dabei weder das Eindringen von zwei Fremden mitbekommt, die Entsetzensrufe seiner Frau nicht hört, nicht wahrnimmt, dass einer der Täter nach

ihm sucht, mit Sicherheit dabei Türen öffnet und wieder zuschlägt, bis er den Gesuchten nackt in der Toilette findet?
Ganzalani gab an, dass der Fremde ihm ein paar Kleiderstücke zugeworfen habe und ihm befahl, sie anzuziehen. Die Frage muss gestellt werden, woher der Fremde diese Kleiderstücke gehabt hat, wo er doch gar nicht wissen konnte, dass er der Wohnungsinhaber und Geschäftsbesitzer nackt in der Toilette finden würde? Mit ‚ein paar Kleidungsstücke' ist man normalerweise nur notdürftig bekleidet. Wie Ganzalani bekleidet war, als er an der Tankstelle in Weiskirchen angetroffen wurde, geht aus den Analen nicht hervor. Allerdings sagte ein Polizeibeamter, der als einer der ersten an Ganzalanis Auto in Weiskirchen war, vor Gericht aus, dass er der Meinung war, es „nach seinem ersten Eindruck mit einem Zuhälter zu tun zu haben. So sehr war der Mann mit den typischen Ringen und Ketten behangen". Und eine Kriminalobermeisterin aus Offenbach bemerkte vor Gericht: "Ich dachte damals schon, wenn die Entführung wirklich stimmt und der Täter ihm die Kleidung daheim auf der Toilette zugeworfen hat, warum hat er in dieser Situation noch so viel Schmuck angezogen?"
Zuhälter aber sind nicht ‚notdürftig' bekleidet, sondern legen sich in der Regel ein eher modisch überzogenes Outfit zu. Wenn also der Polizeibeamte den Eindruck hatte, es mit einem Zuhälter zu tun zu haben, dann war der Mann wohl nicht nur ‚notdürftig' bekleidet.
Zu der angeblichen ‚Befreiungsaktion' in der entlegenen Stelle nahe der Tankstelle Weiskirchen tauchen ebenfalls Fragen auf. Mario Ganzalani demonstrierte bei einer Tatortrekonstruktion, dass er bäuchlings im Kofferraum lag und es ihm nicht gelungen war, in dieser Position durch die Öffnung des von ihm angeblich ausgeschlagenen Rücklichtes zu greifen und von außen den Kof-

ferraumdeckel zu öffnen. Wer gezwungen wird, in den Kofferraum eine Autos zu steigen, der legt sich erfahrungsgemäß nicht bäuchlings, sondern seitlich rücklings in den engen Raum. In dieser Körperposition kann man am ehesten noch die Aktionen vornehmen, von denen Ganzalani berichtet hat, nämlich das Rücklicht ausschlagen, einen Pullover durchzwängen, diesen anzünden und als ‚Hilferuf' auf die Fahrbahn schleudern.

Aber: Woher hatte Ganzalani den Pullover? Hat er das Kleidungsstück in seiner Wohnung von einem der Täter zugeworfen bekommen? Dann müsste er es im engen Kofferraum erst ausgezogen haben und er wäre beim Eintreffen der Polizei noch dürftiger bekleidet gewesen.

Ausschlaggebend dafür, dass Ganzalanis Version von der ‚Befreiungsaktion' nicht stimmen konnte, ist die Tatsache, dass der Stoff eines Pullovers (weder Cashmere noch Mischgewerbe) brennt. Bei einem Experiment des Autors konnte das Feuerzeug wegen der entwickelten Hitze gar nicht lange genug an den Stoff gehalten werden. Der Stoff glimmte nur ganz kurz ein winziges Stück an und das angekohlte Stück ging sofort wieder aus. Ein offenes Feuer war damit absolut nicht anzufachen.

Ganzalani hat also eindeutig gelogen, was im Strafverfahren mit einem Experiment der geschilderten Art bereits nachgewiesen werden hätte können.

Wenn Unbeteiligte in jener Nacht in der Nähe des Autos von Ganzalani auf der Fahrbahn ein kleines Feuer bemerkt haben, dann muss es anderweitig inszeniert worden sein. In diesem Zusammenhang rückt der ‚Befreier' in nähere Überlegungen mit hinein. Die Frage ist, was hat der 32-jährige Kaufmann mitten in der Nacht in der nur 9 Kilometer von seinem Wohnort Hanau entfernten Tankstelle Weisenkirchen zu suchen gehabt? Und wie kam es dazu, dass ausgerechnet er den Kofferraumdeckel von

Ganzalanis Auto öffnen konnte, nachdem vorher ein anderer Autofahrer und der Mann von der Tankstelle dies nicht zu Wege gebracht hatten?

Resümee

Die Richter der Schwurgerichtskammer des Landgerichts Würzburg haben also – wie ihre Kollegen der Schwurgerichtskammer beim Landgericht Aschaffenburg im ersten Prozess – Mario Ganzalanis Geschichte mit seiner Entführung und der Tötung seiner Ehefrau durch Unbekannte nicht geglaubt.
Natürlich gab es gute Gründe, diese Geschichte nicht zu glauben. Unglaublich zum Beispiel, dass die Täter ohne die geringsten Spuren zu hinterlassen, kamen und gingen. Unglaublich, dass sie nichts, aber auch gar nichts, im Hause Ganzalani stahlen und kein einziges Behältnis durchsuchten. Unglaublich schließlich auch, dass sie ihren eigenen Plan, nämlich das Juweliergeschäft Ganzalani auszurauben, durch den Mord an Ursula Ganzalani selbst zunichtemachten. Und das aus völlig unerklärlichen Gründen und ohne ersichtlichen Anlass. Unglaublich aber auch die ganze ‚Befreiungsgeschichte' bei der Autobahnraststätte Weiskirchen.
Aber genau so unglaublich ist die Vorstellung, ein Mann wie Mario Ganzalani könne in allerkürzester Zeit so gewalttätig die Nerven verlieren, dass er seine hochschwangere Ehefrau auf so brutale Weise erschlägt, anschließend aber wiederum so gute Nerven besitzt, dass er alle verräterischen Spuren beseitigt und sich eine Version zu seiner Entlastung ausdenkt.
Unglaublich auch, dass – unterstellt man, dass Ganzalani die Tat begangen hat – die Ermittlungsbehörden kein einziges wirklich durchschlagendes Indiz gefunden haben, dass gegen Ganzalani sprach.
Die Richter haben es sich nicht leicht gemacht, sondern auch wäh-rend des Prozesses noch in allen Richtungen Zeugen befragt, die Entlastendes zutage fördern hätten können. Aber genauso wie es für die Schuld von Mario Ganzalani keinen durchschlagenden

Beweis gab, sondern nur viele einzelne Details und Indizien, die man allerdings zu einem großen Ganzen formen konnte, genau so fehlte es auch an einem durchschlagenden Beweis für die Unschuld des Angeklagten.

Das Gericht in Würzburg hatte in dieser Situation jenen Indizien mehr Gewicht beigemessen, die gegen den Angeklagten sprachen. Es kam dabei zu der Überzeugung, dass diese Indizien so gewichtig waren, dass sie Zweifel an der Schuld des Angeklagten ausschlossen. Ob sich aber wirklich alles so zugetragen hatte, wie das Schwurgericht, sicherlich in ehrlicher Überzeugung, unterstellt hatte? Was sich in den entscheidenden Minuten im Wohnzimmer der Eheleute Ganzalani zugetragen hatte – ob unbekannte Männer eingedrungen waren oder ob Mario Ganzalani selbst die tödlichen Schläge ausgeführt hatte – das blieb auch für die Richter der Schwurgerichtskammer letztendlich im Dunkeln. Ihre Auffassung, Mario Ganzalani allein komme als Täter in Frage, konnten sich die Richter denn auch nur aufgrund äußerer Umstände bilden.

Auf den Weg zu dem Urteil ist manches zerronnen, was anfangs noch gewichtig schien. So der durch einen V-Mann der Kripo gewonnene Hinweis auf eine denkbare Täterschaft jugoslawischer Banden. Aber ausgerechnet ein Antrag der Verteidigung, der dies belegen sollte, hatte sich eher ins Gegenteil erwiesen und Mario Ganzalani in die Nähe dieser Banden gebracht. Und wer sich ratlos fragt, warum ein Mann wie Mario Ganzalani seine Frau auf so brutale Weise ums Leben bringen sollte, der kann auch die Frage andersrum stellen: Warum sollte dies ein völlig Fremder tun, der – legt man Ganzalanis Entführungsversion zugrunde – sich längstens fünf bis zehn Minuten allein bei Frau Ganzalani in der Wohnung aufgehalten hat? Was für ein Affekt, was für eine rasende Wut, soll sich in dieser kurzen Zeit aufgebaut haben, um eine so brutale Tatausführung zu ermöglichen? Doch sind dies alles Fragen, die letztendlich nicht befriedigen, weil ihre Beantwortung keine Klarheit brachte. Auch das Gericht blieb in seiner mündlichen Urteilsbegründung manchmal nebulös: Die Tatzeit und den Todeszeitpunkt hatten die Gutachter nicht genau eingrenzen können. Die Richter ließen also diese Zeiten offen.

Ein Zeuge, der im ersten Prozess in Aschaffenburg noch eine Hauptrolle gespielt hatte, war in Würzburg nebensächlich. Er war plötzlich für das Gericht nicht überzeugend, obwohl er unter Eid ausgesagt hatte, das Auto des Ganzalani in jener Nacht bereits um 22 Uhr in Aibing gesehen zu haben. Man muss ein ungutes Gefühl haben. Ein Mann, dessen Angaben zunächst zu gut waren, dass sie zu einer wichtigen Urteilsstütze wurden, war auf einmal nicht mehr geeignet, ein Gericht zu überzeugen. Die Verteidigung hatte im Verfahren diesen Zeugen „aufgrund seines persönlichen und geschäftlichen Lebenswandels für unglaubwürdig“ miesgemacht.

MONSTER IN MENSCHENGESTALT

Betäubt und bei lebendem Leib mit der Axt enthauptet

Ich habe Gerechtigkeitssinn und wollte einfach für das Gute einstehen!“

„Ich fühle mich nicht als Mörder!“

„Ich hatte Angst, dass ich als Monster hingestellt werde!“

„Ich hatte so viele Möglichkeiten, es zu schaffen. Ich habe es nicht geschafft!“

„Der tut so, als habe er eine Katze umgebracht. Dabei schaut er ganz normal aus!“

Aussagen vom Angeklagten und von Zuhörern im Mordprozess in München.

Vermisst

Kripo München – Kommissariat für Vermisste und unbekannte Tote. Seit 12. Juni 1996 waren die 43 Jahre alte Kauffrau Gabriele Laurisch, eine attraktive, selbstbewusste und im Immobiliengeschäft erfolgreiche Frau, und deren 15 Jahre jüngerer Freund Thilo Keil (28) spurlos verschwunden. Verwandte hatten das Paar als vermisst gemeldet. Die näheren Umstände ließen ein Verbrechen an den beiden Verschwundenen nicht ausschließen.

Tagelang hatte die Polizei keine Spur. Schließlich wurde auch der Exfreund der vermissten Frau, der 35 Jahre alte Polizeihauptmeister Paul Reindlinger von der Polizeiinspektion Schwabing vernommen. Der verwickelte sich derart in Widersprüche, dass er am 09. Juli 1996 festgenommen wurde.

Dem Polizisten wurde vorgeworfen, seine 43 Jahre alte Ex-Freundin Gabriele Laurisch und deren Lebensgefährten Thilo Keil aus Habgier ermordet zu haben.

Aber der Polizist wies alle Vorwürfe weit von sich.

Weil aber die Leichen fehlten, konnte dem Verdächtigen die Tat nicht nachgewiesen werden.

Allgemein wurde von einem „Doppelmord ohne Leichen“ gesprochen. Die Ermittler der Münchner Kripo standen unter Zeitdruck. Der Haftprüfungstermin rückte immer näher. Wenn die Leichen nicht gefunden werden, musste der inhaftierte Polizeihauptmeister wieder auf freien Fuß gesetzt werden.
Neben der Fahndung nach den Vermissten wollte die Polizei auch Hinweise auf das von dem Verdächtigen benutzte Auto, einem Pkw. Marke Ford Escort bekommen.
Hinweise aus der Bevölkerung kamen genug. Jede Spur wurde verfolgt. Die Suche nach den Vermissten konzentrierte sich auf die Gegend zwischen Haar und Vaterstetten im Osten Münchens – erfolglos. Dann eine neue, brandheiße Spur: Ein Jogger hatte im relevanten Zeitraum einen blauen Escort, das Auto, das mit dem verschwundenen Paar in Zusammenhang eine Rolle spielte, in einem Waldstück zwischen der Ostumgehung A 99 und Kirchheim gesehen.
Fünfzehn Beamte fuhren hin, um zu suchen. Um 16.30 Uhr scheint sich die Mühe endlich gelohnt zu haben: Ein blutiger Spaten wurde entdeckt. Die Beamten gruben weiter – und fanden den Kadaver eines Hundes. Wieder nichts.
Schließlich meldete sich ein Lkw-Fahrer, als er aus den Medien erfuhr, dass auch nach einem Pkw. Marke Ford Escort gesucht wird.
Der Lkw-Fahrer hatte am 20. Juni 1996, also nach der mutmaßlichen Mordzeit, dieses Fahrzeug gesehen. Und nicht nur das. Es wäre mit ihm beinahe zu einem Unfall gekommen.
Der Lkw-Fahrer war mit seinem Laster auf der B 471 in der Nähe von Haar unterwegs, als der Escort von einem Feldweg auf die Hauptstraße einbog und ihn schnitt.
Der Lkw-Fahrer, der gerade noch abbremsen konnte, war so wütend, dass er dem Escort hinterher fuhr.

Er notierte sich das Kennzeichen und fuhr weiter hinterher. Bis er dann sah, wer hinter dem Steuer saß: eine männliche Person, die ein Polizeiuniformhemd mit Rangabzeichen trug.
Mit einem Polizisten wollte sich der Lkw-Fahrer dann doch nicht anlegen – und ließ die Sache auf sich beruhen. Und zwar solange, bis die Fahndung in den Medien veröffentlicht wurde.
Er ging zur Polizei und machte seine Aussage. Die Ermittler brauchten das Puzzle nicht lange zusammensetzen: 20. Juni – passte, Escort – passte auch, und Polizist hinter dem Steuer – passte ebenfalls.

Aber der Escort wurde auch von anderen Zeugen gesehen – zwischen Tutzing und Weilheim.
Die Möglichkeit, dass der Täter erst einige Wälder, Moore und Seen auskundschafte, bevor er die Leichen verschwinden ließ, musste in Betracht gezogen werden.
Die Vermissten blieben verschwunden und die Suche blieb erfolglos.
Am späten Abend des Donnerstags, 18. Juli 1996 meldete sich ein Rentnerehepaar bei der Polizei.
Beim Spazierengehen im Otterhauser Wald war dem Paar starker Verwesungsgeruch aufgefallen. In einem dichten Himbeergestrüpp entdeckten sie eine verstümmelte Leiche.
Die sofort alarmierte Sonderkommission der Münchner Kripo fand dann im Otterhauser Wald zwischen Heimhausen und Ampermoning im Landkreis Dachau erst eine weibliche Leiche.
Die Tote war völlig nackt.
Einige Meter entfernt entdeckten die Beamten eine männliche Leiche, bekleidet mit Jeans, einem Hemd und einer Jeansjacke.
Beide Körper waren schon erheblich verwest. Die Köpfe und die Hände waren abgetrennt. Diese Körperteile fanden sich nicht.

Aufgrund der Gesamtumstände musste davon ausgegangen werden, dass es sich bei den Toten um die seit Wochen vermissten Gabriele Laurisch und Thilo Keil handelte.
Der inhaftierte Polizeihauptmeister Paul Reindlinger hatte bis zuletzt tagelang eiskalt geleugnet. Selbst seine Kollegen hatten ihm bis zuletzt geglaubt.
Der Verdächtige wurde am Abend der Auffindung der Leichen mit den Tatsachen konfrontiert – und er gestand.
Er führte schließlich Beamte der Mordkommission zu den zunächst vergeblich gesuchten, von den Opfern abgetrennten Leichenteilen. Sie lagen mehrere Kilometer weit von den verstümmelten Toten entfernt in einem unwegsamen Gelände im Norden Münchens.
Der Täter hatte die Köpfe und Hände der Getöteten offensichtlich entfernt, um eine Identifizierung zu erschweren.

Die Taten – Eine Rekonstruktion

Aus dem Geständnis des Tatverdächtigen und den gesammelten Sachbeweisen versuchten die Ermittler den Fall zu rekonstruieren: Paul Reindlinger stammt aus einfachen Verhältnissen. Er wuchs mit fünf Geschwistern auf. Nach dem Hauptschulabschluss absolvierte er eine Lehre als Automechaniker. Weil er zu wenig verdiente, jobbte er bei McDonald. Schließlich bewarb er sich bei der Polizei. Nach der entsprechenden Ausbildung wurde er in München als Streifenbeamter eingesetzt.
Das Geld aber reichte immer noch nicht. Als Vertreter für Glas- und Porzellanwaren verdiente er nebenbei kräftig dazu. Er konnte sich damit einen Opel-Omega leisten und er hatte zeitweise bis zu 100.000 Mark auf seinem Konto.
1985 lernte Paul Reindlinger Gabriele Laurisch kennen. Die Frau

war zwar sieben Jahre älter als er, eine Buchhalterin, erfolgreich und wohlhabend. Die Frau faszinierte ihn.
Doch nach fünf Jahren Zusammensein war der Vorrat an gemeinsamen Interessen verbraucht.
Gabriele Laurisch zog aus der gemeinsamen Wohnung aus.
Kurze Zeit darauf lernte Paul Reindlinger die 23 Jahre alte kaufmännische Angestellte Simone R. kennen.
Fünf Jahre lebten die beiden zusammen, ohne zu heiraten. Als Simone im achten Monat schwanger war, setzte Paul Reindlinger sie auf die Straße. 1992 kam Tochter Lisa zu Welt. Beide zogen wieder zusammen. Aber es ging nicht gut.
Paul Reindlinger verließ Mutter und Tochter und wandte sich anderen Frauen zu.
Bis kurz vor seiner Verhaftung hatte er sich die 21-jährige attraktive Polizeiangestellte Carmen W. als Geliebte zugelegt.

Paul Reindlinger und seine Ex-Geliebte Gabriele Laurisch waren auch nach der Trennung Freunde geblieben. Sie trafen sich häufig und machten miteinander Geschäfte. Frau Laurisch, bei einer Immobilienfirma angestellt, sollte ihm zuletzt beim Kauf einer Eigentumswohnung behilflich sein.
Auch am 11. Juni 1996 waren die beiden verabredet. Paul Reindlinger hatte angeblich einen heißen Tipp für Frau Laurisch: Mit einem Anlagegeschäft könnte sie 15 Prozent Gewinn machen. Frau Laurisch stieg zu Paul Reindlinger ins Auto und beide fuhren eine ganze Weile im bayerischen Oberland umher. Die Frau hatte 130.000 Mark in bar bei sich.
Paul Reindlinger hatte kein Geldgeschäft vor, sondern eiskalt einen Mord geplant. Im Auto bot er seiner Ex-Geliebten bei einer Rast aus einer mitgebrachten Thermosflasche Kakao an. In das Getränk hatte er vorher das Schlafmittel Rohypnol in hoher Dosis

gemischt.
Als Gabriele Laurisch müde wurde, murmelte sie noch: „Du, ich habe meinem Freund Thilo von unseren Geldgeschäften erzählt“. Dann schlief sie ein.
Reindlinger lud nun die bewusstlose Frau in ihr eigenes Auto um und fuhr mit ihr in einen Wald bei Dachau, schleppte sie aus dem Auto auf den Waldboden, zog sie dort nackt aus und schlug ihr bei lebendigem Leib mit einer mitgebrachten Axt den Kopf ab.
Dann trennte er ihr mit der Axt auch noch beide Hände ab. Die Leichenteile versteckte er in einem Müllsack im Gebüsch.
Schließlich schnitt er der Leiche noch die beiden Brustwarzen ab und warf sie in den Wald hinein.
Bei der Vernehmung wird er später sagen: „als ich ihre Brüste sah, auf die sie immer so stolz war, habe ich ihr die Brustwarzen mit einer Schere abgeschnitten und in den Wald geworfen“.
Die von Frau Laurisch mitgeführten 130.000 Mark in bar steckte Paul Reindlinger ein.
Die Bekleidung der Frau nahm er ins Auto und warf sie unterwegs einfach weg. Seelenruhig fuhr er dann zurück nach München.

Dann wurde dem Täter bewusst, dass der Freund der soeben bestialisch getöteten Frau über ein Wissen verfügte, das ihm zum Verhängnis werden konnte. Hatte doch Frau Laurisch vor ihrem einschlafen noch geflüstert, dass Thilo Keil von ihrem Treffen mit Reindlinger wusste und auch davon, dass sie 130.000 Mark in bar bei sich hatte.
Die letzen Worte Gabriele Laurisch bedeuteten auch das Todesurteil für Thilo Keil, den Paul Reindlinger ebenfalls kannte.
Reindlinger mixte in seiner Wohnung einen neuen Kakao-Gift-Cocktail und fuhr zum neuen Freund seiner Ex-geliebten.

„Gabriele hatte einen Unfall und liegt im Krankenhaus. Ich soll dich schnell hinbringen“, log er Thilo Keil an.
Der stieg arglos ins Auto, bekam den Gift-Kakao, schlief ein. Ungerührt fuhr Paul Reindlinger zum Ort seines ersten Mordes.
Er zerrte dort den bewusstlosen Mann auf den Waldboden, schlug mit der Axt Kopf und Hände ab und packte diese Leichenteile zu den anderen in den Plastiksack.
Mit den dem Opfern abgetrennten Leichenteilen (Köpfe und Hände) fuhr Paul Reindlinger in den Norden von München und versteckte den Sack in einem Gebüsch.
Das Mordwerkzeug, die Axt warf er später aus dem Auto.
Ungerührt und so, als wenn überhaupt nichts geschehen wäre, fuhr Paul Reindlinger schließlich zurück nach München und meldete sich bei der 14. Polizeiinspektion in Schwabing zum Dienst.
In den folgenden Tagen hob Paul Reindlinger vom Konto der getöteten Laurisch noch 16.000 Mark ab.
Kurz vor seiner Verhaftung überschrieb Paul Reindlinger sein Vermögen, das durch die Tat auf eine Viertelmillion angewachsen war, zu gleichen Teilen an seine Mutter und seine fünf Jahre alte Tochter Lisa.

Das Gerichtsverfahren

Dreizehn Monate nach den unfassbaren Mordtaten, am Montag, dem 14. Juli 1997 begann vor der Schwurgerichtskammer des Landgerichts München I der Prozess gegen den 37 Jahre alten, ehemaligen Polizeibeamten Paul Reindlinger.
Die Anklage warf ihm vor, aus Habgier und zur Verdeckung einer Straftat zwei Menschen ermordet zu haben.
Der Zuschauerandrang war groß, das Medieninteresse enorm. Stand doch ein leibhafter Polizist als Mörder vor Gericht und

noch dazu einer, der heimtückisch und unvorstellbar bestialisch zwei Menschen getötet und verstümmelt hatte.
Mit starrem Blick betrat Paul Reindlinger den Schwurgerichtsaal. Sein Gesicht war aschfahl. Während er sich neben seinen Anwalt an den Verteidigertisch setzte, ließ er geduldig das Blitzlichtgewitter der Pressefotografen und Fernsehkameras über sich ergehen.
Man hatte fast den Eindruck, als ob er diesen Wirbel genoss.
Als der Staatsanwalt die Anklageschrift verlas, heulte der Mann im dunklen Anzug zum ersten Mal laut auf, wischte sich die Tränen mit einem Taschentuch aus den Augen.
Aber ebenso schnell fand er die Fassung wieder und schilderte mit gefühllos anmutender Sprache seine Taten.
Von Weinkrämpfen geschüttelt, schilderte der Ex-Polizist, wie er seine langjährige Freundin Gabriele Laurisch mit dem starken Beruhigungsmittel Rohypnol betäubte, in den Wald fuhr, ihr mit der Axt Kopf und Hände abschlug, sie entkleidete und ihr die Brustwarzen abschnitt.
Ebenso berichtete er, wie er in der Folge auch den Freund der Ermordeten bewusstlos zwar, aber bei lebendigem Leibe geköpft und verstümmelt hatte.
Im Zuschauerraum war immer wieder entsetztes Raunen zu hören. Was den Polizisten zu den Morden trieb, blieb mysteriös.
Als es nämlich um das Motiv ging, wich der Angeklagte von seiner nach der Festnahme bei der Mordkommission abgegeben Erklärung ab. Dort hatte er angegeben, dass er aus reiner Geldgier gehandelt hat. Davon distanzierte er sich nun: „Es stimmt schon, dass die ganze Tat auf Geld ausgerichtet war, aber das ist nur eine vorgeschobene Begründung. Jetzt glaube ich, dass es einen anderen Grund dafür gibt.
Ich hatte Angst, dass mich die dominierende Gabriele wieder un-

terdrückt und ich dadurch meine Freiheit verliere“.
Der Angeklagte beschrieb sich nahezu als Opfer seiner Ex-Geliebten. Die attraktive Frau habe sich nach der Trennung und Jahren spärlicher Kontakte wieder an ihn ‚heranmachen’ wollen. „Gabriele hat mir zu verstehen gegeben, dass sie wieder etwas von mir will. Sie hat sich mir in ihrer Wohnung ‚oben ohne’ gezeigt und mich berührt. Aber ich wollte nicht. In den fünf Jahren unserer Beziehung habe ich mich eingeengt und unterlegen gefühlt.
Mir ging es ja nur darum, dass sie mich beim Kauf einer Eigentumswohnung berät“.
Diese ‚Bindungsangst’ will Paul Reindlinger schon immer gehabt haben. Einerseits suchte er feste Verbindungen, gleichzeitig aber machte ihm die Vorstellung davon panische Angst, weil er befürchtete, die Frauen könnten ihn von seinem erklärten Ziel abbringen, reich zu werden.
Paul Reindlinger schilderte, dass er irgendwann den Entschluss gefasst habe, Gabriele Laurisch zu töten und ihr das Bargeld zu rauben. „Das wurde zur fixen Idee. Ich hatte den Plan gefasst. Und den zog ich durch, ohne nachzudenken. Zum Nachdenken kam ich erst nachträglich“.
An dieser Stelle heulte der Angeklagte erneut laut auf.
„Ich fühle mich aber nicht als Mörder!“
Die Weinkrämpfe des Angeklagten erheiterten das Publikum. Und auch der Staatsanwalt zeigte sich irritiert. „Tun Sie sich jetzt selbst leid?“ fragte er den Angeklagten.
Unter Schluchzen erwiderte Paul Reindlinger: „Ich hatte so viele Möglichkeiten, es zu schaffen. Ich habe es nicht geschafft“. Er meinte wohl ‚das Leben’.
Wieder griff er zum Taschentuch. Und auch daran gab er Gabriele Laurisch die Schuld. Sie habe ihn oft mit seinem Vorgänger

verglichen, gemäkelt, genörgelt und ihn schließlich bedrängt. Er solle sich grad hinsetzen und stets ein Taschentuch einstecken.
Im Vorverfahren war Paul Reindlinger im Universitätsklinikum Aachen von dem Psychiater Professor Henning Saß untersucht worden. Dabei hatte der Proband alle möglichen Abnormitäten, wie perverse Sex-Spiele, Kindesmissbrauch, Sadismus ausgebreitet.
Der Psychiater vor Gericht:
„Paul Reindlinger hat ein ausgesprochenes Mitteilungsbedürfnis insbesondere im sexuellen Bereich gezeigt. Der Mann hat von perversen Sexualpraktiken und abartigen Misshandlung eines Kindes berichtet. Er hat sich als Sadist geschildert, der seine Unterlegenheitsgefühle an gut 70 Frauen ausagiert und schließlich seine Ex-Freundin Gabriele noch im Tod gedemütigt hatte, in dem er sie nach dem Köpfen nackt auszog und ihr die Brustwarzen abschnitt.
Vor dem Hintergrund der bestialischen Mordhandlungen sind solche auffälligen Persönlichkeitsmerkmale nicht ungewöhnlich."
Vor Gericht blieb Paul Reindlinger zunächst bei seinen Aussagen:
„Die Sache, die ich angegeben hab, waren korrekt".
Wie anders beschrieben den Angeklagten seine Kollegen von der Polizeiinspektion Schwabing:
„Ein ganz normaler Kollege, immer sehr ausgeglichen".
„Ich kann nichts Gegenteiliges sagen".
„Er hatte einen guten Draht zum anderen Geschlecht, aber auch nicht mehr als andere".
Auch die 21-jährige attraktive Polizeiangestellte und letzte Geliebte bis zu seiner Verhaftung sagte:
„Er war ein netter, höflicher, gutmütiger, ruhiger Mensch". Und: „Er hatte ein ganz normales Sexualverhalten".

Auf Grund dieser Aussagen glaubte der Vorsitzende Richter nicht mehr die vom Angeklagten vorgebrachten Perversitäten:
„Sie wollen als der große Sadist behandelt werden. Aber: Mit solchen Sachen wie ‚wasch mir den Pelz, mach mich nicht nass' – da werden 's nass".
Der Richter gab dem Angeklagten bis zum nächsten Tag Zeit zum überlegen, ob ihn allein die Geldgier zu den grausamen Taten trieb. Das könne ihm die Sicherungsverwahrung nach einer lebenslangen Freiheitsstrafe ersparen.
Auf Anraten seines Verteidigers wiederrief Paul Reindlinger am nächsten Tag seine sadistischen Darstellungen. Dem Verteidiger zufolge hat sich Reindlinger „diese Geschichte mit dem ‚Sadomasochismus' von Mitgefangen einreden lassen. Er habe lieber in die Psychiatrie als ins Gefängnis gewollt.
Das Interesse am Mordprozess Paul Reindlinger hielt am 4. Verhandlungstag, der Tag der Plädoyers unvermindert an. Der Zuschauerraum war bis zum letzten Platz besetzt. Einige Zuschauer waren bis von Stuttgart angereist. Das Motiv: Neugier, Sensationslust, aber auch Empörung über die Taten. Die Medienpräsenz war ebenfalls enorm. Den Schlüssel zu den Taten sah der Ankläger in der Persönlichkeit des Angeklagten. Das Handeln des egozentrischen 37-Jährigen sei, von aggressiv-destruktiven Impulsen und Gewinnstreben' bestimmt gewesen.
Direkt an den Angeklagten gewandt sagte der Staatsanwalt:
„Sie haben sich am ersten Verhandlungstag erbärmlich leid getan. Ein Mitleid für andere habe ich jedoch bei Ihnen nicht erkennen können! Sie haben voller Selbstmitleid über Ihre vertanen Chancen und fehlenden Perspektiven gejammert. Welche Perspektiven hatten Ihre Opfer und deren Angehörige?"
Scheinbar ungerührt starrte Paul Reindlinger auf den Staatsanwalt, als dieser, was wohl für alle Prozessbeteiligten schon zu

Beginn der Verhandlung feststand, eine lebenslange Freiheitsstrafe wegen zweifachen Mordes beantragte.
Außerdem bejahte der Ankläger die „besondere Schwere“ des Falles. Dies bedeutet, dass frühestens nach Verbüßung von 18 Jahren Gefängnis eine Vollstreckungskammer darüber entscheidet, ob die Reststrafe des ‚Lebenslang‘ zur Bewährung ausgesetzt werden kann.
Der Nebenklägervertreter schloss sich dem Antrag des Staatsanwaltes an – lebenslang wegen zweifachen Mordes.
„Ein furchtbares Verbrechen ward begangen“, zitierte Reindlingers Anwalt aus dem ‚Thannhäuser‘. Angesichts der Beweisaufnahme war sich der Verteidiger sicher, dass er vor 50 Jahren seinen Mandanten zum Schafott hätte begleiten müssen.
„Der Tod von Gabriele Laurisch ist unverständlich, der von Thilo Keil sinnlos! Doch Paul Reindlinger ist weder eine Bestie noch ein Monster, sondern ganz einfach ein Mörder!“
Der Verteidiger sprach von den „Abgründen eines Menschen“ und bemühte sogar die „Erbsünde“, die da durchgekommen sei. Mit dem Widerruf seiner sadistischen Praktiken gelte der Angeklagte wieder als psychisch normal und ‚dürfe‘ mit Gefängnis rechnen.
Nach Einschätzung des Verteidigers wäre für Paul Reindlinger die Nervenklinik Haar die Hölle.
„Stoßen Sie den Angeklagten nicht in die Hölle, in die er seine Opfer gestoßen hat!“
Die Strafe stellte der Verteidiger in das Ermessen des Gerichts.

„Es stimmt nicht, dass ich kein Mitleid mit den Opfern habe“, verteidigte sich Paul Reindlinger in seinem letzten Wort vor dem Urteil. „Aber leider kann ich meine Taten nicht mehr ungeschehen machen. Außerdem habe ich mich längst bei den Angehöri-

gen der Opfer schriftlich entschuldigt."
Bis dahin sprach Paul Reindlinger mit lauter fester Stimme, dann nahm sie wieder den weinerlichen Klang an. „Ich kann selbst nicht verstehen, was da geschehen ist. Es ist nicht so, dass ich ein Mörder bin!
Bis zu diesen Taten habe ich nie jemandem etwas angetan. Die Taten waren sinnlos.
Ich war ja gar nicht auf das Geld von Gabriele angewiesen.
Ich habe mir in meinem Leben nie etwas geleistet, was ich mir nicht leisten konnte.
Ich hatte überhaupt kein Motiv!"
Jetzt begann der Angeklagte wieder zu schluchzen. Selbstmitleid, nichts als Selbstmitleid.

Die Schwurgerichtskammer des Landgerichts München I verteilte den 37-jährigen Ex-Polizisten Paul Reindlinger am 18. Juli 1997 wegen zweifachen Mordes zu lebenslanger Freiheitsstrafe.
„Seine Schuld wiegt besonders schwer", sagte der Vorsitzende Richter und verbaute damit eine bedingte Freilassung nach 15-jähriger Strafverbüßung.
Der Angeklagte saß regungslos auf der Bank, als er das Urteil hörte. Sein Blick war starr nach vorne gerichtet, ins Leere.
Totenstill war es im Gerichtssaal, als der Richter auf die Grausamkeit der Taten hinwies.
„Schon Wochen vor der Tat hatte Reindlinger die Enthauptung seiner ehemaligen Lebenspartnerin beschlossen".
Damals habe er bereits das Loch für ihre Leiche ausgegraben.
„Und als sie am Tatabend losfuhren, um sich angeblich einen schönen Abend zu machen, lag das Beil schon im Kofferraum".
Kaltblütig, skrupellos und niederträchtig habe der ehemalige Polizist, dem taktisches Verhalten nicht unbekannt sei, die beiden

Morde geplant und durchgeführt.
„Was ist das für ein Mensch, der sich für 130.000 Mark über alle Tabus hinwegsetzt?“ fragte der Richter und fand keine Antwort.
Der Vorsitzende Richter ging abschließend auf die Bemerkung des Verteidigers ein, vor 50 Jahren hätte er seinen Mandanten zum Schafott begleiten müssen: „Wir sind stolz auf eine Rechtskultur, die demonstriert, dass niemand – auch nicht der Staat – ein Recht auf Töten hat.“

„WIR HABEN GEWONNEN UND DOCH VERLOREN“

Nicht nur ein Familien Drama

Der Kriminal-Fall „Rabe“

Ein Kriminalfall besonderer Art beschäftigte die Polizei, die Staatsanwaltschaft, Gerichte, die Medien und durch sie die Leserschaft, Kritiker und Besserwisser seit Oktober 2001 bis heute und mit Sicherheit wird er dies auch noch in Zukunft tun.
Was den Fall Besonderheit verleiht, ist, dass die Tatverdächtigen im Vorverfahren behaupteten, sie hätten den Körper des Mordopfers zerteilt und das Fleisch an Hunde verfüttert.
Wenn es nicht um die gewaltsame Tötung eines Menschen gegangen wäre, dann müsste die Story in ein Lach- und Gruselkabinett angesiedelt werden.
Mit einem gigantischen Lügengebäude über eine makabere Leichenbeseitigung haben eine nach einem Gutachten mit einer Intelligenz weit unter dem Durchschnitt, also am Rande des Schwachsinns liegende 47-jährige Bauersfrau (IQ 53 Debilität im Grenzbereich zur Imbezillität), deren beide mit erheblichen Reifedefiziten und gestörtem Sozialverhalten attestierten 17 und 19 Jahre alten Töchter und der in der Familie aufgenommene ebenfalls als minderintelligent begutachtete, dem Alkohol verfallene (täglich bis zu 10 und mehr halbe Liter Bier) 20 Jahre alte Verlobte der ältere Tochter, die alle in einem verlotterten, total heruntergekommenen Bauernanwesen in Friedrichsheim bei Neuburg a. d. Donau zusammenlebten, über Jahre hinweg Polizei und Justiz auf allen Ebenen zum Narren gehalten und Ermittlungsbeamte, Staatsanwälte, Richter, Gutachter, unzählige Medienvertreter und über deren Berichte auch die Bevölkerung, Kritiker und Besserwisser schamlos hinters Licht geführt.
Und niemand hat die Entstehung und Entwicklung der einzelnen Aussagen dieser Personen, die als Tatverdächtige, Beschuldigte, Angeklagte und rechtskräftig Verteilte behandelt worden sind, und deren Aussagetüchtigkeit hinterfragt.
Im Gegenteil: Der Ankläger im Prozess vor dem Landgericht In-

golstadt hatte die makabere Leichenbeseitigung in seine Anklageschrift und sein Plädoyer eingebaut und die Richter haben sich in der Urteilsbegründung über Seiten hinweg ebenfalls mit dieser eigentlich ‚straflosen Nachtat' (wie es im Juristendeutsch heißt) auseinandergesetzt und sogar eigene Theorien entwickelt.

Vermisst

Am Sonntag, dem 14. Oktober 2001, kam die damals 46 Jahre alte Hermine Rabe zur Polizeiinspektion Neuburg und meldete, dass ihr 52-jähriger Ehemann Rudolf Rabe nach einem Gaststättenbesuch am Vortage nicht nach Hause gekommen sei. Auch sein Mercedes, mit dem ihr Mann von der Gaststätte weggefahren war, sei verschwunden. Sie möchte also ihren Ehemann Rudolf Rabe als vermisst melden.

Täglich verlassen aus unterschiedlichen Anlässen Eheleute ihre Partner. Für die Polizei ist es daher allein noch kein Grund, nach diesen Menschen zu suchen. Die Richtlinien zur Bearbeitung von Vermisstenfällen führen in solchen Fällen aus, dass die Polizei nur dann tätig werden soll, wenn der Verdacht eines Verbrechens oder einer Selbsttötung nicht ausgeschlossen werden kann.

Die ersten Ermittlungen zeigten, dass in diesem Vermisstenfall von einem schwierigen sozialen Umfeld auszugehen war. Die zunächst angenommene Selbsttötung des Landwirts angesichts der Finanzmisere passte ins Bild. Die Annahme, dass Rudolf Rabe sich mit seinem silberfarbenen Mercedes in irgendein Gewässer gestürzt haben könnte, war nicht auszuschließen.

Die Polizei behandelte den Vermisstenfall Rabe eher routinemäßig.

Der Landwirt Rudolf Rabe und dessen Mercedes blieben spurlos verschwunden.

Wiederaufnahme der Ermittlungen

Knappe zwei Jahre nach dem Verschwinden des Landwirts Rudolf Rabe, im September 2003 rollte die auch für den Landkreis Neuburg zuständige Kriminalpolizei Ingolstadt den Fall neu auf. Wie bei ungeklärten Fällen üblich, sollte noch einmal das gesamte persönliche Umfeld des Vermissten ‚abgeklopft' werden.

Konnte ein Mensch auf einer Strecke von rund eineinhalb Kilometer – das war die Entfernung vom zuletzt besuchten Gasthof bis zum Anwesen Rabe – samt seinem Auto spurlos verschwinden?

Die Ermittler einer Arbeitsgruppe der Kripo Ingolstadt wollten nicht daran glauben.

Es machte sie stutzig, dass die Ehefrau Rabe nur wenige Stunden nachdem ihr Mann angetrunken die Gaststätte verlassen hatte, bereits bei der Polizei in Neuburg vorsprach und ihren Mann als vermisst gemeldet hatte.

Und sie konnten nicht so recht glauben, dass sich der vermisst Gemeldete mit seinem Mercedes einfach ins Wasser gestürzt haben konnte. Für einen einfach strukturierten Menschen wie ihn wäre das völlig untypisch.

Ein Bauer erhängt sich in der Scheune oder erschießt sich mit einem Bolzenschussapparat. Und wenn eh schon kein Geld mehr da ist, dann fährt er nicht auch noch seinen Mercedes in die Donau.

Eine ‚Operative Fallanalyse' beim Landeskriminalamt bestätigte die Vermutung der Ingolstädter Kripobeamten.

Die Beamten der Ermittlungsgruppe begannen, die Leute in der Nachbarschaft zu befragen.

Schon bald wurde klar, dass die Familie Rabe in schwierigen sozialen Verhältnissen lebten:

Hohe Schulden, der Mann ein Trinker, die Töchter faul und renitent, familiäre Probleme auch bedingt durch den Einzug des Freundes der älteren Tochter, der offenbar keinen Draht zum Vater seiner Partnerin fand.
Stutzig wurden die Beamten, als sie von Äußerungen der Familie unmittelbar nach dem Verschwinden des Landwirts erfuhren.
„Den finden die nie", soll die Ehefrau schon im Oktober 2001 geäußert haben.
Angeblich wollte die damals 46-jährige ihren Mann schon vier Wochen nach dessen Verschwinden für tot erklären lassen.
Auch andere Bemerkungen, die nicht gerade auf große Trauer über das ungeklärte Schicksal des Familienoberhauptes in Hause Rabe hinwiesen, erregten das Misstrauen der Ermittler.
Die im Hause Rabe wohnende 39-jährige Untermieterin hatte ausgesagt, dass sie in der Nacht vom 13. auf 14. Oktober 2001 im Hause tumultartige Geräusche gehört habe, was ein Hinweis dafür sein konnte, dass die Familienangehörigen mit dem Verschwinden ihres Oberhauptes doch etwas zu tun haben konnte.

Die mit Akribie betrieben Ermittlungen der Kriminalbeamten hatten also den Verdacht erhärtet, dass Rudolf Rabe in der Nacht seines spurlosen Verschwindens vom 13. auf 14. Oktober 2001 doch zu Hause angekommen sein musste. Wochenlanges Aktenstudium, facettenhafte Kleinarbeit und Nachforschungen hatten Stück für Stück die Gewissheit gebracht, dass die Familie des Verschwundenen der Polizei etwas vorgemacht hatte.
Am Dienstag, dem 13. Januar 2004, in den frühen Morgenstunden rückten die Ermittler mit Durchsuchungsbeschlüssen auf den Hof der Familie Rabe in Friedrichsheim an. Sie fanden zwar keine unmittelbaren Spuren in dem total verlotterten Anwesen. In dem Rucksack einer der Töchter fanden sie allerdings den Diabe-

tikerausweis und den Geldbeutel samt EC-Karte des Vermissten – ein Indiz dafür, dass der Vater nach der Zechtour tatsächlich daheim angekommen war.
In der völlig verwahrlosten Wohnung stank es bestialisch. Einen Kellerraum konnten sie nur mit Atemschutzgerät betreten. In ihm fanden sie zwar nicht die vermutete Leiche des Vermissten, aber sie stießen auf zwei halb krepierte Schäferhunde im eigenen Dreck, die einstigen Lieblingstiere des Rudolf Rabe.
Die Ermittler nahmen die Ehefrau Hermine, die beiden Töchter Manuela (zur Tatzeit 16 Jahre alt) und Andrea (zur Tatzeit 15 Jahre alt), sowie dem Freund von Manuela den Maurer Mathias Eisenhard (zur Tatzeit 18 Jahre alt), von der Rabe-Familie nur „Matze" genannt, mit zur Dienststelle, um sie zu vernehmen – zunächst als Zeugen.
Wie bei der Bearbeitung von zweifelhaften Vermisstenfällen üblich, versuchten die Ermittler in Gesprächen im unmittelbaren Umfeld des Verschwundenen noch einmal die näheren Umstände des Verschwindens aufzuhellen.

Mord oder Todschlag

Die ersten Geständnisse in Variationen

Als nach wenigen Stunden (**nicht nach tagelangen quälenden Vernehmungen, wie im späteren Verfahren von den Anwälten vorgebracht**) sowohl die Ehefrau, wie auch die beiden Töchter gegenüber den vernehmenden Kriminalbeamten in der Polizeidirektion Ingolstadt zugaben, dass der Vater daheim zu Tode gekommen sei, änderte sich die Rechtsposition der Befragten von der Zeugeneigenschaft in eine Beschuldigteneigenschaft. Sie wurden daher gemäß den Vorschriften der Strafprozessordnung

über ihre Rechte belehrt und ihre Aussagen entsprechend protokolliert.
Mathias Eisenhard (genannt „Matze"), der damalige Verlobte der älteren Tochter des verschwundenen Landwirts Rudolf Rabe, gestand bereits am Tage seiner Festnahme, am Dienstag, dem 13. Januar 2004, Details über den Vorgang im Hause in Friedrichsheim.
Rabe sei in der Nacht vom Samstag, dem 13. Oktober 2001, zum Sonntag, dem 14. Oktober 2001 kurz nach 1 Uhr, wie so oft betrunken, heimgekommen, seine Ehefrau habe ihn eingelassen, mit ihm einen Streit angezettelt, in dessen Verlauf der Mann die Kellertreppe hinuntergefallen sei. Der Mann habe noch gelebt, als er unten aufgeschlagen ist. Die Ehefrau sei anschließen nach oben gegangen, habe ein Holzscheit geholt und damit mehrmals auf den Wehrlosen eingeschlagen. Dann habe man den leblosen Körper in einen Nebenraum geschafft. Als nicht lange danach die Leichenstarre eingesetzt hatte, habe die Frau mit einer Eisensäge aus der Schlachtküche einen abstehenden Arm abgesägt, weil dieser seitlich abgestanden habe und der Körper sich deshalb nicht in das Auto verstauen ließ. Gegen 3.30 Uhr haben er, die Ehefrau des Leblosen und die ältere Tochter den Leichnam auf die Rückbank des Mercedes verfrachtet und den Toten an einen Irgertsheimer Baggersee gefahren. Dort habe man an einem abschüssigen Uferstück das Automatikgetriebe des Wagens auf null gestellt und das Auto samt Leiche ins Wasser rollen lassen. Eine Weile habe der Mercedes noch oben auf geschwommen, dann sei er in den Fluten versunken.
Hermine Rabe bestätigte vieles von dem, was „Matze" bei der Kriminalpolizei erzählt hatte – nur nicht das entscheidende Detail: den Totschlag. Sie beharrte darauf, dass ihr Mann bei dem Treppensturz zu Tode gekommen ist.

Noch am Tage ihrer Festnahme am 14. Januar 2004, räumte die Frau ein, dass ihr Ehemann entgegen früherer Behauptungen nach einem Wirtshausbesuch doch nach Hause gekommen war. Er habe geklingelt. Sie habe ihm aufgemacht und es sei sofort zu einem Streit gekommen. Im Laufe dieses Streites habe sie ihren Mann „geschubst", so dass er mit dem Kopf gegen eine Treppenstufe gefallen sei. Ihr Mann habe sich danach nicht mehr gerührt. Er sei in einer großen Blutlache gelegen. Zusammen mit dem Verlobten ihrer älteren Tochter habe sie dann den regungslosen Körper noch in der Nacht in den Keller getragen. Später hätten sie die Leiche in die Garage geschleppt, in den Mercedes gepackt und dann samt dem Auto in einen Weiher bei Irgertsheim versenkt.

Bis auf die von „Matze" behaupteten Schläge mit einem Holzscheit auf den bereits durch den Treppensturz erheblich Verletzten also eine fast lückenlose Übereinstimmung über den Ablauf des Geschehens in jener Nacht.

Am Tage nach der Festnahme zeigten Hermine Rabe und Mathias Eisenhard den Ermittlern zwei unterschiedliche Stellen an dem Gewässer bei Irgertsheim, wo der Landwirt samt seinem Auto von ihnen angeblich versenkt worden war.

Auch hier also eine lückenlose Übereinstimmung und sogar eine Demonstration der eingestandenen Vorgehensweise.

Die jüngere Tochter Andrea (bei der Festnahme gerade 17 Jahre alt) zeigte sich zunächst wenig zugängig.

Erst als auf der Dienststelle Mathias Eisenhard, der Freund der älteren Tochter, im Nebenzimmer einräumte, dass der Bauer in jener Nacht doch heimgekommen und nach einen Streit gestorben sei, rückte auch Andrea mit der Sprache heraus.

Was sie allerdings bei den Vernehmungen zu Protokoll gab, waren immer wieder anders lautende Versionen über den Tod des

Vaters. Zunächst nahm sie alle Schuld auf sich. Sie behauptete, vom Vater bei dessen Rückkehr missbraucht worden zu sein und ihn mit den Füßen weggestoßen zu haben. Dabei sei er mit dem Kopf gegen die Türschwelle geschlagen.
Als sie in einer Vernehmungspause auf dem Flur der Kriminalpolizei in Ingolstadt Mathias Eisenhard begegnete, flüsterte sie ihm ins Ohr: „ich habe ihn umgebracht." Die Kripobeamten hörten mit. Noch am selben Tag korrigierte das Mädchen diese erste Darstellung.
Der Missbrauch habe schon viel früher stattgefunden, als sie elf oder zwölf Jahre alt gewesen sei.
Der vom Wirtshaus heimkommende Vater sei vielmehr nach einem Treppensturz ums Leben gekommen.
Vorausgegangen sei ein Streit mit der Mutter. „Jetzt kommt er, der Alte. Der ist bestimmt wieder besoffen, die Sau", mit diesen Worten soll Hermine Rabe ihren Mann empfangen haben.
In den weiteren Vernehmungen räumte die 17-jährige immer neue Einzelheiten ein.
Zuletzt ergab sich ein Bild, wonach die Mutter mit einem Holzscheit auf den Vater eingeschlagen hatte.
Das Mädchen will auch Mathias Eisenhard von der Familie nur ‚Matze' genannt, mit einem blutverschmierten Hammer über den Vater stehen gesehen haben. „Was macht ihr da; hört endlich auf", will es gerufen haben. Die Jugendliche berichtete der Polizei weiter davon, dass die grausame Tat geplant gewesen sei. „Mama und ‚Matze' haben ein paar Tage vorher geredet, dass etwas passieren muss, wenn der Papa das nächste Mal besoffen heimkommt", erzählte sie der Kriminalbeamtin.

Die ältere Tochter Manuela (jetzt 18 Jahre alt) erklärte, ihr Verlobter Mathias habe den Vater erschlagen.

Bei mehreren Vernehmungen nach ihrer Festnahme schilderte sie dann recht eingehend, wie sie die Geschehnisse in der fraglichen Nacht im Oktober 2001 erlebt haben will.
Im Zuge von drei Verhören äußerte sie sich immer deutlicher zu den Vorgängen in der Tatnacht.
Zunächst gab sie an, dass ihr seinerzeit spät nachts betrunken heimgekehrter Vater im Zuge eines Streites mit ihrem Freund ‚Matze' und mit der Mutter von seiner Ehefrau die Treppe hinunter geschubst worden ist. Gleich darauf habe dann ‚Matze' mit einem nicht näher definierten längeren Gegenstand zweimal auf den Kopf des Landwirts eingeschlagen, der blutüberströmt liegen geblieben sei. Der leblose Körper des Vaters sei dann von der Mutter und ihrem Freund ins Auto getragen und wahrscheinlich zu einem Weiher in der Nähe gefahren worden.
Manuela sprach auch davon, dass ihr Freund bereits zwei Tage vor der Tat die Absicht geäußert hatte, ihren Vater umzubringen. Grund dafür sei die Drohung des Hausherrn gewesen, den „Schwiegersohn in spe" rauszuschmeißen. Variatioen, aber keine grundlegenden Widersprüche.
Und da gab es noch die Aussage der im Hause Rabe wohnenden 39-jährigen Untermieterin, die in der Nacht vom 13. auf 14. Oktober 2001 im Treppenhaus des Hauses einen Streit gehört habe, der später eskaliert sei. Schließlich habe es ein "klatschendes" Geräusch gegeben, danach sei nur noch ein „Gewusel" zu hören gewesen.
In den frühen Morgenstunden des 14. Oktober 2001 habe dann Hermine Rabe auf dem Handy ihrer Tochter angerufen und darum gebeten, dass man sie doch am Irgertsheimer Weiher abhole. Dort habe dann tatsächlich Hermine Rabe mit einer ihrer Töchter und Mathias Eisenhard („Matze") gewartet.
Freilich hatte die Frau diese ihre Aussagen später widerrufen.

(Von wem veranlasst?)

In Untersuchungshaft

Der Ermittlungsrichter beim Amtsgericht Ingolstadt ordnete am 14. Januar 2004 gegen Hermine Rabe, ihre beiden Töchter Manuela und Andrea, sowie gegen den Verlobten der älteren Tochter Mathias Eisenhard wegen Verdachts des Mordes an Rudolf Rabe Untersuchungshaft an.
Auch gegenüber dem Haftrichter gab Mathias Eisenhard an, dass der Landwirt nach einem Streit die Kellertreppe hinabgestürzt und von der Ehefrau durch Schläge mit einem Holzscheit getötet worden sei. Anschließend haben er und Hermine Rabe den Toten in dessen eigenen Wagen in einem Weiher bei Irgertsheim versenkt.
Bei den weiteren Vernehmungen widersprachen sich die Beschuldigten ständig und brachten immer weitere Varianten vor. Es entstand der Eindruck, als wollten sie die Polizei zum Narren halten.
Vier Wochen nach ihrer Festnahme widerrief Hermine Rabe alle ihre Aussagen und behauptete nun: „Mein Mann ist damals überhaupt nicht nach Hause gekommen."
Nachdem Rechtsanwälte die Verteidigung der Festgenommen übernommen hatten, widerriefen auch die übrigen Beschuldigten ihre Geständnisse und schwiegen fortan.

Tatrekonstruktion

Insgesamt mit geringen Abweichungen ergab sich für die Ermittler ein Ablauf des Geschehens in jener Nacht, der logisch, plausibel und nachvollziehbar ist:
Der Landwirt Rudolf Rabe kommt nach Mitternacht gegen 1 Uhr

stark alkoholisiert nach Hause, wird von der Ehefrau eingelassen (Originalton Hermine Rabe: „Jetzt kommt er, der Alte. Der ist bestimmt wieder besoffen, die Sau“).
Es kommt -wie so oft- im Beisein der Töchter und „Matze“ zum Streit zwischen Rudolf Rabe und seiner Ehefrau, in dessen Verlauf der Betrunkene von seiner Ehefrau „geschubst“ wird, mit dem Kopf gegen eine Treppenstufe stößt und schließlich die Kellertreppe hinunterfällt. Unten bleibt der Mann in einer großen Blutlache regungslos liegen. Zusammen mit „Matze“ trägt Hermine Rabe den regungslosen Körper ihres Mannes noch in der Nacht in den Keller und später in die Garage, wo sie ihn in den Mercedes verfrachten und gegen 3 Uhr morgens zu einem Gewässer bei Irgertsheim fahren, wo sie das Auto samt dem regungslosen Körper des Mannes im Wasser versenken.
Was offen blieb und auch in dem Gerichtsverfahren vor dem Landgericht Ingolstadt nicht geklärt worden ist (zumindest nicht zur Veröffentlichung in die Medien kam) ist die Frage, warum sich die Ehefrau Hermine Rabe, ihre beiden Töchter und „Matze“ an jenem Samstag, dem 13. Oktober 2001, zur Nachtschlafenszeit um 1 Uhr noch im Flur des Hauses aufgehalten haben. Haben alle vier Personen auf das Heimkommen des Rudolf Rabe gewartet? Das aber könnte zu der Überlegung führen, dass die Tötung des Mannes geplant gewesen ist. So wie es die ältere Tochter bereits am 3. Februar 2004 bei ihrer Vernehmung ausgesagt hatte, nämlich dass Ihre Mutter und Matthias Eisenhard schon Tage vorher einen Mordplan gefasst hatten. Einen Tag später hatte auch die jüngere Schwester bei der Polizei von einem solchen Mordplan gesprochen.

Die Suche nach dem Toten in seinem Auto

Nach den übereinstimmenden ersten Aussagen der Festgenommenen veranlassten die Ermittler, dass nach dem Auto und dem darin befindlichen Toten gesucht werde.
Mit einem Hubschrauber, mit Booten und Tauchern suchte die Polizei wochenlang 28 Gewässer in einem Umkreis vom Tatort ab. Die Polizei tauchte im Irgertsheimer See, in den Bergheimer, Zauner und Zeller Seen sowie kilometerweit in der Donau bis zur Staustufe bei Bergheim.

Sie fand weder das Auto noch den Toten. Ist ihr deshalb ein Vorwurf zu machen?

Wohl kaum.

Ein Horrorszenario -Die zweiten Geständnisse mit Variationen (Abgeschlachtet und an die Hunde verfüttert?)

Nachdem den Inhaftierten bekannt geworden war, dass die Polizei das Auto des Rudolf Rabe und dessen Leiche nicht gefunden hatte, hatten die Verdächtigen anwaltgesteuert ihre ersten Aussagen zurückgezogen und ihre bis dahin abgegebene Geständnisse widerrufen. Das blieb so bis zum Strafprozess und bis zum Urteil. **Dafür aber waren sie bei der Konstruktion eines kolossalen, makaberen und an der Erfindung von Abscheulichkeiten unübertroffenen Lügenkomplexes recht aussagefreudig und phantasievoll.**
Am 18. Februar 2004 (**also erst fünf Wochen** nach der Festnahme der Beschuldigten) war erstmals die Rede davon, dass die Leiche Rabe zerteilt und an die Hunde verfüttert worden sei.

Die ältere Tochter Manuela berichtete in drei Vernehmungen davon, dass ihr Verlobter „Matze“ den Vater erschlagen habe. Die junge Frau schilderte den Vernehmungsbeamten, wie der Vater in einem Handgemenge mit ihrem Freund, den ungeliebten „Schwiegersohn in spe“ zu Boden gegangen ist und „Matze“ einen spitzen Hammer genommen hat, um seinen Widersacher damit dem Kopf zu zertrümmern. Er habe das Gesicht seines Opfers regelrecht deformiert. Anschließend habe „Matze“ die Leiche in den Keller getragen, dort auf einen mit Folie abgedeckten Tisch gelegt, entkleidet und in Anwesenheit aller Familienmitglieder mit einer Axt in 10 bis 20 Zentimeter große Stücke zerhackt. Die Leichenteile seien dann von „Matze“ in mehreren Leinenbeuteln in die Küche geschleppt und später den Hunden der Familie zum Fraße vorgeworfen worden.

Zwei Monate später, nach **vier Monaten** Untersuchungshaft, am 14. April 2004 kündete Mathias Eisenhard, genannt „Matze“, über seinen Anwalt ein Geständnis an.

Seine umfangreichen Aussagen in den zwei Wochen danach waren auch für erfahrene Ermittler schockierend.

Danach hat der 21-jährige den Landwirt in jener Nacht erschlagen. Die Ehefrau des Landwirts und die ältere Tochter seien an der Tat beteiligt gewesen. „Matze“ erzählte den Beamten weiter, wie er die Leiche anschließend zerteilt hat. Den Kopf will er ausgekocht und mit einem Fäustling zertrümmert, das Fleisch den Hunden am Hof zum Fraße vorgeworfen haben. Die Überreste sollen im Misthaufen gelandet und ein Jahr danach von einem Nachbarn auf einen Feld ausgebracht worden sein.

Die beiden Töchter bestätigten die Angaben des Mathias Eisenhard später in groben Zügen.

Wie die Horrorgeschichten in die Medien gelangt und von diesen genüsslich für ihre Leserschaft verbreitet worden sind, ist nicht

bekannt. Von den Pressesprechern der Polizei und der Staatsanwaltschaft ist allgemein bekannt, dass sie bei derartig unwahrscheinlichen und unglaublichen Geschichten eher zurückhaltend sind. Kamen die Informationen etwa von den Verteidigern?
Die Details, die die junge Frau und zwei Monate später der 21 Jahre alte Mathias Eisenhard zu Protokoll gegeben haben, sorgten jedenfalls für die außergewöhnliche Dimension und die Aufmerksamkeit über die Region hinaus.

Spurensuche

Im vollkommen verdreckten Wohnhaus einschließlich der Kellerräume der Familie Rabe, das in einigen Räumen auch Tatort gewesen sein sollte, fanden sich trotz akribischer Analyse keinerlei Spuren.
Das Fehlen von Blutspuren begründete ein Gutachter damit, dass das Töten des Mannes relativ unblutig abgelaufen sein konnte.
„Nach Reinigungsmaßnahmen musste man keine Spuren finden", erklärte ein Rechtsmediziner.
Freilich erfolgte die Suche nach Spuren in dem heruntergekommenen Stockhaus einschließlich der Kellerräume erst mehr als zwei Jahre nach der Tat. In dieser langen Zeit hatten die Tatverdächtigen ausreichend Gelegenheit, alle Spuren zu beseitigen.
Mathias Eisenhard hatte bei einer seiner Vernehmungen auch zugegeben, dass er nach der Tat alles gesäubert und den letzten Blutfleck auf den Betonfußboden mit Betonfarbe überstrichen hatte.
Die Suche nach dem Auto verlief ebenfalls ergebnislos. Als bei den Ermittlern Hinweise darauf eingingen, dass der Mercedes möglicherweise bei einem Schrotthändler im Donaumoos „entsorgt" worden sei, überprüften sie diesen Mann. Der 58-jährige

Schrotthändler Ludwig H. galt als letztes Mitglied der berüchtigten Berger-Bande, die in den 60er und 70er Jahren des vorigen Jahrhunderts durch Einbruch, Räubereien und Schießereien mit der Polizei im Donaumoos ihr Unwesen getrieben hatte. Er war in jungen Jahren Anlaufstelle im Donaumoos, wenn es der Bande darum ging, ein Auto verschwinden zu lassen.
Aber der Schrotthändler bestritt ganz entschieden, das Auto des Rabe verschwinden lassen zu haben.
Er habe sich zur Tatzeit auf seinen Anwesen in Mecklenburg-Vorpommern befunden, das er gerade umbaute, Als Beweis präsentierte er Belege, wonach er zur fraglichen Zeit in Ostdeutschland getankt hatte An jenem Wochenende habe er den Graben für einen neue Wasser- und Kanalanschluss ausgehoben. Der Geschäftsführer der dortigen Wasserwerke bestätigte anhand seiner Unterlagen, dass er sich am Freitag, dem 12. Oktober 2001 mit dem Schrotthändler vor Ort getroffen hatte. Auch am darauf folgenden Montag soll Ludwig H. anwesend gewesen sein. Für die zwei Tage dazwischen konnte aber keiner der Zeugen etwas Definitives sagen, so dass der Schrotthändler entgegen seinen Angaben durchaus wieder zurück im Donaumoos gewesen sein konnte. Dafür sprach auch die Aussage einer Tankstellenbesitzerin aus Karlshuld in der Nähe von Neuburg, wonach der Schrotthändler just am 13. Oktober 2001 eine offene Rechnung beglichen haben soll – persönlich und in bar, wie es der Mann üblicherweise getan hatte. Für die Annahme, dass Ludwig H. vielleicht doch in den Mordfall Rabe verstrickt war, sprach auch die Aussage eines Mitarbeiters des Schrotthändlers. Ihm soll Ludwig H. dazu verdonnert haben, „das Maul zu halten“ und nichts davon zu sagen, dass in der fraglichen Nacht tatsächlich ein Mercedes wie der des Landwirts Rabe angeliefert und „platt gemacht“ worden war.

Die filmische Tatrekonstruktion

Der zuständige Staatsanwalt beim Landgericht Ingolstadt und die Ermittler der Mordkommission der Kripo Ingolstadt nahmen schließlich mit Zustimmung aller Beteiligten und ihrer Verteidiger im Hause Rabe eine Tatrekonstruktion vor, die per Video aufgezeichnet wurde.

In drei unabhängig voneinander durchgeführten Tatrekonstruktionen wurden im Beisein der Rechtsanwälte im Wohnhaus im Neuburger Stadtteil Friedrichsheim filmisch aufgenommen, wie die beiden Töchter und Mathias Eisenhard bereitwillig Regie führten und die Kripoleute und Rechtsanwälte als Darsteller einsetzten. Die „Leiche“ des Rudolf Rabe verkörperte eine Schaufensterpuppe. Rechtsanwalt Kobel, der Anwalt von Mathias Eisenhard, „spielte“ seinen Mandanten und demonstrierte auf dessen Anweisung hin, wie sein Klient mit einem Kantholz den vermutlich tödlichen Genickschlag gegen Rudolf Rabe geführt hat. Die Aussagen und „Regieanweisungen“ der beiden Mädchen unterschieden sich nur geringfügig. Außer dem jungen Mann hatte demnach auch die Mutter und Ehefrau zugeschlagen.

Die Beschuldigten sagten in den nachgespielten Szenen ohne irgendeine Beeinflussung von den Ermittlern übereinstimmend aus, dass Rudolf Rabe in jener Nacht von Mathias Eisenhard erschlagen wurde. Die ältere Tochter räumte nach anfänglichem Zögern zudem ein, dass ihre Mutter an der Tat beteiligt gewesen sei. In einigen Details gab es allerdings unterschiedliche Versionen.

Auch die so genannte „Hunde-Version“ kam in den Filmaufnahmen zur Sprache. Die sehr genaue Schilderung der Leichenzerteilung (die gar nicht stattgefunden hatte) schockierte.

Die aufgezeichnete Rekonstruktion musste wiederholt unterbro-

chen werden, weil die jüngere Tochter Andrea von Weinkrämpfen geschüttelt wurde. Gelassen und unbeteiligt wirkte dagegen Mathias Eisenhard, selbst als er um grausige Details wie das von ihm geschilderte Auskochen des Kopfes der Leiche ging.
Aus dem Ablauf der filmischen Rekonstruktion war eindeutig zu entnehmen, dass von den Ermittlern in keiner Weise Druck auf die Agierenden ausgeübt worden ist.

„Broken home“

Der landwirtschaftliche Betrieb -eher eine Nebenerwerbslandwirtschaft- wurde von den Eltern des späteren Mordopfers recht und schlecht über Wasser gehalten. Die Familie hatte ihr, wenn auch geringes Einkommen. Schulden gab es nicht. Daran änderte sich auch nichts, als der Vater verstarb und Rudolf Rabe mit seiner Mutter den Betrieb weiterführte.
Dann aber schickte sich der Landwirt an, seine spätere Ehefrau Hermine ins Haus zu holen.
Mit dem Einzug von Hermine in das Anwesen Rabe ging es dort allerdings permanent bergab. Die Frau drängte die Schwiegermutter ins Abseits, verschlampte den Haushalt, gab unkontrolliert Geld aus. Rudolf Rabe musste aus seinem als Baugebiet ausgewiesenen Felder und Wiesen ein Grundstück nach den anderen verkaufen, um die angelaufenen Schulden zu begleichen.
In zunehmendem Maße sprach der Landwirt in Übermaßen dem Alkohol zu.
Die Schwester des späteren Mordopfers wohnte mit ihrem Mann in der Nähe des Rabe-Anwesens und kümmerte sich viele Jahre um die nach einem Schlaganfall pflegebedürftige Mutter, die bis zu ihrem Tode 1997 im Hause der Rabe wohnte.
Das Pflegegeld hatte allerdings die Schwiegertochter kassiert, die

sich jedoch nicht sonderlich um die alte behinderte Frau gekümmert hat. Schon damals war im Hause Rabe alles verdreckt, verkommen und verludert.
Mit der Erziehung der beiden Töchter gab es erhebliche Schwierigkeiten. Sie blieben oft der Schule fern, so dass sogar die Polizei eingeschaltet werden musste. Im Sommer 2000 beantragte das Jugendamt Neuburg bei der damals 15-jährigen Manuela wegen ihres gestörten Sozialverhaltens ihre Unterbringung in einem geschlossenen Heim. Bei einer Begutachtung durch eine Jugendpsychologin bemerkte diese damals, dass „die Mutter die Schülerin nicht mehr im Griff hatte, der Vater ihr aber alle durchgehen ließ.“ Der Ärztin kam auch der Verdacht auf, dass in der Familie Rabe inzestuöse Verhältnisse herrschten. Spekulativ hatte sie eine sexuelle Beziehung zwischen Vater und Tochter in Erwägung gezogen, diese Vermutung aber nicht weiter verfolgt. Aktenkundig wurden die möglichen Übergriffe des Vaters allerdings erst, als im Strafverfahren wegen der Tötung des Rudolf Rabe der Leitende Landgerichtsarzt die beiden Mädchen untersuchte. Nach dessen Bericht soll der Landwirt seine beiden Töchter über Jahre hinweg massiv sexuell missbraucht haben. Die ältere Tochter soll demnach ihrem Vater seit ihrem zwölften Lebensjahr ein- bis zweimal pro Woche „bedient“ haben, und auch die jüngere habe dem Mann wiederholt zu Willen sein müssen. Die ältere Manuela (nun 16 Jahre alt) sei von ihrem Vater selbst dann noch sexuell missbraucht worden, als deren damals 18-jähriger ‚Verlobter’ Mathias Eisenhard auf dem Anwesen Rabe wohnte. Dieser wiederum soll nicht nur mit seiner ‚Verlobten’ Manuela, sondern gleichzeitig auch mit deren 15 Jahre alten Schwester Andrea ein sexuelles Verhältnis gehabt haben.
Ob der sexuelle Missbrauch der Mädchen durch den Vater tatsächlich so stattgefunden hat, wie die Mädchen es dem Landge-

richtsarzt berichtet hatten, oder ob sie mit ihren Erzählungen nur ihre Mitwirkung bei der Tötung ihres Vaters rechtfertigen wollten, blieb offen.
In den Monaten nach dem Verschwinden Rudolf Rabe wurde die Familienstruktur immer diffuser. Freunde und Freundinnen der Töchter und des Quasi-Schwiegersohns gingen in dem Haus ein und aus, zogen teils ein oder hockten zumindest Tag und Nacht mit den Familienangehörigen zusammen.
Mathias Eisenhard stammte aus einer „bodenständigen, völlig normalen“ Familie. Anders als seine Schwester hatte Mathias seinen Eltern aber schon bald Kummer bereitet, hatte sie bestohlen, war seit seinem 14. Lebensjahr oft betrunken und ließ sich nichts sagen. Seine Arbeit als Maurer hatte er aufgegeben, als er zur Familie Rabe in deren Haus einzog. Mathias Eisenhard machte es seinem angehenden Schwiegervater nach und konsumierte täglich 10 bis 15 Halbe Bier, ein „normales Quantum“, wie er später erklärte. Dieses Quantum steigerte er nach der Tat bis zu seiner Festnahme auf täglich einen ganzen Kasten Bier, also 20 halbe Liter.
Bis zum 13. Oktober 2001, also der Nacht, in der Rudolf Rabe das letzte Mal gesehen wurde, hatte Rabe mit seinen Töchtern und seiner Ehefrau einen immensen Schuldenberg aufgehäuft: Privatkredite, Steuerschulden beim Finanzamt, Hypotheken, offene Rechnungen. Die Familie lebte im Wesentlichen von Grundstücksverkäufen.
Bis 2001 hatte Rudolf Rabe Areale im Werte von einer halben Million Euro veräußert. Die Schulden der Familie Rabe hatten sich bis zu Verschwinden des Landwirts auf einen Betrag von 445.000,--Euro -damals 890.000,--DM – summiert.
Der Gerichtsvollzieher war ein ständiger Besucher im Hause Rabe. Nachdem der Landwirt nicht mehr nach Hause gekommen

war, hatte Hermine Rabe zusammen mit einem Abwesenheitspfleger weitere Flächen im Wert von 200.000,--Euro veräußert. In den Jahren nach dem Verschwinden des Rudolf Rabe hatten Hermine Rabe und ihre Töchter nochmals über 400.000,--Mark verprasst. Handyrechnungen von 5.000,--Euro seien nur ein Beispiel.

Wofür das Geld sonst ausgegeben worden war, konnte nicht nachvollzogen werden.

DER ERSTE PROZESS

Ein Mordprozess ohne Leiche

Nachdem die umfangreichen Ermittlungen der Kriminalpolizei Ingolstadt abgeschlossen waren, erhob die Staatsanwaltschaft beim Landgericht Ingolstadt gegen Hermine Rabe, die beiden Töchter Manuela und Andrea, sowie den arbeitslosen Maurer Mathias Eisenhard Anklage wegen gemeinschaftlichen Mordes.

Am 06. Dezember 2004 begann vor der Jugendkammer des Landgerichts Ingolstadt der Prozess gegen die vier Beschuldigten. 40 Zeugen waren geladen, mehrere Gutachter mussten sich bereithalten. 14 Verhandlungstage waren eingeplant, tatsächlich wurden es aber wesentlich mehr.

Die ersten Zuschauer waren schon um 7 Uhr früh ins Landgericht gekommen. Als ein Wachtmeister 1 ½ Stunden später die Türen zum großen Sitzungssaal aufsperrte, hatte sich davor bereits eine lange Schlange von Neugierigen gebildet. Zahlreiche Medienvertreter schalteten die Lichter an ihren Kameras ein. Hektik machte sich breit, denn nur wer einen Sitzplatz ergattern konnte, durfte der Verhandlung folgen. Vor der Jugendkammer kam das abscheuliche Verbrechen um den grausamen Tod des Landwirts

Rudolf Rabe aus dem Neuburger Ortsteil Friedrichsheim zur Anklage.

Für den Staatsanwalt war der Fall klar. Die Ehefrau Hermine (jetzt 49 Jahre alt), die beiden Töchter Manuela (jetzt 19 Jahre alt) und Andrea (jetzt 18 Jahre alt), sowie der ‚Verlobte' von Manuela Mathias Eisenhard (jetzt 21 Jahre alt) haben den Bauern umgebracht, auf bestialische Weise zerstückelt und die Teile den Hunden zum Fraße vorgeworfen. Dies ist die Kurzfassung der vom Staatsanwalt vorgetragenen Anklageschrift.

Aber neben der Leiche fehlten jegliche Sachbeweise.

Die Angeklagten hatten ihre bei der Polizei und dem Ermittlungsrichter abgelegten Geständnisse widerrufen. Sie äußerten sich am ersten Verhandlungstag gar nicht zu den Vorwürfen, nachdem sie zuvor das Scheinwerferlicht der Kameraleute geduldig ertragen hatten.

Einzig Hermine Rabe fiel durch Äußerungen auf: „Mathias, du Drecksau, verdammte", rief sie dem ‚Verlobten' ihrer älteren Tochter zu.

Sie hielt bei Prozessauftakt auch mit ihrer Meinung nicht hinter den Berg, was die Anwesenheit der vielen Medienvertreter im Gerichtssaal betraf. Sie zeigte allen den bekannten „Stinkefinger".

Der Richter redete der Familie ins Gewissen, über ein Geständnis nachzudenken. Dies würde sich deutlich strafmildernd auswirken.

Der Prozess war kaum eröffnet worden, da musste der Vorsitzende Richter ihn schon wieder aussetzen. Die Verteidigerriege hatte moniert, dass ihr die Ergebnisse einer psychiatrischen Untersuchung ihrer Mandanten zu kurzfristig übergeben worden seien. Es habe keine Möglichkeit bestanden, die Gutachten zu studieren. Sichtlich irritiert musste der Vorsitzende Richter zuletzt doch dem Aussetzungsantrag stattgeben und die Fortsetzung der Ver-

handlung auf Montag dem 13. Dezember 2004 ankündigen.
Nach dreiwöchiger Verhandlungspause konfrontierte die Jugendkammer des Landgerichts Ingolstadt die vier Angeklagten am Dienstag, dem 11. Januar 2005, in einem Ortstermin am Tatort, dem Haus der Familie Rabe in Friedrichsheim mit grausigen Details der Anklage.
„Wie ist es, wenn man wieder zuhause ist“, rief ein Rundfunkreporter Hermine Rabe zu. Die Frau antwortete mit einer verächtlichen Bemerkung. Einen richtigen „Auflauf“ hatte der Ortstermin des Gerichts in dem heruntergekommenen Stockhaus ausgelöst. Die meisten der rund 100 Neugierigen vor dem Anwesen Rabe waren Einheimische, die einen Blick auf die Familie werfen wollten, die den eigenen Ehemann und Vater umgebracht und auf bestialische Weise beseitigt haben soll.
Rund 30 Polizisten verhinderten ein „Schaulaufen“, zogen rotweiße Trassenbänder und fuhren die Kombis mit den Angeklagten bis dicht vor dem Hauseingang.
Die beiden Töchter des Mordopfers schützten sich mit Kapuzen vor den Blicken des Publikums und dem Kameras von 15 Pressefotografen.
Mutter Hermine Rabe ging äußerlich ungerührt ins Haus.
Der Hauptverdächtige Mathias Eisenhard stieg in Handschellen die Treppe hinauf.
Im Flur lagen etliche Schuhe herum, die gelbgraue Farbe bröckelte von den Wänden.
„Hier ist Rudolf Rabe ermordet worden“, sagte ein Kripobeamter den Richtern und zeigte auf eine tiefer liegende Glastür.
Durch die Nebentür hatte der Landwirt nachts am 13. Oktober 2001 sein Haus betreten und soll danach sofort angeblich von Mathias Eisenhard mit einem Vierkantholz niedergeschlagen worden sein.

Eines der beiden Mädchen schluchzte kurz.
Ansonsten zeigten die Angeklagten keine Regung, auch nicht beim Betreten des Kellerraumes, in dem Mathias Eisenhard den Toten mit Beil und Säge zerlegt haben soll.
Klebebänder kennzeichneten das Arbeitsfeld der Ermittler des Landeskriminalamtes am Betonboden. Trotz akribischer Analyse hatten die Ermittler keine Blutspuren gefunden, weil Mathias Eisenhard alles gesäubert und den letzen Blutfleck mit Betonfarbe überstrichen haben will.
Der Kellerraum war verdreckt wie fast alle Räume des Hauses. Im Raum stand unter Holzregalen mit verstaubten Weckgläsern und Blechdosen, neben zwei angerosteten Tiefkühlruhen ein Holztisch. Er glich einem anderen Tisch, der sich im Gerichtsmedizinischen Institut München befand. Auf diesem Tisch soll der Leichnam weiter zerstückelt worden sein.
„Die Angeklagten haben kaum Emotionen gezeigt", bewertete der Vorsitzende Richter den kurzen Aufenthalt im Rabe-Haus. Keiner von ihnen habe sich geäußert.
Die früheren Geständnisse blieben widerrufen, auch die zentrale Aussage von Mathias Eisenhard, als er an zwei Tagen im April 2004 ausführlich ausgepackt hatte. Der Ortstermin sei dennoch durchaus sinnvoll gewesen, sagte der Richter, „damit sich die Beteiligten ein authentisches Bild verschaffen konnten".
Bei der Konfrontation mit dem Tatort ließ der Vorsitzende Richter von Polizeibeamten wahllos zwei Zuschauer ins Treppenhaus holen, um symbolisch die Öffentlichkeit herzustellen. Die Medienvertreter durften sich erst danach ins Haus drängen. Sie fotografierten und filmten den Tatort sowie den fraglichen Kellerraum.
Der Richter ließ auch dazu ein Dutzend Zuschauer ins Haus. Nach etwa 20 Minuten wurde das Haus geräumt.

Die vier Angeklagten verließen ihr früheres Zuhause getrennt in vier vergitterten Polizeifahrzeugen. Mutter Hermine und Tochter Manuela umarmten sich, bevor sie getrennt in ihre Haftanstalten zurückgebracht wurden. Mathias Eisenhard wendete seinen Kopf ab, bis der Fahrer des Polizeiautos aus dem Hof rangiert hatte.
Die Schar der Neugierigen zerstreute sich langsam, die Neugierde war befriedigt.
Am Tage nach der spektakulären Tatortbesichtigung war für die Jugendkammer des Landgerichts Ingolstadt wieder Sitzungsroutine eingekehrt. Mehrere Nachbarn der Landwirtsfamilie wurden vernommen. Die Anwohner sagten durchwegs aus, dass es auf dem Anwesen der Familie Rabe seit Jahren häufig turbulent zugegangen sei. Es sei dort viel und lautstark gestritten worden. Alkohol habe bei den Zwistigkeiten eine wichtige Rolle gespielt. Lange kreisten die Fragen des Gerichts, Staatsanwalts und Verteidigern um die Vorgänge am Tag nach dem Verschwinden des Landwirts. Da soll sich die Frau unter Tränen an zwei Nachbarsfamilien gewandt haben und davon erzählt haben, dass der Mann nachts nicht heimgekommen sei. Noch am selben Tag oder doch schon kurz darauf soll die Frau dann zwei Anwohnern erklärt haben, dass sie ihren Mann bereits aufgegeben habe: „Der kommt nimmer“.
Wenig Erhellendes bei der Fortsetzung des Prozesses eine Woche später brachte auch die Vernehmungen von Bekannten der angeklagten Familie. Sie haben erwartungsgemäß keine näheren Angaben zum Verschwinden des ermordeten Landwirts machen können. Die Kammer hörte ehemalige Mieter und ihre Angehörigen sowie einige junge Leute an, die bei der Familie Rabe in der fraglichen Zeit und danach ein- und ausgegangen waren oder sogar kurzzeitig dort gewohnt hatten. Übereinstimmend das Bild, das die Zeugen vom Alltag der Landwirtsfamilie zeichneten: Wie

schon in der Vorwoche gehörte Nachbarn, so hatten auch sie bei den Rabe sehr häufig Streitereien mitbekommen. Unflätige Bemerkungen gehörten demnach zum Umgangston. Geldnot war offenbar neben den Alkoholproblemen ein Hauptmotiv für die Pöbeleien, die sich der Familienvater und seine Angehörigen wechselseitig leisteten.

Bei der Fortsetzung des Prozesses am 19. Januar 2005 sagte der frühere Freund der jüngeren Rabe-Tochter Andrea aus. Der inzwischen 23-Jährige hatte Ende 2003 und Anfang 2004 für einige Monate bei der Familie Rabe gewohnt.

Am Tage der Festnahme der vier Tatverdächtigen wollte er am Rande der ersten Polizeivernehmungen direkt von seiner Freundin erfahren haben, dass es seinerzeit zu einer Vergewaltigung durch den Vater gekommen sei und „dass sie ihn umgebracht hat."

Der aus dem Allgäu stammende junge Mann wohnte nach der Verhaftung der Familienmitglieder im Januar 2004 noch zwei Wochen allein in dem Anwesen. Er berichtete, dass er bei einer Hausdurchsuchung auf eigene Faust zwei Autoschlüssel des ebenfalls verschwundenen Wagens von Rudolf Rabe gefunden habe. Einer war im Küchenschrank, der andere im Nachttisch der älteren Tochter und ihres Quasi-Verlobten versteckt gewesen. Einer der Schlüssel hatte Gebrauchsspuren aufgewiesen, so dass es sich nicht um einen Reserveschlüssel gehandelt haben konnte.

Die Jugendkammer hörte noch den Hausarzt von Rudolf Rabe, bei dem der Vermisste zuletzt im Juli 2001 in der Sprechstunde gewesen war. Der Mediziner sagte aus, dass Rabe zuckerkrank und auf Medikamente angewiesen sei. Der Patient sei darauf hingewiesen worden, dass er angesichts seiner Trinkfreudigkeit eine nur eingeschränkte Lebenserwartung habe, zumal ihm bereits durch den Diabetes bedingt eine Zehe amputiert worden war.

Andererseits seien die Leberwerte des Mannes in Ordnung gewesen, was nicht für einen exzessiven Alkoholmissbrauch gesprochen habe.
Da alle vier Angeklagten während des ganzen Prozessverlaufes beharrlich schwiegen, war das Gericht ganz auf die polizeilichen Vernehmungsprotokolle und die Aussagen der vernehmenden Kripobeamten angewiesen. Diese wurden in den folgenden Verhandlungstagen ausführlich gehört und berichteten im Detail über die immer wieder variierenden Aussagen und Geständnis der Angeklagten.
Die vier Verteidiger kritisierten mehrmals das Vorgehen der Polizei und monierten am Rande der Verhandlung, dass die Vernehmungen der Beschuldigten besser durch stets dieselben Beamten hätten durchgeführt werden sollen, anstatt von ständig wechselnden (Dies ist aber ein durchaus gängige und zulässige Taktik der Polizei). Die vier Anwälte mussten die Abweisung ihres Ablehnungsantrags bezüglich des Vorsitzenden Richters hinnehmen, dem sie Befangenheit vorgeworfen hatten.
Der Prozess hatte sich nun schon bis in den März 2005 hingezogen. Am Mittwoch, dem 16. März 2005, äußerte sich Hermine Rabe erstmals kurz zu den gegen sie erhobenen Vorwürfen.
Die Beamten der Kripo seien für sie „Hampelmänner“ und von der Staatsanwaltschaft wolle sie sich „nicht provozieren lassen“. Das war aber dann auch schon alles, was sie verlauten ließ.
Dann kam eine neue Variante zur Sprache: Eine Mitgefangene wollte im August 2004 im Nürnberger Gefängnis von Hermine Rabe erfahren haben, dass der tote Rudolf Rabe zerhackt und anschließend in einer Müllverbrennungsanlage entsorgt worden sein soll. Die beiden Frauen unterhielten im Gefängnis eine Art Mutter-Tochter-Beziehung und seien sehr vertraut miteinander gewesen, erfuhr das Gericht. Die 29-jährige Mitgefangene musste im

Zeugenstand Platz nehmen, was ihr sichtlich unangenehm war.
Der Vorsitzende Richter und der Staatsanwalt mussten der schwer alkoholkranken Frau jeden Satz aus der Nase ziehen.
Sie bestätigte schließlich, dass Hermine Rabe laut deren Schilderung bei dem Mord dabei gewesen sei, jedoch nicht aktiv. Der Landwirt sei vielmehr vom Verlobten seiner Tochter erschlagen worden, soll die Bauersgattin erzählt haben.
Die Verteidigerriege äußerte allerdings schwere Zweifel an der Glaubwürdigkeit der Zeugin. Der Verteidiger von Hermine Rabe will erfahren haben, dass die Mitgefangene seine Mandantin nur deshalb belastet hat, weil sie dafür Cola und Zigaretten von der Polizei bekommen habe (!?). Er beantragte die Anhörung weiterer Zeuginnen aus dem Gefängnis.
Hermine Rabe stritt gegenüber ihrem Verteidiger ab, je mit der 29-jährigen über dieses Thema gesprochen zu haben.
Von ihren eigenen Aussagen im Januar 2004, die ebenfalls an diesem Tag vor Gericht zur Sprache kamen, wollte die verhärmt wirkende 49-jährige nichts mehr wissen.
Dazu sei sie von der Kriminalpolizei gezwungen worden. „Es stimmt alles nicht, was ich damals gesagt habe“, so Hermine Rabe im Gerichtssaal.
Sie sei unschuldig. Das beteuerte sie auch immer wieder ihrem Anwalt gegenüber, dem sie mehrmals wöchentlich Briefe schrieb. Der Tenor war stets derselbe: „Wir sind keine Mörder!“

Am 17. Verhandlungstag, Freitag, dem 23. März 2005, war im Mordprozess Rabe vor der 1. Jugendkammer des Landgerichts Ingolstadt eine „Fernsehstunde“ angesagt. In der von der Kriminalpolizei per Video aufgezeichneten Tatrekonstruktion schilderten drei der vier Angeklagten, wie der Landwirt Rudolf Rabe im Oktober 2001 in seinem Anwesen ums Leben gekommen war.

Es war das erste Mal, dass die Angeklagten im Gericht mit eigener Stimme zu den Vorwürfen zu hören waren. Sie hatten frühere Geständnisse widerrufen und äußerten sich vor Gericht nur über ihre Anwälte.
Die Verteidigung hatte sich vehement dagegen gewehrt, die Aufzeichnung als Beweismittel zuzulassen. (Verständlich, denn sie hatten bei der Produktion der Aufnahmen ja aktiv mitgewirkt und auf Anweisung der Beschuldigten ihre Mandanten gespielt.)
Falls das Video doch gezeigt werde, dürfe das nur ohne Ton geschehen, forderte der Verteidiger der älteren Rabe-Tochter.
Der Vorsitzende Richter lehnte diesen Antrag ab. Das Gericht müsse alle verfügbaren Quellen heranziehen und prüfen, ob die Angaben der Beschuldigten freiwillig erfolgten. Dazu gehöre auch die Aufzeichnung der Tatrekonstruktion.
Die ältere Tochter des verschwundenen Landwirts quittiere das mit Tränen – jedoch nicht etwa, weil die Schilderung des grausamen Geschehens schlimme Erinnerungen in ihr wach rief.
Es war ihr einfach unangenehm, die eigene Stimme im Film zu hören, wie sie ihrem Anwalt wissen ließ.
Emotional stark mitgenommen – zumindest in dem Video – erschien hingegen ihre jüngere Schwester. Die im Frühjahr 2004 aufgezeichnete Rekonstruktion musste damals wiederholt unterbrochen werden, weil die damals 17-jährige von Weinkrämpfen geschüttelt wurde.
Gelassen und unbeteiligt – wie auch im Gerichtssaal – wirkte der 21-jährige Quasi-Verlobte ihrer Schwester, selbst als es um grausige Details, wie das von ihm geschilderte Auskochen des Kopfes der Leiche ging. Das Filmband zeigte zudem überdeutlich, dass die polizeilichen Ermittler sich völlig korrekt verhielten, von Drohungen keine Spur.

Ein Alkoholtest im Gerichtssaal, die drohende Festnahme eines Zeugen, der zeitweise Ausschluss des Publikums und ein möglich neues Motiv – im Mordprozess Rabe war am 18. Verhandlungstag einiges geboten.
Die Richter hörten in einer fast zwölfstündigen Sitzung mehre Gutachter, die den vier Angeklagten zum einen unterdurchschnittliche Intelligenz und Debilität bescheinigen, andererseits keinen Zweifel an ihrer Schuldfähigkeit ließen.
Und sie bekamen mit den Untersuchungsberichten des Leitenden Landgerichtsarztes ein mögliches neues Motiv serviert. Demnach soll der Landwirt Rudolf Rabe seine beiden Töchter über Jahre hinweg massiv sexuell missbraucht haben, die ältere selbst dann noch, als ihr ‚Verlobter' Mathias Eisenhard bereits auf dem Hof lebte. Seine Erkenntnisse zog der Mediziner aus Gesprächen, die er mit allen vier Familienangehörigen geführt hatte.
„Alles erstunken und erlogen", kommentierte die Mutter Hermine Rabe die Ausführungen des Landgerichtsarztes.
Die Kinder des Landwirts, aber auch Mathias Eisenhard hatten dem Gerichtsarzt im Übrigen im Wesentlichen deckungsgleiche Schilderungen des Tatablaufes gegeben.
Die Familie sei an der Bluttat zerbrochen, hatten die Töchter dem Arzt berichtet. Mathias Eisenhard habe noch exzessiver getrunken und sei im Rausch immer wieder gewalttätig geworden, das jüngere Mädchen habe mitunter Vergessen im Drogenrausch gesucht, und man habe zunehmend nebeneinander her gelebt. Der Mord sei ein Tabuthema gewesen und totgeschwiegen worden, bis nach zwei Jahren plötzlich die Polizei im Hause gestanden habe.
Schwierig gestaltete sich die Vernehmung des Mitarbeiters des Schrotthändlers, in dessen Betrieb im Donaumoos der Anklage zufolge der Mercedes des verschwundenen Landwirts nach dem

Verbrechen entsorgt worden war.
Der 37-jährigen hatte das bei einer polizeilichen Anhörung zunächst bestätigt, er wollte aber von dieser Aussage vor Gericht nichts wissen. „Ich bin unter Entzug gestanden und habe irgendetwas erzählt“, erklärte der alkoholkranke Mann.
Die Angst, seinen Chef zu belasten, war ihm förmlich anzusehen, denn dem Schrotthändler fühlte er sich verpflichtet. „Er ist der einzige Mensch, der mir geholfen hat“, sagte er und berichtete, wie der Mann ihm nach einem Gefängnisaufenthalt aufgenommen und ihm einen Arbeitsplatz angeboten hatte.
Erst als der Vorsitzende Richter und der Oberstaatsanwalt mit der Festnahme wegen Falschaussage drohten, räumte der 37-jährige ein, dass in der fraglichen Nacht tatsächlich ein Mercedes im Schrothandel seines Chefs beseitigt worden war. Die Freundin des Zeugen bestätigte zudem, dass der Arbeitgeber sie beide angehalten hatte, falsch auszusagen. Der Verdacht, dass der 37-jährige betrunken vor Gericht erschienen war, bestätigte sich indes nicht. Ein im Saal durchgeführter Alcomattest ergab 0,0 Promille – und das, obwohl der Mann drei Halbe Bier „gefrühstückt“ hatte, wie seine Lebensgefährtin sagte.
Am Mittwoch, dem 27. April 2005, dem 21. Verhandlungstag, hörte das Gericht zunächst den zuständigen Jugendgerichtshelfer – und erstmals auch Einlassungen von drei der vier Angeklagten. Vielleicht hätte er ja öfters ein paar gebraucht, dann wäre es nicht so weit gekommen – mit dieser Erklärung überraschte Mathias Eisenhard das Gericht, nachdem er bisher zu allen Vorwürfen eisern geschwiegen hatte. „Ich habe immer genau das Gegenteil gemacht und schon viel Scheiß gebaut“, zeigte er sich im Nachhinein reuig. „Seit ich in U-Haft bin, habe ich mich sehr geändert“, erweckte er den Eindruck, als würde er sein bisheriges Leben ganz anders anpacken, wenn er das könnte.

Eine positive Entwicklung hatte auch seine ‚Verlobte' genommen, seit sie hinter Gittern saß. Manuela, wie ihre Schwester aus total verlotterten Verhältnissen im Elternhaus stammend, habe im Gefängnis erstmals die Erfahrung eines geregelten Tagesablauf gemacht, berichtete der Gerichtshelfer. Sie habe gelernt, sich anzupassen, nutze alle Angebote, um sich weiterzubilden, mache Sport, sei gesellig und habe frühere Aggressionen abgebaut. „Sie bemüht sich und macht was aus ihrer Zeit in Haft“, lobte der Gerichtshelfer. „Das Schlimmste für sie wäre jetzt ein unbegleitender Weg in die Freiheit.“

Weniger positiv bewertete der Jugendgerichtshelfer die Aussichten für die jüngere Schwester. Der 18-Jährigen falle es ungewöhnlich schwer, sich in der Haft angepasst zu verhalten, habe Probleme mit der Hygiene und massive Schwierigkeiten mit anderen Mitgefangenen. „Sie wird noch viel Zeit für die Nachreifung brauchen“, so der Gerichtshelfer. „Sie wird es ohne sehr eng geführte Hilfe nicht schaffen.“ Die junge Angeklagte wies darauf hin, dass sie viel lese („sechs Bücher in der Woche“) und durchaus bereit sei, an sich zu arbeiten: „Wenn ich gewusst hätte, dass ich so lange in U-Haft bin, hätte ich meinen Hauptschulabschluss gemacht“, sagte sie vor Gericht.

Der Vorsitzende Richter wies am Ende dieses Verhandlungstages alle Prozessbeteiligen darauf hin, dass im Falle eines Schuldspruches nicht nur eine Verurteilung wegen Mordes, sondern auch wegen Totschlags, bei den drei Frauen auch wegen Mordes oder Totschlags durch Unterlassen, in Frage kommen könnte. Sie hätten auf Grund ihrer Garantenstellung Mathias Eisenhard daran hindern müssen, den Landwirt zu töten – sei es, indem sie den Maurer den Mordplan ausgeredet oder die Polizei informiert hätten.

Der Staatsanwalt

In seinem knapp dreistündigen Schlussvortrag am 22. Verhandlungstag ließ der Anklagevertreter keinen Zweifel daran, dass er die Schuld der vier Angeklagten durch den Verhandlungsverlauf bestätigt sah. Auch wenn es letztendlich ein Mord ohne Leiche und Sachbeweise sei, stand für ihn fest, dass der damals 52-jährige Landwirt im Herbst 2001 Opfer eines Mordplanes geworden war, „den Herr Eisenhard erarbeitet hat“, sagte der Oberstaatsanwalt. Einen Unfall oder Selbstmord hielt der Vertreter der Anklagebehörde für ebenso unwahrscheinlich, wie einen Überfall, von dem Rabe Familienangehörige gleich nach dessen Verschwinden gesprochen hatten. Der Landwirt sei vielmehr in jener Nacht doch heimgekehrt, was auch die Aussage der Mieterin im Hause Rabe bestätigt hatte. Sie habe von einem „extremen Streit“ gesprochen, dann „ein Klatschen gehört“, das von den Schlägen mit einer Holzlatte ins Genick des 52-jährigen herrührte und anschließend ein Tuscheln beim „Verräumen“ des Toten. Die Frau sei daher eine der wichtigsten Zeuginnen, argumentierte der Ankläger.

Mathias Eisenhard war für den Oberstaatsanwalt „die zentrale Figur“. Er habe den Mordplan ursprünglich allein durchziehen wollen, doch dann hätten die anderen sich „eingeklinkt“. Hermine Rabe habe, als sie von dem grausigen Vorhaben erfuhr, „den Daumen gesenkt und damit das Schicksal ihres Mannes besiegelt.“ Auch die Töchter hätten aktiv mitgemacht und Mathias Eisenhard angefeuert, die ältere habe sogar -ebenso wie die Mutter -selbst zugeschlagen. „Dadurch wurde es eine gemeinsame Tat“, so der Oberstaatsanwalt.

Die Beseitigung des Toten durch Zerstückeln hat nach Überzeugung des Anklägers so stattgefunden, wie Mathias Eisenhard es

in seinem widerrufenen Geständnis dargestellt hatte. Man hat damals schon gespürt, dass was ganz Grausames passiert ist".
Die Version vom Versenken im Weiher sei nur ins Spiel gebracht worden, um die schrecklichen Details des tatsächlichen Geschehens nicht aussprechen zu müssen. (Anmerkung: Da lag aber der Anklagevertreter schon sehr weit daneben, wie sich Jahre später herausgestellt hatte.)
Der Oberstaatsanwalt zeigte sich weiter überzeugt davon, dass der Mercedes des Bauern, wie in der Anklageschrift festgehalten, bei einem Schrotthändler in Donaumoos entsorgt wurde. (Anmerkung: Auch diese These war letztendlich falsch.)
Die Schuld der Angeklagten zeige sich unter anderem in deren Verhalten nach dem Verschwinden des Bauern, erklärte der Ankläger. Seine Frau habe ihn schon nach vier Wochen für tot erklären wollen und Verwandte gefragt, ob sie Erbansprüche hätten. In der Nachbarschaft hatte sie erzählt, die Polizei würde ihren Mann nie finden, weil sie an der falschen Stelle suche. „Die haben genau gewusst, dass er tot ist", so der Ankläger.
Die Motive lagen für den Oberstaatsanwalt ebenfalls auf der Hand: Im Falle des 21-jährigen Mathias Eisenhard sei es die Angst gewesen, von seinem Schwiegervater in spe, mit dem es öfters Streit gegeben hatte, vom Hof gejagt zu werden.
Die Ehefrau Rabe habe sich vom Tod ihres Mannes finanzielle Vorteile erhofft. Somit sei bei beiden von niedrigen Beweggründen und demnach von Mord auszugehen.
Die Mädchen könnten mitgemacht haben, weil sie möglicherweise über Jahre hinweg vom Vater sexuell missbraucht worden waren. Den Angeklagten Mathias Eisenhard wollte der Staatsanwalt nach Erwachsenenstrafrecht verurteilt sehen, obwohl er zur fraglichen Zeit gerade erst 18 Jahre alt war und somit als Heranwachsender eingestuft werden könnte. Der Maurer habe jedoch

bei der Planung und Durchführung „gehandelt wie ein Erwachsener“.
„Dieser Prozess hat komische und kuriose und mitunter auch familiäre Züge gehabt, es hat gelegentlich sehr gemenschelt“, merkte der Oberstaatsanwalt an.
Darüber dürfe aber nicht vergessen werden, dass es sich um ein „ganz übles, abscheuliches Verbrechen handelt.“ Mysteriös, wie es einmal irgendwo geschrieben stand, sei es aber nicht, „denn es ist aufgeklärt“, so der Anklagevertreter.
Lebenslange Freiheitsstrafen für Hermine Rabe und Mathias Eisenhard wegen gemeinschaftlichen Mordes forderte der Anklagevertreter schließlich.
Nach Überzeugung des Oberstaatsanwaltes waren die beiden zur Tatzeit 16 und 17 Jahre alten Töchter des Mordopfers ebenfalls an dem Gewaltverbrechen beteiligt. Sie sollten nach Auffassung des Anklagevertreters dafür nach dem Jugendstrafrecht wegen Totschlags mit drei beziehungsweise sechs Jahren Freiheitsentzug büßen.
Als der Oberstaatsanwalt sein Plädoyer beendet hatte, konnte Hermine Rabe ihre Wut nicht mehr im Zaum halten. Sie griff nach einer Kaffeetasse und schleuderte sie in Richtung des Mitangeklagten Mathias Eisenhard, dem Quasi-Verlobten ihrer älteren Tochter. „Der Kruzifix, der, wegen dem hock’ ich jetzt wegen was, das ich gar nicht gemacht hab’“, schrie sie aufgebracht.
Das Wurfgeschoss verfehlte das anvisierte Ziel knapp und ging zu Bruch.

Die Verteidiger

Eine Woche später, am 23. Verhandlungstag kamen die Anwälte der Angeklagten zu Wort.

Sie zeigten sich von der Unschuld ihrer Mandanten überzeugt und plädierten vier Mal auf Freispruch.
Die Anträge der Verteidiger kamen für Prozessbeobachter nicht überraschend.
Keine Leiche, keine Spuren und widerrufene Geständnisse – das mysteriöse Verschwinden des Landwirts Rudolf Rabe sei keinesfalls geklärt, so der Tenor der Plädoyers.
Hieb- und stichfeste Beweise, dass die Ehefrau des Opfers, ihre beiden Töchter und der Verlobte des älteren Mädchens den 52-jährigen im Oktober 2001 nach einem Wirtshausbesuch umgebracht und seine Leiche an die Hunde verfüttert haben, wie es in der Anklage hieß, gebe es nicht.
Die Schlussvorträge der Verteidigerriege waren garniert mit Kritik an der Arbeit der Ermittlungsbehörde.
Der Anklagevertreter habe es sich zu einfach gemacht und in dem Verfahren nur die Rosinen herausgepickt.
Die Glaubwürdigkeit der Angeklagten habe er einmal angezweifelt und dann wieder nicht in Frage gestellt, je nachdem, wie es ihm in den Kram passte, um seine Anklage zu untermauern.
„Man hätte auch von Ihnen erwarten können, dass Sie den Grundsatz ‚In dubio pro reo' anwenden, sagte einer der Verteidiger im Hinblick darauf, dass es nicht einen einzigen Sachbeweis gebe.
„Eine Spur nach der anderen hat sich in Nichts aufgelöst".
Die Suche nach der angeblich im Weiher versenkten Leiche, nach Knochen auf dem Acker oder nach Blutspritzern in Werkzeugen – „alles war negativ und nichts Herrn Rudolf Rabe zuzuordnen", so der Rechtsanwalt weiter.
Der Verteidiger von Mathias Eisenhard zeigte sich zudem überzeugt davon, dass das Auto des Bauern nicht beim Schrotthändler im Donaumoos entsorgt worden war, weil der besagte Schrotthändler zur tatkritischen Zeit sich in Brandenburg aufgehalten ha-

be. „Damit bricht die Argumentationskette der Staatsanwaltschaft weitgehend zusammen“.

Der Anwalt der älteren Rabe-Tochter zeigte dem Gericht die aus Sicht der Verteidigung zahlreichen Ungereimtheiten in den Aussagen der Angeklagten auf. Der angebliche Tatablauf sei dabei immer wieder aufs Neue in „völlig unterschiedlichen Versionen“ geschildert worden. „Solche Widersprüche können nur auftauchen, wenn ein Geschehen geschildert wird, das nicht real passiert ist.

Es ist noch nicht einmal bewiesen, dass Herr Rabe nach Hause kam“, erklärte der Rechtsanwalt. Alle Angaben seien „der Fantasie der Angeklagten entsprungen“.

Den Vernehmungsbeamten der Kriminalpolizei warf der Verteidiger vor, die Angeklagten manipuliert zu haben, indem sie ihnen „die Aussagen der anderen vorgehalten haben, um ein schlüssiges Bild zu erhalten“. Diese Vermengung habe mitunter in Vorgesprächen von Vernehmungen stattgefunden.

Konsequent und gradlinig – so sah der Vertreter von Hermine Rabe das Aussageverhalten seiner Mandantin, von einer Ausnahme gleich nach ihrer Festnahme einmal abgesehen.

Während drei Anwälte bei ihren Schlussvorträgen strategisch zusammenarbeiteten, beteiligte sich der Vertreter der jüngeren Rabe-Tochter an dieser Kooperation nicht und blieb auf sich gestellt. Er sehe in dem ganzen Fall nur ein Opfer, und das sei seine 18-jährige Mandantin, sagte er. Aufgewachsen in den schlimmsten Verhältnissen habe sie keine Möglichkeit zum Ausbrechen gehabt. Es gebe keinen Beweis dafür, dass sie an dem Verbrechen beteiligt gewesen sei. Der Anwalt zeigte sich überzeugt davon, dass das Mädchen nichts gewusst habe.

Das Urteil

Der Besucherandrang war wieder einmal enorm. Schon kurz nach 10 Uhr standen die Leute am Freitag, dem 13. Mai 2005, dem 25. Verhandlungstag, im Landgericht Ingolstadt an, um das für 13.30 Uhr erwartete Urteil im Mordprozess Rabe ja nicht zu versäumen. Der Vorsitzende Richter hatte nach Eröffnung der Sitzung Mühe, die zahlreich erschienenen Kameraleute aus dem Saal zu weisen. Mit ruhiger Stimme verlas er die Urteile, während im Publikum gespannte Stille herrschte.

Würde es Freisprüche geben, wie noch wenige Tage zuvor von den Verteidigern angesichts fehlender Sachbeweise und widersprüchlicher Aussagen gefordert?

Oder war der Oberstaatsanwalt mit seinen Argumenten bei den Richtern durchgedrungen, wonach es sich um kaltblütigen Mord handelte und zumindest bei der Ehefrau Rabe und Mathias Eisenhard lebenslänglich zu verhängen sei?

Was die neugierigen Zuhörer im Gerichtssaal zu hören bekamen, waren vier Schuldsprüche, allerdings nicht wegen Mordes, sondern wegen gemeinschaftlich begangenen Totschlags durch Hermine Rabe und Mathias Eisenhard.

Nach Überzeugung des Gerichts haben sie den Landwirt Rudolf Rabe im Oktober 2001 erschlagen, die Leiche zerstückelt und vermutlich den Hunden am Hof zum Fraße vorgeworfen. Sie sollen mit jeweils achteinhalb Jahren Freiheitsentzug dafür büßen.

Die beiden Töchter des Bauern wurden wegen Beihilfe zum Totschlag durch Unterlassen zu zweieinhalb beziehungsweise dreieinhalb Jahren Jugendstrafe verurteilt. Bei den drei jungen Leuten wandte das Gericht wegen erheblicher Reifedefizite jeweils das Jugendstrafrecht an.

Niedrige Beweggründe als Voraussetzung für eine Verurteilung wegen Mordes sah das Gericht nicht, so dass es bei Totschlag bleibe.

In seiner Begründung skizzierte der Vorsitzende Richter noch einmal das Bild einer verlotterten, am Rande der Gesellschaft lebenden Familie, die Ehefrau den Mann beschimpfend, die Töchter faul und verschwendungssüchtig, der im Grunde gutmütige und großzügige Vater schließlich resignierend dem Alkohol verfallend und die Ehefrau demütigend. Und das Gericht sah auch einen ganz dunklen Punkt im Leben des späteren Opfers: „Die Kammer nimmt an, dass Rudolf Rabe seine Töchter über Jahre hinweg missbrauchte“, sagte der Richter. „Sie nahmen seine üblen Handlungen hin und sahen dies als Gegenleistung für seine zahlreichen Geschenke an.“ In diese zweifelhafte „Idylle“ sei Mathias Eisenhard geplatzt, als er im Juli 2001 am Hof einzog und sich der älteren Tochter zuneigte. Deren Vater habe den jungen Mann schon bald wieder loshaben wollen. Aus Angst, wieder ausziehen zu müssen, habe der Mathias Eisenhard den Plan gepasst, den Landwirt umzubringen. Die drei Frauen haben mitgemacht, „allen war klar, was passieren würde“, sagte der Richter. Bewiesen sei die schreckliche Tat durch die vielen Aussagen nicht nur der Angeklagten, sondern auch der Zeugen.

Alles zusammengefasst, ergebe sich „ein deutliches und im wesentlichen übereinstimmendes Bild, so dass an der Wahrheit nicht zu zweifeln ist“, so der Vorsitzende Richter. Dass die grausige Schilderung von den Angeklagten ausgedacht worden seien, „kann wohl niemand ernsthaft glauben“.

Die Beseitigung der Leiche spiele nach den Worten des Richters strafrechtlich keine Rolle.

Auf der Anklagebank blieb es nach der Urteilsverkündung ungewöhnlich ruhig. Die erwarteten Gefühlsregungen blieben bis auf eine Ausnahme aus.

„Und Hermine, was sagst jetzt“, rief jemand im Publikum. Die Antwort war kurz und unmissverständlich:
„Leck mich am Arsch!“
Dann war die Familie auch schon durch die Tür zu den Zellenräumen verschwunden. Ihrem Anwalt hatte Hermine Rabe zuvor noch einen Zettel zugeschoben: „Und ich weiß, dass er noch lebt“, hatte sie darauf geschrieben.

Der Tote ‚taucht' auf

Sieben Jahre waren ins Land gegangen, seit der Landwirt Rudolf Rabe spurlos verschwunden war, und seine Ehefrau, die zwei Töchter und der Verlobte der Älteren wegen Todschlags verurteilt worden waren.
Da tauchte die Leiche des Opfers, die angeblich zerstückelt und den Hunden zum Fraße vorgeworfen worden war, im Ganzen, jedoch zum Großteil skelettiert, wieder auf.
Bei einer routinemäßigen Untersuchung im September 2008 vor und nach der Donau-Staustufe Bergheim nahm ein Messboot der Kraftwerksbetreiber E.ON per Echolot auf, dass sich im Donauschlick vor der Staumauer zwei Autos verbargen.
Nach Auswertung der im September 2008 vorgenommenen Untersuchung wurde am Dienstag, dem 10. März 2009, um 15 Uhr mit der Bergung der Autos begonnen. Beim ersten Tauchgang erkannte der Taucher das Kennzeichen des Autos des seit 7 ½ Jahren verschwundenen Rudolf Rabe.
Die Bergung des in mehr als drei Meter tiefen Wasser des Stausees bis zu den Radnaben im Schlick steckenden und im Wageninnern bis über die Sitze mit Schlamm gefüllten Autos war so einfach nicht.
Aus den in den Medien veröffentlichten Berichten und Fotos

kann die Bergung wie folgt rekonstruiert werden.
Polizeibeamte der technischen Einsatzggruppe aus Dachau waren mit der Bergung des Autos beauftragt. Zunächst stieg ein Polizeitaucher in das Wasser und tastete sich langsam zum Auto vor. Die Sicht in der Donau war „gleich null“. Bereits unter Wasser bemerkte der Taucher, dass das Fenster der Fahrertür heruntergelassen war.
Im Innenraum des Wagens konnte der Beamte die Kopfstütze und die Rückenlehne ertasten –aber keinen menschlichen Körper.
Der Taucher führte nun einen Luftsack in den vorderen Innenteil des Autos ein. Der Sack wurde mit Pressluft prahl aufgefüllt, so dass der gesamte Raum oberhalb der Vordersitze ausgefüllt war. Der Druck war sogar so stark, dass das Schiebefenster am Dach hochgedrückt wurde.
Die in den Medien verbreiteten Bilder von der Bergung des Autos zeigen eindeutig, dass zwischen der Windschutzscheibe, den Rückenlehnen und der Vordersitze durch den aufgeblasenen Luftsack kein Zentimeter Freiraum war.
Das Lenkrad war voll in dem Luftsack eingedrückt.
Der Taucher befestigte nun an der Hinterachse des Autos ein Seil und der bereitstehende Kran zog das im Schlick steckende Auto leicht nach oben bis zur Staumauer vor.
Als das Fahrzeug schließlich schon zu Dreiviertel aus dem Wasser war, wurden an den beiden Hinterrädern Taue befestigt und zu einer Kette zusammengeführt. Mit dem Kran wurde das Auto nun senkrecht nach oben gezogen.
In der schon fast senkrechten Position des Autos muss entweder die Luft aus dem prahlgefüllten Luftsack herausgelassen worden sei, oder der Luftsack ist geplatzt.
Jedenfalls zeigen die Bildaufnahmen einen Luftsack, der schlapp aus dem vorderen linken Seitenfenster hängt.

Die Bilder zeigen auch, dass in dieser Situation die Frontscheibe des Autos nach außen gedrückt und mit der Scheibe auch eine Menge Schlick ausgetreten ist.
Mit dem Schlamm wurde auch der Torso der im Innerraum des Autos befindlichen Leiche herausgedrückt und ins Wasser gespült. Die im Wasser befindlichen Taucher und die in einem Schlauchboot bereiten Helfer mussten den teilweise skelettierten Körper aus dem Wasser bergen.
Als das Auto schließlich aus dem Wasser war und abgestellt wurde, zeigte sich, wie die veröffentlichen Bilder eindeutig zeigen, dass der Innenraum des Autos über die Sitze und dem Lenkrad fast bis zum Dach voll mit Schlamm gefüllt war.
Aus diesen Aufnahmen ist eindeutig zu schließen, dass sich auf den Vordersitzen die Leiche des Rabe **nicht** befunden haben konnte.
Die Obduktion und ein DNA-Vergleich bewiesen, dass es sich bei der teilweise skelettierten Leiche aus dem geborgenen Auto um die des Rudolf Rabe handelte.
Der Fund in der Donau bestätigte zweierlei: Die Leiche des Rabe war nicht zerstückelt und das Fleisch den Hunden verfüttert worden. Die ‚Rabe-Sippe' hatte ein gigantisches Lügenwerk präsentiert.
Und der zweite, wesentlich wichtigere Beweis war, dass die ersten, später widerrufenen Geständnisse der damaligen Beschuldigten der Wahrheit am nächsten kamen. Sie hatten unmittelbar nach ihren Festnahmen im Januar 2004 angegeben, den vorher erschlagenen toten Landwirt mit Hilfe der Ehefrau in den Mercedes gesetzt und in einem Gewässer versenkt zu haben.
Die Beamten der Kripo Ingolstadt und Polizeitaucher hatten wochenlang alle in Frage kommenden Baggerseen und Donauabschnitte überprüft. Über 20 Tauchtage hatten die Ermittler im

Frühjahr 2004 in und an den Gewässern zwischen Neuburg, Bergheim und Irgertsheim absolviert. Im April 2004 hatten Polizeitaucher direkt an der Schleusentreppe Bergheim gesucht, aber weder Auto noch Leiche gefunden.

Als das Auto mit der Leiche des Rudolf Rabe schließlich am 10. März 2009 eher zufällig im Stausee bei Bergheim gefunden und geborgen wurde, es lag immerhin zu diesem Zeitpunkt bereits 7 ½ Jahre in den erheblich verschmutzten Wasser, berichtete der damalige Einsatzleiter der Tauchergruppe der Bereitschaftspolizei, dass seine Taucher am 7. April 2004 genau an der Stelle gesucht haben, an der das Auto schließlich entdeckt worden ist.

Auf Anweisung der Kraftwerksbetreiber E.ON war man allerdings wegen der Turbinenströmung nicht weit genug in den Fluss hineingegangen. „Vielleicht haben wir ihn um einen Meter verpasst“, vermutete der Einsatzleiter.

Alle Schauergeschichten über die Beseitigung des Opfers waren mit der überraschenden Entdeckung Fiktion. Der 52-jährige Rudolf Rabe war weder zerstückelt und seinen fünf Hunden vorgeworfen noch an Schweine verfüttert worden. Ebenso wenig hatte ihn ein mitbeschuldigter Schrotthändler aus dem Donaumoos mitsamt dem Mercedes in Osteuropa oder in seiner Schrottpresse entsorgt.

Übrig blieb letztendlich die maßlose und perfide Irreleitung der Ermittler durch die tatverdächtige und später auch rechtskräftig verurteilte ‚Sippe‘ Rabe. Aber dafür konnte niemand bestraft werden.

Das Gerangel um die Wideraufnahme des Verfahrens

Der „Mord ohne Leiche“ stand mit dem Fund des Autos und dessen toten Eigentümers vor dem Abschluss.

Dass die Beseitigung der Leiche anders erfolgt ist, als im Urteil des Landgerichts Ingolstadt ausgeführt war, spielte zunächst aber keine Rolle.
Denn die Beseitigung des Mordopfers stand nach Ausführungen des erkennenden Gerichtes ja gar nicht bei der Bewertung der Strafe zur Diskussion.

Bereits zwei Tage nach der Auffindung der Überreste von der Leiche von Rudolf Rabe in seinem Auto im Stausee tauchten bereits Spekulationen auf, dass eine Wiederaufnahme des Verfahrens angebracht sei.
Die Wiederaufnahme eines durch rechtskräftigen Urteils abgeschlossenen Verfahrens regeln die §§ 359 ff. der Strafprozessordnung (StPO). Zunächst könnten die Bestimmungen des § 359 Ziff. 5 der StPO zutreffen, worin bestimmt ist, dass eine Wiederaufnahme zulässig ist, „wenn neue Tatsachen oder Beweismittel beigebracht sind, die allein oder in Verbindung mit den früher erhobenen Beweisen die Freisprechung der Angeklagten oder in Anwendung eines milderen Strafgesetzes eine geringere Bestrafung oder eine wesentlich andere Entscheidung über eine Maßregel der Besserung und Sicherung zu begründen geeignet ist“.
§ 366 Abs. 2 der StPO schreibt vor, dass ein Antrag notwendig ist, der von einem Verteidiger oder Rechtsanwalt schriftlich oder zu Protokoll der Geschäftsstelle eingebracht werden muss.
Die Zuständigkeit für die Wiederaufnahme regelt § 367 Abs. 1 Ziff. 1 der StPO in Verbindung mit § 140a des Gerichtsverfassungsgesetztes (GVG). Darin ist festgelegt, dass ‚ein anders Gericht mit gleicher sachliches Zuständigkeit als das Gericht, gegen dessen Entscheidung sich der Wiederaufnahmeantrag richtet’, zuständig ist.
Als die Leiche des Landwirts in seinem Auto am 11. März 2009

aus dem Wasser des Stausees geborgen wurde, befanden sich die Rabe-Töchter bereits auf freien Fuß. Sie hatten ihre Strafe verbüßt und waren in einem Heim untergebracht.
Hermine Rabe saß noch in der Justizvollzugsanstalt Aichach ein.
Mathias („Matze“) Eisenhard, der gewesene Verlobte von Manuela Rabe verbüßte seine Reststrafe in der Justizvollzugsanstalt Kaisheim.

Von den am 13. Mai 2005 vom Landgericht Ingolstadt rechtskräftig Verurteilten war hinsichtlich einer Wiederaufnahme des Verfahrens zunächst nichts unternommen worden. Woher auch sollten die geistig minderbemittelten Leute von einer solchen juristischen Möglichkeit Kenntnis haben.
Einen Antrag auf Wiederaufnahme des rechtskräftig abgeschlossenen Verfahrens kann auch die Staatsanwaltschaft stellen.
Die Staatsanwaltschaft beim Landgericht Ingolstadt sah jedoch dazu keinen Anlass. Der Leitende Oberstaasanwalt Dr. Helmut Walter von der Staatsanwaltschaft Ingolstadt erklärte dem Journalisten der AUGSBURGER ALLGEMEINEN bereits am 11. März 2009, dass „mit einem juristischen Nachspiel im Mordfall Rabe nicht zu rechnen sei“. Der Leichenfund in der Donau „habe nicht zur Folge, dass der Prozess neu aufgerollt werden müsse“. Denn Tatbestand sei, so der Leitende Oberstaatsanwalt, dass Rudolf Rabe erschlagen worden ist und dafür seien die Verantwortlichen rechtskräftig verurteilt worden. „Die Umstände der Beseitigung habe damit nichts zu tun und sind nicht strafbar. Sie fallen allenfalls bei der Bemessung der Schuld ins Gewicht“.
„Die neuen Ermittlungen müssten neue Tatsachen schaffen, die Einfluss auf die Verurteilung der Täter haben“, so Oberstaatsanwalt Wolfram Herle von der Staatsanwaltschaft beim Landgericht Ingolstadt. laut tZ-online vom 12.03.2009. „Ein anderer Tatablauf

als bisher vermutet, reiche allein nicht aus, um den Fall neu aufzurollen".
Und: „Wir haben ein rechtskräftig gewordenes Urteil, da sagt das Gesetz grundsätzlich: Das hat Bestand", so der Oberstaatsanwalt Herle in der Augsburger Allgemeinen vom 15.03.2009.
Da kam die Stunde eines in Ingolstadt-Friedrichshofen residierenden Advokaten.
Der im ersten Prozess vor dem Landgericht Ingolstadt in keiner Weise involvierte Anwalt, als Strafverteidiger bis dato öffentlich eher wenig bekannt und ohne Mandat, entwickelte erstaunliche Aktivitäten, die er auch medienwirksam an den Mann/die Frau brachte.
Er wetterte in den Medien gegen die Weigerung von Staatsanwaltschaft und Landgericht Ingolstadt, eine Wiederaufnahme des rechtskräftig abgeschlossenen Verfahrens überhaupt näher zu prüfen.
Der Advokat konnte zu diesem Zeitpunkt noch nicht als Pflichtverteidiger tätig werden, denn als Pflichtverteidiger bezeichnet man im deutschen Strafrecht einen durch das Gericht dem **Beschuldigten** beigeordneten Verteidiger. Beschuldigte gab es zu diesem Zeitpunkt noch gar nicht und ein Gericht hatte sich mit dem Fall auch noch nicht befasst.
Es ist also davon auszugehen, dass der Advokat sich selbst eingebracht und bei der im Strafhaft in der Justizvollzugsanstalt Aichach einsitzenden, geistig minderbemittelten Hermine Rabe (53) um ein Mandat bemüht hat.
Dies geht schon daraus hervor, dass der Advokat laut ‚Augsburger Allgemeine' vom 15.03.2009 (also bereits wenige Tage nach der Bergung des Autos mit der Leiche des Rudolf Rabe) den Medien gegenüber bekannt gab, dass er für seine **Mandantin** eine vorzeitige Haftentlassung beantragen wolle.

Zu diesem Zeitpunkt konnte es noch gar keine gerichtliche Beauftragung als Pflichtverteidiger geben.

Als die von der Strafvollstreckungskammer Aichach des Landgerichts Augsburg am 12.11.2009 auf Bewährung aus der Justizvollzugsanstalt Aichach Hermine Rabe entlassen wurde, holte der Advokat die Frau selbst dort ab und brachte sie in ein betreutes Wohnheim.

Den Medien gegenüber äußerte der Advokat, dass „er bereits im Frühjahr (2009) einen Antrag auf vorzeitige Haftentlassung **seiner Mandantin** gestellt" habe. (Zum besseren Verständnis: Am 09.03. 2009 erfolgte die Bergung des Autos mit der Leiche des Rabe und am 15.03.2009 –also nur sechs Tage danach- sprach er in den Medien –SÜDDEUTSCHE ZEITUNG/AUGSBURGER ALLGEMEINE- bereits über eine Wiederaufnahme des Verfahrens).

„Nachdem sie mehr als zwei Drittel der verhängten Freiheitsstrafe verbüßt hat, trat die normale Reststrafenbewährung in Kraft", erklärte Theo Ziegler, der Vorsitzende Richter am Landgericht Landshut (SPIEGEL ONLINE 26.11.2009). Das sei bei Ersttätern wie Hermine Rabe in der Regel und **habe weder mit den von ihrem Verteidiger gestellten Haftprüfungsanträgen** noch mit ihren Gesundheitszustand zu tun. Ein so genanntes Prognose-Gutachten sei eingeholt worden und beweise: „Von Frau Rabe gehe keine Gefahr mehr aus", wie der Leitende Oberstaatsanwalt von Ingolstadt sagte.

Auf ähnliche Art muss wohl auch eine im späteren Verfahren vor dem Landgericht Landshut agierende Advokatin aus Pfaffenhofen/Ilm zu ihrem Mandant gekommen sein. Wie aus dem von „Selbstbeweihrauchung" strotzenden Artikel des DONAUKURIER vom 12.11.2010 zu entnehmen ist, hat sie **„einige Wochen nach dem unglaublichen Fund den Fall (?) übernommen".**

Auch für sie gilt, was zum Ingolstädter Advokaten ausgeführt wurde: Als Pflichtverteidigerin konnte sie zu diesem Zeitpunkt nicht bestellt sein. Sie muss sich also das Mandat selbst beschafft haben.

Die ältere Tochter des toten Landwirts, Manuela Rabe, die die Pfaffenhofener Advokatin schließlich verteidigte, war zu diesem Zeitpunkt bereits aus der Strafhaft entlassen und in einem betreuten Heim untergebracht. **„Über eine Empfehlung“** sei sie an den Fall gekommen, sagte die Anwältin dem Reporter.

Es muss angenommen werden, dass die Advokatin („Ich bin bekannt als jemand, der sich mit der Justiz anlegt“.) Manuela Rabe aufgesucht und sich ein Mandat von der jungen Frau geben hat lassen.

Offensichtlich aber hat die Advokatin sich zunächst bei dem in der Justizvollzugsanstalt Kaisheim immer noch einsitzenden Mathias Eisenhard um ein Mandat bemüht. Aus einem Bericht des DONAUKURIER vom 12.05.2009 ist zu entnehmen, dass Mathias Eisenhard im Kaisheimer Gefängnis **von einer Rechtsanwältin aufgesucht und befragt** worden ist. Der Mann habe aber offenbar kein Interesse gezeigt. „Er wollte von der ganzen Sache nichts mehr wissen“.

Knapp sechs Wochen nach der Bergung des Autos mit der darin befindlichen Leiche des Landwirts wurde das Ergebnis der Obduktion der Leiche öffentlich bekannt.

Laut den Angaben des Nachrichtenmagazins FOCUS ging daraus hervor, dass keine Spuren auf äußere Gewalt gefunden worden waren.

Der Schädelknochen des Mannes sei „völlig unverletzt“ gewesen ebenso die Halswirbelsäule.

Am Rumpf „fanden sich weder Haut- noch Knochenverletzungen“, weshalb „eine Stich- oder Schussverletzung aus Todesursa-

che ausscheidet“, zitierte das Magazin aus dem Gutachten des Rechtsmedizinischen Instituts München.
Woran Rudolf Rabe letztlich gestorben ist, blieb demnach ungeklärt. „Eine anatomisch nachweisbare Todesursache konnte nicht mehr gefunden werden“, betonten die Rechtsmediziner.
Diese Ausführungen veranlassten den Ingolstädter Advokaten wieder an die Presse zu gehen.
Er forderte in einem Gespräch mit der NEUBURGER RUNDSCHAU (19.04.2009), dass die Staatsanwaltschaft nun endlich die Karten auf den Tisch legen solle. „Es ist Zeit für eine umfangreiche Aufklärung“, sagte der Advokat.
Das Urteil habe ausschließlich auf dem Geständnis des Lebensgefährten der Freundin basiert. (Anm. des Autors: nein) Mit dem Obduktionsergebnis sei das Geständnis vollkommen widerlegt. Es sei mit der Faktenlage nicht in Übereinstimmung zu bringen und somit „nichts mehr wert“. Für eine Wideraufnahme sei die Wahrscheinlichkeit nun „sehr groß“.
Wolfram Werle, stellvertretender Leiter der Staatsanwaltschaft Ingolstadt ließ sich durch den Beitrag im Nachrichtenmagazin FOCUS und auch der veröffentlichten Äußerungen des Ingolstädter Advokaten nicht aus der Reserve locken.
„Es ist nur ein vorläufiges Ergebnis der reinen Leichenöffnung“, sagte Werle dem DONAUKURIER (20.04.2009).
Die chemisch-toxologischen Befunde stünden noch aus. Erst nach einer Gesamtschau werde die Staatsanwaltschaft Stellung beziehen.
Außerdem, so Herle, „komme es nicht darauf an, wie jemand umgebracht wurde“. Für ein Wiederaufnahmeverfahren müsste ein Freispruch in Frage kommen oder eine deutlich mildere Strafe. Dafür gebe es derzeit keinen Ansatzpunkt.
Auch habe der Anwalt noch gar keinen Antrag gestellt. Über den

müsse dann das Landgericht Landshut entscheiden. Staatsanwalt und Gericht Ingolstadt blieben dann außen vor.
Zwei Monate vergingen, die eingeäscherte Leiche des Rudolf Rabe war längst beigesetzt.
Das endgültige Obduktionsgutachten der Gerichtsmedizin ließ immer noch auf sich warten.
Mit jedem Tag aber mehrten sich die Gerüchte, wie der Landwirt nun wirklich gestorben ist.
Die neueste Variante: Die Leiche des Landwirts soll kniend am Fahrersitz seines Autos gefunden worden sei. Das sollte das Ergebnis einer kriminaltechnischen Rekonstruktion und der Bericht der Leichenbergung erbracht haben. Zudem sei es möglich, dass Rabe noch gelebt hat, als er versenkt wurde.
Doch der Inhalt dieses Zeitungsberichtes überraschte nicht nur den Polizeisprecher und sämtliche in den Fall involvierten Anwälte. Auch bei der Staatsanwaltschaft Ingolstadt hatte man bis dato nichts von kriminaltechnischen Rekonstruktionen oder einen Bergungsbericht gehört.
„Alles, was da kursiert, ist reine Kaffeesatzleserei“, wurde Oberstaatsanwalt Herrle von der Staatsanwaltschaft Ingolstadt in der AUGSBURGER ALLGEMEINEN von 13.05.2009 zitiert.
Er kenne keinen Bericht zur Körperstellung Rudolf Rabe. Das könne die endgültige Frage, wie der Bauer damals gestorben ist, eh nicht beantworten. „Uns bleibt nur übrig, auf das Ergebnis aus München zu warten“, sagte Herrle und meinte damit das toxikologische Gutachten. Erst dann könne man über eine Wiederaufnahme des Falles entscheiden. Nach wie vor gelte dies aber nur bei einer Chance auf Freispruch der Verurteilten.

Wie nicht anders zu erwarten meldete sich der Ingolstädter Advokat wieder öffentlich zu Wort. Überhaupt auf neue Erkenntnisse

zu warten, darin sah er wenig Sinn. „Ich glaube nicht, dass uns das weiterbringt“.
Knapp drei Monate nachdem die Leiche des Rabe in seinem Auto bei der Staustufe Bergheim aus der Donau gezogen worden war, gab es dann den abschließenden Obduktionsbericht.
Doch auch darin blieb die Todesursache des Landwirts ungewiss. Denn wie Rudolf Rabe tatsächlich gestorben ist, war auf medizinischem Wege nicht mehr zu klären gewesen.
Rabes Schädelknochen sowie Rumpf und Wirbelsäule waren nach dem Gutachten des Rechtsmedizinischen Instituts München „völlig unverletzt“. Eine „anatomisch nachweisbare Todesursache“ konnte nicht festgestellt werden.
An Rabes Leiche, bzw. an dem was davon noch übrig war, waren keine Spuren von Gewaltanwendung festgestellt worden. Laut dem chemisch-toxikologischen Gutachten waren auch keine Spuren von Gift oder Tabletten gefunden worden.

Die Staatsanwaltschaft Ingolstadt sah nach dem Ergebnis aus München aber auch weiterhin keinen Anlass, den Fall nochmals neu aufzurollen. „Das Gutachten beinhaltet nichts, was uns zum Handeln auffordert“, sagte der Leiter der Staatsanwaltschaft Ingolstadt. Doch die Staatsanwaltschaft Ingolstadt konnte die Entscheidung nicht fällen. Der Fall wurde, wie das Gesetz es vorschreibt, an die Staatsanwaltschaft Landshut abgegeben.

Aber zunächst ging es ums Geld.

Bevor der Ingolstädter Advokat einen Antrag auf Wiederaufnahme des Verfahrens stellte, beantragte er Prozesskostenhilfe, denn von seiner Mandantin Hermine Rabe konnte er in keinem Fall erwarten, dass sie die Kosten bei dem beabsichtigten Verfahren

trägt.
Nach § 364b StPO kann das für die Entscheidung im Wiederaufnahmeverfahren zuständige Gericht dem Verurteilten auf Antrag schon für die Vorbereitung eines Wiederaufnahmeverfahrens unter den in den Ziff. 1 bis 3 aufgeführten Bedingungen einen Verteidiger bestellen. Folglich lag es auch in der Entscheidung dieses Gerichtes, ob dem Anwalt Prozesskostenhilfe zugewiesen wird. Erst dann und nur dann konnte der Advokat, wie die Verteidiger der anderen Verurteilten auch, als Pflichtverteidiger agieren.
„Die Akten liegen uns bereits vor. Wir prüfen derzeit die Anträge der Verteidiger auf Prozesskostenhilfe. Wenn die gestattet werden, rechnen wir mit den Anträgen auf Wiederaufnahme“, sagte Staatsanwalt Pöhlmann von der Staatsanwaltschaft Landshut laut SPIEGEL ONLINE vom 16.06.2009. Die Staatsanwaltschaft und das Landgericht Landshut waren für Entscheidungen, die das Landgericht Ingolstadt gefällt hatte, zuständig.
„Wenn eine an Hunde verfütterte Leiche auf einmal in der Donau sitzt, widerlegt dieses Leichenfund doch klar die Geständnisse der Beschuldigten und damit in diesem Fall die Grundlage des Urteils“ sagte der Ingolstädter Advokat in SPIEGEL ONLINE vom 16.06.2009. „Nach derzeitigen Kenntnisstand haben sie ihn nicht getötet“, folgerte der Advokat ‚messerscharf‘. Für eine Wiederaufnahme sei nun die Wahrscheinlichkeit sehr groß. „Alles andere wäre ein Skandal“.
Auch die Pfaffenhofener Advokatin, die sich das Mandat von der älteren Rabe-Tochter Manuela beschafft hatte, meldete sich in SPIEGEL ONLINE mit kräftigen Sprüchen zu Wort: „Welches Verfahren, wenn nicht dieses, sollte neu aufgerollt werden? Der Leichenfund und dessen Zustand beweisen, dass die Urteile des Landgerichts Ingolstadt vollkommen falsch sind“. Erst nach Mo-

naten in Haft hätten die Beschuldigten „sehr detailreich die Tötung und die angebliche Verfütterung“ gestanden, sagte die Advokatin.
„Die jetzt widerlegten ‚grausigen’ Details wurden teilweise nach wochen- und monatelanger Inhaftierung, teilweise bereits am Anfang der Vernehmungen, und zwar nach und nach von drei der vier Beschuldigten erzählt und stimmten am Ende zum Teil fast überein“.
Die Advokatin hielt daher eine Absprache unter den damaligen Beschuldigten für ausgeschlossen. (Warum eigentlich nicht? Ihre Verteidiger konnten doch jederzeit den Kontakt herstellen.)
„Die einzig denkbare Möglichkeit, wie die Beschuldigten auf diese Details gekommen sein können, ist aus meiner Sicht somit die, dass die Details von den vernehmenden Beamten bekannt gemacht worden sind“, folgerte die Frau. Ihrer Meinung nach sei Rudolf Rabe nicht durch Fremdverschulden gestorben. „Ich gehe von einem Freispruch aus“.

Aber soweit war es noch lange nicht. Laut Staatsanwaltschaft mussten Die Verteidiger erst einmal Tatsachen zusammentragen, „die einen Freispruch oder ein milderes Urteil erwarten lassen“. Nur dann könne ihr Antrag auf Wiederaufnahme des Verfahrens gestattet werden.
„Die Gründe für eine Wiederaufnahme liegen mit der unversehrten Leiche bereits auf dem Tisch“, sagte die Pfaffenhofener Advokatin. „Wir tragen aber noch Indizien für die Suizid-Version, die aus meiner Sicht am wahrscheinlichsten ist und in deren Richtung seinerzeit kaum ermittelt wurde, zusammen“.
Die Entscheidung über den Antrag der Advokaten auf Prozesskostenhilfe zog sich hin und damit auch der Antrag auf Wiederaufnahme des Verfahrens. Anfangs **August 2009** war vom Pres-

sesprecher des Landgerichts Landshut zu erfahren, dass „bisher der formale Antrag auf Wiederaufnahme **noch nicht** in Landshut eingegangen sei“. Der AUGSBURGER ALLGEMEINEN (28.08.2009) gab der Advokat als Verteidiger von Hermine Rabe zu Protokoll, dass ‚er **bereits im Juli den offiziellen Antrag** auf Wiederaufnahme des Verfahrens gestellt habe’. (Welche Widersprüche!)

Am 01.11.2009 wurde bekannt (AUGSBURGER ALLGEMEINE), dass die Staatsanwaltschaft Landshut sich gegen eine Wiederaufnahme des Verfahrens im Fall Rabe ausgesprochen hat. Die Staatsanwaltschaft stützte ihre Einschätzung auf die Aussagen der Verurteilten, die bei den Ermittlungen 2005 unter anderem angegeben hätten, die Leiche Rudolf Rabe in einem Weiher versenkt zu haben.

Was den Advokaten von Hermine Rabe zu der bissigen Bemerkung veranlasste: „Aus dem Weiher hat die Staatsanwaltschaft die Donau gemacht. Die schreiben sich das schön“.

Am 12.11.2009 wurde Hermine Rabe durch die Strafvollstreckungskammer Aichach des Landgerichts Augsburg auf Bewährung aus der Justizvollzugsanstalt Aichach entlassen und in ein betreutes Wohnheim überwiesen.

Und dann kam für die bis dato agierenden Advokaten der ‚Hammer’.

Mit Beschluss vom 17. November 2009 lehnte das Landgericht Landshut die Wiederaufnahme des Verfahrens ab.

Der Advokat von Hermine Rabe hatte die Wiederaufnahme unter anderem mit der Argumentation angestrebt, dass aus dem Zustand der Leiche keinerlei Hinweise auf tödliche Schläge mit einem Kantholz gegen das Genick oder den Kopf des Rudolf Rabe sich ergeben haben, wovon das Gericht bei seiner Entscheidung ausgegangen war, als es die Frau wegen Totschlags an ihrem

Mann verurteilt hatte.
In dem Beschluss des Landgerichts Landshut hieß es, dass das Gericht dies auch so sehe.
Doch im Übrigen hätten die Feststellungen des Landgerichts Ingolstadt aber weiterhin Bestand. Dies betreffe insbesondere Tatmotiv, die Tatplanung, die Beteiligung und das Verhalten der Verurteilten nach der Tat.
Der Ausschluss eines Unfalls oder Selbsttötung im Urteil des Landgerichts Ingolstadt werde durch die konkrete Auffindungssituation noch zusätzlich bestätigt.
Allerdings räumte die zuständige Jugendkammer des Landgerichts Landshut ein, dass das Ingolstädter Urteil beim Komplex Opferbeseitigung falsch gelegen war.

Die Advokaten der Antragsstellerinnen Hermine Rabe und deren Töchter gaben sich mit der Landshuter Entscheidung erwartungsgemäß nicht zufrieden. Sie kündigten sofortige Beschwerde zum Oberlandesgericht München an.
Der Ingolstädter Advokat gab dem DONAUKURIER (19.11.2009) zur Veröffentlichung kund, dass er die Entscheidung des Landshuter Landgerichts rechtlich nicht nachvollziehbar sehe. „Aufgrund der verfassungsrechtlichen Vorgaben ist es nicht zulässig, im Wiederaufnahmeverfahren den durch das Ausgangsgericht festgestellten Sachverhalt auszuwechseln und an seine Stelle einen anderen erdachten, neuen Sachverhalt einzusetzen", dozierte er.
Die Feststellung des konkreten Geschehensablaufes einer Tat ist dem Gericht erster Instanz vorbehalten. Das Landgericht Ingolstadt hat einen konkreten Sachverhalt, wie Rudolf Rabe getötet worden sein soll, festgestellt. Diese Feststellungen sind durch die neuen Beweismittel widerlegt". Eine Todesursache und ein

Tötungsablauf seien nicht feststellbar. „Insofern läge es näher, dass das Landgericht Ingolstadt bei Fehlen konkreter Anhaltspunkte für eine gewaltsame Tötung die Angeklagten freigesprochen hätte“, hieß es in der Erklärung der Advokaten. „Letztlich ist festzustellen, dass die Justiz an einem sich in allen wesentlichen Punkten als unwahr erwiesenem Urteil festhält. Die Verteidigung ist zuversichtlich, dass letztendlich die Wiederaufnahme des Verfahrens angeordnet werden wird und wir sämtliche Rechtsmittel ausschöpfen, dieses Ziel zu erreichen“.
Es müsse eine neue Hauptverhandlung geben, verlangte der Ingolstädter Advokat, „da werden wir nicht ruhen und rasten“.

Die Medienschelte

Nach dem Leichenfund und der Weigerung der Staatsanwaltschaften Ingolstadt und Landshut sowie des Landgerichts Landshut, den Fall neu zu bewerten, brach, offensichtlich initiiert durch das medienwirksame Agieren des Ingolstädter Advokaten und dessen Kollegin aus Pfaffenhofen, eine wahre Medienschelte auf die Justiz ein. Magazine wie SPIELEL und FOCUS hielten ihr vor, neue Erkenntnisse zu ignorieren. Andere Medien stimmten in diese Schelte ein.
Die Ablehnung der Anträge auf Wiederaufnahme des Verfahrens durch die zuständige Staatsanwaltschaft in Landshut und die zuständige Kammer des Landgerichts Landshut veranlasste laut DONAUKURIER vom 19.10.2010 eine „renommierte“ deutsche Gerichtsreporterin des Magazins DER SPIEGEL (von anderen Gazetten als bei ihren Einschätzungen öfters danebengelegene Journalistin), in einem voller Gehässigkeit gegenüber der bayerischen Justiz strotzenden Artikel zu folgenden Kommentar:
„Ist es Zynismus oder Chuzpe (für weniger Gebildete: aus dem

Jüdischen entnommen für ‚Frechheit, Dreistigkeit, Unverschämtheit') oder Juristen-Korpsgeist vom Weißbier-Stammtisch? Oder handelt es sich um jene Vertuschungsstrategie, über Unlauterkeiten zu schweigen, um die Institution nicht zu beschädigen?"

Der DONAUKURIER (16/17.10.2010) sah sich veranlasst, mit der Überschrift ‚Rabe-Skandal' zu kommentieren, dass ‚skandalös' sei, dass weder die Staatsanwaltschaft noch die zuständige Gerichtskammer eine Wiederaufnahme des Prozesses für nötig hielten. Zudem seien sich die Verantwortlichen für das Fehlurteil keiner Schuld bewusst. „Ist es verbohrt? Oder eher dreist? Von Verantwortungsbewusstsein spreche diese Haltung nicht", kommentierte der Schreiber.

Ein Kriminologie-Professor von der Universität Regenburg schwadronierte mit der ganzen Wucht seiner Fachkompetenz in seinem Blog im Internet, in dem zuweilen auch ‚geistiges Dünnbier' ausgeschenkt wird, und auch in Interviews in den Medien über Falschaussagen und Fehlurteile im Fall Rabe. „Aus meiner Sicht sind bei den Ermittlungen vor der ersten Hauptverhandlung erhebliche Fehler gemacht worden von der Polizei, der Staatsanwaltschaft, dem Richter".

Die Frage sei hier erlaubt: Kann ein Kriminologe (Lehre vom Verbrechen als solches) über Kriminalistik (Lehre von der Aufklärung von Verbrechen) überhaupt sach- und fachgerecht urteilen?

Die Zulässigkeit der Wiederaufnahme des Verfahrens

Am Freitag, dem 12. März 2010, wurde bekannt gegeben, dass das Oberlandesgericht München (OLG) die Anträge auf Wiederaufnahme für zulässig erklärt hat.

Über eine mögliche Wiederaufnahme war damit freilich noch

nicht entschieden. Die drei Richter des 3. OLG-Strafsenats hatten lediglich die **Zulässigkeit** der Anträge der drei Advokaten von Hermine Rabe (jetzt 54 Jahre alt) und ihrer Töchter Manuela (jetzt 24 Jahre alt) und Andrea (jetzt 23 Jahre alt) bestätigt.
Der Senat mit drei Richtern unter Vorsitz von Andrea Knöringer hatte sich **ohne mündliche Verhandlung**, **sozusagen auf dem Bürowege**, mit den Anträgen beschäftigt. Der OLG-Sprecher begründete die Entscheidung damit, dass „nach Auffassung des Senats die Feststellungen zur Ausführung der Tötung wesentliche Tatsachen begründen, von denen der Schuldspruch abhängt".
Damit kehrte das Verfahren wieder an das Landgericht Landshut zurück. Das nun wieder zuständige Landgericht Landshut musste jetzt die Begründung der Wiederaufnahmeanträge genau prüfen. Ob es tatsächlich zu einem neuen Prozess komme, sei offen. Das Landgericht Landshut werde gemäß der OLG-Entscheidung an die Prüfung der Wiederaufnahmeanträge herangehen -so ein Gerichtssprecher -und zwar ergebnisoffen. Von einem Freispruch könne keine Rede sein.

Die Advokaten sprachen in den Medien von einem „Riesenerfolg". Der Ingolstädter Advokat tönte, mediengewandt wie immer: „Jetzt fangen wir bei null an. Die Staatsanwaltschaft muss erst mal einen wie immer gearteten Tatnachweis führen. Zwar gibt es Indizien und alte Geständnisse, aber die wurden bekanntlich zurückgenommen. Das alles wird eine sehr spannende Geschichte". Und damit die Leserschaft auch ein Bild von ihm bekam, tat er dem Reporter der AUGSBURGER ALLGEMEINEN (02.04.2010) kund, dass er "von der Wiederaufnahme übrigens bei einem Kurzurlaub in Paris erfahren habe, als er vor dem Eifelturm gestanden habe, als das Handy klingelte". Er nahm Symbolkraft daraus:

„Jetzt geht es weiter nach oben".

Das Landgericht Landshut entschied schließlich im April 2010, dass der Tod von Rudolf Rabe in einem neuen Prozess aufgearbeitet werden muss. Die Landshuter Justiz stellte sich auf einen langwierigen Indizienprozess ein. Zunächst wurden 34 Verhandlungstage angesetzt. „Es ist mit einer **Konfliktverteidigung** zu rechnen, es wird gar nichts mehr eingeräumt", sagte der Landshuter Gerichtssprecher der Presse gegenüber. Der erste Verhandlungstag wurde auf den 20. Oktober 2010 festgesetzt.

Die Justiz – inbegriffen die Ingolstädter Staatsanwaltschaft – reagierte umgehend auf die Entscheidung in Landshut und ordnete nun auch unverzüglich die Freilassung von Mathias Eisenhard an. Der wäre im Grunde genommen längst ein freier Mann, weil er den üblichen Straferlass nach Verbüßung von zwei Drittel haben hätte können, was er aber ausdrücklich nicht wollte.

DER ZWEITE PROZESS

Das Gerichtsverfahren nach der Entscheidung über die Wiederaufnahme

Das öffentlich ausgetragene Geplänkel um die Wiederaufnahme hatte bundesweit für Aufsehen gesorgt. Als schließlich das Oberlandesgericht München die Wiederaufnahme verfügt hatte, wurde der neue Prozess deutschlandweit medienmäßig verfolgt.

„Das ist nichts Alltägliches, das wird in die Rechtsgeschichte eingehen", sagte der Landshuter Gerichtssprecher.

Am Mittwoch, dem 19. Oktober 2010, begann vor der Jugendkammer des Landgerichts Landshut, die in diesem Fall als Schwurgerichtskammer zu agieren hatte, der neue Prozess gegen die nun wieder als Angeklagte geltenden Hermine Rabe (nun 54

Jahre alt), ihre Töchter Manuela (nun 24 Jahre alt) und Andrea (nun 23 Jahre alt), sowie Mathias Eisenhard (nun 27 Jahre alt).
Der Vorsitz der Kammer lag in den Händen vom Vorsitzenden Richter Theo Ziegler.
Die Anklage hatte Staatsanwalt Ralph Reiter zu vertreten.
Alle vier nun wieder Angeklagten hatten andere Anwälte als bei der ersten Verhandlung vor dem Landgericht Ingolstadt.
Die Angeklagte Hermine Rabe wurde von dem nun als Pflichtverteidiger bestimmten Advokaten aus Ingolstadt-Friedrichshofen vertreten, der, wie mehrfach erwähnt, sich bereits im Vorverfahren medienwirksam öffentlich in Szene gesetzt hatte.
Die ältere Töchter Manuela Rabe wurde von der ebenfalls als Pflichtverteidigerin zugelassenen, in Pfaffenhofen/Ilm ansässigen Advokatin vertreten.
Die jüngere Tochter Andrea Rabe wurde von einer Mitarbeiterin aus der Kanzlei des im Prozess als Pflichtverteidiger der Hermine Rabe tätigen Advokaten vertreten. Die Frau wurde während des ganzen Prozesses nur einmal in den Medien registriert, nämlich als sie den Antrag gestellt hatte, dass das Verfahren gegen ihre Mandantin abgetrennt werden soll, weil die Angeklagte hochschwanger war.
Für den im ersten Prozess als Haupttäter verurteilten Mathias Eisenhard war ein Augsburger Advokat bestimmt worden.
Als am Mittwoch, dem 19. Oktober 2010, um 09.30 Uhr im Sitzungssaal 10 des Landgerichts Landshut das Wiederaufnahmeverfahren im Falle des Neuburger Landwirts Rudolf Rabe, jenes Mannes, der von seinem Angehörigen vor neun Jahren erschlagen, zerstückelt und an Hunde verfüttert worden sein soll, seine Leiche aber im März 2009 in seinem Auto in der Donau an der Staustufe Bergheim wieder auftaucht war, eröffnet wurde, waren zahlreiche Fernsehteams und Reporter angereist.

Nicht zuletzt das Tauziehen um die Wiederaufnahme, die schließlich das Oberlandesgericht München verfügte, hatte dazu geführt, dass der Prozess deutschlandweit aufmerksam verfolgt wurde.
Und wieder tönte die Pfaffenhofener Advokatin schon vor Verhandlungsbeginn via Presse: „Den Inhaftierten ist Unrecht angetan worden", sagte sie. Sie möchte, dass aufgearbeitet wird, „was in den Ermittlungen damals wie heute schief gegangen ist".
Zu Beginn des Verfahrens verlas Staatsanwalt Reiter die alte, inzwischen nachweisbar als falsch anzusehende Anklage der Staatsanwaltschaft Ingolstadt.
„Aus formaljuristischen Gründen", wie der Vorsitzende Richter Theo Ziegler zu Beginn des ersten Verhandlungstages betonte. Denn die Strafprozessordnung bestimmt, dass, wenn ein Prozess wieder aufgenommen wird, ihm dieselbe Anklage zugrunde zu liegen hat, wie beim ursprünglichen Prozess. „Die Anklage würde wohl heute nicht so mehr erhoben werden", sagte der Vorsitzende Richter, als er dem Staatsanwalt das Wort erteilte. So kam es zu der skurrilen Situation, dass Staatsanwalt Reiter eine Anklage vorlesen musste, von der alle wussten, dass sie in wesentlichen Zügen nicht den Tatsachen entsprach.
Staatsanwalt Reiter erledigte diese Aufgabe mit sichtlichem Unwohlsein. Denn detailgetreu wird in den Unterlagen geschildert, wie die Familie den betrunkenen Bauern in der Nacht zum 13.Oktober 2001 aufgelauert habe, wie man den Mann mit einem Holzprügel erschlagen, die Leiche zerteilt und an fünf Hofhunde verfüttert habe, Dass die Familie außerdem den Kopf der Leiche ausgekocht und die übrigen Knochen im Misthaufen verscharrt habe. Alle diese grausigen Details beruhten auf den Angaben, die Mathias Eisenhard in mehreren ausführlichen Vernehmungen selbst gemacht hatte, und die zumindest teilweise von den beiden Töchtern des Landwirts bestätigt worden sind.

Richter, Verteidiger, Angeklagte und zwei Dutzend Prozessberichterstatter, die aus der ganzen Bundesrepublik nach Landshut angereist waren, vernahmen die Ausführungen.

Viele Zuschauer im Publikum schüttelten den Kopf. Alle wussten: An der Gruselgeschichte mit der grauenvollen Leichenbeseitigung war kein Wort wahr.

In Anschluss ließen die Angeklagten durch ihre Advokaten erklären, keine Angaben zu den Vorwürfen gegen sie zu machen.

Nachdem der Staatsanwalt die Anklageschrift verlesen hatte und die Verteidiger angekündigt hatten, dass die Angeklagten nicht aussagen würden, unterbrach der Vorsitzende nach einer knappen Stunde den Prozess. Er habe den Tag für die Aussagen der Angeklagten reserviert gehabt.

Grundlage für die falsche Anklage und das spätere Urteil war nach Darlegung der Advokaten das später widerrufene Geständnis von Mathias Eisenhard, das nach immer wieder vorgebrachten Vorwürfen der Verteidiger unter dem massiven Druck der polizeilichen Vernehmungen zustande gekommen sei.

Wie nicht anders zu erwarten übte der Ingolstädter Advokat am Rande der Verhandlung gegenüber den Medienvertretern scharfe Kritik an den Ermittlungsbehörden.

Und die Pfaffenhofener Advokatin tat den Medien kund, dass die Verteidiger einen Befangenheitsantrag gegen die zuständige Kammer des Landgerichts prüfe(!). Bereits vor Beginn des neuen Verfahrens habe sie einen solchen Antrag gestellt, der jedoch abgewiesen worden sei.

(Von so einem Befangenheitsantrag ist allerdings nirgendwo etwas zu finden.)

Die pannenhafte Bergung des Mercedes von Rudolf Rabe durch Polizeibeamte aus der Bergheimer Staustufe der Donau war Hautthema am zweiten Verhandlungstag. In den Zeugenstand traten Polizeibeamte, die mit der Bergung des versunkenen Mercedes im März 2009 zu tun hatten.

Bei der wohl etwas überhasteten Aktion war das Auto so unglücklich aus dem Wasser gezogen worden, dass beim Anheben des Hecks der im Fahrzeug befindliche Schlamm nach vorne schoss und dadurch die Windschutzscheibe herausplatzte.

Dabei fiel auch Rabes Torso samt Kopf in das Wasser. Hecktisch wurde danach versucht, den Teil des Leichnams wieder herauszufischen.

Vom Leiter der Tauchaktion wollte der Verteidiger von Hermine Rabe wissen, warum man die Prozedere nicht abgebrochen habe, nachdem man gemerkt hatte, dass der eingesetzte Abschleppkran eigentlich für die Bergung nicht ausreichte.

„Im Nachhinein ist mir auch klar, dass man das Fahrzeug hätte anders bergen können“, antwortete der Beamte der Technischen Einsatzeinheit nach langer Pause. Zwar habe man versucht, den Bediener des Krans darauf hinzuweisen, dass das Auto zu stark anhebe, der aber habe nicht reagiert.

Auch der Beamte, der zu den Mercedes im Wasser hinab getaucht war, berichtete noch einmal von der Bergungsaktion. Das Auto habe mit der Front in Richtung Ufer gezeigt. Er hatte deshalb den Eindruck, dass das Fahrzeug rückwärts in die Donau gerollt oder gefahren worden sei. Ausführlich schilderte der Polizeitaucher, wie er sich langsam zum Fahrzeug vorgetastet hatte. Die Sicht in der Donau sei „gleich null“ gewesen. Bereits unter Wasser habe er bemerkt, dass das Fenster der Fahrertür heruntergelassen gewesen war. Im Innenraum des Wagens habe er die Kopfstütze und die Rückenlehne des Sitzes ertasten können -aber keinen Körper.

Dann habe er den Luftsack ins Auto gesteckt, der dann mit Press-

luft gefüllt wurde, um den „bis zu den Radnaben“ im Schlamm steckenden Auto Auftrieb zu verschaffen. Auch er, so der Taucher, sei davon ausgegangen, die Leiche -wenn es denn eine gebe -läge im Kofferraum. Und der sei fest verschlossen gewesen.
Ein Beamter der Spurensicherung von der Kriminalpolizei Ingolstadt berichtete von der Situation im Wageninnern: Rabes Unterschenkelknochen hätten im Schlamm vor dem Fahrersitz gesteckt, wobei die Fußspitzen in Richtung Sitz gezeigt hätten. Der Schlüssel habe nicht im Zündschloss gesteckt. Schuhe von dem Toten habe man im Wagen nicht finden können -er habe nur noch Socken angehabt.
Der nächste Verhandlungstag gehörte im Wesentlichen einem Kfz-Sachverständigen. Gleich zu Anfang erklärte der Sachverständige, dass der Mercedes mit der Leiche wohl nicht am Fundort in die Donau gefahren oder gerollt worden ist. Weder vorwärts noch rückwärts -sonst wären durch die Kaimauer der Bergheimer Staustufe entsprechende Schäden am Wagen entstanden. „Ich bin sehr skeptisch, dass das Auto hier reingekommen ist“, so der Experte.
Fest stand für den Sachverständigen auch, dass das Auto nicht mit laufendem Motor in die Donau gelangte. Sonst hätte es einen so genannten „Wasserschlag“ gegeben, einen typischen Motorschaden, wenn das Antriebsaggregat Wasser statt Luft ansaugt. Indirekt kritisierte der Sachverständige auch die Bergung des Wagens durch die Polizei.
Wieder mussten die ermittelnden Beamten der Kriminalpolizei Ingolstadt Stellung beziehen, warum sie zum Beispiel weder den Fond des Wagens noch dem Kofferraum genauer untersucht haben.
Der Ingolstädter Advokat bemängelte, dass beim Herausziehen des Mercedes zu wenig Fotos gemacht worden seien.

Und die Pfaffenhofener Advokatin gab ihren „Senf“ dazu, in dem sie der Presse gegenüber äußerte, dass bei den Ermittlungen „dilettantisch“ vorgegangen worden sei.
Am vierten Tag war wegen des geringen Andrangs von Medienvertretern und Zuhörern die Verhandlung vom großen Sitzungssaal im ersten Stock in einem deutlich kleineren und weniger luxuriös ausgestattenden Gerichtssaal im Parterre verlagert worden.
Und dort kam es dann auch zu einem ersten rauen Schlagabtausch zwischen Ankläger und dem Ingolstädter Advokaten.
„Herr Staatsanwalt, sie brauchen mich nicht anzuraunzen“, polterte der Advokat.
„Das hier ist kein Disziplinarverfahren gegen Staatsanwaltschaft oder Ermittlungsbeamte der Polizei“, gab der Ankläger knurrend zurück.
Die Fronten waren abgesteckt.
Der fünfte Verhandlungstag im Wiederaufnahmeverfahren war nichts für zarte Gemüter. Der Münchner Rechtsmediziner Professor Rudolph Penning berichtete detailliert von der Obduktion der Leiche – beziehungsweise von dem, was nach siebeneinhalb Jahren im Gewässer der Donau übrig geblieben war.
Für den Mediziner stand fest, dass Rabe nicht durch einen Schlag mit einem Kantholz ins Genick getötet worden ist, wie im ersten Prozess angenommen worden war. Die Nackenwirbel seien unverletzt gewesen. Ebenso der Schädel, wodurch bewiesen sei, dass Rabe dort mit einem Hammer keine tödlichen Verletzungen zugefügt worden sein konnten. Zudem habe es keine Hirnblutung gegeben.
Auch einen Tod durch Erschießen oder Ersticken konnte der Sachverständige nahezu ausschließen. Am Rumpf, der noch relativ gut erhalten war, haben sich weder Stichverletzungen noch Einschusslöcher gefunden. Innere Blutungen in Brust- und

Bauchhöhle hätten auch nicht festgestellt werden können.
Durch eine Untersuchung der Nieren konnte der Rechtsmediziner einen Tod durch Verbluten ausschließen.
Ebenso wenig habe der damals 52-jährige einen Herzinfarkt gehabt.
Ob der Bauer in seinem Mercedes ertrunken sei, könne man nach der langen Zeit im Wasser nicht mehr feststellen, so der Fachmann.
Der Gerichtsmediziner glaubte nicht an einen Selbstmord.
Und auch für einen natürlichen Tod habe er keinerlei Hinweise gefunden. „Das Herz war zwar aufgrund des Bluthochdruckes und Alkoholmissbrauches deutlich vergrößert, aber noch voll funktionsfähig" gewesen.
Im Übrigen nahm der Rechtsmediziner die Spurensicherung der Beamten der Kriminalpolizei Ingolstadt bei der Bergung des Autos mit der Leiche des Rabe in Schutz. Als die Beamten den Schlamm aus dem geborgenen Auto geschaufelt hatten, „sei nichts verloren gegangen".
Mit der Aussage des Rechtsmediziners hatte das Landgericht Landshut die Aufarbeitung der Bergung erst einmal abgeschlossen. Am Nachmittag widmete sich die Strafkammer dann den Beginn des Falles Rabe: jener Nacht im Jahre 2001, in der der Landwirt verschwunden war.
Nach gut einer Woche Verhandlung zeigte Hermine Rabe erstmals Emotionen. Als der damalige Wirt der BSV-Gaststätte schilderte, Rudolf Rabe sei im Grunde ein „hilfsbereiter und gutmütiger
Mensch gewesen", liefen der Frau die Tränen. Auch der Tochter Andrea fiel die Zeitreise nicht leicht. Sie weinte ebenfalls.
Das Landshuter Gericht hörte sodann offiziell zum ersten Mal, dass sich der Landwirt nach acht Glas Weizenbier gegen 0.30

Uhr mit seinem Mercedes auf dem Heimweg gemacht hatte. Er sei betrunken gewesen, habe aber unbedingt selbst fahren wollen, sagte der Wirt.
Der Zeuge berichtete, dass Hermine Rabe zwei Tage nach Verschwinden ihres Mannes zu ihm gekommen sei, um die noch offenen Rechnungen zu bezahlen.
Auch Mathias Eisenberger sei ebenfalls ins BSV-Heim gekommen und habe Vermutungen geäußert, dass Rudolf Rabe von Ausländern erschlagen worden sei. Er sei deswegen verängstigt gewesen.

In den nächsten Verhandlungstagen widmete sich das Landshuter Landgericht durch Vernehmung mehrerer Zeugen den häuslichen Verhältnissen im Hause Rabe. Das Medieninteresse war abgeflaut. Nur wenige Zuschauer saßen auf den Bänken. Es habe häufig Streit gegeben, gelegentlich auch mit Ohrfeigen. Ab und zu seien schon auch mal Gläser und Besen geflogen. Hermine Rabe und Mathias Eisenhard hätten manchmal so gestritten, „dass die Fetzen flogen".
Die Schwester des toten Landwirts berichtete, dass Hermine Rabe auf den Hof nichts mehr gemacht habe, dass alles heruntergekommen war. Sie wusste auch noch genau, wie das damals war, als Hermine Rabe zu ihr gekommen war und erzählt hatte, dass der Rudi nicht mehrt nach Hause kommt. „Willst was erben?" soll die Frau ihre Schwägerin gefragt haben. Später habe Hermine sie gemieden, weggeschaut, wenn sie am Haus vorbeigegangen war. „Ich habe nur gesehen, wie „Matze" die Einkaufstüten nach Hause trug. Und da habe ich mir gedacht: Die verfressen den ganzen Hof".
Eine ehemalige Untermieterin berichtete von rauen und respektlosen Ton zwischen den Töchtern und der Mutter. Außerdem

habe ihr Patenkind beobachtet, wie die ältere Tochter Rudolf Rabe mit einer Eisenstange geschlagen habe.
Der Lebensgefährte einer Mieterin beschrieb das Wohnhaus der Rabes als „asozial und total heruntergekommen".
Am elften Verhandlungstag sorgte wieder einmal der Ingolstädter Advokat für Aufmerksamkeit.
Er nahm gleich den Vorsitzenden Richter der Strafkammer unter Beschuss. Er erklärte, dass er telefonisch zu einem Redakteur der Zeitung ‚Kölner Express' Kontakt aufgenommen habe, weil in dieser Zeitung am 14. November 2010 der Richter Theo Ziegler mit dem Worten zitiert worden sei, „Auto und Leiche lagen aber so im Fluss, dass es dabei irgendeine Fremdeinwirkung gegeben haben muss".
Der Advokat stellte allerdings zunächst keinen Befangenheitsantrag, forderte aber den Richter auf, Stellung zu nehmen.
Richter Ziegler stritt vehement ab: „Ich kann definitiv ausschließen, dass ich im November 2010 mit einem Redakteur des ‚Kölner Express' ein Gespräch geführt habe".
Am zwölften Prozesstag des Wiederaufnahmeverfahrens um den Tod des Bauern Rabe ging es turbulent zu.
Bevor der Vorsitzende Richter Theo Ziegler richtig begonnen hatte, wurde er auch schon wieder abgewürgt.
Der Ingolstädter Advokat stellte nun doch gegen ihn einen Befangenheitsantrag.
Die Besorgnis, dass der Richter bereits jetzt eine voreingenommene Meinung habe, sei durch dessen dienstliche Erklärung nicht ausgeräumt, zumal ihm der Kölner Journalist auf Nachfrage bestätigt habe, dass das Interview anfangs November – also während des laufenden und keinesfalls vor Beginn des Wiederaufnahmeverfahrens -geführt worden sei.
Das brachte den sonst eher passiven Staatsanwalt Ralph Reiter

auf die Palme. Lautstark rief er: „Das ist ein ungeheuerlicher Vorgang! Sie behaupten hier, dass der Vorsitzende alle Beteiligten anlügt“. Der Vorwurf der Befangenheit sei vollkommen absurd. „Das ist doch eine billige Show, wo mir langsam die Hutschnur hochgeht“, schleuderte der Staatsanwalt dem Advokaten entgegen.
Die Pfaffenhofener Advokatin, die die ältere Rabe-Tochter verteidigte und die sonst immer für gehässige Kommentare gut war, schloss sich dem Antrag ihres Ingolstädter Kollegen ausdrücklich nicht an, obwohl sie „Ungereimtheiten“ sah. Eine Neuauflage des Prozesses sei nicht nur eine Belastung der Angeklagten, sondern sie wisse auch, dass das Ganze den Steuerzahler koste.
Nach dem Beschluss der Jugendkammer des Landgerichts Landshut wurde die Beweisaufnahme im Verfahren fortgesetzt, bis die für den Ablehnungsantrag zustände Kammer des Landgerichts über den Befangenheitsantrag entschieden hat.
Der Verhandlungstag nahm seinen Fortgang. Eine Zellennachbarin von Hermine Rabe berichte, sie habe eine „freundschaftliche Beziehung“ zu ihr gehabt. Die Witwe habe immer betont, nichts mit „der Sache“ zu tun zu haben. „Sie hat gesagt, ihr ‚Schwiegersohn‘ steckt dahinter“.
Auf diesen Satz hin sprang Hermine Rabe erbost vom Stuhl auf, schnappte sich ihre Krücken und verließ mit den Worten „Ich geh’ jetzt, mir wird das zu blöd“ einfach den Saal. Der Ingolstädter Advokat eilte hinterher, die Sitzung musste unterbrochen werden.
Anschließend berichtete die Zeugin, dass Hermine ihr erzählt habe, dass ihr Mann 2001 betrunken heimgekommen und daheim von dem damaligen Schwiegersohn in spe mit einem Baseball-Schläger niedergeschlagen worden sei.
Staatsanwalt Reiter wertete diese Aussage als „wichtiges Indiz

für die Täterschaft von Mathias Eisenhard".

Hermine Rabe geriet daraufhin erneut in Rage: „Du lügst doch wie die Sau! Ich hab' nie mit der geredet. Ich mag' nicht mehr".

Der Advokat hatte alle Hände voll zu tun, seine Mandantin zu beschwichtigen.

Staatsanwalt Reiter konnte sich einen Kommentar nicht verkneifen: „Sehr interessant, dass sie da unruhig wird."

Am fünfzehnten Prozesstag mussten die ersten Vernehmungsbeamten der Kriminalpolizei Ingolstadt in den Zeugenstand treten. Die Verteidiger machten ihnen bezüglich ihres Vorgehens im Januar 2004 schwere Vorwürfe.

Von „verbotenen Vernehmungsmethoden" und „fehlender Dokumentation" war die Rede.

Außerdem, so die Advokaten, seien die Beschuldigten damals als Zeugen vernommen und nichts qualifiziert darüber aufgeklärt worden.

Des weiteren würden die „grausigen Details", die die Angeklagten damals von der Tötung Rabe geschildert hatten, sowie die Tatsache, dass sie sich selbst belasteten, klar für „unzulässigen Druck" seitens der Vernehmungsbeamten sprechen.

Die Verteidiger beantragten, die Vernehmungsbeamten nicht als Zeugen zuzulassen, sowie einen Videofilm der Tatort-Rekonstruktion aus dem Jahre 2004 nicht zu zeigen.

Der Vorsitzende Richter hielt aber an der Vernehmung der Polizeibeamten fest, ebenso wie an der Vorführung des Tatort-Begehungs-Videos.

Die Videobänder zeigten in drei unabhängig voneinander durchgeführten Tatrekonstruktionen, die im Frühjahr 2004 im Beisein der Rechtsanwälte im Wohnhaus der Familie Rabe im Neuburger Stadtteil Friedrichsheim aufgenommen worden waren.

Die beiden Töchter Rabe und Mathias Eisenhard führen darin be-

reitwillig Regie und positionierten die Kripoleute und Rechtsanwalte, die als Darsteller dienten, wie in einen Krimi. Die „Leiche“ des Rudolf Rabe verkörperte eine Schaufensterpuppe. Der Ingolstädter Rechtsanwalt als Verteidiger von Mathias Eisenhard spielte seinen Mandanten und demonstrierte auf dessen klare Anweisung
hin, wie sein Klient mit einem Kantholz den vermutlich tödlichen Genickschlag gegen den Bauern geführt hatte. Die Rabe-Tochter und Mathias Eisenhard schilderten in den Videoaufnahmen sehr genau, wie der Familienvater getötet worden sein soll.
Als dann der Film von 2004 im Sitzungssaal Nummer 1 des Landshuter Landgerichts über den Bildschirm flimmerte, hatte es beinahe schon eine skurrile Anmutung. In dem Video war zu sehen, wie sich Mathias Eisenhard auf dem damaligen Anwesen der Familie Rabe eine Zigarette ansteckte und den Polizisten völlig gelassen in allen schaurigen Details schilderte, wie er Rabe erst erschlagen, dann zerstückelt und schließlich dessen Kopf im Waschkessel ausgekocht hatte, um ihn leichter zerkleinern zu können.
Dass diese so detaillierten Schilderungen reine Lügen waren, war fast sieben Jahren nachdem das Video produziert wurde, glasklar. Schließlich war die Leiche Rabes samt dessen Auto im März 2009 aus Wasser der Bergheimer Staustufe der Donau geborgen worden. Und damit hatte sich herausgestellt, dass es so nicht gewesen sein konnte, wie Mathias Eisenhard es im Film detailliert geschildert hatte.
Eins aber bewies des Video-Film eindeutig: von „unzulässigen Druck“ oder sonstiger Beeinflussung durch die Beamten war überhaupt nichts zu erkennen. Verständlich daher das Ansinnen der Anwälte, den Film nicht zu zeigen, weil ihre Argumentation von den Vorwürfen gegen die Beamten eindeutig widerlegt war.

Mehrere Stunden lang saß schließlich der Ermittlungsbeamte im Zeugenstand, dem gegenüber Mathias Eisenhard im April 2004 den Mord an Rudolf Rabe als grausame Geschichte gestanden hatte. Der Beamte konnte die Aussagen des Mathias Eisenhard vor Gericht in groben Zügen wiedergeben.

Er schilderte auch, dass Mathias Eisenhard ihn bewusst als Gesprächspartner gewählt hatte. „Es hieß, er will was sagen, aber nur zu mir“, so der Beamte.

Über fünf Stunden habe er den jungen Mann verhört. Er sei auch später bei der Rekonstruktion des Tathergangs dabei gewesen. Eisenhard habe sogar damals eine Skizze gefertigt, wo er die Leichenteile den Hunden zum Fressen gegeben hatte. „Teilweise hat es mehrere Minuten gebraucht, bis Mathias formulieren konnte, was er getan hatte“, so der Beamte. „Er war relativ emotional und hatte mehrfach geweint“.

Auf die Frage, wie er die Aussage des Mathias Eisenhard heute bewertet -also nach der Bergung der Leiche und Enttarnung als Lügengeschichte -hatte der Beamte keine Antwort.

Den Vorwurf der Verteidigung, er habe sich bewusst das Vertrauen von Mathias Eisenhard erschlichen, um diesen zu einem Geständnis zu bewegen, wies der Beamte harsch zurück.

Auch Staatsanwalt Reiter platzte bei diesem Einwand der Verteidiger der Kragen. „Einmal sind Ihnen die Beamten zu nett und einmal zu grob. Suchen Sie sich doch mal raus, auf welcher Linie Sie bleiben wollen“.

Mehrfach wurde es laut im Gerichtssaal, weil sich Verteidiger und Staatsanwalt lautstark zurechtwiesen, bis der Vorsitzende Richter Ziegler eingriff.

Den Antrag der Verteidiger auf Vereidigung des Beamten wies das Gericht ab.

Am sechzehnten Verhandlungstag vor dem Landgericht Landshut

standen wieder die Geständnisse der vier Angeklagten im Fokus. Dabei wurde deutlich, dass die bei so gut wie jeder Vernehmung jeweils eine andere Version dessen ablieferten, was in der Oktobernacht 2001 passiert war.

Den ganzen Tag über wurde einer der zentralen Ermittlungsbeamten der Kriminalpolizei Ingolstadt gehört.

Der Beamte schilderte die verschiedenen Aussagen der älteren Tochter Manuela. Im Januar 2004 habe sie im gestanden, dass der Vater sehr wohl von dem Besuch der Sportgaststätte nach Hause gekommen sei. Ein Streit im Treppenhaus sei eskaliert und der Vater die Treppe hinuntergefallen. Ihr damaliger Freund Mathias Eisenhard hätte ihrer Mutter geholfen, die Leiche zu entsorgen. Doch kurz darauf habe Manuela eine andere Geschichte erzählt. „Matze“, ihr Freund habe den Vater erschlagen, die Mutter habe versucht, ihn aufzuhalten.

Wie genau es geschehen sein soll, habe Manuela den Beamten bei einer Tatortrekonstruktion im Elternhaus im Friedrichsheim gezeigt.

Das Video wurde im Gerichtssaal gezeigt. Manuela brach in Tränen aus, schluchzte angesichts dessen, was sie vor ziemlich genau sieben Jahren freimütig gestanden hatte. Auf dem Videoband schilderte Manuela zwei verschiedene Tatversionen. Einmal habe die Mutter zugeschlagen, einmal nicht. Einmal sei die Leiche in den Kofferraum des Mercedes gesteckt, einmal in den Keller getragen worden.

Eins war auf dem Videoband deutlich zu erkennen: Von „unzulässigen Druck“ oder „unzulässige Verhörmethoden“ war überdeutlich nichts zu erkennen.

Im Februar 2004 schließlich habe Manuela erstmals ausgesagt, dass die Leiche des Vaters von Mathias Eisenhard zerstückelt worden.

Bestialische Details habe sie geliefert, vor allem ihren Ex-Freund habe sie belastet.
Im April 2004 habe Manuela allerdings alles widerrufen und angegeben, dass sie nicht wisse, wie die Leiche entsorgt worden sei. Der Kriminalbeamte erinnerte sich: „Sie erklärte, sie habe die Zerstückelungsgeschichte nur erzählt, weil sie endlich nach Hause wollte".
Dem Beamten fiel es nicht leicht auseinander zu halten, bei welcher Vernehmung Manuela oder auch Mathias Eisenhard was ausgesagt hatten. An eines aber konnte er sich genau erinnern:
„Was mit dem verstorbenen Rabe und dem Auto passiert ist, das wollte er uns nicht sagen".
Schließlich habe Matias Eisenhard über Monate behauptet, den Mercedes in einem Weiher versenkt zu haben, bevor er erst im April 2004 angegeben hatte, die Leiche zerstückelt zu haben.
Mit immer neuen Vernehmungen habe man einzukreisen versucht, was denn nun stimme, so der Beamte.
Doch was man erhalten habe, war meist eine neue Variante der Tat. Das habe auch für die Aussagen der jüngeren Tochter Andrea gegolten, die gesehen haben wollte, dass „Matze" den Vater mit einem Hammer niedergeschlagen habe.

Im nächsten Verhandlungstag war wieder einmal der sattsam bekannte, aber durch nichts bewiesene Vorwurf der Verteidiger im Mittelpunkt, dass die Geständnisse ihrer Mandanten unter „unzulässigen Druck" seitens der Polizei zustande gekommen seien.
Die Verteidiger gaben sich alle Mühe, den Vernehmungsbeamten, der bereits am Vortage ausgesagt hatte, in die Enge zu treiben.
Sie wollten vor allem wissen, ob den Angeklagten Antworten in den Mund gelegt wurden.

Es mutete schon ein wenig nach einem Fernsehkrimi an, was die Verteidiger da dem Beamten dazu bringen wollten, ob er denn Fragen gestellt habe nach dem Motto „Es war doch so und so – geben sie es zu“.

Im speziellen Fall der Vernehmung von Mathias Eisenhard frage die Pfaffenhofener Advokatin (Anmerkung des Autors: Sie war gar nicht die Verteidigerin des Mathias Eisenhard!): „Haben Sie bestimmte Vorschläge gemacht, was passiert sein konnte?“ Und:

„Was haben Sie darüber gelernt, wie man Vorhalte macht?“

Da fuhr Staatsanwalt Reiter dazwischen: „Da können sie sich doch einfach im Internet schlau machen“.

Der Kriminalbeamte stellte klar, dass er grundsätzlich offene Fragen stelle, weil man mit Vorhalten eine Richtung vorgebe.

„Manchmal muss es aber sein“.

Immer wieder versuchten die Advokaten, die Vernehmungsbeamten in die Enge zu treiben. Weil sich ein Beamter – zumindest nicht gleich auf Anhieb – im Einzelnen an Vernehmungen erinnern konnte, deren Protokoll er selbst unterschrieben hatte, zog die Pfaffenhofener Advokatin eine Vereidigung in Betracht.

Das erzürnte Staatsanwalt Reiter: „Jetzt hören Sie doch mal auf mit Ihren Drohungen. Sie gehen mir auf die Nerven“.

Der Vorsitzende Richter war sichtlich bemüht, die Wogen zu glätten: „Wir können gerne auch unterbrechen, damit sie sich beruhigen.“

Am 26. Januar 2011, der 18. Verhandlungstag in Sachen Rabe vor dem Landgericht Landshut war ausgefüllt mit den Aussagen des Ingolstädter Oberstaatsanwalts Veh.

Es war ein ungewöhnlicher Platz, den der Staatsanwalt einnehmen musste. Statt wie sonst üblich als Vertreter der Anklage, musste er dieses Mal im Zeugenstuhl Platz nehmen.

Oberstaatsanwalt Veh hatte vom Herbst 2003 an die Ermittlungen im Fall Rabe in Ingolstadt geleitet und im Prozess vor dem Landgericht Ingolstadt die Anklage vertreten.

Der Oberstaatsanwalt hatte sich für eine offensive Taktik entschieden. Keineswegs wollte er den Eindruck entstehen lassen, dass er etwas verschweige.

Um der Verteidigung den Wind aus den Segeln zu nehmen, berichtete er gleich zu Beginn seiner Aussage umfassend von seiner Arbeit an dem Fall. Und zwar von den ersten Vermutungen bis hin zur letzten Aussage der damaligen Angeklagten.

Er betonte auch gleich: „Ich habe auch heute keinen Zweifel, dass Rudolf Rabe nach Hause gekommen ist und dort getötet worden ist".

Einmal auf dem für ihn sicher ungewohnten Platz im Gericht -auf dem Zeugenstuhl -ließ es sich der Oberstaatsanwalt nicht nehmen, die „unbeschreiblichen Zustände" im Anwesen Rabe zu thematisieren.

Von der Verteidigung fing er sich gleich einen Rüffel ein, er wolle Stimmung gegen die Angeklagten machen.

Unbeeindruckt davon beschrieb der Zeuge besonders bildhaft noch einmal seinen Eindruck von der Durchsuchung des Hauses der Familie Rabe in Friedrichsheim. „Das war das Beeindruckendste was ich in meiner Berufslaufbahn bisher erlebt habe", sagte der Zeuge. Das Haus sei „unglaublich verdreckt" und von einem „furchtbaren Gestank" erfüllt gewesen. Im Keller habe man die Tür zu einem Raum geöffnet, in dem sich ein halbtoter Schäferhund befunden habe. Auch Chinchillas und Frettchen seien dort im Käfig gehalten worden.

Der Oberstaatsanwalt stellte sich schützend vor seine Ermittlungsbeamten. Er wies die Vorwürfe der Verteidigung vehement und mit Nachdruck zurück, die Beschuldigen seien damals in irgendeiner Form zu ihren Aussagen gedrängt worden. „In meiner Gegenwart und von mir ist niemals Druck ausgeübt worden". Gleichzeitig stellte er sich schützend vor die damals ermittelnden Beamten aus Ingolstadt: „Ich lege für meine Leute von der Kripo die Hand ins Feuer". Über Jahre arbeite er engstens und vertrauensvoll mit diesen Beamten zusammen. „So etwas gab es definitiv nicht".

Er habe den Angeklagten von Anfang an klargemacht, dass die Kripo wegen Todschlags ermittle. Außerdem habe er alle vier Beschuldigten ausführlich belehrt und immer wieder nachgefragt, ob sie den ordentlich und korrekt behandelt werden oder ob es Probleme gebe.

Veh betonte, dass er nie den Eindruck gehabt hätte, die Angeklagten seien -trotz ihres niedrigen IQ-Werte-von den Vernehmungen intellektuell überfordert gewesen.

Natürlich habe man Widersprüche in den Aussagen erkannt.

„Deswegen haben wir ja versucht, die Tat nachzustellen".

Die unterschiedlichen Versionen der Angeklagten erklärte der Oberstaatsanwalt mit einer Aussage des Mathias Eisenhard vom Osterwochenende 2004. Mathias Eisenhard habe erzählt, man habe sich nach der Tötung Rabes zusammengesetzt und für den Fall, dass die Polizei komme, zwei Versionen überlegt: Zunächst wollte man sagen, der Bauer sei nicht heimgekommen. Sollten sich die Beamten damit nicht zufrieden geben, wolle man die Unfall-Variante erzählen.

Der Oberstaatsanwalt, der selbstsicher und gut vorbereitet im Gerichtssaal den Verlauf der damaligen Ermittlungen darstellte, hatte auch eine Erklärung dafür, warum die Angeklagten so unterschiedlich und nachweislich falsch aussagten.

„Es herrschte die Auffassung: keine Leiche -kein Mord".

Denn die Angeklagten hätten verhindern wollen, dass die Polizei die Leiche des Rudolf Rabe findet. Deshalb habe man den Beamten zunächst falsche Seen gezeigt, wo die Leiche Rabes mit seinem Mercedes versenkt worden sei. Und deshalb habe man später auch die Version aufgetischt, die Leiche sei zerstückelt worden. „Aber wir sind auch damals nicht blind vor Freude auf diese Version losgegangen“. Mit Tatrekonstruktionen wollte man festklopfen, was denn nun stimme.

Ein juristischer Schlagabtausch zwischen Verteidigung und Staatsanwaltschaft prägte zunächst dem Verhandlungstag am 08.02.2011 vor dem Landgericht Landshut.

Die Advokaten der Angeklagten -wegen des abgekoppelten Verfahrens gegen die hochschwangere Andrea Rabe nur noch zu dritt- warfen Staatsanwalt Reiter vor, parteiisch zu sein. Deshalb stellten sie den Antrag, den Staatsanwalt gegen einen Kollegen einzutauschen.

Die Pfaffenhofener Advokatin beklagte sich massiv über das Verhalten des Anklagevertreters. Die Unterbrechung ihrer Fragen durch den Staatsanwalt sei „ein unerhörter Vorgang“. Außerdem habe der Staatsanwalt den Verteidigern mit einem Strafverfahren gedroht, wenn sie weiterhin spekulative Fragen stellen würden. Der Staatsanwalt sei nicht objektiv, wie es ihm das Gesetz vorschreibe, und verfolge nur einseitig die Verurteilung der Angeklagten. „Aspekte, die unsere Klienten entlasten, nehmen sie gar nicht war“, monierte die Advokatin. „Ich habe immer mehr den Eindruck, dass nicht Rudolf Rabe einem Verbrechen, sondern die Angeklagten einem Komplott zum Opfer gefallen sind“ (??), sagte sie.

Der Ingolstädter Advokat stimmte, wie gewohnt, in die Klagehymnen seiner Kollegin ein. „Die Verteidigung mundtot zu machen, dient nicht der Wahrheitsfindung“, erklärte er. Der Advokat monierte, der Staatsanwalt habe ihn bei der Befragung des Ingol-

städter Oberstaatsanwalts Veh immer wieder unterbrochen.
Als der Advokat die Vermutung geäußert hatte, dass im ersten Prozess vor dem Landgericht Ingolstadt 2004 bewusst ein Pflichtverteidiger für Hermine Rabe ausgesucht wurde, der selbst im Visier von Strafermittlungen geraten war, drohte im Staatsanwalt Reiter mit einem möglichen Strafverfahren. Denn der Anwalt stelle in den Raum, ob hier möglicherweise eine Gelegenheit gesehen wurde, Hermine Rabe „zum Reden“ zu bewegen. Der ehemalige Verteidiger der Witwe war 2006 wegen Veruntreuung von Mandantengeldern verurteilt worden. Der Ingolstädter Advokat fragte sogar, ob Staatsanwalt Reiter wohl mit diesem Vorgehen die Strategie verfolge, sich zum „Sitzungspolizisten“ aufzuspielen.
Wieder brachten die Advokaten vor, ein Polizeibeamter habe falsche Angaben vor Gericht gemacht.
Ein Verfahren müsse definitiv eingeleitet werden.
Druck sei sehr wohl auf die Angeklagten ausgeübt worden; solcher Druck könne auch durch Androhung, falsche Verdächtigung und Schreien aufgebaut werden.
Und dann kam der Ingolstädter Oberstaatsanwalt Veh noch einmal ins Spiel. Die Verteidiger nannten es einen „ungeheuerlichen Vorgang“, dass Veh im jetzigen Prozess erklärt habe, er sei nach wie vor der Überzeugung, dass Rabe zu Hause umgebracht worden sei.
„Es steht Veh in diesem Verfahren nicht zu, das zu sagen“, sagte der Ingolstädter Advokat.
Staatsanwalt Reiter äußerte sich noch während der Verhandlung zu den schweren Anschuldigungen: Der Beamte habe keine falsche Aussage gemacht, er als Staatsanwalt werde nichts unternehmen.
Staatsanwalt Reiter wies sämtliche Vorwürfe zurück. „Sie haben

durch subtile Fragestellungen einen unglaublichen Vorwurf in den Raum gestellt". Da sei es seine Pflicht einzugreifen.

Die Verteidigung solle sich darauf konzentrieren, die vorgebrachten Vorwürfe, die Angeklagten seien mit Druck zu Geständnissen bewegt worden, endlich zu konkretisieren.

„Jetzt hatten sie seit dem letzten Prozesstag eineinhalb Wochen Zeit gehabt, sich mit ihren Mandanten zu besprechen und trotzdem kommt nur heiße Luft", schoss der Staatsanwalt zurück.

Die Grenzen der Verteidigung seien schön langsam überschritten. Ungeheure Vorwürfe kämen aus der Richtung der Anwälte, und das immer ohne Belege.

„Es gibt keinen Anspruch auf einen Staatsanwalt, der Ihnen passt", richte der Staatsanwalt Reiter das Wort direkt an die Verteidiger. Er lasse sich keinen Maulkorb verpassen.

Nach den juristischen Wortgefechten, denen der Vorsitzende Richter Ziegler nur stumm zusehen konnte, widmete sich die Strafkammer des Landgerichts Landshut den geladenen Zeugen der Kriminalpolizei Ingolstadt.

Drei Ermittlungsbeamte schilderten ihre Erinnerungen an die ersten Vernehmungen der Rabe-Töchter Manuela und Andrea und des ehemaligen Freundes der älteren Tochter Mathias Eisenhard.

Die Verteidigung wollte nicht so recht glauben, dass die Angeklagten nicht ohne entsprechende Einwirkung bei der Vernehmung ausgesagt hatten, Rudolf Rabe sei in der Nacht des 13. Oktober 2001 nach Hause gekommen. Diese Aussagen waren die Grundlage dafür, gegen die vier Verdächtigen wegen Todschlags zu ermitteln.

Doch alle drei Kriminalbeamten stritten ab, unzulässigen Druck ausgeübt zu haben. Sie schilderten ihre Eindrücke von der Vernehmung der damaligen Verdächtigen.

Die jüngere Tochter habe bei ihrer ersten Vernehmung als Beschuldigte völlig verunsichert gewirkt, erklärte ein Beamter. Den anfänglich detailliert geschilderten sexuellen Missbrauch durch den Vater habe die junge Frau später widerrufen. „Sie hat uns dann erzählt, dass alles gelogen war".

Am 20sten Verhandlungstag (09.02.2011) gab es zunächst abermals emotionale Momente vor dem Landgericht Landshut.

Theatralisch und wutentbrannt hatten zwei Advokaten der Angeklagten den Gerichtssaal verlassen und lautstark ihren Ärger über die Zwischenrufe einer Besitzerin geäußert. „Sie machen mir jede Vernehmung kaputt", schrie die Pfaffenhofener Advokatin, die Verteidigerin der Rabe-Tochter Manuela, in Richtung Richterbank. Sie werde es sich gut überlegen, ob sie nicht einen Befangenheitsantrag gegen die Beisitzerin stelle.

Diese entschuldigte sich zwar gleich kleinlaut, doch da waren die Advokatin und ihr ebenfalls erzürnter Ingolstädter Kollege schon mit wehender Robe aus dem Gerichtssaal gestürmt. (Welch eine Schmierenkomödie!). Die Sitzung musste unterbrochen werden. Die Anspannung bei den Prozessbeteiligen stieg.

Vor allen bei den Verteidigern staute sich der Ärger. Über den Richter, der gegenüber der Presse zu offen sei. Über den Staatsanwalt, der nicht objektiv sei und Unterlagen zurückhalte. Über die Zeugen, die sich meist nur mäßig an die Ereignisse vor mittlerweilen sieben Jahren erinnern können. Und eben über eine Beisitzerin, die dazwischen rufe, wenn man gerade Fragen an die Zeugen stelle.

Inhaltlich gab es kaum neue Erkenntnisse. Satz für Satz hangelte sich der Vorsitzende Richter mit Unterstützung der Zeugen durch die Protokolle der einstigen Vernehmungen der damaligen Beschuldigten.

Zu ergründen war die Frage, wie es zu den Aussagen gekommen war. Haben die Beamten die Beschuldigten so lange befragt, bis

sie endlich sagten, was die Ermittler hören wollten?
Oder war zwischen den Dutzenden Varianten wie Rudolf Rabe im Treppenhaus seines Hauses ums Leben gekommen ist, doch irgendwo die Wahrheit versteckt?
Im Zeugenstand mussten sich wieder vier Ingolstädter Kriminalbeamte den Fragen stellen. Allesamt wiesen -wie ihre Kollegen zuvor -den Vorwurf zurück, sie hätten die damaligen Beschuldigten mit irgendwelchen Tricks dazu gebracht, belastende Aussagen zu machen.
„Es ist eine Unverschämtheit, was sie uns vorwerfen“, machte sich eine mittlerweilen pensionierte Beamtin ihren Ärger Luft. „Da können sie noch so nett lächeln“, sagte die Zeugin an die Pfaffenhofener Advokatin gewandt.
Am 21. Verhandlungstag ging es zunächst darum, wie das Auto mit der Leiche Rabe in die Donau gekommen war. Als einer der ersten hatte im Herbst 2010 ein Kfz-Gutachter ausgesagt, dass der Mercedes keinesfalls an der Stelle, wo er gefunden worden ist, ins Wasser gebracht worden sein konnte. Es haben typische Spuren am Unterboden des Autos gefehlt. Der Fundort des Mercedes samt Leiche sei folglich nicht der Ort, wo das Auto versank.
Deshalb hatte der Vorsitzende Richter Ziegler den Gutachter noch einmal nach Neuburg geschickt, um nun nochmals alle in Frage kommenden Stellen an der Donau bei Bergheim zu untersucht.
Sein Fazit: Es gibt mindestens sechs verschiedene Stellen zwischen Donaubrücke und der Staustufe, wo der Mercedes ins Wasser hätte rollen können, ohne dass Schäden am Unterboden entstanden wären.
Jedoch habe sich seit dem mutmaßlichen Tag des Verschwindens von Rabe im Oktober 2001 einiges am Ufer getan. Sandbänke waren aufgeschüttet, Steine entfernt oder eingebracht worden.

Wie es damals am Ufer bei Bergheim aussah, das könne keiner mehr genau sagen.
Nach den relativ anschaulichen Ergebnissen zum Thema Auto, wurde am späten Vormittag erneut die Vernehmung der Kriminalbeamten aus Ingolstadt fortgesetzt.
Eine Beamtin, die bei den Ermittlungen von Anfang an beteiligt gewesen und dutzende Male die Angeklagten vernommen hatte, konnte sich allerdings nur noch bruchstückhaft an konkrete Gespräche erinnern.
„Wissen Sie, wie lang das her ist?“, wies sie die nachbohrenden Fragen der Verteidiger zurück.
Zugleich berief sie sich auf das Protokoll, das sie stets gewissenhaft geführt habe. „Wenn es so drin steht, dann stimmt es auch so“, stellte die Kriminalbeamtin fest.
Die Anwälte interpretierten die Erinnerungslücken als Ausreden. „Komisch, dass sie sich dann erinnern können, dass sie gegenüber den Angeklagten niemals ausfallend geworden sind“, höhnte der Ingolstädter Advokat.
Als dann die Pfaffenhofener Advokatin nachfragte, ob die Zeugin den an Demenz leide, schritt der Vorsitzende Richter Ziegler ein: „Es ist meine Aufgabe, die Würde der Zeugen zu bewahren. Und so wie sie die Frage stellen, ist die Grenze überschritten“.
Der 22ste Verhandlungstag (13.02.2011) war für die Strafverteidiger ein „schwarzer“ Tag.
Großes Erstaunen hatte die Aussage einer Zeugin ausgelöst. Die Familie Rabe habe sie in der Nacht des Verschwindens von Rudolf Rabe auf ihrem Handy angerufen und darum gebeten, dass man sie doch mit dem Auto abholen möge.
Bei der Zeugin, die mit ihrer Anwältin vor Gericht erschienen war, handelte es sich um eine der Töchter der ehemaligen Mieterin der Familie Rabe. Sie hatten im Stockwerk über den Rabes

gewohnt.
Brisant war die Aussage der jungen Frau vor dem Hintergrund der Ermittlungen im Jahre 2004:
Die inzwischen verstorbene Mieterin hatte damals Folgendes geschildert: Sie habe in der bewussten Nacht im Treppenhaus einen Streit gehört, der später eskaliert sei. Schließlich habe es ein „klatschendes Geräusch“ gegeben, danach sei nur noch „Gewusel“ zu hören gewesen. In den frühen Morgenstunden habe dann Hermine Rabe auf dem Handy ihrer Tochter angerufen und darum gebeten, dass man sie doch vom Irgertsheimer Weiher abhole. Dort habe dann tatsächlich Frau Rabe mit einer ihrer Töchter und Mathias Eisenhard gewartet.
Der Irgertsheimer See („Weiher“) befindet sich nur wenige hundert Meter vom späteren tatsächlichen Fundort von Rabes Auto mitsamt seiner Leiche in der Bergheimer Staustufe entfernt.
Die junge Frau hatte seit 2000 für mehrere Jahre zusammen mit ihrer Schwester und ihrer Mutter im Hause der Rabe gewohnt. Sie war mit Manuela und Andrea Rabe befreundet, ging mit ihnen reiten.
Bereits 2004 war die damals 16-Jährige von Beamten der Kriminalpolizei vernommen worden und hatte immer abgestritten, dass es einen solchen Anruf gegeben habe.
Nun aber sagte sie aus, dass sie die Kriminalbeamten belogen habe. Sie wolle jetzt sagen, was sie in der Nacht, als Rudolf Rabe verschwunden war, erlebt habe.
Die nun geladene Tochter der damaligen Mieterin hatte auch bei dem Verfahren vor dem Landgericht Ingolstadt 2004 bestritten, den Anruf bekommen zu haben. Der Vorsitzende Richter zeigte sich verwundert: „Dann haben sie ja damals sogar wahrheitswidrig
‚Nein’ gesagt. Sie habe ihre Mutter schützen wollen, rechtfertigte

sich die Zeugin.
Die Anwälte wirkten geschockt, denn die Aussage der Zeugin in Verbindung mit der Aussagen ihrer Mutter 2004 bestätigten in Teilbereichen die ursprüngliche Version, dass man Rudolf Rabe nach der Tötung im Hause in dessen Auto verfrachtet und bei Irgertsheim im Wasser versenkt habe, und dass die Mieterin in den frühen Morgenstunden Frau Rabe, ihre Tochter Manuela und Mathias Eisenhard bei Irgertsheim abgeholt und nach Hause gefahren habe.
Die Verteidigung sei von der Aussage der Zeugin ins Mark getroffen, konstatierte Staatsanwalt Reiter. „Interessant, dass die Verteidigung, die sonst alle Zeugen vereidigen will, hier keinen Antrag stellt".
Der Ingolstädter Advokat konterte lahm, die Aussagen der Zeugin seien „sehr unlogisch". Er könne sich das nur so erklären, dass es wohl irgendwann mal so einen Anruf gegeben habe und die Zeugin dies in die damalige Situation projiziere.
Der Tag war auch für die Angeklagte Hermine Rabe nicht spurlos vorüber gegangen. Die Frau erlitt am Nachmittag einen Schwächeanfall und musste kurzzeitig vom Landgerichtsarzt betreut werden. Nach der brisanten Aussage der Zeugin ging die Verkündung der Untersuchungsergebnisse des aus dem Wasser geborgenen Mercedes beinahe unter. Nachdem das Auto von der Ingolstädter Kriminalpolizei offenbar nur oberflächlich begutachtet worden war, hatte das Gericht eine neue Untersuchung durch Landshuter Beamte angeordnet. Und die waren offensichtlich gründlicher vorgegangen. Die Spurensicherung der Kriminalpolizei Landshut hatte seit Oktober 2010 den restlichen Donauschlamm aus dem Wagen geholt und sämtliche Fußräume nach Fundstücken durchsucht. Den getrockneten Schlamm aus den Wagen hatten die Experten zerbröselt und durch einen Sieb ge-

lassen, um alle Kleinteile herauszufiltern. Tatsächlich hatten die Beamten einiges gefunden: Musikkassetten, Feuerzeuge, Tüten und eine Tube Schmerzcreme.

Und das Wichtigste: elf menschliche Fingerknochen. Ob diese tatsächlich von Rudolf Rabe stammten, war zwar allein durch den Fundort nahe liegend, doch durch die Rechtsmedizin nicht mehr nachzuweisen gewesen. Dafür wäre ein weiteres, wesentlich aufwendigeres Verfahren nötig gewesen, so das Gutachten der Uni München.

Die Plädoyers

Am Donnerstag. dem 24. Februar 2011, waren endlich der Staatsanwalt und die Verteidiger an der Reihe, jeweils aus ihrer Sicht den Richtern das Ergebnis der langandauernden und mit vielen Varianten behafteten Beweisaufnahme vorzutragen. Zumindest in einem waren sich der Staatsanwalt und die Verteidiger einig. Der Fall Rabe ist „ein außergewöhnlicher Fall". Mehr Gemeinsamkeiten gab es aber nicht.

Der Staatsanwalt

„Es ist in diesem Verfahren nicht alles optimal gelaufen", bilanzierte Staatsanwalt Reiter gleich zu Beginn seines Plädoyers.

Für ihn war es „ein trivialer Fall einer Beziehungstat", was sich in der Nacht zum 13. Oktober 2001 im Hause Rabe in Friedrichsheim bei Neuburg ereignet hatte. Rudolf Rabe sei seiner Familie lästig gewesen. Es gebe starke Indizien, dass er seine Töchter sexuell missbraucht habe und dass er Mathias Eisenhard vom Hof haben wollte.

Für den Ankläger stehe fest, was in der Nacht vom 12. auf den

13. Oktober 2001 mit Rudolf Rabe nach dem Besuch der BSV-Sportgaststätte in Neuburg passiert ist: Als der betrunkene Landwirt gegen Mitternacht nach Hause gekommen war, habe er sich mit seiner Frau gestritten, in dessen Folge er von seiner Ehefrau Hermine geschubst und die Kellertreppe hinuntergestoßen wurde. Als das Opfer am Treppenabsatz auf dem Rücken lag, habe Hermine Rabe und ihr ‚Schwiegersohn in spe' Mathias Eisenhard den schon vorher gefassten Plan, Rudolf Rabe zu töten, umgesetzt.
Mit einem Holzstück hätten beide auf den Landwirt eingeschlagen und ihn am Kehlkopf die tödliche Verletzung zugefügt.
Allerdings sei nicht mehr nachzuvollziehen, wer den entscheidenden Schlag ausgeführt habe. Wer genau wie zugeschlagen hat, könne aber offen bleiben, so der Staatsanwalt. Fest stehe für ihn die gemeinschaftliche Tatausführung.
Ein Motiv, Rudolf Rabe umzubringen, hätten beide gehabt. So sei Mathias Eisenhard von dem Landwirt auf dem Hof nicht mehr geduldet gewesen. Hermine Rabe habe längst keine emotionale Bindung mehr zu ihrem Ehemann gehabt. Sie habe, um ihren aufwendigen Lebensstil zu finanzieren, weitere Grundstücke verkaufen wollen. Doch dabei habe ihr Mann im Wege gestanden. „Beiden wäre es recht gewesen, wenn Rudolf Rabe von zu Hause weggekommen wäre", resümierte der Staatsanwalt.
Der Staatsanwalt berief sich vor allen auf die Aussagen der Töchter. Sie hatten anfangs die Version mit einem Streit im Treppenhaus geschildert. „Ich halte das für einen Beleg, dass die Kernaussage stimmig und wahr ist", so der Staatsanwalt.
Gemeinsam hätten Hermine Rabe und Mathias Eisenhard die Leiche in der Donau entsorgt.
Danach hätten sie über zwei Jahre sämtliche Behörden getäuscht, um die Tat zu vertuschen. „Das zeigt nur, zu welchen manipulier-

ten Verhalten die Angeklagten fähig sind“, argumentierte der Ankläger.

Deshalb seien die Vorwürfe der Verteidigung, es habe ein Komplott der Kripo gegen die Angeklagten gegeben, völlig haltlos. Die verschiedenen Geständnisse der Angeklagten seien das Ergebnis einer selbstverschuldeten Verstrickung in Lügen.

Die Töchter seien wohl nicht an der Tat beteiligt gewesen. Vermutlich hätten sie das Geschehen mitbekommen, seien aber bei der Leichenbeseitigung wohl nicht dabei gewesen.

Eine Selbsttötung des Rabe sei laut Staatsanwalt praktisch ausgeschlossen. Dagegen spreche nicht nur die Analyse des Landgerichtsarztes Hubert Haderthauer, sondern auch, dass in Rabes Mercedes, der im März 2009 aus dem Wasser der Donaustaustufe bei Bergheim gezogen wurde, kein Zündschlüssel gesteckt habe. Außerdem habe die im Wagen aufgefundene Leiche des Bauern keine Schuhe angehabt. Auch sei kein Abschiedsbrief gefunden worden. Die zahlreichen, mehrfach widerrufenen Geständnisse, in denen auch die Version von der zerstückelten und an die Hofhunde verfütterte Leiche auftauchte, erklärte der Staatsanwalt damit, dass die Angeklagten in eine selbstverschuldete Verstrickung von Lügen, in einen „Strudel aus Lügengeschichten“ geraten seien.

Als klar gewesen sei, dass Rabe am entscheidenden Abend nach Hause gekommen war, hätten sie mit immer neuen Lügen die vorhergegangenen zu begründen versucht.

Der Staatsanwalt forderte schließlich, die ältere Rabe-Tochter vom Vorwurf der Beteiligung durch Unterlassen freizusprechen. Eine Haftentschädigung könne ihr aber nicht zugesprochen werden.

Das Verfahren gegen die jüngere Tochter war wegen deren Schwangerschaft bereits vor einigen Wochen abgetrennt worden.

Für Hermine Rabe und Mathias Eisenhard forderte der Ankläger wegen eines Verbrechens des gemeinschaftlichen Todschlags jeweils siebeneinhalb Jahre Freiheitsentzug.

Die Verteidiger

„Dieser Fall ist ein anschauliches Lehrstück, wie alles, was falsch gemacht werden kann, falsch gemacht wurde". Mit diesen Worten eröffnete die Pfaffenhofener Advokatin ihr Plädoyer.

Es gehe um mehr, als eine längst überfällige Wiedergutmachung an ihren Mandanten, so die Advokatin.

Es gehe um das Vertrauen in die Justiz.

Denn aus einer Familientragödie sei ein Komplott der Ermittlungsbeamten gegen unschuldige Bürger geworden.

Ihre Mandanten seien ein Opfer eines Justizskandals.

Obwohl die Ehefrau und die Töchter um den verschwundenen Rudolf Rabe trauerten (Anmerkung des Autors: In keiner Phase des langandauerndem Verfahrens war in dieser Hinsicht eine Aussage vermerkt), wurden die Familie und der damalige Schwiegersohn in spe verdächtigt, den Landwirt umgebracht zu haben.

Die Polizei habe in die Gerüchteküche im Ort „fröhlich mit eingestimmt". Konsequent und ohne Beachtung entlastender Aspekte (Anmerkung: welche denn?) seien ihre Mandanten (Anmerkung: Die Advokatin war nur die Verteidigerin von Manuela Rabe) von Anfang an als Schuldige angesehen worden.

Falsche Vorhalte und Versprechungen (Anmerkung: welche denn?) hätten die Beamten gemacht, damit die Angeklagten sagen, was gewünscht war. „Man hatte nichts (Anmerkung: Aber doch wohl den seit zwei Jahren verschwundenen Rudolf Rabe), deshalb brauchte man die Geständnisse dringend", sagte die Ad-

vokatin.
Der Ingolstädter Advokat forderte Freispruch für die Angeklagten (Anmerkung: Er war nur der Verteidiger von Hermine Rabe).
„Sie müssen beweisen, dass die Angeklagten schuldig sind. Aber sie haben weniger als nichts“.
Das reicht nicht für eine Verurteilung“, blaffte er in Richtung Staatsanwalt. Man habe 2005 in einem „Hexenprozess“ ein Urteil aus Inzest, Horror, Mord und Totschlag zusammengerührt und unschuldige Menschen jahrelang hinter Gitter gesperrt.
Seiner Überzeugung nach sei „dieses ganze Horrorszenario“ der Anklage schon in den Köpfen der Ermittler gewesen, als sie sich Jahre nach des Bauern Verschwinden mit der Familie Rabe näher befassten. „Sie haben ihr Leben zerstört!“ „Vielleicht kam der Bauer tatsächlich heim und ging wieder, als er von seiner Frau beschimpft wurde“, sagte der Advokat.
Dafür gebe es genau so viele Anhaltspunkte wie für das Heimkommen mit Treppensturz -nämlich überhaupt keinen. Für die Verteidigung spiele es keine Rolle, ob Rabe vielleicht Selbstmord begangen hat oder nur unglücklicherweise in die Donau rollte.
„Die Angeklagten haben nicht ihre Unschuld zu beweisen. Sondern Sie, Herr Staatsanwalt, müssen ihnen die Schuld nachweisen! Sie haben die Leute schon einmal hinter Gitter gebracht.
Sie haben ihr Leben zerstört!
Ich hätte eigentlich gehofft, dass man einmal zur Einsicht kommt und Fehler zugibt.
Mit Ihrem Strafantrag haben Sie Ihrer Institution jedenfalls keinen Gefallen getan“.
Auf ihre Mandanten sei von den Ermittlern Druck ausgeübt worden. „Das muss nicht mit glühenden Zangen geschehen“, sagte der Anwalt von Mathias Eisenhard. „Das geht auch durch subtile Maßnahmen.

Die Angeklagten hätten außerdem gleich bei der ersten Hausdurchsuchung 2004 als Beschuldigte und nicht als Zeugen belehrt werden müssen.
Dreh- und Angelpunkt im Falle Rabe sei, ob der Bauer am fraglichen Abend nach Hause gekommen sei. „Und das können sie nicht beweisen", sagte der Anwalt an den Staatsanwalt gewandt. Für ihn sei auch ein Selbstmord denkbar. Ein drohender Offenbarungseid wegen hoher Schulden, gesundheitliche Probleme und die Unzufriedenheit in der Familie seien starke Motive für einen Suizid.
Auch ein zufälliger Unfall sei nicht ausgeschlossen.
Die Verteidigung beantragte für alle Angeklagten Freispruch und die volle Entschädigung für zum Teil mehr als 2000 Tage Haft.

Das Urteil

Wegen des enormen Medienandranges hatte das Landshuter Landgericht die finale Sitzung am Freitag, dem 25. Februar 2011, wieder in den großen Sitzungssaal 10 zurückverlegt -dorthin, wo das Wiederaufnahmeverfahren um den Tod von Rudolf Rabe am 20. Oktober 2010 begonnen hatte.
Der Vorsitzende Richter Theo Ziegler musste die Journalisten mehrmals ermahnen, das Filmen und Fotografieren einzustellen. Dann verlas er das Urteil: Es lautete auf Freispruch.
Die als Schwurgericht tagende Jugendkammer des Landgerichts Landshut hatte damit das Urteil von Ingolstadt aus dem Jahre 2005 aufgehoben.
Allerdings sprach das Gericht den Angeklagten eine Haftentschädigung für ihre Zeit im Gefängnis nicht zu. Begründung: Sie hätten ihre Verurteilung durch ihre Falschaussagen selbst verschuldet.

Nach dem Urteilsspruch lagen sich zunächst Angeklagte und Verteidiger in den Armen. Doch die Begründung für den Richterspruch trübte die Euphorie auf Seiten der Verteidigung.
Je länger der Vorsitzende Richter sprach, desto mehr verschwand das Lächeln auf den Gesichtern der Anwälte. Anfangs hatten sie ihren Mandanten noch die Hände gedrückt und sich zugezwinkert. **Die Begründung des Urteils verwunderte. Der Vorsitzende Richter machte mehr als deutlich, dass das Gericht davon überzeugt war, dass Rudolf Rabe in der Nacht seines Verschwindens nach Hause gekommen war. „Eine Vielzahl von Indizien ließen in der Zusammenschau keine Zweifel", so der Richter.**
Und: das Gerichts sei überzeugt davon, dass die Angeklagten die „Ursache für den Tod" gesetzt haben. (Im Klartext: Sie haben den Bauern getötet.)
Doch was dann geschehen ist, sei „völlig unklar". Die Vielzahl der Aussagen der Angeklagten mache es nicht möglich, auch nur annähernd zu rekonstruieren, was in der Nacht tatsächlich passiert sei. Außerdem stimme keine der Varianten mit dem Obduktionsergebnis der geborgenen Leiche überein.
„Wir können nicht sicher sein, wer im Einzelnen etwas getan hat", so der Richter. „Eine plausible und nachvollziehbare Annahme, wie der Tod überhaupt eingetreten ist, haben wir nicht".
Weil die Strafkammer also nicht sicher wisse, wer genau auf welche Art Rudolf Rabe umgebracht hat, musste sie die Angeklagten freisprechen.
Dass der Bauer damals selbst versehentlich in die Donau gefahren sei, schloss der Richter genauso aus wie einen Selbstmord.
Entscheidend hierfür sei die Position der Leiche im Auto gewesen, als im März 2009 Rabes Mercedes aus dem Wasser der Do-

naustaustufe gezogen worden war. Der Bauer habe mit dem Gesicht zum Heck seines Wagens praktisch auf dem Fahrersitz „gekniet“. Das habe dafür gesprochen, dass er ins Auto hineingesetzt oder – gelegt wurde.
Außerdem sei laut Gutachten der Motor nicht gelaufen, als das Auto im Wasser versank, und der Schlüssel habe nicht im Zündschloss gesteckt.
Besonders auffällig sei auch, dass der Bauer keine Schuhe getragen habe. Es habe auch keine Situation bestanden, die Anlass für einen Selbstmord gewesen sei, so der Richter.
Die Geständnisse der Angeklagten sah der Vorsitzende Richter als „voll verwertbar“.
Die von den Verteidigern während des gesamten Prozesses scharf angegriffenen Ermittlungsbeamten nahm der Vorsitzende Richter in Schutz.
Von „erpressten“ Geständnissen durch die Polizisten wollte das Gericht nichts wissen. „Gewisser Druck ist erlaubt“, sagte der Richter. „Allerdings ist das immer eine Gradwanderung“. Er sehe keine Umstände bei den Vernehmungen, die dazu geführt hätten, die Aussagen voll auszublenden. Auch auf den Videovernehmungen am Tatort sei kein Druck erkennbar gewesen.
Die Frage, warum die Angeklagten dann die haarsträubenden Falschgeständnisse abgeliefert haben, beantwortete Richter Ziegler selbst: „Wir wissen es nicht“. Auf alle Fälle seien sie nicht durch unerlaubten Druck zustande gekommen.
Dass die Angeklagten so debil seien, wie sie immer geschildert wurden, konnte Richter Ziegler nicht glauben. „Es ist nicht so, dass die nicht wissen, was sie tun. Beispielsweise habe man an den Reaktionen der Witwe während der Verhandlung gesehen, dass sie gut aufpasse.

Die Verteidigung zeigte kein Verständnis für diese Einschätzung. „Ich habe nicht erwartet, dass der Richter seine eigenen Leute an den Karren fährt. Aber dieser Persilschein ist für mich enttäuschend“, sagte die Pfaffenhofener Advokatin.
Am Ende der Urteilsverkündung sagte der Ingolstädter Advokat in die zahlreichen Fernsehkameras: „Die Kammer hat die heißen Kohlen für die Justiz und die Polizei aus dem Feuer geholt“. Die Begründung für das Urteil sei eher die für einen Schuldspruch.
Der Anwalt von Mathias Eisenhard sprach aus, was tatsächlich hinter dem Urteil stand: „Wir haben gewonnen und doch verloren“.
Oberstaatsanwalt Reiter bezeichnete das Urteil des Landgerichts Landshut als „Ohrfeige für die Verteidigung“, weil das Gericht bei der Schuldfrage weitgehend seiner Argumentation gefolgt sei. Er werde aller Voraussicht nach nicht dagegen vorgehen. „Die Beweislage des Kerngeschehens wird sich auch in einem neuen Verfahren nicht verbessern“.
Bleibt noch zu erwähnen, dass die Kosten des Verfahrens von der Staatskasse zu übernehmen waren, also vom Steuerzahler zu tragen sind.
Mit allen Gutachten, Tauch- und Bergungsaktionen, sowie den Kosten der vielen geladenen Zeugen und Gutachter und nicht zuletzt der nicht geringen Honorare für die sich zu den Pflichtverteidigern hochgespielten vier Anwälte waren wohl mehrere hunderttausend Euro angefallen.

KRITISCHE EINSCHÄTZUNG IM KRIMINALFALL RABE

-Vermisstensache

Es war kein „Hexentreiben“ gegen ‚unschuldige Bürger’, wie der Ingolstädter Advokat es in seinem Plädoyer ausdrückte.
Und es wurde auch nicht „alles falsch gemacht, was falsch gemacht werden konnte“, wie die Pfaffenhofener Advokatin ‚messerscharf’ konstatierte. Sondern es war solide Polizeiarbeit, als sich die Kriminalpolizei in die „Vermisstensache Rabe“ eingeschaltet hatte.
Wenngleich die erstermittelnden Beamten der Polizeiinspektion Neuburg bei entsprechender Erfahrung gleich zu Anfang gezielter hätten vorgehen können.
Aber wie soll die Polizei es einordnen, wenn eine Frau zur Dienststelle kommt und berichtet, dass ihr dem Alkohol verfallener Ehemann nach einem ausgedehnten Wirtshausbesuch nur wenige Stunden nach dem alkoholisierten Verlassen der Kneipe nicht nach Hause gekommen ist? (Zum Verständnis: Die damals 52-jährige Hermine Rabe meldete am Sonntag, dem 14. Oktober 2001, ihren Ehemann vermisst, weil er in der Nacht vorher nicht heimgekommen war.)
Die so kurzfristige Aktivität der Frau hätte erfahrenere Ermittler stutzig machen können.
Bei Vermisstenmeldungen wird u. a. auch registriert, wie der Vermisste bekleidet war. Gegebenfalls hätte beim Wirt der Gaststätte, in der der Bauer gezecht hatte, nachgefragt werden können, wie Rudolf Rabe bekleidet war, als er das Lokal verlassen hatte.
Eine sofortige Nachschau in der Wohnung des vermisst Gemeldeten hätte möglicherweise zu Tage gebracht, dass ein Teil seiner Bekleidung (Jacke, Weste, Schuhe) in der Wohnung zu finden gewesen wäre.
Als das Auto mit der Leiche des Rabe mehr als sieben Jahre später aus dem Gewässer der Donaustaustufe bei Bergheim geborgen wurde, war die teilskelettierte Leiche nur mit einem Hemd, einer

Hose und Socken, aber mit keinen Schuhen, keiner Jacke oder Weste bekleidet.
So aber haben die Beamten der Polizeiinspektion Neuburg den Fall eher routinemäßig, wenn nicht gar wenig ernsthaft behandelt. Nachdem über den Aufenthalt des Landwirts Rudolf Rabe zwei Jahre nach seinem spurlosen Verschwindend immer noch nichts bekannt geworden war, war es die Pflicht der Polizei, sich der Sache näher anzunehmen. Als die Kriminalpolizei Ingolstadt also nach knapp zwei Jahre sich intensiver mit dem Vermisstenfall beschäftigte, lag dies genau in ihrem Generalauftrag zur Bearbeitung von Vermisstensachen.
Die polizeilichen Richtlinien zur Bearbeitung von Vermisstensachen schreiben vor, dass sich die Polizei dann einzuschalten hat, wenn als Ursachen für das Verschwinden einer Person eine Straftat, ein Unglücksfall oder ein Freitod in Frage kommt. Wobei bei Kindern und Jugendlichen ein strengerer Maßstab anzulegen ist, als bei Erwachsenen, weil Erwachsene ihren Aufenthaltsort und ihre Lebensweise selbst bestimmen können.
Es ist ein eherner Grundsatz, dass zunächst das unmittelbare Umfeld des Verschwundenen noch einmal in die Ermittlungen mit einbezogen wird.
Als die Beamten der ErmittlungsgRabee der Kriminalpolizei Ingolstadt also am 13. Januar 2004 sich mit der Familie des Verschwundenen näher befassten, lag dies genau im polizeilichen Auftrag.
Es ist Erfahrungstatsache, dass in derartigen Fällen zunächst im häuslichen Bereich des Vermissten ermittelt wird.
Nachdem bei einer Suche im Hause Rabe im Rucksack einer der Töchter den Diabetikerausweis und dem Geldbeutel samt EC-Karte des Verschwundenen gefunden worden war, konnte dies als ein schwerwiegender Anhaltspunkt dafür angesehen werden, dass

der Ehemann und Familienvater Rabe in der Nacht seines Verschwindens von Samstag auf Sonntag, dem 13./14. Oktober 2001, doch nach Hause gekommen war.
Die Detailbefragung der Familienangehörigen und sonstigen Bewohner des Anwesens war also dringend geboten.
Die im Wiederaufnahmeverfahren von den Anwälten beanstandeten Vorgespräche, die nicht protokolliert worden sind, dienten nichts anderem als der Aufklärung des Vermisstenfalles. Derartige Gespräche werden normalerweise nicht protokolliert, sondern allenfalls in einem Aktenvermerk festgehalten.
Nachdem sich bei den Ermittlungsbeamten aber der begründete Verdacht gefestigt hatte, dass Rudolf Rabe möglicherweise in seinem eigenen Hause zu Tode gekommen war, ergab sich die Rechtssituation, dass die Familienangehörigen als mögliche Täter für ein Tötungsdelikt nicht mehr auszuschließen waren. Die Ermittlungsbeamten haben deshalb den Vorschriften entsprechend ab diesem Zeitpunkt die in Frage kommenden Personen als Beschuldige angesehen, entsprechend der Vorschriften der Strafprozessordung belehrt, dann als Beschuldigte vernommen und ihre Aussagen entsprechend protokolliert. Der damals verantwortliche Staatsanwalt der Staatsanwaltschaft beim Landgericht Ingolstadt, Oberstaatsanwalt Veh hatte dieses Vorgehen bei seiner Zeugenvernehmung im Wiederaufnahmeverfahren vor dem Landgericht Landshut eindeutig klargestellt. An dem Verhalten der Ermittlungsbeamten ist also nichts auszusetzen.
Was die Pfaffenhofener Advokatin darin als „falsch gemacht“ angesehen hat, ist von ihr unbegründet geblieben.
Freilich hätten es sich die polizeilichen Ermittler leichter machen und sich eine Menge Arbeit, Ärger und Demütigungen ersparen können, wenn sie die „Vermisstensache Rabe“ einfach ruhen gelassen hätten. Niemand hat ja in dieser Angele-

genheit nachgefragt, niemand hatte einen Anstoß zu neuerlichen Nachforschungen gegeben.
Über den ‚Aufschrei' der Medien und die Vorwürfe gegen die Polizei kann spekuliert werden, als der vermisste Rudolf Rabe am 10. März 2009, also 7 ½ Jahre nach seinem spurlosen Verschwinden, als Leiche in seinem Auto aus dem Gewässer der Donaustaustufe bei Bergheim geborgen wurde.

-Von richtigen (zutreffenden) und falschen Geständnissen

Die zutreffenden Geständnisse

Eigentlich war alles ganz logisch, plausibel und nachvollziehbar, was von Hermine Rabe, den beiden Töchtern und Mathias Eisenhard nach ihrer Festnahme am Dienstag, den 13. Januar und Mittwoch, dem 14. Januar 2004, in ihren ersten Aussagen den Ermittlungsbeamten der Kriminalpolizei gestanden hatten.
In der Zusammenfassung ergibt sich folgender Handlungsablauf: Hermine Rabe und Mathias Eisenhard hatten schon zwei Tage vor dem fraglichen Abend beschlossen, Rudolf Rabe bei nächster Gelegenheit zu töten.
In der Nacht vom Samstag, dem 13. Oktober 2001, auf Sonntag, dem 14. Oktober 2001, warteten Hermine Rabe, ihre beiden Töchter und Mathias Eisenhard im Flur des heimischen Hauses auf den heimkommenden Rudolf Rabe.
Als der Landwirt, wie üblich betrunken, nach Mitternacht gegen 01 Uhr läutete und Einlass begehrte, bemerkte Hermine Rabe: "Jetzt kommt er, der Alte. Der ist bestimmt wieder besoffen, die Sau". Hermine Rabe öffnete die Tür und fing sofort einen Streit mit ihrem Mann an. Im Verlauf dieses Streites „schubste" die Frau ihren Mann, so dass dieser die Treppe in den Keller hinunter

gefallen ist.
Als dieser unten aufgeschlagen war, hatte er noch gelebt.
Hermine Rabe ist dann nach oben gegangen, hat ein Holzscheit geholt und damit mehrmals auf den Wehrlosen eingeschlagen.
Manuela Rabe wollte allerdings gesehen haben, dass ihr damaliger Verlobter Mathias Eisenhard mit einem nicht näher definierten Gegenstand zweimal auf den Kopf des Verletzten eingeschlagen hat.
Der leblose Körper des Landwirts wurde in einem Nebenraum im Keller geschafft.
Gegen 03.30 Uhr verfrachteten Mathias Eisenhard, Hermine Rabe und ihre ältere Tochter den Toten in dessen Auto, wobei Hermine Rabe skrupellos mit einer Eisensäge den abstehenden Arm der Leiche absägte, weil dieser seitlich ab stand und der Körper sich daher nicht ins Auto verstauen ließ.
Als der Leblose schließlich auf der Rückbank des Autos verfrachten war, fuhren Mathias Eisenhard, Hermine Rabe und die ältere Tochter Manuela mit dem Auto zu den Gewässern bei Irgertsheim/Bergheim.
In einem abschüssigen Uferstück ließen sie das Auto mit dem Leichnam des Rudolf Rabe ins Wasser gleiten.
Anschließend rief Manuela per Handy die Tochter der Untermieterin in Friedrichsheim an und bat darum, in Irgertsheim abgeholt zu werden.
Die Untermieterin fuhr tatsächlich mit ihrem Auto zur vereinbarten Stelle bei Irgertsheim und transportierte die drei Personen nach Hause.
Diese Aussagen waren von den Beschuldigten vor dem Ermittlungsrichter so wiederholt worden und damit gerichtsverwertbar geworden. Daran änderte sich auch nichts, dass die Beschuldigten nach Wochen anwaltgesteuert ihre Aussa-

gen widerrufen hatten.
Und sie wurden durch die Auffindung von Rabes Auto und dessen darin befindlichen Leichnam im Gewässer des Donaustausees bei Bergheim/Irgertsheim bestätigt.
Allerdings erst sieben Jahre später.
Auch in der filmischen Rekonstruktion, die die Ermittler im ersten Ermittlungsverfahren im Frühjahr 2004 mit Zustimmung aller Beteiligten im Hause Rabe vorgenommen hatten, wurde der Tatablauf annähernd den ersten Geständnissen entsprechend wiedergegeben.
Allerdings haben alle in dem ausgeuferten Verfahren Beteiligten, von den im Prozess vor dem Landgericht Ingolstadt tätigen Anwälte, vom Staatsanwalt und den Richtern beim Landgericht Ingolstadt über die Medien und selbsternannte und sonstige Kritiker bis zu den Anwälten im Wideraufnahmeverfahren vor dem Landgericht Landshut es sträflich unterlassen, diese offensichtlich zutreffenden Geständnisse in ihre Überlegungen mit einzubeziehen.
Nur einmal hatte sich der Ingolstädter Advokat im Wiederaufnahmeverfahren -wohl eher unüberlegt- dahingehend geäußert, dass es „zwar Indizien und alte Geständnisse gibt, aber die wurden ja bekanntlich zurückgenommen". (Augsburger Allgemeine vom 02.04.2010)
Sind sie deshalb falsch?
Durften sie nicht verwendet werden, obwohl sie durch die richterliche Vernehmung beim Ermittlungsrichter bestätigt worden sind? Es gibt in der Kriminalistik selten so klare und durch Beweise nachvollziehbare Geständnisse über ein Gewaltverbrechen, die durch ein später von geistig minderbemittelten Tatverdächtigen aufgebautes Hirngespinst über eine makabere Leichenbeseitigung überdeckt, ja ganz und gar verdrängt worden ist.

Die falschen Geständnisse

Die makaberen und an Abscheulichkeiten unübertroffenen Horrorgeschichten über die Leichenbeseitigung des getöteten Rudolf Rabe kamen erst zur Sprache, als die Polizei das Auto mit der Leiche in dem Gewässern der näheren und weiteren Umgebung nicht gefunden hatte.

Erst **fünf Wochen nach** der Festnahme der Sippe Rabe hatte Manuela, die ältere Tochter aus der Justizvollzugsanstalt heraus den Ermittlern berichtet, dass und wie Mathias Eisenhard ihren Vater erschlagen, die Leiche zerstückelt und an die Hunde verfüttert habe. Allerdings hatte Manuela bei ihren ersten Vernehmungen gleich nach ihrer Festnahme als einzige schon die Geschichte mit dem spitzen Hammer erwähnt, mit dem ihr Verlobter auf den Vater eingeschlagen habe.

Vier Monate nach seiner Festnahme ließ Mathias Eisenhard aus dem Gefängnis heraus über seinen Anwalt den Ermittlern mitteilen, dass er ein Geständnis ablegen wolle. Und dann hatte der junge Mann in mehreren Vernehmungen den Beamten ein gigantisches Lügengebäude über die Leichenbeseitigung aufgetischt, die er auch bei der im Hause in Friedrichsheim durchgeführten filmischen Rekonstruktion des Tatablaufes als Quasi-Regisseur mit seinem Anwalt als Handelnden noch dramatisiert hatte.

Aber können eine junge, unterintelligente Frau und ein dem Alkohol verfallener 21-jähriger Mann von sich aus und ohne Anleitung derart Ungeheuerliches erfinden und in einem Mord/Todschlag-Verfahren einbringen? Ist das alles, was sie an Abscheulichkeiten bei der angeblichen Leichenbeseitigung zum Besten gegeben haben, auf „Ihren eigenen Mist gewachsen“ oder wurde es ihnen von wem auch immer „in den Mund gelegt“?

Zugegeben: Im deutschen Strafrecht darf jeder Beschuldigte ungestraft schweigen, die Wahrheit sagen oder lügen und phantasieren.

-Das Urteil des Landgerichts Ingolstadt

Die als Schwurgerichtskammer tagende Jugendkammer des Landgerichts Ingolstadt hatte nach 25 Verhandlungstagen am Freitag, dem 13. Mai 2005, Hermine Rabe und Mathias Eisenhard wegen gemeinschaftlich begangenem Verbrechen des Totschlags zu je achteinhalb Jahren Freiheitsentzug verurteilt. Die beiden Töchter des Bauern waren wegen Beihilfe zum Totschlag durch Unterlassen zu zweieinhalb bzw. dreieinhalb Jahren Jugendstrafe verurteilt worden. Nach Überzeugung des Gerichts war Rudolf Rabe in der Nacht vom 13. auf 14. Oktober 2001 erschlagen, die Leiche zerstückelt und vermutlich den Hunden zum Fraße vorgeworfen worden.
Bewiesen sei die schreckliche Tat durch die vielen Aussagen nicht nur der Angeklagten, sondern auch der Zeugen. Alles zusammengefasst ergebe sich „ein deutliches und im wesentlichen übereinstimmendes Bild, so dass an der Wahrheit nicht zu zweifeln ist“, so der Vorsitzende Richter in der Urteilsbegründung.
Was zu beanstanden ist, war, dass bereits der Staatsanwalt in seiner Anklageschrift und bei seinem Plädoyer die Beseitigung des Toten durch Zerstückelung als gegeben dargelegt und die Version vom Versenken des Autos mit dem Toten in einem Gewässer bei Irgertsheim vollkommen negiert hatte. Warum eigentlich? So abwegig war ja diese Version gar nicht, zumindest war sie logischer, als das Hirngespinst mit der Zerstückelung der Leiche.
Auch die Anwälte hatten die Horrorgeschichten der Angeklagten offensichtlich als gegeben hingenommen.
Und auch die Richter gingen auf die Schilderungen über die Zer-

stückelung der Leiche und der Verfütterungen an die Hunde ein. Der Vorsitzende Richter dazu: „Dass die grausigen Schilderungen von den Angeklagten ausgedacht worden seien, kann wohl niemand ernsthaft glauben“.
Die ersten und im Nachhinein zutreffenden Geständnisse gleich nach ihren Festnahmen, die an Gewicht durch die Wiederholung vor dem Ermittlungsrichter wesentlich schwerer wogen, als die sehr viel später von den Inhaftierten vorgebrachten Phantastereien, die sehr konkrete Aussage einer Bewohnerin des Rabe-Hauses in Friedrichsheim, dass sie am Morgen nach der angenommenen Tat Frau Rabe, deren Tochter Andrea und Mathias Eisenhard in Irgertsheim mit dem Auto abgeholt hatte, wurden vom Gericht ebenfalls negiert.
Sogar der Bundesgerichtshof ließ in dem angestrengten Revisionsverfahren die These von der makaberen Leichenbeseitigung zu. Wenn gleich den dortigen Richtern hätte auffallen müssen, dass die in den ursprünglichen Geständnissen der Angeklagten recht plausible „Entsorgung“ der Leiche gänzlich ausgeblendet worden war.
Durch die Entscheidung des Bundesgerichtshofes war das Urteil des Landgerichts Ingolstadt rechtskräftig geworden.

-Die „straflose bzw. mitbestrafte Nachtat“

Wenn Jemand vorsätzlich einen anderen Menschen tötet, dann wird er, vorausgesetzt die Tat kann ihm beweissicher nachgewiesen werden, wegen eines Verbrechens des Totschlags oder Mordes bestraft.
Wenn der Täter dann das Opfer beseitigt, kann er allein deswegen nicht extra bestraft werden, weil das deutsche Strafrecht eine Leichenbeseitigung nach der Tat nicht gesondert unter Strafe stellt.

Die Strafjuristen sprechen hier von einer „straflosen bzw. mitbestraften Nachtat".

Die Beseitigung der Leiche kann auf unterschiedliche Weise erfolgen. Sie kann vergraben, verbrannt, ins Wasser geschmissen oder, wie die ‚Sippe Rabe' in dem Verfahren behauptet hat, zerstückelt und an die Hunde verfüttert werden. Allein wegen der von ihnen -wie sich später herausgestellt hat- erlogenen Leichenbeseitigung war eine Bestrafung also gar nicht möglich.

Der Ankläger und später auch das Gericht in seiner Urteilsbegründung sind nach dem damaligen Kenntnisstand wohl zu eindringlich auf die von den Angeklagten im Vorverfahren ausgesagte makabre Leichenbeseitigung eingegangen.

Das Landgericht Ingolstadt hatte zwar in der Urteilsbegründung ausdrücklich darauf hingewiesen, dass die Beseitigung der Leiche strafrechtlich keine Rolle gespielt hat. Es ist aber sehr ausführlich auf diese makabere Leichenbeseitigung eingegangen, so dass der Eindruck entstehen musste, dass die Angeklagten wegen der gewaltsamen Tötung von Rudolf Rabe **und** der Zerstückelung der Leiche und Verfütterung an die Hunde verurteilt worden sind.

Dabei hätte das gesamte Verfahren einen ganz anderen Verlauf nehmen können, wenn der Ankläger und die Richter sehr viel kritischer mit den im Übrigen ebenfalls von der Beschuldigten widerrufenen ‚Geständnissen' über die makabere Leichenbeseitigung umgegangen wären.

-Der Fund des Autos mit der Leiche des Bauern Rabe

Als am Dienstag, dem 10. März 2009, aus dem Gewässer des Donaustausees nahe Bergheim das nur sieben bis acht Meter von der Stauseetreppe entfern im Schlick steckende Auto aus dem Wasser gehievt und darin die Leiche des seit mehr als 7 ½ Jahren ver-

schwunden Landwirts Rudolf Rabe gefunden wurde, war das gigantische Lügenwerk der Sippe Rabe in sich zusammengebrochen. Der Fund hatte zweierlei bestätigt:
Die Leiche des Rabe war nicht zerstückelt und die Hunde verfüttert worden.
Und die ersten, später widerrufenen Geständnisse der damaligen Beschuldigten waren der Wahrheit am nächsten gekommen.
Die Polizei hatte bei der wochenlangen Suche im April 2004 das damals schon zwei Jahre im Schlamm des Bergheimer Stausees liegende Auto nicht gefunden.
Ist ihr deshalb ein Vorwurf zu machen? Wohl kaum.
In dem Wiederaufnahmeverfahren vor dem Landgericht Landshut ist, von den Konfliktanwälten inszeniert, über Stunden hinweg bemängelt worden, dass die Bergung des Autos und der Leiche pannenhaft erfolgt war und die Ermittler stümperhaft gehandelt haben.
Dass bei der Bergung nicht alles optimal verlaufen ist, darüber kann es keinen Zweifel geben. Aber im Nachhinein darüber zu schwadronieren, ist zwecklos und diente allenfalls dazu, die Ermittler zu diskreditieren (was wohl von den Konfliktanwälten beabsichtigt war).
Letztenendes war ja wohl ausschlaggebend, dass das Auto mit der unzerteilten Leiche annähernd an der Stelle gefunden und geborgen worden ist, wo die damaligen Verdächtigen in ihren ersten Geständnissen zufolge es versenkt hatten.

-Der Zustand der Leiche bei der Bergung

Die Leiche des Rabe war bei der Bergung offensichtlich schon zum Teil skelettiert.
Den Medienberichten zufolge schwabbte bei dem Herausziehen

des Autos der Schlamm in Fahrzeuginnern nach vorne und drückte die Frontscheibe nach außen. Mit dem Schlick fiel auch der Oberkörper des Skeletts ins Wasser (Donaukurier vom 10.03.2009).

Der Gutachter der Rechtsmedizin hatte berichtet, dass „der Rumpf relativ gut erhalten, die Halswirbel vorhanden (und unverletzt) und der Schädel ebenfalls vorhanden (und unverletzt) war. Der Halsbereich allerdings sei beim Auffinden nicht mehr vorhanden gewesen.

Ein Beamter der Spurensicherung der Kriminalpolizei Ingolstadt hatte dem Gericht in Landshut von der Situation im Auto nach der Bergung berichtet und dabei von „Unterschenkelknochen, die im Schlamm vor dem Fahrersitz gesteckt haben" gesprochen. Nachdem der Beamte auch von „Fußspitzen, die in Richtung Sitz gezeigt hatten" berichtet hatte, müssen wohl auch die Knöchel-, Fersen- und Fußknochen an den Unterschenkelknochen vorhanden gewesen sein.

Diese Folgerung muss deswegen gezogen werden, weil der Beamte auch von Nichtvorhandensein der Schuhe, sondern nur der Socken gesprochen hatte.

Es muss hier jedoch eingeschränkt werden, dass diese Feststellungen wohl erst getroffen werden konnten, nachdem das Auto unmittelbar nach der Bergung wieder auf allen vier Rädern gestanden hatte.

Die in den Medien verbreiteten Bilder zeigen einen vollkommen bis über das Lenkrad mit Schlamm und Schlick aufgefüllten Innenraum.

Erst durch ‚Graben' in diesem Schlick konnten also die von dem Beamten geschilderten Knochenteile freigelegt werden.

Da schon beim Herausziehen des Autos erhebliche Bewegung des Schlicks im Innenraum verursacht worden ist, konnte die Position

der Beinknochen gar nicht mit annähernder Sicherheit so, wie sie von dem Beamten geschildert, übernommen werden.
Ob an dem Rumpf des Körpers auch der Hüft- und Beckenteil vorhanden gewesen ist, davon ist nichts zu lesen.
Von den übrigen Extremitäten (Oberschenkelknochen, Ober- und Unterarmknochen, Handknochen) wird nirgendwo berichtet.
Allerdings hatten die Beamten der Kriminalpolizei Landshut auf Weisung der Landgerichts Landshut sehr viel später im getrockneten Schlamm des **hinteren Fußraumes im Fahrzeuginnern** noch 12 Fingerknochen gefunden, die offensichtlich der Leiche des Rabe zuzuordnen gewesen waren.
Obwohl der Gerichtsmediziner bei dem Wiederaufnahmeverfahren vor dem Landgericht Landshut berichtet hatte, dass „bei der Bergung zumindest keine wichtige Leichenteile verloren gegangen seien", muss angenommen werden, dass Ober- und Unterarmknochen, sowie die Oberschenkelknochen mit dem Rumpf des Leichnams bei der Hochhieven des Autos durch die geplatzte Frontscheibe in das Wasser gespült und dort auf den Grund des Stausees gelandet sind.
Dies ist insoweit bedauerlich, als nicht mehr bewiesen werden konnte, ob die ursprünglichen Aussagen des Mathias Eisenhard gleich nach seiner Festnahme zutrafen, dass Hermine Rabe mit einer Eisensäge aus der Schlachtküche einen abstehenden Arm von dem bereits in Leichenstarre befindlichen leblosen Körper des Rudolf Rabe abgesägt hatte, weil die Leiche sich sonst nicht in das Auto verstauen hat lassen.
Wenn also an einem der Oberarmknochen Sägespuren nachgewiesen werden hätten können, wäre dies ein Indiz für die Richtigkeit der Aussagen des Mathias Eisenhard und damit ein Beweis für die ursprünglich geschilderte Tathandlung gewesen.
Den Medienberichten ist zu entnehmen, dass bei der Bergung das

Skelett mit einem karierten Hemd, einer Hose und Socken bekleidet war. Schuhe und sonstige Kleidungsstücke waren offensichtlich nicht vorhanden.
Daraus muss geschlossen werden, dass die Leiche des Rabe nur mit Hemd, Hose und Socken in sein Auto verfrachtet worden war, was Rückschlüsse auf das Verschwinden des Bauern im Oktober 2001 zulässt, die für die Bearbeitung von Vermisstensachen wichtig gewesen wären. (Dazu ist im Abschnitt ‚Vermisstensache' eine entsprechende Ausführung nachzulesen.)

-Die „Mär" von der knieenden Leiche im Auto

Eine **‚ungewöhnliche Sitzposition'** der Leiche des Rabe beschäftigte die Medien, den Gerichtsmediziner und letztendlich auch noch das Landgericht Landshut.
Schon Mitte Mai 2009 berichteten Zeitungen davon, dass **‚der Landwirt kniend am Fahrersitz seines Mercedes in verdrehter Stellung mit dem Rücken zum Steuer und mit dem Gesicht in Richtung Heck gefunden worden sei'.**
Die Medien beriefen sich auf „eine kriminaltechnische Rekonstruktion und auf den Bericht der Leichenbergung".
Aber weder bei der Polizei noch bei der Staatsanwaltschaft des Landgerichts Ingolstadt war von einem „kriminaltechnischen Rekonstruktion" oder einem Bergungsbericht etwas bekannt. Was den zuständigen Staatsanwalt zu dem Kommentar veranlasste:
„Alles, was da kursiert, ist reine Kaffeesatzleserei". Er kenne keinen Bericht zur Körperstellung Rudolf Rabes. Das könne die endgültige Frage, wie der damals 52-jährige Landwirt gestorben ist, eh nicht beantworten.
Der Gerichtsmediziner sprach bei seiner Anhörung vor dem Landgericht Landshut von **‚einer ungewöhnlichen Sitzposition'.**

Der Landwirt sei ‚verkehrt herum auf dem Fahrersitz gekniet und mit dem Oberkörper auf dem Beifahrersitz gelegen'. (Nachvollziehen ist eine derartige ‚Sitzposition' von einem ‚gewöhnlich' Sterblichen nicht. Und sie ist auch durch nichts beweisbar.)

Die Pfaffenhofener Advokatin hatte schon im Donaukurier vom 12.03.2010 (also mehr als ein halbes Jahr vor Beginn des Wiederaufnahmeprozesses vor dem Landgericht Landshut) sogar davon „getönt", dass **„nach Auswertung aller Spuren Rabe eindeutig in normaler Haltung auf dem Fahrersitz gesessen habe".** Woher die Advokatin diese Kenntnis hatte, blieb freilich ungeklärt. In der Begründung zum Urteil des Landgerichts Landshut im Wiederaufnahmeverfahren führte der Vorsitzende Richter u. a. aus, dass das Gericht ausgeschlossen habe, dass Rudolf Rabe versehendlich in die Donau gefahren sei, genauso wie einen Selbstmord.

„Entscheidend hierfür sei die Position der Leiche im Auto gewesen, als im März 2009 Rabes Mercedes aus der Donaustufe Bergheim gezogen worden war. Der Bauer habe mit dem Gesicht zum Heck seines Wagens praktisch auf dem Fahrersitz gekniet. Das habe dafür gesprochen, dass er ins Auto hineingesetzt oder –gelegt wurde".

Die Bergung des in mehr als drei Meter tiefen Wasser des Stausees bis zu den Radnaben im Schlick steckenden und im Wageninnern bis über die Sitze mit Schlamm gefüllten Autos war so einfach nicht.

Aus den Berichten des Polizeitauchers, der die Bergung des im Schlick steckenden Autos eingeleitet hatte, ist zu entnehmen, dass er im Innenraum des Wagens die Kopfstütze und die Rückenlehne ertasten konnte **-aber keinen menschlichen Körper**.

Die in den Medien verbreiteten Bilder von der Bergung des Autos zeigen eindeutig, dass zwischen der Windschutzscheibe, den Rückenlehnen und der Vordersitze durch den aufgeblasenen Luftsack kein Zentimeter Freiraum war. Das Lenkrad war voll in dem Luftsack eingedrückt. **Platz für eine, wenn auch skelettierten Leiche war dort nicht.**

Als das Auto schließlich aus dem Wasser war und abgestellt wurde, zeigte sich, wie die veröffentlichen Bilder eindeutig ausweisen, dass der Innenraum des Autos über die Sitze und dem Lenkrad voll mit Schlamm gefüllt war. Aus diesen Aufnahmen ist eindeutig zu schließen, **dass auf den Vordersitzen die Leiche des Rabe sich nicht befunden haben konnte**.

Mit Ausnahme von denjenigen, die den toten Rabe vor dem Versenken in das Auto verfrachtet hatten, war und ist niemand in der Lage, über die Position des Leichnams vor oder bei der Bergung aus dem Stausee auch nur die geringste Aussage zu machen.

Es ist im Übrigen unvorstellbar, dass es jemanden gegeben hätte, der die Leiche des Rabe, bei der offensichtlich die Leichenstarre bereits eingetreten war, in die „ungewöhnliche Sitzposition" gebracht haben könnte. Diejenigen, die nach ihren ersten Geständnissen nach der Tötung des Bauern Rabe die Leiche in dessen Auto verfrachtet hatten, haben ausgesagt, dass sie **die Leiche auf den Rücksitz gelegt** und das Auto dann in das Gewässer versenkt haben. Dort muss sie wohl auch mehr als sieben Jahre gelegen haben. Als das Auto dann aus dem Gewässer gezogen und mit dem Heck nach oben hochgehievt worden ist, **muss mit dem Schlamm im rückwärtigen Innenraum des Autos auch der teilskelettierte Leichnam nach unten, also in dem Fahrer-und Beifahrersitz geschwemmt und schließlich nach dem Herausbrechen der Frontscheibe zum Teil mit dem Schlamm hinaus in das Gewässer gespült worden sein.**

Dass Teile der Leiche, etwa die Unterschenkel- und Fußkno-

chen sich im Schlamm in der Nähe des Fahrersitzes unter dem Lenkrad abgelagert haben, ist nachzuvollziehen.
Daraus aber eine „ungewöhnliche Sitzposition“ des Leichnams zu konstruieren, ist gelinde gesagt ein Schmarren.
Die Aussagen über die „ungewöhnliche Sitzposition“ der skelettierten Leiche waren und sind reine Spekulationen, drastisch ausgedrückt blanker Unsinn.

Oder, wie es Oberstaatsanwalt Wolfgang Herrle von der Staatsanwaltschaft beim Landgericht Ingolstadt kommentiert hatte **„reine Kaffeesatzleserei“**.

-Kritik an den Kritikern

Alle Kritiker, einschließlich der Rechtsanwälte machten den Lesern/Hörern/Zuschauern weiß, dass die Angeklagten im Prozess vor dem Landgericht Ingolstadt verurteilt worden sind, weil sie Rudolf Rabe getötet **und** seine Leiche zerstückelt den Hunden zum Fraße vorgeworfen hätten. Nachdem die Leiche aber im Ganzen (was davon übrig geblieben ist) bei der Bergung des Autos aus dem Stausee aufgefunden worden war, entbehre das Urteil des Landgerichts Ingolstadt der ganzen Grundlage.
Alle Kritiker aber verschwiegen offensichtlich vorsätzlich der Wahrheit zuwider, dass im Urteil des Landgerichts Ingolstadt genau dies nicht Grundlage der Verurteilung gewesen ist und die makabere Leichenbeseitigung als ‚straflose Nachtat’ angesehen worden war.
Aber die makabere Leichenbeseitigung, die tatsächlich gar nicht stattgefunden hatte, die zugegebener Maßen etwas zu breit in der Urteilsbegründung des Landgerichts Ingolstadt Eingang gefunden hatte, passte halt so gut ins Bild der Besserwisser, um den Instan-

zen der Polizei und der Justiz „eins ans Zeug flicken“ zu können. Der Vorsitzende Richter der Strafkammer des Landgerichts Ingolstadt erklärte dem DONAUKURIER (19.10.2010) gegenüber: „Wir haben damals anhand der Aussagen davon ausgehen müssen, dass es tatsächlich so passiert ist. Der Fall ist nach den vorliegenden Erkenntnissen voll ausgeleuchtet worden. Das Urteil ist vom Bundesgerichtshof genau überprüft worden, ohne dass irgendwelche Fehler entdeckt worden wären“.

Und: **„Für uns war es doch völlig irrelevant, wie die Leiche beseitigt worden ist. Strafrechtlich hat sich das ohnehin nicht ausgewirkt. Uns hat nur das Geschehen davor interessiert. Und das war soweit schlüssig, damals wenigstens“**.

Alle Kritiker hätten sich, bei einer unbedingt von ihnen zu fordernden Sorgfalt davon überzeugen können, dass das Urteil des Landgerichts Ingolstadt auf den Erstgeständnissen der Angeklagten gleich nach ihrer Festnahme, die durch die Wiederholung vor dem Ermittlungsrichter gerichtsverwertbar geworden sind und als Grundlage für die Haftbefehle gedient haben, sowie auf andere Zeugenaussagen beruht hat und letztendlich durch die Auffindung der Leiche im Auto des Getöteten im Gewässer bei Bergheim bewiesen worden ist.

Alle Kritiker hätten nur die Ausführungen des DONAUKURIER von 16.01.2004, aber insbesondere den Teilbericht des DONAUKURIER vom 10.03.2009 nachlesen brauchen, der hier wortgetreu wiedergegeben wird:

„Das erste –später widerrufene-Geständnis des 24-jährigen Haupttäters hat sich wohl als richtig erwiesen: Man habe den toten Landwirt in seinem Mercedes auf den Rücksitz geladen, nachts weggefahren und in einem Gewässer versenkt. Über 20 Tauchtage absolvierten die Ermittler im Frühjahr 2004 in und an den Gewässern zwischen Neuburg, Bergheim und Ir-

gertsheim. Im April 2004 suchten Polizeitaucher direkt an der Schleusentreppe Bergheim – und fanden nichts, obwohl der Mercedes vermutlich greifbar nahe lag. Erst die moderne Echolote der E.ON-Leute brachten nun die Wahrheit ans Licht".

-Die Advokaten

In dem **Verfahren vor dem Landgericht Ingolstadt** waren den Untersuchungsgefangenen Pflichtverteidiger zugeteilt. Für Hermine Frau Rabe agierte Rechtsanwalt Max Steinkohl, für die ältere Tochter Manuela Rabe Rechtsanwalt Norbert Feldmeier, für die jüngere Tochter Andrea Rabe Rechtsanwalt Martin Angermeier und für Mathias Eisenhard war Rechtsanwalt Reiner Kobel bestellt.
Es ist also offensichtlich, dass die Verteidiger im Prozess vor dem Landgericht Ingolstadt die Lügengeschichten ihrer Mandanten mitgetragen haben.
Zusammenfassend muss konstatiert werden, dass die Verteidiger im 1. Prozess vor dem Landgericht weder die (eher zutreffenden) ersten Geständnis vor der Polizei und dem Ermittlungsrichter, noch die mehrere Wochen später von den Beschuldigten unzutreffenden Geständnisse (mit den erlogenen Horrorgeschichten über die tatsächlich nicht erfolgte Leichenbeseitigung) in Frage gestellt haben.
Bemerkenswert ist die Tatsache, dass keiner der Anwälte auf die „Horrorgeschichten" über die makabere Leichenbeseitigung näher eingegangen war. Sie haben die „Horrorgeschichten" mit getragen, haben sogar selbst mitgewirkt bei der Rekonstruktion des angeblichen Tatgeschehens unter der „Regieführung" des damaligen Beschuldigten Eisenhard.

Rechtsanwalt Feldmeier, der Anwalt der älteren Tochter Andrea, hatte in seinem Plädoyer davon gesprochen, dass **„alle Angaben der Phantasie der Angeklagten entsprungen“** seien. Er wird später in den Medien wie folgt zitiert: „Die Familie hat auch uns ständig solche Geschichten aufgetischt und uns vor Rätsel gestellt“. Und: „Er schildert die Verurteilten als ‚völlig verschlossen’ und ‚keiner Beratung zugänglich’“. Warum Mathias Eisenhard die Geschichte vom Verfüttern der Leichenteile erfunden hatte, konnte sich Rechtsanwalt Feldmeier nicht erklären.

Hervorzuheben ist die Tatsache, dass die vier im Verfahren vor dem Landgericht Ingolstadt als Pflichtverteidiger tätigen gewesenen Rechtsanwälte hinsichtlich einer Wiederaufnahme des Verfahrens keine Aktivitäten entwickelten und sich zu einer möglichen Wiederaufnahme überhaupt nicht geäußerten hatten.

Warum eigentlich nicht?

Und noch bemerkenswerter ist die Tatsache, dass alle vier Anwälte im Ermittlungs- und Gerichtsverfahren vor dem Landgericht Ingolstadt mit keinem Wort davon gesprochen hatten, dass ihre Mandanten von den polizeilichen und staatsanwaltschaftlichen Ermittlern zu irgendwelchen Geständnissen „erpresst“, „unter unzulässigen Druck gesetzt“, „unzulässig genötigt“ haben oder „unzulässige Vernehmungsmethoden gar Folter angewendet“ wurden, bzw. dass ihnen von den Ermittlern die Horrorgeschichten „in den Mund gelegt“ worden seien.

Nachdem die im Wiederaufnahmeverfahren tätigen Anwälte vor dem Landgericht Landshut permanent den als Zeugen geladenen Ermittlungsbeamten der Kriminalpolizei Ingolstadt diese angeblich angewendeten „Unzulässigkeiten“, ja schwere Straftaten vorhielten, muss daraus geschlossen werden, dass diese Anwälte ihre im ersten Prozess tätigen Kollegen wohl indirekt als unfähig angesehen haben.

Im **Wiederaufnahmeverfahren** vor dem Landgericht Landshut hatten alle vier nun wieder Angeklagten andere Anwälte als bei der ersten Verhandlung vor dem Landgericht Ingolstadt.

Interessant ist schon allein die Tatsache, wie sich zwei dieser Anwälte nach Art eines Winkeladvokaten um ein Mandat bemüht haben.

Sie suchten wie Handlungsreisende die aus dem ersten Prozess schon als geistig minderbemittelt eingestuften potentiellen Personen in Gefängnissen oder in deren Aufenthaltsort auf, um sie zur Übertragung eines Mandats für das Wiederaufnahmeverfahren (von dem diese Personen überhaupt keine Ahnung hatten) zu gewinnen bzw. zu überreden.

Bemerkenswert sind auch das Gezerre und die Winkelzüge, die diese Anwälte in den Medien und damit in der Öffentlichkeit angestellt hatten, um überhaupt ein Wiederaufnahme des Verfahrens zustande zu bringen.

Letzten Endes ist es diesen beiden Anwälten aber eben zunächst doch wohl **nur ums Geld gegangen**, denn sie wurden amtlich erst dann aktiv mit dem Antrag auf Einleitung eines Wiederaufnahmeverfahrens, als sie die Zusage erhalten hatten, dass sie als Pflichtverteidiger bestimmt und **damit von der Staatskasse honoriert werden.**

Die Rede ist hier von einem in Ingolstadt-Friedrichshofen residierenden Advokaten und von einer Advokatenkollegin aus Pfaffenhofen.

Die Angeklagte Hermine Rabe wurde von dem nun als Pflichtverteidiger bestimmten Advokaten aus Ingolstadt-Friedrichshofen vertreten, der, wie mehrfach erwähnt, sich bereits im Vorverfahren medienwirksam öffentlich in Szene gesetzt hatte.

Zur Charakterisierung des Anwalts wird auf einen unwidersprochenen Bericht der FRANKFURTER ALLGEMEINEN FAZ.NET hingewiesen, der wörtlich wiedergegeben wird:
Der Anwalt sieht aus wie ein Schönheitschirurg K. W., Rechtsanwalt, hat dieser Tage viel zu tun. Fleißig kommt er den vielen Anfragen der Journalisten nach, und er scheint es nicht ungern zu tun. Er sitzt in heller Hose, weißen Kurzarmhemd und mit einer randlosen Brille auf der gebräunten Nase in seinem Büro in Ingolstadt und sieht dabei aus, wie ein Schönheitschirurg. Der Fall des Rudi R. ist sein Patient, der von Polizei und Justiz verunstaltet scheint. Vielleicht waren die überfordert, vielleicht war ihnen der Druck zu groß, jemanden für das Aufsehen erregende Verbrechen zu verurteilen. Der Anwalt, der seit dem Fund der Leiche Hermine R. vertritt, kann jedenfalls nur den Kopf schütteln über das Zustandekommen des Urteils von 2005".
Die ältere Tochter Manuela Rabe, die in dem ganzen Drama eine eher unbedeutende Nebenrolle gespielt hatte, wurde von einer ebenfalls als Pflichtverteidigerin zugelassenen, in Pfaffenhofen/Ilm ansässigen Advokatin vertreten.
Die vor lauter Geltungsdrang überschäumende Advokatin hatte schon im Vorlauf des Verfahren keine passende, aber oft eher unpassende Gelegenheit ausgelassen und versucht, sich durch qualifizierte und weniger qualifizierte Äußerungen und Unterstellungen, mit bissigen, aber eher weniger fundierten Bemerkungen bei den Medien in Szene zu setzen.
In dem am 12.11.2010 in der Pfaffenhofener Ausgabe des DONAUKURIER erschienen von übersteigender Selbsteinschätzung strotzenden ganzseitigem Artikel über sie hatte sie der Öffentlichkeit kundgetan, dass sie „bekannt ist als jemand, der sich mit der Justiz anlegt".
Dem Reporter und damit den Lesern der Tageszeitung hatte sie

erzählt, dass sie Killer-Geschichten und Ermittlungs-Thriller a la Stieg Larson („Vergebung“) etwa, oder Wolf Haas („Komm, süßer Tod“), „für ihr Leben gern liest“.

Hat die Dame Ihre „fundierten“ Kenntnisse über die polizeiliche und staatsanwaltschaftliche Ermittlungsarbeit bei Kapitalverbrechen etwa gar aus der Lektüre von diesen Killer-Geschichten und Ermittlungs-Thriller?

Die jüngere Tochter Andrea Rabe wurde von einer Anwältin aus der Kanzlei des im Prozess als Pflichtverteidiger tätigen Ingolstädter Advokaten vertreten. Sie wurde während des ganzen Prozesses nur einmal in den Medien registriert, nämlich als sie den Antrag gestellt hatte, dass das Verfahren gegen ihre Mandantin abgetrennt werden soll, weil die Angeklagte hochschwanger war.

Für den im ersten Prozess als Haupttäter verurteilten Mathias Eisenhard war ein Augsburger Rechtsanwalt bestimmt worden. Er hatte sich offensichtlich nicht selbst um das Mandat bemüht, sondern wurde als Pflichtverteidiger bestellt.

Der Anwalt hatte sich an dem „Getöse“ der „Konfliktverteidigung“ während der ganzen Dauer des Verfahrens offensichtlich nicht beteiligt, zumindest ist von ihm keine Äußerung in den Medien registriert. Lediglich sein Schlussplädoyer ist darin kurz vermerkt.

Hat er „geschwiegen und ist damit Philosoph geblieben?“

Oder hat ihm sein Mandant den tatsächlichen Ablauf des Geschehens anvertraut?

-Ein Gutachter mit Visionen

Der Münchner Rechtsmediziner Professor Penning hatte im Wiederaufnahmeverfahren vor dem Landgericht Landshut detailliert über die Obduktion der Leiche, beziehungsweise von dem, was

nach siebeneinhalb Jahren im Gewässer der Donau davon übrig geblieben war, berichtet. Eine beweisbare Todesursache konnte er allerdings nicht liefern.
Aber dann hatte der Gutachter Visionen.
Dass der Bauer in seinem Mercedes ertrunken sei, könne man nach der langen Zeit im Wasser nicht mehr feststellen.
Im Halsbereich komme dagegen alles in Frage, sagte der Sachverständige: Erdrosseln, Erwürgen, Schnittverletzungen, sowie Schläge auf den Hals oder Kehlkopf. Dieser Bereich sei beim Auffinden nicht mehr vorhanden gewesen.
„Auch ein Ersticken mit einer Plastiktüte ist denkbar“, erklärte der Rechtsmediziner.
Fest stand für ihn zudem, dass die Leiche gleich nach dem Tod ins Wasser gelangt war.
Möglich sei aber auch, dass der Mann noch gelebt habe, als er mit dem Mercedes in das Wasser der Donau gerollt war.
Möglich wäre, dass die Leichenstarre schon eingesetzt hatte, als die Leiche in den Wagen gelegt worden sei.
Aber auch, dass der Landwirt, nach einem Zwischenaufenthalt in einer Tiefkühltruhe, in gefrorenem Zustand ins Auto bugsiert wurde.
Und dann fügte der Gutachter noch eine weitere Variante zu dem verbreiteten Schmarren über „ungewöhnliche Sitzposition der Leiche im Auto“ hinzu.
Der Gerichtsmediziner sprach bei seiner Anhörung vor dem Landgericht Landshut von ‚einer ungewöhnlichen Sitzposition’. Der Landwirt sei ‚verkehrt herum auf dem Fahrersitz gekniet und mit dem Oberkörper auf dem Beifahrersitz gelegen’.

Anmerkung des Autors:
Ja was denn nun? Gleich nach dem Tod ins Wasser gekommen,

oder noch lebend im Auto? Die Leichenstarre schon eingesetzt oder nach einem Aufenthalt in einer Tiefkühltruhe (wo?) tiefgefrorenem Zustand?
Einmal sagte der Experte, dass „feststeht für ihn, dass die Leiche gleich nach dem Tod ins Wasser gelangt ist“. Dann ließ er „einen Zwischenaufenthalt in einer Tiefkühltruhe“ auch zu. Einmal schloss er nicht aus, dass „Rabe noch gelebt habe“, als er mit dem Mercedes in die Donau rollte. Dann wiederum sprach er von der „Möglichkeit, dass die Leichenstarre schon eingesetzt hatte, als die Leiche in den Wagen gelegt worden sei“.
Was für Widersprüche? Ist den niemandem im Gericht derart widersinniges Theoretisieren aufgefallen?

Fragwürdige Konfliktverteidigung

Nachdem die Horrorgeschichte mit der nicht stattgefundenen Zerstückelung der Leiche des Rudolf Rabe und die Verfütterung der Leichenteile an die Hunde in dem öffentlich ausgetragenen Gerangel um die Wiederaufnahme des Verfahrens bereits voll ‚ausgereizt' worden war, hatten die Verteidiger im Wiederaufnahmeverfahren vor dem Landgericht Landshut nichts, aber auch gar nichts, was sie zur Verteidigung der nun wieder Angeklagten vorbringen konnten.
Da waren die richterlich bestätigten Erstgeständnisse der damaligen Beschuldigen gleich nach ihren Festnahmen, wonach Rudolf Rabe in der Nacht zum 14. Oktober 2001 in seinem Haus in Friedrichsheim vorsätzlich getötet, die Leiche noch in der gleichen Nacht in sein Auto verfrachtet und das Auto mit der Leiche in ein Gewässer bei Irgertsheim versenkt worden war.
Da war durch das Auffinden und die Bergung des Autos mit dem Leichnam des Rudolf Rabe aus dem Donaustausee bei Irgerts-

heim sieben Jahre später die Bestätigung der Erstgeständnisse der damaligen Beschuldigten.
Und da war die Aussage der Mitbewohnerin im Hause Rabe in Friedrichsheim, wonach diese in jener Nacht ein ‚Gepoltere' im Hause gehört und auf telefonisches Verlangen am frühen Morgen des 14. Oktober 2001 Hermine Rabe, deren Tochter Manuela und deren ‚Verlobten' Mathias Eisenhard in Irgertsheim mit ihren Auto abgeholt hatte.
Zwei der vier als Pflichtverteidiger zugelassenen Anwälte, nämlich der schon wiederholt erwähnte Advokat aus Ingolstadt-Friedrichshofen und dessen ebenfalls schon öfters erwähnte Advokatin aus Pfaffenhofen entschlossen sich deshalb zu einer recht zweifelhaften Konfliktverteidigung, einer Konfliktstrategie der übelsten Art.
Da war von einen „Hexenprozess" die Rede, in dem „unschuldige Menschen jahrelang hinter Gitter gesperrt" worden waren.
Da wurde „ein Komplott der Ermittlungsbeamten gegen unschuldige Bürger" ins Spiel gebracht.
Und da wurde öffentlich über einem „Justizskandal" geschimpft.

Zusammenfassend muss festgestellt werden, dass der Ingolstädter Advokat und seine Kollegin aus Pfaffenhofen das gesamte Vorverfahren und den Prozess vor dem Landgericht Landshut nur als Bühne der Selbstdarstellung benutzt haben.

„Wir haben gewonnen und doch verloren".

Dieses Resümee des Augsburger Rechtsanwalts, der als Pflichtverteidiger für den Angeklagten Mathias Eisenhard bestellt war, am Ende des Prozesses um die Wiederaufnahme der Verfahrens vor dem Landgericht Landshut, hatte genau das ausgedrückt, was als Ergebnis der monströsen Prozesses tatsächlich herausgekommen war.

War also der Prozess um die Wiederaufnahme des Verfahrens überflüssig gewesen?

Wesentlich neue Tatsachen oder Beweismittel waren darin nicht zutage gefördert worden, zumindest keine, die nicht schon vor dem Prozess bekannt gewesen sind.
Überflüssig aber war der Prozess in Landshut insoweit nicht, als er der Verteidigerriege ein erkleckliches Honorar aus der Staatskasse und „unverdiente“ Publicity eingebracht, sowie den Medien wochenlang hinreichend Stoff geboten hatte für ausgewogene, vielfach aber auch für zur Sensation aufgebauschte Berichte und Kommentare.

SCHWERWIEGENDE NEBENFOLGEN DES VERFAHRENS

-Missachtung des Gerichts

Der Ingolstädter Advokat hatte am Anfang des Verfahrens gleich einmal den Vorsitzenden Richter der Strafkammer unter Beschuss genommen. Er „zauberte“ ein angebliches Interview des Richters mit einem Redakteur der Zeitung KÖLNER EXPRESS hervor, wonach der Richter sich schon während des Wiederaufnahmeverfahrens mit einer vorgefassten Meinung geäußert haben sollte.
Als der Vorsitzende Richter in einer dienstlichen Äußerung erklärte, dass er „definitiv ausschließen könne, im November 2010 mit einem Redakteur des KÖLNER EXPRESS ein Gespräch geführt habe“, war der Advokat damit nicht zufrieden, sondern stellte gleich zu Beginn des nächsten Verhandlungstages offiziell gegen den Richter wegen der Besorgnis der Voreingenommenheit

einen Befangenheitsantrag. Der Advokat ließ damit indirekt erkennen, dass der Richter alle Beteiligten im Prozess angelogen hat. Die zuständige Kammer des Landgerichts Landshut hatte dann auch den Befangenheitsantrag abgelehnt.
Die zuweilen recht lautstark ausgetragenen Streitigkeiten zwischen dem Ingolstädter Advokaten und dem Sitzungsstaatsanwalt (Zum Beispiel: Advokat: „Sie brauchen mich nicht anzuraunzen!“ Staatsanwalt: „Das hier ist kein Disziplinarverfahren gegen den Staatsanwalt oder die Ermittlungsbeamte!“) sorgten für Aufmerksamkeit, dienten aber der Sache überhaupt nicht.
Ein Antrag des Ingolstädter Advokaten und seiner Kollegin aus Pfaffenhofen, den Sitzungsstaatsanwalt gegen einen Kollegen auszutauschen, weil dieser „parteiisch“ sei, brachte den Staatsanwalt lediglich zu der Äußerung: „Es gibt keinen Anspruch auf einen Staatsanwalt, der ihnen passt“, und „ich lasse mir keinen Maulkorb verpassen“.
Und da gab es noch das unwürdige Vorgehen der Pfaffenhofener Advokatin, die gespielt „wutentbrannt“ während der Verhandlung den Gerichtssaal unter lautstarkem Geschrei in Richtung Richterbank über die Zwischenrufe einer Beisitzerin verlassen hatte. Der Ingolstädter Advokat hatte sich dem Vorgehen seiner Kollegin angeschlossen und war ebenfalls mit wehender Robe aus dem Gerichtssaal gestürmt. Die Pfaffenhofener Advokatin tat erzürnt und äußerte sich in Richtung Richterbank: „Sie machen mir jede Vernehmung kaputt“ und: sie werde sich gut überlegen, ob sie nicht einen Befangenheitsantrag gegen die Beisitzerin stelle.
Die Sitzung musste wegen der Schmierenkomödie der beiden Advokaten unterbrochen werden.
Den Advokaten muss offensichtlich ins Stammbuch geschrieben werden, dass eine Beisitzerin dem Richterkollegium der Strafkammer angehört und dass sie als solche jederzeit ein ihr zu-

stehendes Recht in Anspruch nehmen kann, in Vernehmungen Zwischenfragen zu stellen.

-Perfide Unterstellungen

Bereits bevor das Wiederaufnahmeverfahren in Gang gebracht worden war, tönte die Pfaffenhofener Advokatin via Medien zu den Horrorgeschichten: „Die einzige denkbare Möglichkeit, wie die Beschuldigten auf die Details gekommen sein könnten, ist aus meiner Sicht die, dass die Details von den vernehmenden Beamten bekannt gemacht worden sind“. Und: **„Die Ermittler haben dem Hauptverdächtigen die Aussagen ‚in den Mund gelegt’**“. Obwohl sie nicht dabei war und wohl auch von den Erstanwälten in dieser Hinsicht offensichtlich keinerlei Hinweise bekommen hatte, konstatierte die Advokatin: **„Die Vernehmungen waren zeitweise skandalös.“**
Von **„einem Komplott der Ermittlungsbeamten gegen unschuldige Bürger“** sprach die Advokatin und, „dass ihre Mandanten (Sie hatte nur **eine** Mandantin, die eher eine Randfigur in dem Drama eingenommen hatte!) ‚**ein Opfer eines Justizskandals seien’“.**
Der zweite Konfliktanwalt, der Ingolstädter Advokat tönte im Gerichtssaal (und wohl auch für die Medien bestimmt), dass man 2005 „in einem **Hexenprozess** ein Urteil aus **Inzest, Horror, Mord und Todschlag zusammen gerührt und unschuldige Menschen jahrelang hinter Gitter gesperrt**“ habe. Seiner Überzeugung nach, so der Advokat, **„sei dieses ganze Horrorszenario** der Anklage schon **in den Köpfen der Ermittler** gewesen, als sie sich Jahre nach des Bauers Verschwinden mit der Familie näher befassten“ hatten.
Welche abwegigen Phantasien und weltfremden Vorstellungen

von der Ermittlungsarbeit der Kriminalbeamten in ‚nicht natürlichen Todesfällen' mögen einen juristisch gebildeten und intelligenten Menschen geplagt haben, um als Strafverteidiger in einer öffentlichen Verhandlung solche Behauptungen aufzustellen?
Diese Äußerungen dienten offensichtlich allein dazu, die bei den Ermittlungen beteiligen Beamten und, wie an anderer Stelle erwähnt, den Oberstaatsanwalt Veh, den damaligen Verantwortlichen bei der Staatsanwaltschaft Ingolstadt, als **'Ideengeber'** zu diskreditieren.
Denn das Thema mit den ‚Horrorszenarien' war ja wohl schon vor der Wideraufnahme des Verfahrens durch die Auffindung des Autos mit den Überresten der Leiche des Rabe im Gewässer der Donaustaustufe bei Irgertsheim/Bergheim abgehandelt und hätte somit im Prozess vor dem Landgericht Landshut keinen Platz mehr gehabt.
Aber mit derartigen rechtlich unqualifizierten Vorwürfen konnte man als Strafverteidiger via Medien Aufmerksamkeit erwirken und entsprechend ‚punkten'.
Dass dabei das Ansehen der Beamten Schaden erleidet, nahmen die Konfliktverteidiger billigend im Kauf.
Und die Leser/Hörer der Medien nahmen dem smarten Ingolstädter Advokaten und der Advokatin aus Pfaffenhofen auch das alles als tatsächlich gegeben noch ab, wie bei Gesprächen mit ihnen immer wieder festgestellt werden konnte. Sogar ein Abgeordneter des Bayerischen Landtags hatte die von den Konfliktanwälten vorgebrachten perfiden Unterstellungen als Tatsachen übernommen und sich über das „unmögliche Vorgehen" der Ermittler mokiert.

Dabei hatten es die Ermittler im Jahre 2004 gar nicht nötig, sich mit einem abwegigen Szenario über eine mögliche Zerstückelung der Leiche des Rabe und der Verfütterung der

Leichenteile an die Hunde zu befassen.
Sie hatten ja die fast übereinstimmenden Erstaussagen der Beschuldigten, dass Rabe in seinem Hause getötet, die Leiche in sein Auto verstaut und das Auto mit der Leiche in einem Gewässer bei Irgertsheim versenkt worden war. Und sie hatten die Aussage der Mieterin im Hause Rabe, dass diese Frau mit ihrem Auto am Morgen nach der Tat Hermine Rabe, deren ältere Tochter und Mathias Eisenhard in Irgertsheim abgeholt und nach Haus nach Friedrichsheim gebracht hatte.
Im Übrigen ist von den Konfliktverteidigern offensichtlich ganz „vergessen" worden, dass das „Horrorszenario" erstmals **fünf Wochen** nach ihrer Festnahme von Manuela Rabe und gar **vier Monate** nach seiner Festnahme von Mathias Eisenhard „ins Spiel" gebracht worden ist.

Das beschädigte Rechtsempfinden

Die Konfliktanwälte hatten sich gleich zu Anfang des Prozesses auf die als Zeugen geladenen Beamte der Kriminalpolizei Ingolstadt „eingeschossen", die im 2004 bei den Ermittlungen in der Vermisstensache Rabe tätig gewesen waren. Ganze „Breitseiten", gespickt mit offensichtlichen Unwahrheiten, verleumderischen und unbewiesenen Behauptungen wurden gegen die Zeugen öffentlich vorgebracht. Und die Vorwürfe verfehlten bei den Lesern und Hörern der in den Medien verbreiteten Berichte nicht die entsprechende Aufmerksamkeit.
Gleich zu Beginn tönte die Pfaffenhofer Advokatin, bei den Ermittlungen sei „dilettantisch" vorgegangen worden.
Sie erdreistete sich sogar, eine in der Zwischenzeit pensionierte Kriminalbeamtin öffentlich zu verdächtigen, dass diese wohl an Demenz (Schwachsinn) leide.

Die Vorwürfe reichten von

- massiven Druck bei den ersten polizeilichen Vernehmungen über
- verbotene Vernehmungsmethoden,
- falsche Vorhalte und Versprechungen,
- Aussageerpressung,
- unzulässigen Druck, um die Beschuldigten zu Geständnissen zu bewegen, bis zu
- falschen Angaben vor Gericht.

Sie wären, **wenn sie wahr und bewiesen gewesen wären**, schwere Straftaten und Dienstpflichtverletzungen gewesen.
Selbst als die Advokaten durch die Vorführung der Videoaufnahmen der Tatortrekonstruktion im Jahre 2004 sich davon überzeugen konnten, dass auf die damaligen Beschuldigten in keiner Weise Druck ausgeübt worden war, sondern dass die Beschuldigten als Regieanweiser sogar ihre Anwälte als Statisten agieren ließen, blieben sie in den folgenden Verhandlungstagen bei ihren Vorwürfen.
Auch die Aussagen des Oberstaatsanwalts Veh, dem damaligen verantwortliche Staatsanwalt, der als Zeuge die Vorwürfe der Verteidigung gegen die Ermittlungsbeamten vehement und mit Nachdruck zurückgewiesen und eindeutig erklärt hatte, dass von den Ermittlern niemals Druck auf die damaligen Beschuldigten ausgeübt worden sei („Ich lege für meine Leute von der Kripo die Hand ins Feuer“.), ließ die Verteidiger unbeeindruckt. Sie wiederholten in den folgenden Verhandlungstagen ihre unbewiesenen Vorwürfe immer wieder und taten damit indirekt kund, dass der Staatsanwalt als Zeuge vor Gericht eine Falschaussage gemacht hat.
Die Ingolstädter Advokat und seine Kollegin aus Pfaffenhofen

haben über die gesamte Prozessdauer vor dem Landgericht Landshut hinweg immer wieder ohne den geringsten Beweis die als Zeugen geladenen und vernommenen Ermittler der Kriminalpolizei Ingolstadt auf übelste Weise der schwersten Straftaten von Aussageerpressung gem. § 343 StGB, der uneidlichen Falschaussage vor Gericht gem. § 153 StGB bis zur Nötigung gem. § 240 StGB bezichtigt. Sie haben dies auch weiterhin getan, obwohl sie durch Videoaufnahmen und gewichtigen Zeugenaussagen vom Gegenteil überzeugt sein mussten.
Sollen alle diese Straftaten der Anwälte ungesühnt bleiben?
Gibt es etwa für Strafverteidiger gar einen rechtsfreien oder/und straffreien Raum?
Wäre es nicht an der Zeit gewesen, dass die Justiz sich einmal mit der Pfaffenhofener Advokatin angelegt hätte, wo diese doch öffentlich immer wieder kund getan hatte, dass „sie bekannt dafür ist, dass sie sich mit der Justiz anlegt"?
Müssen die Kriminalbeamten und Kriminalbeamtinnen mit dem ihnen angetanen schweren Makel ohne Genugtuung weiterleben?

-Die Verletzung der Menschenwürde

In den deutschen Strafgerichtsverfahren werden Zeugen in der Regel mit Respekt behandelt, denn sie sind wichtige Personen, die zur Sachaufklärung und Beweisfindungen dienen können.
Auch Polizei- und Kriminalbeamte sind in den Gerichtsverfahren Zeugen und kein „Freiwild" für geltungssüchtige Advokaten. Sie müssen als Zeugen respektiert und gegebenenfalls vom Gericht gegen unbewiesene Vorwürfe in Schutz genommen werden.
Was den Beamten/Beamtinnen der Kriminalpolizei Ingolstadt, die im Kriminalfall Rabe als Ermittler tätig waren, im Prozess um die Wiederaufnahme der Verfahrens vor dem Landgericht Lands-

hut widerfahren ist, spottet jeder Beschreibung.
Sie wurden von den Konfliktanwälten während der ganzen Prozessdauer permanent, aber ohne auch nur den winzigsten Beweis, schwerer Straftaten bezichtigt.
Sie waren schutzlos den Vorwürfen und Attacken der Konfliktanwälte ausgesetzt und niemand, weder der Sitzungsstaatsanwalt noch der Vorsitzende Richter hatte den Treiben der Anwälte Einhalt geboten.
Nur einmal hatte der Staatsanwalt die Anwälte in der Weise angegangen, als er sie aufgefordert hatte, die vorgebrachten Vorwürfe, die Angeklagten seien mit Druck zu Geständnissen bewegt worden, endlich zu konkretisieren. „Jetzt hatten Sie seit dem letzen Prozesstag eineinhalb Wochen Zeit gehabt, sich mit ihrem Mandanten zu besprechen und trotzdem kommt nur heiße Luft“, hatte der Staatsanwalt konstatiert.
Das aber war auch schon alles. Dass bis dahin und in der Folgezeit von den Konfliktanwälten schwere Straftaten zum Schaden der Ermittler begangen worden waren, davon war allerdings nicht die Rede.
In meiner fast 40-jährigen Dienstzeit als Polizei- und Kriminalbeamter war ich unzählige Male als Zeuge vor Amtsgerichten, Strafkammern und Schwurgerichtskammern verschiedener Landgerichte geladen und vernommen worden. Aber solche widerliche Attacken von Seiten der in den Prozessen tätigen Anwälte sind mir nicht begegnet.
Die im Wiederaufnahmeverfahren vor dem Landgericht Landshut als Zeugen (!!!!) geladenen und vernommenen Beamten und Beamtinnen der Kriminalpolizei Ingolstadt haben es in keiner Weise verdient, von den Anwälten in übelster Art und Weise behandelt zu werden.
Die Konfliktanwälte haben auf der Ehre und dem Ansehen der als

Zeugen geladenen Beamten und Beamtinnen herumgetrampelt. Sie haben mit deren Integrität im höchsten Maße Schindluder getrieben. Und da diese Attacken und Vorwürfe von den Anwälten auch medienwirksam zelebriert worden waren, war auch das Ansehen der Polizei als solches mit beschädigt.

Im Artikel 1 des Grundgesetzes für die Bundesrepublik Deutschland ist festgeschrieben, dass die **Würde des Menschen** unantastbar ist.

Kann man mit der Würde eines Menschen nach Belieben verfahren?

Ist die Würde eines rechtskräftig verurteilten Kindesmörders schützenswerter, als die Würde von Polizei- und Kriminalbeamten vor Gericht?

Dem Kindesmörder wurde vor einiger Zeit von einem Gericht Schmerzensgeld zuerkannt, weil nach Ansicht dieses Gerichts seine Würde verletzt worden war, als ihm von der Polizei Folter angedroht worden war, um den Aufenthalt es vermissten Kindes (das zu diesem Zeitpunkt von ihm bereits ermordet war) bekannt zu geben.

Und was ist mit der Würde der als Zeugen vor dem Landgericht Landshut geladenen gewesenen Beamten und Beamtinnen?

Die Konfliktanwälte haben die Würde dieser Personen mit Füßen getreten, indem sie sie wider besseren Wissens vorsätzlich und rechtswidrig der Lüge, der Falschaussage vor Gericht der Geständniserpressung und der Nötigung bezichtigt und damit verleumdet, falsch angeschuldigt und schwer beleidigt hatten.

Genugtuung haben diese Beamten bis dato nicht bekommen.

IRONIE DES SCHICKSALS

Es war nicht Zynismus und auch nicht ‚Chuzpe' (Wikipedia: Frechheit; Dreistigkeit, Unverschämtheit) und auch nicht Juristen-Korpsgeist vom Weißbier-Stammtisch, wie es eine Gerichtsreporterin des SPIEGEL vermutet hatte, die dazu geführt haben, dass der Kriminalfall Rabe nicht sachgerecht aufgeklärt werden hat können.

Es handelte sich auch nicht um einen GAU (größter anzunehmender Unfall).

Und es war auch kein „worst case" (nach Wikipedia: schlechtester oder ungünstigster Fall) der Justiz, wie dieselbe Dame in SPIEGEL ONLINE vom 24.02.2011 tönte.

Nein.

Es war der lebensgefährdende Saugstrudel der Turbinen des Kraftwerkes in der Staumauer des Stausees bei Bergheim, der die Polizeitaucher etwa zwei Meter vor dem im Schlick steckenden Auto mit der Leiche des Landwirts die Suche auf Weisung der Kraftwerksleitung abbrechen ließ.

Also: Der lebensbedrohliche Sog vor der Staumauer und etwa zwei Meter Abstand zwischen den suchenden Polizeitauchern und dem im stockdunklen Wasser liegenden Autos waren Ursache und Hindernis, dass der Fall nicht gleich nach der Festnahme der damaligen Tatverdächtigen beweissicher aufgeklärt werden konnte.

Denn in ihren ersten Aussagen hatten die Tatverdächtigen ausgesagt, Rabe im eigenen Haus getötet, die Leiche in sein Auto verfrachtet und noch in der gleichen Nacht in einem Gewässer bei Irgertsheim versenkt zu haben.

Wenn die Polizei 2004 bei ihrer wochenlangen Suche das versenkte Auto des Rabe mit dessen Leiche drinnen gefunden hätte, dann hätte das Verfahren „Tötungsdelikt zum Nachteil Rudolf Rabe“ (wie es in der Justizsprache offiziell heißt) unspektakulär weitergeführt werden können.

Denn eins ist so sicher, wie das Amen in der Kirche: Mit der zeitgerechten Auffindung des Autos mit dem Toten wären alle Absurditäten, die die Sippe Rabe in den folgenden Tagen und Wochen zum Besten gegeben haben, gar nicht entstanden.

Die Medien und ihre Leserschaft wären allerdings um eine Menge Gruselgeschichten und die Anwälte um ein erkleckliches Honorar ‚beraubt’ gewesen.

Der am 8. Dezember 2004 begonnene Prozess vor dem Landgericht Ingolstadt hätte unspektakulär zu Ende geführt werden können.

Und die ‚Chuzpe-Dame’ des SPIEGEL mit der Vorliebe für Anglizismen hätte keinen Grund gehabt, in ihrem offensichtlichen Hass die gesamte bayerische Justiz öffentlich in Misskredit zu bringen. In ihrer Beurteilung und Einschätzung des Kriminalfalls Rabe ist die Dame jedenfalls (wieder einmal?) haushoch danebengelegen.

Die Ironie des Schicksals hatte allen einen bösen und sehr teuren Streich gespielt.

Urteil des Landgerichts Ingolstadt vom 13. Mai 2005:

Die Angeklagten Hermine Rabe und Mathias Eisenhard werden wegen eines Verbrechens des Totschlags zu jeweils achteinhalb Jahren Freiheitsentzug, die beiden Töchter Manuela und Andrea wegen Beihilfe zum Totschlag durch Unterlassen zu dreieinhalb bzw. zweieinhalb Jahren Jugendstrafe verurteilt.

Aus der Begründung:

....Bewiesen ist die schreckliche Tat durch die vielen Aussagen

nicht nur der Angeklagten sondern auch der Zeugen. Alles zusammengefasst habe sich ein deutliches und im Wesentlichen übereinstimmendes Bild ergeben, so dass an der Wahrheit nicht zu zweifeln ist. ….
… Die Beseitigung der Leiche hat strafrechtlich keine Rolle gespielt. …
Das Urteil hatte im Revisionsverfahren vor dem Bundesgerichtshof bestand.

Urteil im Wiederaufnahmeverfahren des Landgerichts Landshut vom 20. Oktober 2010:

Die Angeklagten werden freigesprochen.
Eine Haftentschädigung für ihre Zeit im Gefängnis wird ihnen nicht zuerkannt. Sie haben ihre Verurteilung vom Landgericht Ingolstadt durch ihre Falschaussagen selbst verschuldet.
Aus der Begründung:
… Trotz des freisprechenden Urteils ist die Strafkammer überzeugt davon, dass Rudolf Rabe in der Nacht zum 13. Oktober 2001 in seinem Haus durch einen oder mehrere der Angeklagten irgendwie zu tote gekommen ist. Eine Vielzahl von Indizien lässt in der Zusammenfassung keinen Zweifel daran, dass die Angeklagten die Ursache für den Tod des Rudolf Rabe gesetzt haben. Aber das Gericht kann nicht sicher sein, wer im Einzelnen was getan hat. Eine plausible und nachvollziehbare Annahme, wie der Tod überhaupt eingetreten ist, kann nicht mehr nachgewiesen werden. Was da geschehen ist, ist völlig unklar. Weil die Strafkammer aber nicht sicher weiß, wer genau auf welche Art Richard Rabe umgebracht hat, muss sie alle vier Angeklagten nach dem Grundsatz ‚In dubio pro reo' (Im Zweifel für den Angeklagten) freisprechen.

DIE „DISCO-MAFIA“ VON AUGSBURG
Erschossen und einbetoniert, erdrosselt und vergraben

Er war die Spinne im Netz. Er war der Regisseur."
„Wenn es eine Gerechtigkeit auf der Welt gibt, dann bekommt er lebenslänglich!"

Rätselhafter Mord

Die Disco „Supermäx" in Dasing an der Autobahn Stuttgart-München war 1993 ein Anziehungspunkt für Jugendliche und Heranwachsende. An den Wochenenden war das Lokal rappenvoll. Am Samstag, dem 28. August 1993, gegen 22.35 Uhr kamen die 16 Jahre alte Christiane Gruber mit ihrem Bruder und der 24-jährigen Schwester in die Disco. Die Geschwister konnten nicht ahnen, dass Christiane kurz darauf nicht mehr unter den Lebenden sein wird.
Christiane war wenige Minuten vor Mitternacht allein für einen Moment vor die Tür gegangen, um auf der Balustrade ein wenig frische Luft zu schnappen. Dann fiel ein Schuss und die 16-jährige fiel tödlich getroffen um. Zeugen sagten später aus, dass gleich nach dem Schuss auf der nahen Bundesstraße 300 ein Auto mit quietschenden Reifen startete und in Richtung Aichach davonraste. Noch in der Nacht wurde von der Kripo Augsburg eine Sonderkommission gebildet. Ein erkennbares Motiv zeichnete sich zunächst nicht ab. Die am folgenden Sonntag durchgeführte Obduktion der Leiche ergab, dass die angehende Arzthelferin durch eine einzige Kugel in den Oberkörper tödlich verletzt worden war.
Um den Tatablauf möglichst realistisch zu rekonstruieren, bauten die Beamten der Sonderkommission am folgenden Dienstag um Mitternacht an der Bundesstraße 300 ein Lasergerät auf ein schwenkbares Stativ. Anhand der Verletzungen des Opfers (Einschussloch, Schusskanal, Aufschlagkraft des Bleigeschosses) er-

rechneten Spezialisten des Bayerischen Landeskriminalamtes per Laserstrahl ziemlich genau den Standort des Täters und die Flugbahn der Kugel. Der Heckenschütze zielte demnach von der dunklen Bundesstraße aus etwa 80 Meter Entfernung auf den hell erleuchteten Disco-Eingang und traf das dort allein auf der Balustrade stehende Mädchen. Obwohl die Polizei mit Metalldetektoren den Boden absuchte, fand sich die Patronenhülse nicht. Entweder hatte das benutze Gewehr die Hülse gar nicht ausgeworfen, was für Jagdgewehre typisch ist, oder der Täter hatte direkt aus dem geöffneten Fenster des Autos geschossen.
Die Beamten der Sonderkommission ermittelten fieberhaft. Sie gingen über 100 Hinweisen aus der Bevölkerung nach. Eine so genannte „heiße Spur“ war nicht darunter. Eine Auslobung von 20.000 Mark Belohnung brachte ebenfalls keine brauchbaren Hinweise.
Auch die Überprüfung der Gewehre aller Jäger aus der Gegend verlief ergebnislos.
Der feige Mord an der jungen Disco-Besucherin blieb zunächst ungeklärt.

Mühevolle Sisyphusarbeit

Über Monate hinweg tappten die Beamten der Soko der Kriminalpolizei Augsburg im Dunkeln. Erst als sie sich in der Diskothekenszene im weiten Umfeld von Augsburg umschauten, kam Ungereimtes auf.
Der 40-jährige Lothar Wolf aus Aichach, der eine mobile Hähnchenbraterei betrieben und eine Diskothek bei Krumbach übernommen hatte, war im Dezember 1993 plötzlich spurlos verschwunden. Angeblich war er nach Amerika ausgewandert. Sein Haus in Aichach hatte er vorher an den 29 Jahre alten Martin

Trollmeier aus Radersdorf bei Aichach verkauft. Angeblich hatte dieser Trollinger in Florida ein Haus, wohin sich der gewesene Hähnchenbrater abgesetzt haben soll.

Die Ermittler stießen bei ihren Recherchen in der Discoszene auch auf einen Italiener, der sich „Fabio Taramelli“ nannte, und im Herbst 1993 die Diskothek „Uferlos“ im Keller der Gaststätte „Seestuben“ in Kühbach bei Aichach betrieb. Die Gaststätte selbst betrieb wiederum Martin Trollmeier.

Als im Juni 1994 bei einem bewaffneten Überfall auf einen Diskothekenbetreiber in Burgau dieser Italiener „Fabio Taramelli“ als Tatverdächtiger festgenommen, aber am Tage darauf wieder freigelassen werden musste, weil sein Komplize seine Aussagen widerrief, hatte auch wiederum Martin Trollmeier seine Hand im Spiel gehabt. Auf seine Weisung hatte ein Rechtsanwalt auf den Komplizen entsprechend eingewirkt.

Schließlich kamen die Ermittler dahinter, dass Ende März 1993 der als „Automatenkönig“ bezeichnete 41-jährige Josef Helfer aus Wertingen spurlos verschwunden war. Helfer war lange Zeit Geschäftspartner von Martin Trollmeier.

Ein 32 Jahre alter Geschäftsmann aus Kübach, der nach der Wende nach Leipzig umgesiedelt war und dort mehrere Metzgereien und Bäckereien betrieb, hatte von Martin Trollmeier eine Diskothek in Neuburg gekauft und war von Trollmeier um 250.000 Mark betrogen worden.

Als Handlanger von Martin Trollmeier ermittelte die Soko den 43-jährigen Karlheinz Solinger, der durch seine Angaben bei der Kripo wesentlich zur Aufklärung der verwirrenden Verbrechen beitrug.

Die zunächst wichtigste Aussage war die, dass Karlheinz Solinger in der Nacht vom 29. auf 30. August 1993 das Auto gefahren hatte, von dem aus der Schuss auf die 16 jährige Christiane Gru-

ber vor der Disco „Supermäx“ in Dasing abgefeuert worden war, und dass
„Fabio Taramelli“ der Schütze gewesen sei.

Die „Disco-Mafia“

Nach drei Jahren intensivster Ermittlungen war der Kripo-Sonderkommission Augsburg eine Verbrecherbande ins Netz gegangen, die mit Brandstiftung, Betrug, Erpressung, Nötigung und Mord die Diskothekenszene rund um Augsburg und in Sachsen terrorisiert hatte.
In einer streng geheimen Polizeiaktion wurden am 16. Dezember 1994 Martin Trollmeier, „Fabio Taramelli“, Karlheinz Solinger und weitere Tatverdächtige festgenommen.
Nach und nach packten Mitglieder der Bande aus. In den Wochen nach der Festnahmeaktion entdeckten die Ermittler die Leichen vom Wertinger „Automatenkönig“ Josef Helfer und den angeblich nach Amerika ausgewanderten Hähnchenbrater Lothar Wolf. Helfers Leiche war in Beton gepackt in einem Waldstück bei Kühbach vergraben.
Wolfs Leiche fand sich auf dem Anwesen Trollmeier unter dem Betonboden des Pumpenhäuschens am Radersdorfer Badesee.
Helfer war mit einem Gürtel erdrosselt, Wolf erschossen worden.
Im Waffenschrank in der Wohnung Trollmeier fanden die Kripobeamten auch das Jagdgewehr, mit dem die 16-jährige Christiane Gruber vor der Disco in Dasing erschossen worden war.
Die Aufklärung von drei Morden und einer Reihe weiterer schwerer Straftaten war schließlich das Resultat der mühevollen Arbeit der Soko.
Als „Kopf“ der Bande wurde bald der 29 Jahre alte Martin, genannt „Mike“, Trollmeier festgestellt. Der gelernte Koch und

Konditor aus Radersdorf im Landkreis Aichach-Friedberg war der Sohn eines wohlhabenden Kieswerkbesitzers.
Mit zwielichtigen Geschäften, fingierten Rechnungen, kuriosen Verträgen, dubiosen Bürgschaften, Blankoschecks und ungedeckten Wechsel hatte er sich zum mehrfachen Diskothekenbesitzer, Hauseigentümer hochgepuscht und sich sogar eine Villa in Florida in Amerika zugelegt.
Der smarte Geschäftsmann in Yuppie-Manier mit rotem Ferrari und in feinem Zwirn hatte im Laufe der Jahre Komplizen und Helfershelfer um sich geschart, die mit ihm letztendlich eine Reihe schwerster Straftaten, von mehrfachem Mord über schwere Brandstiftung, versuchten erpresserischen Menschenraub und Versicherungsbetrug begingen.
Einer seiner ergebensten Komplizen war „Fabio Taramelli“, ein 28 Jahre alter Mann, der sich als Italiener ausgab, und der Trollmeiers ‚Vollstrecker’ war.
Erst nach langwierigen Ermittlungen stellte sich heraus, dass der Mann Sarham Muthana hieß, 28 Jahre alt war und aus dem Irak stammte.
Muthana hatte sich 1983 im italienischen Perugia aufgehalten und dort die damals 20-jährige Deutsche Silvia Weber kennen gelernt. Er hatte sich der jungen Frau gegenüber als Medizinstudent ausgegeben. „Unsterblich verliebt“ und „jung und dumm“ seien sie gewesen, wird Silvia später die Situation schildern.
Der Mann sei „charmant“ und „höflich“, „hilfsbereit“ und „temparentvoll“, „begeisterungsfähig“ und „sehr kinderlieb“ gewesen. Frau Weber hatte mit dem ihr als „Fabio Taramelli“ bekannten Mann eine Zeitlang in Italien gelebt. 1985 bekam sie von „Fabio“ ein Kind.
Geldprobleme und Heimweh waren jedoch nach einiger Zeit Grund für die Rückkehr nach Deutschland.

„Fabio“ ging der Einfachheit halber mit.
Er arbeitete in einer Diskothek in Markt Indersdorf als Tellerwäscher, Plattenaufleger und Schankkellner.
Trotz des gemeinsamen Kindes ging die Beziehung 1988 auseinander. Die Frau kam „Fabio“ dahinter, dass er sie permanent belogen und mit anderen Frauen betrogen hatte.
Sarham Muthana, genannt „Fabio Taramelli“, arbeitete sich vom Tellerwäscher zum Geschäftsführer der Diskothek hoch, betrieb schließlich im Landkreis Dachau selbst eine Diskothek und übernahm 1993 die Diskothek „Uferlos“ im Keller der Gaststätte „Seestuben“ am Radersdorfer Baggersee in Kühbach. Diese Gaststätte gehörte dem „Chef“ Mike Trollmeier. Die Verbindungen wurden schließlich so eng, dass Muthana der „Mann fürs Grobe“ für Martin Trollmeier, zum „Vollstrecker“ wurde.
Und da war noch der „Kronzeuge“ Karlheinz Solinger.
Der 43-jährige hatte Muthana mit dem Auto in der Nacht zum 29. August 1993 zur Diskothek „Supermäx“ bei Dasing gefahren, wo Muthana vom Auto aus mit dem Jagdgewehr von Trollmeier die vollkommen ahnungslose 16-jährige Christiane Gruber erschossen hatte.
Auch war Karlheinz Solinger an anderen schwerwiegenden Straftaten, wie bei einem Brandanschlag mit Millionenschaden auf eine Diskothek in Zwickau 1992, an Betrügereien und einem Entführungsversuch beteiligt.
Nach seiner Festnahme packte Karlheinz Solinger vor den Ermittlern aus. Seine Aussagen trugen wesentlich zur Zerschlagung der Disko-Mafia bei. 1996 wurde Karlheinz Solinger vom Landgericht Augsburg zu fünfeinhalb Jahren Freiheitsentzug verurteilt. Wegen seiner Beteiligung an dem Mord an der 16-jährigen Christiane Gruber wurde er damals freigesprochen, weil ihm nicht sicher nachzuweisen war, dass er davon wusste, dass ein Mensch

erschossen werden sollte.
Die relativ geringe Strafe war wohl auch eine „Belohnung“ dafür, dass er mit seinen Aussagen wesentlich zur Aufklärung der schweren Straftaten von Trollmeier, „Fabio“ und Mitläufern beigetragen hatte.
Aber Karlheinz Solinger hatte „die Rechnung ohne den Wirt gemacht“. Die Staatsanwaltschaft hatte Revision eingelegt.
1997 verurteilte ihn eine andere Strafkammer des Landgerichts Augsburg wegen Beihilfe zum Mord und anderer schweren Straftaten zu achteinhalb Jahre Freiheitsstrafe und wertete seinen Beitrag bei der Tötung von Christiane Gruber vor der Diskothek „Supermäx“ in Dasing als Beihilfe zum Mord.
Der gewährte Nachlass in der ersten Instanz war damit aufgehoben.

Ein Mammut-Prozess

Nach drei Jahren intensivster Ermittlungsarbeit kam es ab dem 04. Februar 1997 vor der Schwurgerichtskammer des Landgerichts Augsburg zum Prozess.
Auf der Anklagebank saß allein der Drahtzieher und Regisseur der Disko-Mafia, der 29 Jahre alte Martin Trollmeier.
Vier seiner Handlanger waren bereits früher zu jeweils mehrjährigen Haftstrafen verurteilt worden.
Sarham Muthana, genannt „Fabio Taramelli“, der Vollstrecker, konnte nicht mehr zur Verantwortung gezogen werden. Er hatte sich 1995 in der Justizvollzugsanstalt Straubing selbst das Leben genommen. Er hatte sich mit einer Plastiktüte erstickt.
Es zeichnete sich ein Mammutprozess ab. 110 Zeugen und Gutachter waren geladen. Auf dem Richtertisch lagen neben 500 Seiten Ermittlungsberichte u. a. auch 450 Tonbänder, auf denen die

Ermittler abgehörte Telefongespräche der Bandenmitglieder aufgezeichnet hatten.

Neben einer Brandstiftung mit Millionenschaden in Zwickau 1992, Betrug, Nötigung und Erpressung standen im Mittelpunkt der Anklage drei Morde.

Im März 1993 musste der 41-jährige Automatenbetreiber Josef Helfer aus Wertingen als Mitwisser und unsicherer Kandidat sterben. Helfer war lange Zeit Geschäftspartner von Trollmeier und wusste über alles Bescheid. Sein Wissen war ihm zum Verhängnis geworden. Am 30. März 1993 wurde Josef Helfer während einer Autofahrt von „Fabio Taramelli" mit einem Gürtel erdrosselt. Die Leiche wurde in einem vorbereiteten Erdloch einzementiert.

Fünf Monate später in der Nacht zum 30. August 1993 geschah der Mord an der 16-jährigen Christiane Gruber vor der Disko „Super-mäx" in Dasing. Trollmeier und „Fabio Taramelli", so stand es in der Anklage, wollten den gutgehenden Betrieb der Diskothek „Supermäx" durch ein aufsehenerregendes Tötungsdelikt schädigen.

Denn den eigenen Tanzschuppen in der Nachbarschaft fehlte die Kundschaft. Wenig Kundschaft aber bedeutet wenig Geld. Für Trollmeier und seinem Komplizen „Fabio" unerträglich, denn sie waren dafür bekannt, das Geld bündelweise unter die Leute zu bringen.

Auf Weisung von Trollmeier waren also Karlheinz Solinger als Fahrer und „Fabio Taramelli" mit dem Jagdgewehr des Trollmeiers nach Dasing gefahren und hatten sich gegen Mitternacht auf der Bundesstraße 300 in der Nähe der Diskothek postiert. Als die 16-jährige Diskobesucherin Christina Gruber dann zum Luftschnappen vor die Eingangstür getreten war, schoss „Fabio Taramelli" vom Auto aus mit dem Jagdgewehr gezielt auf die junge

Frau und traf sie mit einem Schuss tödlich. Anschließend waren der „Vollstrecker“ und der „Helfer“ mit quietschenden Reifen auf der Bundesstraße 300 in Richtung Aichach davongefahren.
Und noch einer stand Martin Trollmeier und seinem Kumpan im Wege: der 30 Jahre alte Hähnchenbrater und Disko-Betreiber Lothar Wolf aus Aichach.
Den ergebenen Handlanger hatte Trollmeier von Anfang an finanziell ausgebeutet.
Am 03. Dezember 1993 fand Lothar Wolf beim Pumpenhäuschen am Radersdorfer Baggersee den Tod. Trollmeier hatte dort schon vorsorglich ein Loch ausheben lassen.
Schon Wochen vorher war das Gerücht verbreitet worden, dass Lothar Wolf sich nach Amerika abgesetzt habe.
Als nun Wolf sich auf Bestellung von Trollmeier beim Pumpenhäuschen eingefunden hatte, wurde er von „Fabio Taramelli“ mit einer Pistole regelrecht hingerichtet und die Leiche anschließend in dem vorbereiteten Loch einbetoniert.
Martin Trollmeier soll Drahtzieher der Mord gewesen sein. Aber laut Aussage eines Zeugen im Prozess war er bei zwei Morden nicht am Tatort. Für den dritten Mord, dem an dem Hähnchenbrater Wolf gab es keinen Zeugen mehr. Der Vollstrecker „Fabio Taramelli“ hatte sich im Gefängnis umgebracht.
Vom Martin Trollmeiers Großtuerei war im Gericht nichts mehr zu sehen. Er stellte sich jetzt selbst als Opfer dar. „Fabio Taramelli“ sei ein unberechenbarer Killer gewesen und habe ihn massiv bedroht. Er habe nur mitgemacht, weil er Todesangst um sich und seinen Sohn gehabt habe.
Der ehemalige Disko-König weinte vor Gericht und erweckte den Eindruck eines weichen Menschen, der in den Einflussbereich des Bösen geraten sei und keine Gegenwehr leisten konnte; eine Rolle, die ihm aber niemand so richtig glauben mochte.

Er gab zu, bei dem Entführungsversuch der Petzendorfer Kinder mitgemacht zu haben, räumte auch seine Beteiligung an der Brandstiftung in Zwickau im Jahre 1992 und eine Reihe weiterer Straftaten ein.
Das mit der Brandstiftung sei ein Fehler gewesen, sagte er.
In der Folgezeit habe er bei anderen „Aktionen" nur widerwillig mitgemacht, weil er, seine Lebensgefährtin und sein Kind vom „Taramelli" mit dem Tode bedroht worden sei.
„Taramelli" habe gesagt, er werde ein Nachbarkind entführen, dem Kind den Kopf abschneiden und ihm zur Warnung vor die Haustür legen, behauptete der Angeklagte. Und der Frau werde er das Gesicht mit einem Zuckerwürfel zerschneiden. In dieser Situation habe er alle möglichen Erklärungen, Verträge und Schecks unterschrieben. Mit den drei Morden aber wollte Trollmeier nichts zu tun gehabt haben.
Die Zweifel an der Version der Geschichten wurden im Prozess immer lauter.
„Trollmeier war die Spinne im Netz", stellte der Staatsanwalt am 26. Verhandlungstag in seinem Plädoyer fest. „Er war der Drahtzieher und Regisseur der Verbrechen".
Hauptakteure der Bande waren nach Meinung des Staatsanwaltes der Angeklagte Trollmeier und Muthana Sarham, der mehr als zehn Jahre unter dem Falschnamen „Fabio Taramelli" in Deutschland gelebt hatte und ebenso im Diskothekengeschäft aktiv gewesen war wie Trollmeier selbst.
Die dominierende Rolle habe allerdings Martin Trollmeier gespielt, der aus Habgier und Geldsucht zunächst die Tötung des Wertinger „Automatenkönigs" Josef Helfer „angeordnet" habe, ist sich der Staatsanwalt sicher. Helfer sei von Trollmeier in die tödliche Falle gelockt worden. Bei einer Autofahrt habe „Taramelli" dann den „Automatenkönig" erdrosselt. Im Dezember

1994 sei der „Hähnchenbrater“ Lothar Wolff aus Aichach das nächste Opfer gewesen. Er war auf dem Gelände des Trollmeiers mit einem Kopfschuss „hingerichtet“ worden. Und auch bei dem für Entsetzen in der Bevölkerung gesorgte dritte Mord an der Disko-Besucherin Christiane Gruber habe Trollmeier den Auftrag erteilt und sein Gewehr zur Verfügung gestellt. So sah es der Ankläger und forderte für den Angeklagten in allen drei Mordfällen eine lebenslange Freiheitsstrafe.
Der Verteidiger hielt die Mordvorwürfe nicht für erwiesen. Er plädierte auf eine sechsjährige Freiheitsstrafe für seinen Mandanten, der nur wegen weiterer Straftaten wie Brandstiftung und Versicherungsbetrug überführt sei.
In seinem persönlichen Schlusswort gestand Trollmeier zwar ein, schwere Schuld auf sich geladen zu haben, mit den Mordfällen aber habe er nichts zu tun. Besonders der Tod eines 16-jährigen Mädchens tue ihm „sehr leid“, meinte der Angeklagte.

Das Urteil

Knisternde Spannung herrschte im Schwurgerichtssaal des Landgerichts Augsburg, als nach 27 Prozesstagen am 24. April 1997 das Urteil gegen den 29-jährigen Martin Trollmeier aus Kühbach bei Aichach verkündet wurde.
Der Zuschauerraum war bis auf den letzten Platz besetzt. Der Angeklagte, der umringt von Fotografen und Kameraleuten in Handschellen hereingeführt worden, hatte zunächst noch hoffen können. Viele Prozessbeobachter hatten nicht damit gerechnet, was tatsächlich kam; er selbst am allerwenigsten.
Wenige Minuten später verkündete der Vorsitzende Richter das Urteil. Die Miene des Trollmeiers erstarrte zu Stein.
Schuldig des Mordes an Lothar Wolff.

Schuldig der Beihilfe zum Disko-Mord in Dasing. Freispruch vom Vorwurf des Mordes an Josef Helfer. Gesamtstrafe: lebenslange Freiheitsstrafe.

Das waren die Kernsätze des Urteils.

Habgier war nach Überzeugung der Richter das Motiv für die Serie schwerer Verbrechen.

Bis zuletzt hatte der Angeklagte beteuert, er habe mit den drei Morden nichts zu tun. Und auch bei den anderen Verbrechen habe er nur widerwillig mitgemacht, weil er, seine Freundin und sein Kind von dem dreifachen Mörder, der sich „Fabio Taramelli" nannte, mit dem Tode bedroht worden seien.

Die Richter aber glaubten ihm nicht.

„Das von dem Angeklagten behauptete Motiv einer andauernden Angst vor „Taramelli" ist eindeutig widerlegt", sagte der Vorsitzende Richter. Kein einziger der über 100 Zeugen aus dem Umfeld der beiden Männer habe von möglichen Problemen auch nur andeutungsweise etwas bemerkt.

Zum tatsächlichen Motiv Trollmeiers fanden die Richter deutliche Worte: Zwar sei ein Einfluss von „Taramelli" sicherlich vorhanden gewesen und der Schluss, der Angeklagte sei der Kopf einer kriminellen Organisation gewesen, könne nicht gezogen werden. Doch Trollmeier habe den „finanziellen Erfolg um jeden Preis" gesucht. „Sein Handeln war ausschließlich gekennzeichnet vom Streben nach Geld, von Habgier in höchst krimineller Form", sagte der Richter.

Für eine Verurteilung wegen des ersten Mordes an Josef Helfer reichten den Richtern die Indizien nicht.

Doch schon beim zweiten Mord an der 16-jährigen Christiane Gruber vor der Diskothek in Dasing hatte Trollmeier sich nach Überzeugung des Gerichts der Beihilfe schuldig gemacht. „Es steht völlig zweifelsfrei fest, dass ‚Taramelli' das Mädchen vor-

sätzlich getötet hat. Es war ein eiskalter Mord, heimtückisch und aus Habgier begangen“, führte der Vorsitzende Richter weiter aus. Und Trollmeier, der ‚Taramelli’ das Jagdgewehr überlassen hatte und hinterher bei der Beseitigung der Tatwaffe geholfen hatte, habe gewusst, was Taramelli’ vorhatte.
Durch eine ‚erdrückende Indizienkette’ überführt sei Trollmeier im Mordfall Lothar Wolff. Zwar sei auch Wolff von ‚Taramelli’ getötet worden, Trollmeier aber habe das Vermögen Wolffs an sich gebracht. Er habe den 40-jährigen veranlasst, einen Abschiedsbrief zu schreiben, der ihn selbst entlasten sollte. Trollmeier habe im Pumpenhäuschen bei seinem Anwesen am Radersdorfer Badesee unter einem Vorwand ein Loch graben lassen, Wolffs Leiche gemeinsam mit ‚Taramelli’ darin vergraben und später allein einbetoniert.
Verurteilt wurde der Angeklagte auch wegen einer Reihe weiterer Verbrechen, unter anderem wegen Brandstiftung, versuchtem erpresserischen Menschenraub und Versicherungsbetrug.
Gebrochen und mit versteinerter Miene verließ Trollmeier als verurteilter Mörder mit Handschellen an einen Justizbeamten gefesselt den Schwurgerichtssaal.

ZUM TODE VERURTEILT UND HINGERICHTET

Die Gladow-Bande in Berlin

Der Artikel basiert auf Originalunterlagen, die ein Jurist gesammelt hatte, als er nach seinem Studi- um im Berliner Polizeipräsidium am Alexanderplatz (damals Ostsektor der Besatzungszonen) ein Praktikum absolviert und dabei die Begebenheiten hautnah miterlebt hatte.

Wenn in der neueren Geschichte im Zusammenhang mit Berlin von außergewöhnlichen Kriminalfällen gesprochen wird, kommen sehr bald die Straftaten der Gebrüder Sass ins Gespräch. Dabei hatten Max, Franz und Erich Sass „nur" eine Bank ausgeraubt. Zugegebenermaßen: Es war einer der sensationellsten Bankraubüberfälle der deutschen Kriminalgeschichte, aber eben nur ein Bankraub ohne Verletzte, ohne Geiseln, ohne Tote.

Kaum jemand erinnert sich in der Retrospektive an die „Gladow-Bande", die in den ersten Jahren des Nachkriegs-Berlin ihr Unwesen getrieben und neben einer Reihe von schwersten Banküberfällen zwei Morde begangen hatte. Der Banden-Boss und zwei seiner Hauptkomplizen waren Ende 1950 noch hingerichtet worden.

Die schweren Straftaten ereigneten sich in der Hauptsache während der Berlin-Blockade, als Tag und Nacht über die Luftbrücke die West-Alliierten mit ihren schweren Flugzeugen die von den Sowjets blockierte Stadt versorgten. Es war die Zeit, als die ehemalige „Reichshauptstadt" in zwei Teile auseinandergebrochen war.

Heute, mehr als sieben Jahrzehnte nach dieser unheilvollen Teilung, da in Berlin die Mauern gefallen sind, da alles Trennende beseitigt ist und die Stadt fast wieder zusammenzuwachsen ist, soll in der Rückschau noch einmal über den spektakulären Kriminalfall berichtet werden.

Dreister Dieb schießt Verfolger nieder

Im Nachkriegs-Berlin zur Zeit der Schwarzmarkt-, Schieber- und Schmugglergeschäfte hatte die Berliner Polizei, durch die vier Besatzungsmächte in ihrem Wirken erheblich eingeschränkt, in den vier Sektoren der Stadt alle Hände voll zu tun. Viel Sorge bereitete der Schutz- und Kriminalpolizei eine Serie von bewaffneten Raubüberfällen, bei der die Täter rücksichtslos von der Schusswaffe Gebrauch machten und ihre Opfer bzw. Verfolger niederschossen.

Wilhelm Kutzer betrieb im April 1948 in der Rankestraße in der Nähe des Kurfürstendammes im Westsektor Berlins mehr schlecht als recht ein Fotogeschäft. Die Schaufenster waren spärlich dekoriert. Als Blickfang lag eine „“Leica“ in der Auslage. An einem Donnerstag gegen Mittag bediente der Geschäftsinhaber gerade einen Kunden, da splitterte mit einem lauten Krach die Schaufensterscheibe. Der Kaufmann sah, wie ein junger Mann den Fotoapparat ergriff und in Richtung Wittenbergplatz davonlief. Kutzer ließ seinen Kunden stehen, rief seinen hinter der Ladentheke liegenden Schäferhund, eilte auf die Straße und verfolgte den dreisten Dieb. Der aber, durch den auf ihn gehetzten Hund in die Enge getrieben, riss eine Pistole aus der Innentasche seiner Jacke, drehte sich um und schoss gezielt auf seinen Verfolger. Durch zwei Oberschenkelschüsse getroffen, sackte der Geschäftsinhaber auf der Straße zusammen. Der Dieb entkam unerkannt. Niemand hatte bemerkt, dass in der Nähe der Gedächtniskirche ein zweiter Mann gestanden und als Aufpasser fungiert hatte.
Der Polizei gelang es nicht, die schwere Straftat aufzuklären.

Schüsse auf Polizisten

Am 07. Mai 1948 abends gegen 22 Uhr parkte ein Kraftfahrer seinen Personenkraftwagen, Marke Hanomag, in Berlin-Charlottenburg in einer Seitenstraße und ruhte sich von den Mühen des Tages am Steuer ein wenig aus. Plötzlich näherten sich von beiden Seiten drei Gestalten dem Fahrzeug. Einer der Männer riss auf der Fahrerseite die Tür auf, hielt dem erschrockenen Fahrer eine Pistole vor und forderte ihn auf, sofort auszusteigen. Vor Angst schlotternd stieg der Fahrer aus und lief hastig in die dunkle Nacht hinein. Die drei Räuber bestiegen das Fahrzeug und fuhren davon.

In der gleichen Nacht ging gegen 00,20 Uhr beim Polizeirevier 88 in Berlin von einem Kohlenhändler telefonisch die Mitteilung ein, dass vor einer Hausruine in der Kleinen Markusstraße seit geraumer Zeit ein Auto stehe, in dem sich zwei Männer in verdächtiger Weise aufhalten. Zwei Polizeiwachtmeister erhielten den Auftrag, das Fahrzeug und die Personen zu überprüfen. Wachtmeister Lehmann trat wenig später an das verdächtig abgestellte Fahrzeug heran, während sein Kollege Genschmar ein paar Schritte abseits sicherte. Lehmann forderte von dem im Wagen sitzenden zwei Männern, sich auszuweisen. Der Mann am Steuer tat so, als wenn er in der Innentasche seiner Jacke nach dem Ausweis suche. Tatsächlich aber zog er eine Pistole heraus und feuerte sofort auf den Polizeiwachtmeister. Lehmann, offensichtlich nicht getroffen, sprang zurück, zog seine Dienstwaffe und gab auf dem Mann am Steuer einen Schuss ab. Dann aber flüchteten die beiden Wachtmeister.

Die Ganoven ließen den Pkw. stehen und verschwanden unerkannt in die Nacht hinein. Später stellte sich heraus, dass das Auto nur wenige Stunden vorher im Westsektor geraubt worden war.

Raub auf dem Rummelplatz

Berlin hatte im Juni 1948 zwei Währungsreformen hinter sich, eine für West- und die andere für Ost-Berlin. Die sowjetische Besatzungsmacht hatte am 24. Juni 1948 die Westsektoren völlig abgeriegelt, die Westalliierten versorgten seit dem 26. Juni 1946 West-Berlin über eine Luftbrücke. Alle fünf Minuten flogen schwere Maschinen in die blockierte Stadt ein.

Dessen ungeachtet war im Vergnügungspark am U-Bahnhof Danziger Straße im Oktober 1948 voller Betrieb. Ohne etwas davon zu merken, wurde der Kassierer der Achterbahn Paul Senftleben am 30. Oktober 1948 zwischen 20,00 und 22,00 Uhr von zwei Männern beobachtet. Ein Feuerwerk zog gerade laut und grell die Aufmerksamkeit der Besucher auf sich, da ging der Kassierer der Achterbahn mit den Eintrittsgeldern in einer Tasche zum nahestehenden Wohnwagen, um dort das Geld in einem kleinen Geldschrank zu verwahren. Als Paul Senftleben gerade im Begriffe war, den Kassenwagen aufzusperren, sprangen ihn zwei maskierte Männer mit gezogenen Pistolen an und forderten ihn auf, die Tasche mit dem Geld herauszugeben. Der Kassierer aber weigerte sich und leistete Widerstand. Ohne zu zögern schoss einer der Räuber auf den Kassierer und traf ihn in der Schulter. Daraufhin ließ dieser die Tasche mit dem Geld fallen. Die Räuber nahmen die Tasche auf und flüchteten. Der Kassierer rief nun laut um Hilfe. Wenige Sekunden später nahmen mehrere Männer die Verfolgung der Räuber auf. Die aber verschafften sich Distanz, indem sie wiederholt auf die Verfolger schossen. Es gelang den Räubern, unerkannt zu entkommen.

Überfall auf einen Juwelierladen

Fünf Monate schon wurde der Westsektor der Stadt über die Luftbrücke von den Westalliierten versorgt, da geschah am hellichten Tag gegen 11,00 Uhr des 23. Novembers 1948 in der Budapester Straße im Zentrum West-Berlins Ungeheuerliches. Ein junger Mann mit einer Aktentasche in der Hand hielt sich ein paar Minuten vor dem Juweliergeschäft Schreiber auf und betrachtete die ausgelegte Ware im Schaufenster. Ein Tablett mit goldenen Uhren und wertvollen Ringen erregte seine besondere Aufmerksamkeit. Unbemerkt von den vielen Straßenpassanten hatten auf der gegenüberliegenden Straßenseite zwei Männer Posten bezogen, die zu dem Mann vor dem Schaufenster gehörten. Plötzlich schlug der junge Mann mit einem mitgeführten Ziegelstein die Schaufensterscheibe ein, entnahm das Tablett und kippte die darauf liegenden Uhren und Ringe in seine Aktentasche. Dann lief er schnell in Richtung Hardenbergstraße davon. Die Aktion des Diebes hatte Straßenpassanten, in der Nähe beschäftigte Arbeiter und auch der Geschäftsinhaber aufmerksam gemacht. Sie alle rannten dem Manne nach. Der Dieb schoss ohne Rücksicht auf seine Verfolger ein ganzes Magazin seiner Pistole leer, traf aber niemanden. Nur wenige Minuten später kam auch die Polizei hinzu und beteiligte sich an der Verfolgungsjagd. Dem Räuber aber gelang es, sich unter den Dielenbrettern des Dachgeschosses einer Hausruine so zu verstecken, dass ihn seine Häscher nicht entdeckten. Am späten Abend konnte er ungehindert mit seiner Beute entkommen. Die zwei Komplizen, die sich in der Nähe des Juwelierladens aufgehalten hatten, waren niemanden besonders aufgefallen.

Entwaffnung einer VoPo-Streife

Ganz besondere Sorge bereitete den Verantwortlichen im „Alex“, dem Polizeipräsidium am Alexanderplatz im Ost-Sektor, die wiederholte Entwaffnung von Volkspolizisten, die an der Sektorengrenze Dienst verrichteten. Schon einige Male hatten vermummte Männer nachts den Polizeiangehörigen mit Gewalt ihre Dienstpistolen abgenommen.

In der Nacht zum 25. November 1948 hielten sich gegen 23.30 Uhr vor dem Lokal Fürstenhof an der Ecke Engeldamm - Köpenicker Straße in Berlin-Altglienike drei Männer auf, die besonders aufmerksam die an der Ecke Engeldamm eingesetzten zwei Volkspolizisten beobachteten. Es war stockdunkel. Den beiden Polizisten von der Sektorenkontrollstelle 24 fielen die Männer nicht auf. Dann traten die Beobachter in Aktion. Zwei von ihnen täuschten Betrunkene vor und torkelten sich an die Posten heran. Der dritte ging unbeteiligt tuend nahe an den Polizisten vorbei. Als sich die beiden Postenpolizisten zwischen dem Vorausgegangen und den Betrunkenen befanden, hatten die drei Gestalten plötzlich Halstücher vor ihren Gesichtern und Pistolen in den Fäusten. Die Polizisten nahmen ohne Gegenwehr die Hände hoch und ließen zu, dass einer der Räuber ihnen die Dienstwaffen aus den Halftern zog. Sie folgten auch den weiteren Anordnungen der Räuber. Einer der Ganoven befahl leise:

„In Gleichschritt marsch in Richtung Sektorenkontrolle 26! Wenn ihr den Anweisungen nicht folgt, schieße ich.“

An der Ecke Adalbertstraße -Engeldamm, nur etwa 100 Meter von dem lautlosen Überfall entfernt, verrichteten zwei andere Volkspolizisten ihren Dienst. Sie standen vor einem Wirtshaus. Die entwaffneten Polizisten und ihre unerschrockenen Räuber setzten sich in Marsch. Einer der Gangster ging voraus, die zwei

anderen hielten sich unmittelbar hinter den Polizisten. Vor dem Wirtshaus angekommen, stießen die Räuber die entwaffneten Polizisten zur Seite und bedrohten unter Waffengewalt das zweite Postenpaar. Auch die beiden Volkspolizisten ließen sich ohne Gegenwehr entwaffnen.
„Und jetzt verschwindet!... Alle vier", zischte einer der Räuber. Die vier Volkspolizisten liefen zögerlich davon. Da krachten hinter ihnen Pistolenschüsse. Bevor jemand auf den Überfall aufmerksam wurde, waren die Pistolenräuber in die Nacht hinein verschwunden.

Überfall auf Taxifahrer

Knapp zwei Wochen später, am 04. Dezember 1948, kam der Taxifahrer vom Alexanderplatz Walter Chudek arg in Bedrängnis. Gegen 17 Uhr stieg ein Mann in sein Taxi, setzte sich auf den Beifahrersitz und verlangte, zum Krankenhaus am Friedrichshain gefahren zu werden. Unmittelbar vor dem Krankenhaus stieg der Fahrgast aus und befahl den Fahrer, zu warten. Kurz darauf umringten drei maskierte und mit Pistolen bewaffnete Männer das Taxi. Einer dieser Männer riss die Fahrertür auf und drohte mit der Pistole in der Faust. Der Chauffeur erkannte die Gefahr, riss blitzschnell den Zündschlüssel heraus und rief laut um Hilfe. Da krachte von der rechten Seite her ein Schuss. Der Taxifahrer ließ sich aus dem Auto fallen und rannte davon. Noch zweimal schoss einer der Gangster hinter dem Flüchtenden her, traf aber nicht.
Da die Räuber ohne Zündschlüssel das Auto nicht in Gang bringen konnten, ließen sie das Fahrzeug stehen und verschwanden unerkannt.

Eine Tauschzentrale wird überfallen

Am 07. Dezember 1948 gegen 19 Uhr erlebte der Geschäftsinhaber einer Tauschzentrale in der Frankfurter Allee in Berlin-Lichtenfeld eine böse Überraschung. Bruno Broscheit und seine Mitinhaberin bedienten in ihrem im 4. Stock gelegenen Kommissionsgeschäft gegen 19 Uhr gerade eine ältere Kundin, als es an der Tür läutete. Die Mitinhaberin des Geschäftes öffnete.

Zwei vermummte Männer drangen mit vorgehaltenen Pistolen ein. Skrupellos fesselten die beiden Gangster den Geschäftsinhaber und seine Partnerin an Händen und Füßen. Die Kundin schüchterten sie so ein, dass sie am ganzen Körper zitternd und leise weinend in einen Stuhl sank und sich nicht rührte.

Die beiden Räuber wollten nun von dem Geschäftsinhaber wissen, wo sich die Geldkassette befindet.

Nachdem sich Bruno Broscheit aber weigerte, den Aufbewahrungsort bekannt zu geben, zogen die Maskierten ihm Schuhe und Strümpfe aus und hielten seine Fußsohlen gegen eine aufgestellte und eingeschaltete Heizsonne.

Der Geschäftsmann schwieg.

Beim Hantieren gab es an der Heizsonne einen Kurzschluss. Nun fertigte einer der Gangster eine Fackel, zündete sie an und hielt die Flamme an die nackten Füße des Geschäftsmannes. Dieser hielt die Qualen nicht mehr aus und verriet den Aufbewahrungsort des Geldes.

Die Kassette befand sich in der in der Nähe gelegenen Wohnung, die auch als Zweigstelle der Tauschzentrale diente.

Zwischenzeitlich kamen zwei weitere bewaffnete Maskierte in die Geschäftsräume. Zwei von den vier Räubern verließen nun die Räume, nachdem ihnen der gequälte Geschäftsmann die Schlüssel zu seiner Wohnung ausgehändigt hatte.

Plötzlich klopfte es an der Tür. Als die Gangster nach einigem Zögern öffneten, war niemand mehr da. Vom Fenster aus konnten sie aber beobachten, wie ein Mann in großer Eile das Haus verließ. Weil das Fenster geöffnet war, fing der Geschäftsmann um Hilfe zu rufen an.
Die beiden Räuber wurden nervös. Sie verließen fluchtartig das Geschäft, ohne etwas mitzunehmen.
Die beiden anderen Ganoven hatten in der Zwischenzeit in der Wohnung des Geschäftsmannes die Geldkassette mit ca. 10.000 DM gefunden. Beim Verlassen der Wohnung wurden sie jedoch von Straßenpassanten überrascht. Sie mussten flüchten.
Während einer der Täter auf die Verfolger schoss, versuchte der andere das Bahngelände an S-Bahnhof Frankfurter-Allee zu erreichen. Am Bahndamm angekommen, schoss nun dieser Mann auf die Verfolger und ermöglichte seinen Komplizen die Flucht.

Juweliere leben gefährlich

Zwei Tage vor Weihnachten, am 22. Dezember 1948 wurde der Juwelier Reich an der Köpenicker Straße im Südosten Ost-Berlins von Räubern „heimgesucht".
Gegen 17 Uhr betraten zwei Männer das Geschäft.
Im Laden war niemand. Einer der Kunden öffnete ohne Zögern das Schiebefenster zu den Auslagen und raffte alles dort Ausgelegte zusammen.
Der andere Mann ging zu den hinteren Räumen.
Da kam ihm der Juwelier eilends entgegen. Als der Kaufmann sich gerade auf den Räuber am Schaufenster stürzen wollte, zog der zweite Ganove eine Pistole und schoss den Juwelier mit einem Lungensteckschuss nieder. Mit Schmuck und wertvollen Uhren als Beute gelang den beiden Tätern die Flucht.

Eine verhängnisvolle Nacht für die Sektorenposten

Am 19. Januar 1949 -die „Rosinen-Bomber" der West-Alliierten versorgten immer noch über die Luftbrücke die von den Sowjets blockierte Stadt -entwaffneten gegen Mitternacht zwei unmaskierte Männer gleich acht Volkspolizisten, die an der Sektorengrenze in Berlin-Treptow Dienst verrichteten.

Zunächst waren zwei Vopos vom Kontrollpunkt 17 am Schmollenplatz dran.

Die zwei Räuber gingen auf die Polizisten zu und fragten nach der Harzer Straße.

Plötzlich zogen die Frager Pistolen und befahlen den Polizisten, die Hände hoch zu nehmen. Einer der Täter hatte eine Stabtaschenlampe angemacht und leuchtete damit den Überfallenen in die Gesichter.

Die Vopos ließen sich ohne Widerstand ihre Dienstwaffen abnehmen. Dann ging einer der Ganoven mit den beiden Entwaffneten zur Lohmühlen-Ecke Irsingerstraße. Dabei erzählten die Polizisten, dass die im November 1948 am Engeldamm entwaffneten Polizisten inhaftiert worden seien, und baten inständig um Rückgabe der Dienstpistolen.

Der zweite Räuber ging allein zum Kontrollpunkt 19 an der Ecke Lohmühlenstraße -Frötzstraße. Aus einer Hausruine heraus sprang er auf die beiden Posten-Polizisten zu, leuchtete ihnen mit der Taschenlampe uns Gesicht und befahl:

„Hände hoch, sonst knallt es!" Die Vopos nahmen die Hände hoch und ließen sich ohne Widerstand ihre Dienstwaffen abnehmen.

Dann trieb der Räuber die Polizisten vor sich her zu seinen Komplizen, der immer noch die vorher entwaffneten Polizeimänner bewachte und nun vier Vopos in Schach hielt.

Der zweite Mann ging nun zum Kontrollpunkt 18 a und entwaffnete auf dieselbe Weise eine Pendelstreife in der Lohmühlenstraße.

Auch diese beiden Polizisten wurden zum Sammelort der entwaffneten Vopos dirigiert.

Hier befahl der Anführer seinem Komplizen, mit den abgenommenen Waffen in Richtung Wiener Brücke voran zu gehen. Er selbst ließ die sechs Volkspolizisten unter Waffenandrohung in einer geschlossenen GRabee bis zur Isigenstraße laufen.

An der Unterführung der S-Bahn verschwand der Räuber im Dunklen.

An der Wiener Brücke trafen die beiden Räuber verabredungsgemäß zusammen.

Zwischen Wiesenufer und Flutgraben an der Treptower Brücke stießen die Ganoven plötzlich abermals auf zwei Polizisten, die am Kontrollpunkt 20 an der Lohmühlenstraße -Ecke Jordanstraße Dienst zu verrichten hatten. Die Vopos, zwei junge Polizeianwärter, verlangten von den beiden Männern, die Ausweise zu sehen. Die Räuber aber zogen sofort ihre Pistolen und forderten ihr Gegenüber auf, die Hände hoch zu nehmen.

Als sich einer der Polizisten wehren wollte und nach seiner Dienstwaffe griff, schoss ein Gangster ihn nieder.

Die Räuber nahmen den beiden Wachtmeistern die Dienstwaffen ab und flüchteten unerkannt.

Mord

Am 09. April 1949 musste sich die Ost-Kripo im „Alex" mit einem bewaffneten Raubüberfall befassen, bei dem ein Opfer den Tod fand.

Ein etwa 20 Jahre junger Mann hielt sich mittags gegen 12.30

Uhr unauffällig in der Nähe des Goldwarengeschäftes Wockenfuß an der Straßenkreuzung Friedenstraße -Greifswalderstraße - Königstraße am Friedrichshain auf.
Trotz regem Publikumsverkehr eilte er plötzlich zum Schaufenster des Juwelierladens und schlug mit einem Mauerstein die Fensterscheibe ein. Blitzschnell nahm der Dieb aus der Auslage zwei Herrenarmbanduhren, lief zu einem an der Bordsteinkante abgestellten Fahrrad und wollte damit davonfahren.
Aber zwei Angestellte des Goldwarengeschäftes hatten den Schaufenstereinbruch bemerkt und eilten auf die Straße.
Als der Dieb die beiden Bediensteten bemerkte, zog er eine Pistole und feuerte gezielt auf die Verfolger.
Im ersten Schrecken liefen die Angestellten in das Geschäft zurück, kamen aber nach nur wenigen Sekunden wieder heraus und eilten dem Täter nach. Dieser schoss sofort wieder auf seine Verfolger und traf einen Angestellten. Der Mann brach auf dem Bürgersteig zusammen.
Der zweite Angestellte hatte den Dieb auf der Fahrbahn erreicht. Es entwickelte sich ein Zweikampf, in dessen Verlauf der Angestellte durch mehrere Schüsse und Schläge mit dem Pistolenknauf erheblich verletzt wurde. Trotzdem umklammerte er den Räuber und rief.
„Du kommst hier nicht mehr weg!“
Der Täter aber schoss abermals auf seinen Verfolger und verletzte ihn an den Armen und am Oberkörper.
Der Getroffene rutschte nun am Körper des Räubers hinunter und umklammerte dessen Beine.
Von den vielen Passanten auf der Straße kam niemand zu Hilfe.
Der Räuber schoss noch mehrmals auf den am Boden Liegenden.
Im Kampf entfiel dem Räuber die Pistole.
Er zog sofort eine zweite Waffe und schoss abermals auf den

Mann am Boden.
Schließlich musste der Angestellte aufgeben.
Der Täter nahm seine entfallene Pistole auf, schwang sich auf sein Fahrrad und fuhr in Richtung Georgenkirchstraße davon.
Er hörte noch, wie jemand rief:
„Fahr' doch den über den Haufen!".
Tatsächlich verfolgte ihn nun ein Mann mit einem Auto vom Typ ‚Wanderer'.
Abermals fielen Schüsse. Der Autofahrer blieb stehen.
Bei der Abfahrt in der Georgenkirchstraße sprang dem Räuber die Kette vom Tretlager des Fahrrades. Der Mann musste anhalten.
Da kam ein anderes Auto auf ihn zu.
Wieder schoss der Räuber und brachte auch dieses Auto zum Anhalten. Inzwischen waren andere Verfolger näher gekommen.
Nach der letzten Schussabgabe hatte der Ganove an seiner Waffe Ladehemmung.
Er lief nun zu Fuß in Richtung Friedrichshain, musste aber erkennen, dass seine Verfolger immer näher kamen.
Unter ihnen erkannte er einen Komplizen. So blieb er stehen, hielt seinen Verfolgern schussbereit seine Pistole entgegen und rief seinen Komplizen zu sich. Gemeinsam setzten die beiden die Flucht durch den Friedrichshain fort und konnten schließlich entkommen. Die beiden verletzten Angestellten des Goldwarengeschäftes kamen ins Krankenhaus am Friedrichshain. Dort verstarb einer davon am nächsten Tag an den Folgen eines Lungensteckschusses, den er bei der Verfolgung des Räubers erhalten hatte.

Vier Räuber in einer Gastwirtschaft

Die Gastwirtschaft Grundmann an der Chemnitzer Straße in Berlin-Kaulsdorf war am 22. April 1949 noch gut besucht, als gegen 23 Uhr vier maskierte Männer mit schussbereiten Pistolen in den Fäusten in das Lokal stürmten und die Gäste aufforderten, die Hände hoch zu nehmen.

Zwei Räuber gingen sofort hinter die Theke, einer blieb an der Tür stehen und der vierte hielt die erschrockenen Gäste von der Mitte des Raumes aus in Schach.

Als die Gastwirtin versuchte, dem Anführer der Bande die Maske vom Gesicht zu reißen, schoss dieser und traf die Frau an der Schulter.

“Alles Geld und die Wertsachen auf die Tische!“, befahl der Anführer. Und die Gäste leerten angesichts der massiven Bedrohung ihre Taschen aus. Einer der Gangster ging an die Tische und sammelte alles in einen mitgebrachten Sack.

Zwei Maskierte gingen nun in die Räume im ersten Stock und suchten dort nach Wertsachen.

Schließlich durfte auf Weisung des Anführers ein Gast die verletzte Wirtin in die oberen Räume tragen, damit sie dort verbunden werden konnte.

Unter Mitnahme der Ladenkasse verschwanden die dreisten Räuber und fuhren mit einem vor dem Lokal bereitgestellten und wenige Stunden vorher geraubten Auto davon.

Das Pech des Räuberquartetts aber war, dass der Sohn der Gastwirtin ein Bandenmitglied sehr genau beschreiben konnte. Der Mann hatte nämlich einen auffallend watscheligen Gang, hatte besonders lange wellige Haare und war nur ca. 1,5 m groß.

Die Ost-Kripo hatte damit einen konkreten Anhaltspunkt für ihre Recherchen.

Raubmörder vor dem Cafe Kranzler

Drei Wochen später -einen Tag bevor die Sowjets die Blockade Westberlins abbrachen -am 11.05.1949 in der Mittagszeit ereignete sich im Westteil der Stadt unmittelbar vor dem weltbekannten Cafe „Kranzler“ an der Straße Unter den Linden -Ecke Charlottenstraße eine beispiellose und kaltblütige Bluttat.

An der zur damaligen Zeit verkehrsreichsten Straßenkreuzung Berlins hatte der 44 Jahre alte Kraftfahrer Eduard Alte seinen Dienst-BMW der Deutschen Wirtschaftskommission unmittelbar vor dem Cafe Kranzler geparkt. Zahlreiche Straßenpassanten bevölkerten die Bürgersteige. Wie es bei Fahrern von Managern üblich ist, vertrieb sich Eduard Alte die Wartezeit im Auto am Steuer sitzend mit Zeitungslesen.

Gegen 12.45 Uhr näherten sich dem BMW drei Männer.

Einer kam von der Bürgersteigseite her, die beiden anderen von der Fahrbahn auf das Auto zu.

Die Männer rissen schlagartig die Fahrzeugtüren auf. Einer zwängte sich sofort auf den Rücksitz, die beiden anderen Ganoven zogen Pistolen aus ihren Jacken und bedrohten damit den Fahrer.

„Raus aus dem Auto!“ zischte der Anführer.

Eduard Alte aber setzte sich zur Wehr und rief laut um Hilfe.

Der Anführer packte den Fahrer und schoss gezielt auf ihn. Dann zerrte der Schütze den Körper des Fahrers aus dem Wagen und warf ihn auf die Fahrbahn. Die drei Banditen bestiegen nun das Kraftfahrzeug und fuhren damit langsam in die Straße Unter den Linden. Sie setzten dann ihre Fahrt in Richtung August-Bebel-Platz fort.

Das Auto tauchte später in Berlin-Friedrichshain und schließlich in Köpenick auf. Am nächsten Tag fanden Spaziergänger den

Kraftwagen mit abmontierten Rädern im Rieselsand am Strand des Müggelsees.
Eduard Alte konnte nicht mehr gerettet werden. Er hatte einen Schuss aus einer 9mm-Pistole in den linken Oberarm erhalten. Das Projektil hatte den Arm durchschlagen und war in die Brust eingedrungen, wo es die Brustschlagader zerriss.
Der Tod war durch Verblutung in der Brusthöhle eingetreten.

Gefahrvolle Aufklärung

Nach einer Serie von schwersten Raubüberfällen in den letzten Monaten und zwei Mordfällen im Zusammenhang mit diesen Überfällen innerhalb von nur drei Wochen war bei der Ost-Kripo im Polizeipräsidium am Alexanderplatz der Teufel los.
Die Dezernate M (Mordermittlungen) und E (Einbruch- u nd Raubermittlungen) rotierten. Eine enge Zusammenarbeit der beiden Dezernate war nunmehr unerlässlich.
Alle Vorgänge der letzten Wochen und Monate, bei denen maskierte Täter mit Schusswaffen Überfälle begangen hatten, wurden zusammengetragen und noch einmal genau überprüft.
Bald konnte ein Zusammenhang zwischen mehreren Gewalttaten hergestellt werden. Das bei der Obduktion im Körper des vor dem Cafe Kranzler getöteten Kraftfahrers gefundene Projektil und die am Tatort sichergestellte Patronenhülse vom Kaliber 9 mm ließen auf eine Pistole Parabellum 08 schließen.
Die vergleichenden Untersuchungen der Kriminaltechnik ergaben, dass die zur Tat benutzte Waffe bereits am 04. Dezember 1948 bei dem Raubüberfall auf den Taxifahrer vor dem Krankenhaus am Friedrichshain und am 09. April 1949 bei dem Überfall auf ein Juweliergeschäft in Friedrichshain, bei dem der Geschäftsführer getötet worden war, benutzt worden war.

Die Presseveröffentlichungen und eine Auslobung von 3.000 Mark brachten zwar zahlreiche Hinweise, aber keinen konkreten Durchbruch bei den Ermittlungen.

Die Kriminalbeamten taten sich schwer, weil die von den Tatzeugen abgegebenen Personenbeschreibungen recht widersprüchlich waren.

Die ersten konkreten Anhaltspunkte kamen aus der Unterwelt.

Ein V-Mann war unter Hinweis auf die ausgesetzte Belohnung bereit, sich umzuhören. Der V-Mann lenkte schließlich die Aufmerksamkeit auf einen „Henker-Hannes", der mit zwei Mittätern nach einem Raubüberfall auf einen Hausbesitzer in Neukölln festgenommen werden konnte.

Auch auf einen etwa 20-jährigen, der unter dem Spitznamen „Doktorchen" als „Kippenkönig" vom Alexanderplatz in der Unterwelt einen entsprechenden Ruf hatte, kam ein Hinweis.

Im Dezernat E am „Alex" fiel dem Kriminalrat Schläwicke beim überprüfen der noch nicht aufgeklärten Fälle der letzten Monate eine Besonderheit auf. Die Personenbeschreibung eines der vier Banditen, die am 22. April 1949 maskiert und unter Schusswaffengebrauch die Gastwirtschaft Grundmann in Kaulsdorf überfallen hatten, machte ihn stutzig. Einer der Täter war dort als ein junger Mann beschrieben worden, der nur ca. 1,55 m groß war, einen auffallend watscheligen Gang hatte und besonders lange, wellige Haare hatte.

Der Kriminalrat erinnerte sich an einen „Kunden", der im Dezember 1848 in einer Mordsache als Tatverdächtiger festgenommen, aber im Januar 1949 wegen mangelnden Tatverdachts wieder auf freien Fuß gesetzt worden war. Die Personenbeschreibung traf auf diesen Mann zu.

Bei einer Gegenüberstellung erkannte der Zeuge Grundmann aus der Gastwirtschaft in Kaulsdorf den „Kleinen Mann" eindeutig

als einen aus der damaligen Bande.
In der Folge gelang es den Ermittlern Zug um Zug, ein Bandenmitglied nach dem anderen festzunehmen.
In den frühen Morgenstunden des 03. Juni 1949 erfolgte die überraschte Festnahme von zwei Haupttätern.
Am gleichen Tag sollte auch der Anführer der Bande, das „Doktorchen“ Werner Gladow verhaftet werden.
Fünf Kriminalbeamte unter Führung eines Kriminalrates machten sich daran, den Banden-Chef dingfest zu machen. Über die Gefährlichkeit des Unternehmens gab es keine Zweifel, zumal ja bekannt war, dass die Bandenmitglieder bei den Überfällen rücksichtslos von der Schusswaffe Gebrauch gemacht hatten.
Unter dem Vorwand, als Beauftragter des Arbeitsamtes nach dem Aufenthalt des Werner Gladow forschen zu müssen, erschlich sich ein Beamter den Eintritt in die elterliche Wohnung des „Doktorchen“, in der sich offensichtlich auch der Gesuchte aufhalten musste.
Die Mutter aber durchschaute den Trick, lief den Korridor entlang in das hintere Zimmer, in dem sich ihr Sohn Werner aufhielt und schloss von innen ab.
Die Polizisten gaben sich nun zu erkennen und riefen mehrmals: „Aufmachen! Polizei“.
Aber niemand öffnete. Schließlich trat ein Kommissar die Tür ein. Als die Tür aufsprang, stand Werner Gladow dahinter, zwei Pistolen im Anschlag.
Der Gangster schoss blindlings auf die eindringenden Polizisten. Hinter ihm stand seine Mutter und schimpfte laut: „Ihr Banditen, ihr Schweine, verlasst sofort die Wohnung!“
Die Fahnder erwiderten schließlich das Feuer auf Werner Gladow. Bei dem Feuergefecht wurden ein Kommissar durch einen Schuss in die Brust und ein Wachtmeister durch eine Schussver-

letzung am Oberschenkel außer Gefecht gesetzt.
Nach dem Feuergefecht in der Wohnung Gladow, das an die 45 Minuten andauerte und bei dem der Banden-Chef mindestens 34 Schüsse abgefeuert hatte, konnte Werner Gladow -am Kiefer durch einen Schuss aus einer Polizeipistole schwer verletzt und nach erheblichem Blutverlust -festgenommen werden.
Wie sich erst nachträglich herausstelle, waren neben dem Banden-Chef und dessen Mutter auch noch der Vater und die 9-jährige Schwester in der Wohnung.
Bei der Wohnungs-Durchsuchung fanden die Kriminaler vier Pistolen und eine Menge Munition. Unter den Waffen befand sich auch die Pistole, aus der die letztendlich tödlich wirkenden Schüsse auf den Kraftfahrer vor dem Cafe Kranzler und auf dem Geschäftsführer des Juweliergeschäftes abgegeben worden waren.

Vom „Kipperkönig am Alex“ zum Banden-Boss

Werner Gladow wurde im Notjahr 1931 in Berlin geboren und erlebte seine Kindheit in der Großstadt des aufgehenden Nazi-Reiches. Bedingt durch die Kriegsverhältnisse ab 1939 musste er vom 6. bis zum 15. Lebensjahr elf verschiedene Schulen besuchen. Schon ab der frühesten Kindheit bereitete das Kind seinen Eltern erhebliche Erziehungsschwierigkeiten. Der eigentlich nicht unintellegente Junge sollte dem Wunsche seiner Eltern entsprechend Medizin studieren. Aber bereits vor Erreichen der mittleren Reife verließ der Sprössling die Schule und trieb sich vorwiegend am Alexanderplatz herum, wo die Schwarzmarktgeschäfte blühten.
Bald stieg Werner Gladow selbst in diesen „Markt“ aktiv ein.
Sein erster Trick war, mit einem Bündel Tausendmarkscheinen

Schmuggler hereinzulegen. Der obere und der untere Schein waren echt, die Scheine dazwischen hatte er durch „Blüten“ ersetzt. Aber der Trick funktionierte nicht.

Werner Gladow wurde am Alexanderplatz von der Polizei festgenommen. Er leistete dabei erheblichen Widerstand. Vier Monate Jugendstrafe waren die staatliche Quittung.

Im Jugendgefängnis Plötzensee lernte er einen seiner späteren Komplizen kennen.

Eine Lebenslehre war das erste Zusammentreffen mit der staatlichen Strafverfolgung für Werner Gladow nicht.

Kurz nach seiner Haftentlassung war der junge Mann ein fester „Bestandteil“ in der Schwarzmarkt- und Schieberszene am Alexanderplatz. Trotz seiner Jugend kam er schnell mit den Berliner Unterweltlern mit erheblicher Verbrechenserfahrung zusammen und lernte von ihnen Arbeitsweisen bei Einbrüchen, Umgang mit Räubern, Verhalten bei Festnahmen und Vernehmungen u.a.m.

Bald galt Werner Gladow, erst 17-jährig, als „Kipperkönig“ vom Alexanderplatz (Kipper = Betrüger). Er sammelte um sich den „Henker-Jannes“, den „Langen“, den „Kurzen-Seppl“, den „Schni“, den „Franki“, den „Bomme“, die „Nase“ und den „Schnellen“.

Weil Werner Gladow immer Medizin hatte studieren wollen, wurde er „Doktorchen“ genannt.

Obwohl seine Komplizen alle älter waren als er, wurde er als Anführer angesehen und akzeptiert.

Gladow selbst sah sich in erheblicher Selbstüberschätzung als Gangsterkönig im Range eines Al Capone. Er träumte von einer schusssicheren Villa in Berlin-Dahlem und gepanzerten Autos in der Garage. Bankraub und Überfälle auf Geldtransporte sollten ihn ans Ziel seiner Träume bringen. Die Anregungen zu seinen verbrecherischen Aktivitäten entnahm der junge Banden-Boss

dem Kriminalroman „Ein Mensch wird Verbrecher“.
Seine Bandenmitglieder waren zum Teil Kriegsteilnehmer und hatten mehrere Monate Kriegsgefangenschaft hinter sich. Sie waren nach ihrer Rückkehr nach Berlin in der damaligen Zeit ohne Zukunftsaussichten und landeten zwangsläufig in der Schwarzmarkt- und Schieberszene am Alexanderplatz.
Bereits im April/Mai 1948 hatten sich die Ganoven vom Alexanderplatz und Werner Gladow geschart. Die „Gladow-Bande“ stand und begann mit Raubüberfällen. Um die Bande für diese Überfälle entsprechend zu bewaffnen, überfielen die Ganoven Volkspolizisten an der Sektorengrenze und nahmen ihnen die Dienstwaffen ab. Mehrere VoPo-Streifen konnte die Bande ohne Schwierigkeiten entwaffnen. Sie brachte so insgesamt 21 Faustfeuerwaffen und eine große Menge Munition an sich.

Das Ergebnis der Polizeiarbeit

Im Zuge der Ermittlungen gelang es der Berliner Ost-Kripo der Bande mit dem Anführer Werner Gladow (18 Jahre alt), genannt „Doktorchen“, den Hauptkomplizen Gerhard Rogasch (24 Jahre alt), genannt „kurzer Seppl“, Kurt Gabler (24 Jahre alt), genannt „der Lange“, Dietrich Bohla (21 Jahre alt), genannt „der ganz Lange“, Werner Papke (18 Jahre alt), genannt „Schni“, Olaf Wellnitz (25 Jahre alt), genannt „Nese“ und Franz Redzinski (34 Jahre alt), genannt „Franki“, sowie 71 weiteren Personen teils als Mittäter, Gehilfen oder Hehler 123 zum Großteil sehr schwerwiegende Verbrechen, begangen vom Oktober 1945 bis zu der Festnahme der Bande am 03. Juni 1949, beweissicher und anklagereif nachzuweisen. Unter diesen Verbrechen waren auch die Straftaten, die in diesem Artikel noch einmal szenisch nachvollzogen worden sind.

Das Urteil

Der Prozess gegen Werner Gladow und seiner Bande begann am 21. März 1950 in Ost-Berlin.

Am Ende gab es ein schwerwiegendes Urteil.

Zum Tode durch das Beil wurden der Banden-Boss Werner Gladow und seine beiden Haupt-Komplizen Kurt Gäbler und Gerhard Rogasch verurteilt.
Die übrigen Bandenmitglieder erhielten hohe Freiheitsstrafen.

Am 09. Dezember 1950 wurden die Urteile vollstreckt, die drei-Todeskandidaten hingerichtet.

Geschichte:

ZWEI „SCHRÄNKER“ UND MÖRDER

in der Weimarer Republik

Johann Bückler, besser bekannt als „Schinderhannes", Haupt einer Räuberbande trieb um 1800 sein Unwesen im Rhein-Main-Gebiet. Er wurde am 21. November 1803 mit 19 seiner Spießgesellen in Mainz hingerichtet. Posthum erfuhr der Räuber zweifelhafte Berühmtheit im Drama von Zuckmayer 1927 und in mehrfacher Verfilmung in Kino und Fernsehen.
Auch der Wilderer und Räuber Mathias Klostermeier, der „bayerische Hiasl", der um 1760/70 seine Schandtaten namentlich im südbayerischen Raum beging, und 1771 in Osterzell von 300 Soldaten gestellt und in Dillingen hingerichtet wurde, ist heute noch immer in Erinnerung.

Aber wer weiß etwas über die zwei Schwerverbrecher Johann Hein und Rudolf Larm, die vor mehr als einem Dreivierteljahrhundert, in den Jahren 1927 und 1928 die Gegend um Jena, Weimar und Plauen in Thüringen, in Düsseldorf im Rheinland und in der Coburger Gegend im Norden Bayerns unsicher gemachten hatten? Das Räuber- und Mörderduo beschäftigte damals monatelang die Polizei der Weimarer Republik.
Ihr rücksichtsloses Vorgehen hatte innerhalb weniger Wochen einem Postbeamten, einem Polizeibeamten, einem Kriminaloberwachtmeister, einem Kriminalkommissar und einem Gendarmeriekommissar das Leben gekostet.
Drei weitere Beamte waren lebensgefährlich verletzt worden.
Angesichts dieser Gewalttaten machen sich die Untaten des „Schinderhannes" und des „bayerischen Hiasl" eher weniger spektakulär aus.

Die Namen der Schwerverbrecher sind verblichen, die der Opfer größtenteils unbekannt. Die Chronistenpflicht gebietet es, der Opfer zu gedenken, die damals im Kampf gegen das Verbrechen von

Mörderhand getötet worden sind.

Räuber und „Schränker“

Der in Düsseldorf-Gerresheim geborene 25-jährige Arbeiter Johann Hein und der in Salusken/Neidenburg geborene 23 Jahre alte Melker Rudolf Larm betätigten sich im Jahre 1927 als „Schränker“.

Zwölf Geldschränke in Jena und Umgebung hatten die beiden Ganoven zum Teil mit Sprengstoff, den sie bei Einbrüchen in Göschwitz, Sternwitz und Jena erbeutet hatten, aufgesprengt und ausgeraubt.

Ein Geldschrankaufbruch in Weimar, ein weiterer in Dornberg, etwa zwanzig Einbruchdiebstähle und ein Raub auf die Poststelle in Klosterlausnitz gingen ebenfalls auf das Konto der beiden Verbrecher.

Die thüringische Kriminalpolizei suchte fieberhaft nach Johann Hein und Rudolf Larm.

Das erste Todesopfer

Am 14. Dezember 1927 machten zwei Beamte der Kriminalpolizei Jena den Aufenthalt des flüchtigen Johann Hein aus. Der „Schränker“ wohnte unangemeldet im Anwesen Mittelstraße 52 in Jena.

Als die beiden Kriminalbeamten (ihre Namen sind dem Chronisten leider nicht überliefert) am Nachmittag gegen 16.30 Uhr den Verbrecher festnehmen wollten, zog Johann Hein sofort seine Pistole und schoss.

Der Kriminaloberwachtmeister wurde von fünf Schüssen tödlich getroffen. Der zweite Beamte erlitt durch drei Schüsse lebensgefährliche Verletzungen. Dem Verbrecher gelang die Flucht.

Raubmord in Ohligs

Bereits zwei Tage später, am 16. Dezember 1927 traf Johann Hein mit seinem Komplizen Rudolf Larm im entfernten Düsseldorf zusammen. Die beiden Männer begaben sich sodann teils zu Fuß, teils im Auto oder mit der Bahn nach Köln und hielten sich mehrere Tage in der Nähe von Elberfeld auf.

Drei Tage vor Weihnachten, am 21. Dezember 1927, starteten die beiden Schwerverbrecher ihren nächsten großen Coup.

Hein und Larm drangen schwerbewaffnet nach Schalterschluss gegen 18.20 Uhr in das Hauptpostamt in Ohligs ein, sprangen dort auf die Schalterbrüstung und hielten von hier mit vorgehaltenen Pistolen die mit der Abrechnung der Tageskassen beschäftigten Postbeamten in Schach.

Hein überkletterte dann die Brüstung einer nicht besetzten Schalterzelle. Dort stellte sich ihm ein Postbeamter in den Weg.

Es entstand ein Ringkampf.

Der immer noch auf der Schalterbrüstung stehende Larm schoss ohne Vorwarnung auf den Postbeamten und traf ihn tödlich (auch der Name dieses Opfers ist nicht überliefert).

Als andere Postbeamte auf den Räuber Hein eindrangen, schoss auch dieser und verletzte einen Postler schwer.

In der nun entstandenen Verwirrung gelang es den beiden Räubern, aus zwei Schalterzellen die für die Abrechnung bereitgelegten Gelder, insgesamt ca. 8.000 Reichsmark zu ergreifen. Noch einmal krachte ein Schuss. Hein hatte einen Warnschuss in die Decke abgegeben. Dann flüchteten die beiden Schwerverbrecher. Niemand hielt sie mehr auf.

Auf der Flucht

Nach dem Raubmord in Ohligs gelangten Hein und Larm zunächst nach Düsseldorf, fuhren von dort mit dem Auto nach Neuss und schließlich nach Köln.
Die Weihnachtszeit verbrachten die Ganoven in Gartenhäusern der Schrebergärten von Düsseldorf. Dann ging die Reise nach Duisburg, Essen und Hannover. Am 30. Dezember waren sie in Hildesheim.
Über Magdeburg, Halle und Leipzig reisten sie schließlich nach Süden und trafen am 5. Januar 1928 in München ein.
Nach einer Übernachtung in Garmisch-Partenkirchen blieben sie in der Nacht vom 7./8. Januar 1928 auf der Hochalm am Kreuzeck.
Auf ihrer Flucht durch Deutschland benutzen die beiden Verbrecher die Namen Karl Müller und Heinz Rüdig.
Sie hielten sich vorwiegend in Schrebergärten, auf Bahnhöfen, bei Dirnen und in zweifelhaften Gasthäusern auf.
Am 10. Januar 1928 waren die beiden Männer wieder in München. Dann ereilte den jüngeren Larm das Schicksal. Im Schnellzug von München nach Halle wurde Larm mit seinem roten vollen Gesicht und einem fehlenden Schneidezahn im Oberkiefer bei Nürnberg erkannt und von der benachrichtigten Polizei in Saalfeld aus dem Zug heraus verhaftet.

Interessant ist in diesem Zusammenhang in einer Fahndungsvormerkung von damals der Hinweis: „Die Fahndung ist mit größtem Nachdruck, jedoch unter Anwendung besonderer Vorsichtsmaßregeln weiter zu betreiben. Bei Betreten nur Vorkehrungen gegen Entweichen treffen, da Einschreiten bloß mit größerem Aufgebot bewaffneter Macht möglich".

Die Post beteiligte sich übrigens damals bei der Fahndung nach den Räubern recht aktiv. War sie doch in mehreren Fällen geschädigt und hatte ja auch ein Postbeamter sein Leben lassen müssen.

Die Reise des Gewaltverbrechers Hein

Mit zwei Pistolen bewaffnet flüchtete der Räuber und Mörder Hein nach der Festnahme seines Kumpans zunächst nach Düsseldorf. Er übernachtete dort am 15. Januar 1928 bei seinem Onkel. Bevor die Polizei ihn aufspüren konnte, war er aber wieder spurlos verschwunden.

Am 22. Januar 1928 tauchte Hein in Jena in Thüringen auf. Am 25. Januar wurde er in Rottdorf bei Blankenheim gesehen.

Zwei Tage später kaufte sich der Verbrecher unter dem Namen Emil Günter aus Leipzig in Pößneck ein Fahrrad. Damit fuhr er nach Plauen.

In einer Schankwirtschaft in Plauen lerne Hein einen Mann kennen, der ihn mit in seine Wohnung im ersten Stock des Anwesens Hammerstraße 43 in Plauen nahm. Seinen Gastgeber und dessen Ehefrau gegenüber gab er sich als Vertreter und Monteur aus und stellte sich nur mit dem Vornamen „Karl“ vor. Großzügig spendierte der Gast in der Schankwirtschaft Bier an alle Gäste.

Einem dieser „Beschenkten“ muss das Verhalten des Fremden aber aufgefallen sein. Er verständigte die Polizei.

Das Drama bei der Festnahme in Plauen

Am 30. Januar 1928 gegen 12.00 Uhr gingen Kriminalkommissar Schmid von der Kripo Plauen im Voigtland, der bei der Kriminalabteilung diensttuende Gendarmerie-Oberwachtmeister Endrisch

und noch zwei weitere Polizeibeamte zum Anwesen Hammerstraße 43.
Kriminalkommissar Schmid hatte den Auftrag, mit den drei Polizeibeamten „die Persönlichkeit eines Unbekannten festzustellen, der sich seit dem 27. Januar 1928 abends unangemeldet und unter verdächtigen Umständen bei einer Familie im 1. Stock des Anwesens Hammerstraße 41 aufhielt“.
Von Anfang an wurde bei der Polizeiaktion auch die Möglichkeit eingerechnet, dass der Unbekannte der langgesuchte Räuber und Mörder Johann Hein sein kann.
Als Kommissar Schmid das Zimmer betrat, in dem sich der Unbekannte aufhalten musste, wurde er ohne Warnung von dem sich im Raum versteckt haltenden Mann mit mehreren Schüssen über den Haufen geschossen.
Der nachfolgende Gendarmeriewachtmeister Endrisch war mit einem Bauch- und einem Armschuss schnell kampfunfähig.
Bei dem sich anschließenden Feuergefecht mit den anderen beiden Polizeibeamten gelang es dem Unbekannten, in einem günstigen Augenblick zu flüchten.
Wieder einmal war der Räuber und Mörder Johann Hein, um ihn handelte es sich bei dem Unbekannten in der Wohnung im 1. Stock des Anwesens Hammerstraße 43 in Plauen, zu entkommen. Ein toter Kriminalbeamter und ein schwerverletzter Gendarmeriebeamter waren diesmal seine Opfer.
In der Wohnung seines Gastgebers hatte Johann Hein eine Armeepistole 08, einen Ladestreifen mit acht Patronen, acht Schachteln mit je 25 Stück scharfen Patronen 7,65 mm, eine Mauserpistole 7,65 mm mit 6 Patronen, einen Armeedolch, eine in einem grauen Leinensack eingewickelte Feldflasche aus Aluminium mit 250 Gramm Sicherheitssprengstoff, 40 Holzschrauben, 5 Sprengkapseln, ein Papierröhrchen mit Draht und Zündschnur als Inhalt

hinterlassen.
Die selbstgebastelte Sprenggranate hätte nach Sachverständigenurteil ausgereicht, das ganze Haus zum Einsturz zu bringen.
Ein gleicher Sprengkörper war übrigens auch bei dem Komplizen des Hein, den am 10. Januar 1928 in Saalfeld bei Nürnberg festgenommenen Rudolf Larm gefunden worden.

Noch ein Mord

Zwei Tage nach der Bluttat von Plauen am 1. Februar 1928 schrieb der kaltblütige Mörder Hein eine Postkarte an die Kriminalpolizei in Plauen. Inhalt: „Geehrte Herren! Suchet, so werdet ihr finden. Beste Grüße Johann Hein."
Am 2. Februar 1928 tauchte der Schwerverbrecher in der Nähe von Coburg auf. Und wieder kam es zu einer Schießerei, in deren Verlauf ein Polizeibeamter sein Leben lassen musste.
Der Gendarmeriekommandant Scheler von Coburg stellte am Vormittag des 2. Februar 1928 in Untersiemau, wenige Kilometer südlich von Coburg einen Unbekannten mit einem Fahrrad.
Kommissar Scheler wollte die Personalien dieses Mannes überprüfen.
Aber ohne viel zu fackeln zog der Unbekannte, es war der Schwerverbrecher Hein, eine Pistole und feuerte auf den Polizeibeamten. Kommissar Scheler wollte zurückschießen, aber seine Waffe hatte Ladehemmung.
In einem Haus in der Nähe des Kampfplatzes beobachtete Gendarmeriewachtmeister Georg Schmid, der an diesem Vormittag dienstfrei hatte und von Nachbarn auf den Kampf aufmerksam gemacht worden war, die Schießerei.
Später im Mordprozess vor dem Schwurgericht Coburg sagte der Wachtmeister folgendes aus:

„Ich hatte an dem Vormittag dienstfrei und war noch nicht ganz angezogen, als die Schüsse fielen.
Die im gleichen Haus wohnenden Frauen riefen nach mir und ich ging an das Fenster.
Dort beobachtete ich den Kampf, konnte Aber die Gesichter nicht genau erkennen, weil eine Baumkrone mir die Aussicht versperrte. Ich wusste nicht, dass der Erschossene Kommissar Scheler war.
Nach dem letzten Schuss holte ich meine Pistole und bestieg mein Fahrrad, um den Hein zu verfolgen und fand Scheler in gebückter Haltung. Er lebte noch, reichte mir seine Pistole und sagte: „Passen sie auf! Nehmen sie sich in acht!“
Schelers Pistole hatte eine Ladehemmung. Ich brachte die Pistole in Ordnung und lud sie neu, während ich auf dem Fahrrad saß, um Hein zu verfolgen.
Ich fuhr zunächst schnell hinter ihm her.
An einer Wiese sprang Hein vom Rade, zog die Pistole aus der Tasche, nahm Deckung hinter einen Berghaufen auf der Wiese und schoss auf mich. Hein rief während des Gefechtes:
„Warum verfolgt ihr mich?“
Ich hatte bald meine Munition verschossen und magierte nun eine Ladehemmung, um Hein über meine Schwäche zu täuschen.
Hein gelang es schließlich, den Panzerwald zu erreichen. Bei der Schießerei wurde weder Hein noch ich verletzt“.
Der Gewaltverbrecher Johann Hein war nach einem Mord an einem Polizeibeamten wieder einmal entkommen.

Auch den Schwerverbrecher Hein ereilt das Schicksal

Unter der Überschrift „Mörder Hein wieder in Bayern! Neuer Beamtenmord bei Coburg!“ gab die Polizeidirektion in München

eine neue Fahndung nach dem Schwerverbrecher heraus.
In dieser Fahndungsmeldung ist vermerkt, dass Johann Hein nach der Bluttat von Untersiemau bei Coburg mit einem Fahrrad in Richtung auf Schloss Banz bei Staffelstein geflüchtet sei.
Am 4. Februar 1928 wurde Johann Hein bei Staffelstein festgenommen. Die Umstände der Festnahme sind nicht überliefert.
Überliefert aber ist die Gerichtsverhandlung vor dem Schwurgericht in Coburg.
Dort nämlich wurde der mehrfache Mörder Johann Hein nach drei Verhandlungstagen am 18. Juli 1928 wegen Mordes in zwei Fällen zweimal zum Tode und wegen Todschlagversuchs und Mordversuchs in je einem Fall zusammen zu 15 Jahre Zuchthaus und Aberkennung der bürgerlichen Ehrenrechte auf Lebenszeit verurteilt. Der Vorsitzende des Schwurgerichts machte im Laufe der Verhandlung dem Angeklagten folgenden Vorhalt:
„Sie haben gestern gesehen, wie sich Ihre Mutter um Sie bangt und aufregt. Haben Sie niemals daran gedacht, wie es den Familienangehörigen der Erschossenen zumute sein wird, deren Leben Sie leichtfertig auslöschten?“
Hein antwortete darauf:
„Ich konnte keine Gedanken fassen.
Vor Entsetzen war mein Verstand gelähmt. Grausige Taten habe ich verübt.
Ich weiß nicht, wie ich dazu gekommen bin. Ich habe es nicht gewollt“.

Es ist dem Chronisten nicht bekannt, ob Johann Hein hingerichtet wurde. Auch über die sonstigen Verbrechen, die Hein in den Jahren 1927 und 1928 begangen hatte, sind Gerichtsurteile nicht bekannt.

Was aus dem Komplizen Rudolf Larm geworden ist, ist unbekannt.

Der Autor
Karl Häusler, Kriminaldirektor a. D.

Der Autor kann auf eine 40järige Berufserfahrung zurückblicken. Er hat sich von Polizeistreifenbeamten über den Sachbearbeiter bei der Kriminalpolizei zum Kommissariatsleiter hochgedient.
Er war als Kriminalamtsrat sieben Jahre lang Chef der Kripo Ingolstadt.
Nach dem Studium an der Deutschen Hochschule für die Polizei (vormals Polizeiführungsakademie) in Münster-Hiltrup übernahm er als Polizeirat das Referat für die Fortbildung der Polizei in Bayern.
Dann war er siebeneinhalb Jahre Kripochef in Augsburg und nebenamtlich Lehrbeauftragter an der Bayerischen Beamtenfachhochschule.
Schließlich war er bis zu seiner Pensionierung vier Jahre lang als Kriminaldirektor Chef der Kriminalpolizei in Nürnberg.
Seit seiner Pensionierung 1989 schreibt er als freier Autor Kriminalgeschichten, nein, keine Krimis, sondern authentische Kriminalfälle, Geschichten über tatsächliche Begebenheiten.